Myriam Becker, Miriam Hofer, Elisabeth Paar, Christa Pail,
Lukas Reiter, Christoph Romirer, Sandra Saywald-Wedl,
David Schneeberger (Hrsg)

**Gesellschaftliche Herausforderungen –
Öffentlich-rechtliche Möglichkeiten**

Tagung der Österreichischen Assistentinnen und Assistenten
Öffentliches Recht

Band 10 Graz 2019

Myriam Becker, Miriam Hofer, Elisabeth
Paar, Christa Pail, Lukas Reiter,
Christoph Romirer, Sandra Saywald-Wedl,
David Schneeberger (Hrsg)

Gesellschaftliche Herausforderungen – Öffentlich-rechtliche Möglichkeiten

Tagung der Österreichischen Assistentinnen und Assistenten Öffentliches Recht

Band 10   Graz 2019

 Jan Sramek Verlag

Bibliographische Information der Deutschen Nationalbibliothek:
Die Deutsche Bibliothek verzeichnet diese Publikation in der
Deutschen Nationalbibliographie; detaillierte bibliographische
Daten stehen unter <http://dnb.d-nb.de> zur Verfügung.

Für Abdruckgenehmigungen odgl. wenden Sie sich bitte unter
<www.jan-sramek-verlag.at>
an den Verlag.

Produkthaftung:
Trotz sorgfältiger Bearbeitung und Kontrolle kann
keine Garantie für die Vollständigkeit, Aktualität oder
Fehlerlosigkeit des Werkes gegeben werden. Eine Haftung des
Verlages, des/der Herausgeber/innen und/oder Autor/inn/en
aus dem Inhalt dieses Werkes ist ausgeschlossen.

Typographisches Konzept und Eigensatz des Verlages
Schrift: Arnhem Pro
Druck und Bindung: Prime Rate Kft
Gedruckt auf: Munken Premium Cream 90 g 1,5 vol.

ISBN 978-3-7097-0232-1

© Wien 2020, Jan Sramek Verlag KG

Vorwort

Werte Leserin, werter Leser,

2010 bringt der Ausbruch eines isländischen Vulkans den Flugverkehr gehörig durcheinander, Deutschland gewinnt mit dem Lied *»Satellite«* den Eurovisions-Songcontest und das iPad kommt auf den Markt. 2010 fand aber auch die erste Tagung der österreichischen Assistentinnen und Assistenten im Öffentlichen Recht, organisiert von wissenschaftlichen Mitarbeiterinnen und Mitarbeitern der Universität Innsbruck, statt. Die damalige Tagung stand unter dem Motto *»Auf dem Weg zum hypermodernen Rechtsstaat?«*.

Warum AssistentInnentagung, warum *österreichische* AssistentInnentagung? Die AssistentInnentagung als Format gibt es seit mittlerweile 60 Jahren in Form der ATÖR (Assistententagung Öffentliches Recht), gemeinhin auch »große Assistententagung« genannt. Nicht-habilitierte Mitglieder der im weitesten Sinne öffentlich-rechtlichen Institute aus Deutschland, Österreich und der Schweiz treffen sich, diskutieren ihre Forschungsergebnisse, tauschen sich aus. Auch diese »große« Tagung findet jährlich statt und wird an einer immer anderen rechtswissenschaftlichen Fakultät im deutschsprachigen Raum abgehalten.

Zurück zum zweiten Teil der Frage: Warum eine spezifisch österreichische AssistentInnentagung? Zum einen schlicht deshalb, um einander – den Mittelbau, die Assistentinnen und Assistenten an den verschiedenen österreichischen Universitäten – kennenzulernen, weil es sonst kein vergleichbares Forum für diese Zielgruppe gibt. Zum anderen bieten die österreichische AssistentInnentagung eine Bühne zur Präsentation der gegenwärtigen in Arbeit befindlichen Forschung in Österreich, ermöglicht Austausch und kritischen Diskurs. Die in diesem Band abgedruckten Beiträge zeigen, dass sich die Vortragenden mit ihren Dissertationsprojekten am Puls der Zeit befinden – auch das ist etwas, was die österreichische AssistentInnentagung ausmacht.

Das Motto dieser 10. Tagung lautete *»Gesellschaftliche Herausforderungen – Öffentlich-rechtliche Möglichkeiten«*. Das Wort »Herausforderung« im Titel ist bewusst gewählt. Nicht »gesellschaftliche Krisen«, nicht »gesellschaftliche Probleme«. Warum? Hier ist kurz auf das Motto der

9. Tagung in Salzburg zu rekurrieren – »*Recht und Sprache*«, denn Sprache schafft immer Wirklichkeiten.

Das Wort »Problem« löst ein gedankliches Seufzen aus; ein Problem ist etwas, das wir als unangenehm und schwierig wahrnehmen; als ein Hindernis. Vielleicht sogar als ein Hindernis, das sich gar nicht oder nur mit großer Schwierigkeit ausräumen lässt. Niemand freut sich auf ein Problem.

Eine Herausforderung hingegen impliziert Lösbarkeit. Etwas, das man bewältigen kann, weil man dazu in der Lage ist. Eine Herausforderung ist eine gleichrangige Gegnerin; und vielleicht empfindet man sogar Freude beim Bewältigen einer Herausforderung, ähnlich wie in einem sportlichen Wettkampf. Und genau das sehen wir als Aufgabe von uns Juristinnen und Juristen: Lösungen anzubieten in Zeiten, die eine Gesellschaft an ihre Belastungsgrenzen bringt. Wege dort aufzuzeigen, wo es die sprichwörtliche »gmahte Wiesn« nicht gibt. Zuversicht und Rechtsstaatlichkeit zu pflegen, auch – und gerade wenn! – es schwierig wird. Eine Herausforderung lässt sich immer meistern.

Beispiele dafür finden sich in diesem Band: Wie umgehen mit Direktinvestitionen von Drittstaaten auf dem Gebiet der EU? Welche Bedeutung kommt dem Ermessen bei der Verteilung knapper Ressourcen im Gesundheitsbereich zu? Welche Auswirkungen haben soziale Netzwerke auf die politische Meinungsbildung? Der Band, wie das wissenschaftliche Format der Tagung, ist wie folgt aufgebaut. Die ersten drei Beiträge befassen sich mit Spielräumen im Recht: *Lisa Sonnleitner* setzt sich mit der evolutiven Auslegung der EMRK auseinander; *Thomas Zahrl* beleuchtet die Wirkung von Staatszielbestimmungen im österreichischen Recht und *Gisela Ernst* thematisiert das Rechtsinstitut des Ermessens vor dem Hintergrund knapper medizinischer Ressourcen. Die nächsten drei Beiträge bilden Herausforderungen ab, die dem Mehrebenensystem der EU inhärent sind: *Sophie Bohnert* diskutiert Grenzen und Kompetenzgrundlagen der EU-Investitionskontrolle, *Michael Denk* bringt Licht ins Dunkel der Datenschutzfragen, die sich nach dem Austritt Großbritanniens aus der EU stellen und *Luca Mischensky* setzt sich mit dem Achtungsgebot der nationalen Identität auseinander. Der dritte Teil ist den Herausforderungen gewidmet, die sich durch Social Media stellen: *Antonia Wagner* befasst sich mit Fragen der politischen Willensbildung im Internet und *Lukas Wieser* mit der Rolle von Social Media im demokratischen Verfassungsstaat.

Eine, wenn auch sehr schöne, Herausforderung stellt die Organisation einer Tagung dar, weshalb unseren Sponsorinnen und Sponsoren auch an dieser Stelle nochmals ein großes Dankeschön gebührt: Dazu zählen *Held Berdnik Astner & Partner Rechtsanwälte GmbH, Kelag, Niederhuber & Partner Rechtsanwälte GmbH, CERHA HEMPEL Rechtsanwälte GmbH, Hohenberg Strauss Buchbauer Rechtsanwälte, Eisenberger & Herzog Rechtsanwalts GmbH, Verlag Österreich, facultas, LexisNexis,* die *Stadt Graz,* das *Land Steiermark* und die *Arbeiterkammer Steiermark.* Ohne ihre großzügige finanzielle Unterstützung wäre die Tagung nicht machbar gewesen. Dem *Jan Sramek Verlag* danken wir herzlichst für das Verlegen unseres Tagungsbandes und die Aufnahme in diese Reihe. Gleichermaßen danken wir dem Dekan der Rechtswissenschaftlichen Fakultät der Universität Graz, *Univ.-Prof. Dr. Christoph Bezemek, BA, LL.M. (Yale), Dr. Alfred J. Noll* für die Eröffnungsrede, der Stadt Graz und insbesondere Gemeinderätin *Ingrid Heuberger* für den Empfang im Rathaus der Stadt Graz. Zudem danken wir *Dr. Irmgard Griss, Univ.-Prof. Dr. Georg Eisenberger* und *ao. Univ.-Prof. Dr. Klaus Poier* für ihre Mitwirkung an der Podiumsdiskussion. Auch all jene, die uns im Vorfeld, während und nach der Tagung mit Rat und Tat zur Seite gestanden sind, seien an dieser Stelle erwähnt: Euch gebührt ein großes Dankeschön – *little things add up!* Natürlich danken wir ganz besonders allen Vortragenden, die mit ihren Referaten und den in diesem Band gesammelten Beiträgen das Herzstück der 10. Tagung der österreichischen Assistentinnen und Assistenten im Öffentlichen Recht bilden.

Wir wünschen Ihnen, werte Leserinnen und Leser, eine spannende Lektüre bei diesem schriftlichen Ein- und Rückblick auf drei schöne Tage im herbstlichen Graz 2019!

Christa Pail

im Namen des Organisationskomitees
*(Myriam Becker, Miriam Hofer, Elisabeth Paar,
Lukas Reiter, Christoph Romirer, Sandra Saywald-Wedl
und David Schneeberger)*

Inhaltsverzeichnis

Gisela Ernst
Steigende Arzneimittelpreise –
Ermessen als (öffentlich-rechtlicher) Retter in der Not?

Sophie Bohnert
EU-Investitionskontrolle –
Kompetenzrechtliche Voraussetzungen und Grenzen

➤

Michael Denk
Europäischer Datenschutz post Brexit

Luca Mischensky
**Die kompetenzbeschränkende Funktion des Achtungsgebots
nationaler Identität iSd Art 4 Abs 2 EUV**

Antonia Wagner
Politische Willensbildung im Netz

Lukas B. Wieser
Social Media im demokratischen Verfassungsstaat
Warum wir öffentlich-rechtliche soziale Medien brauchen

Autor(inn)enverzeichnis

Foto: Privat

Sophie Bohnert, LL.M., B.Sc ist seit Oktober 2018 Universitätsassistentin *prae doc* am Institut für Europarecht und Internationales Recht der Wirtschaftsuniversität Wien. Sie absolviert derzeit das Doktoratsstudium Wirtschaftsrecht. Ihr besonderes Interesse gilt besonderen Fragestellungen des Europarechts, die vom Wettbewerbsrecht bis hin zum Außenwirtschaftsrecht reichen.

Kontakt: Institut für Europarecht und Internationales Recht, Wirtschaftsuniversität Wien, Gebäude D3, Welthandelsplatz 1, 1020 Wien
E-Mail: sophie.bohnert@wu.ac.at

Publikationen (Auswahl):
Bohnert/Gassner/Höfinger, Von Kleinaktionären und (begehrten) Vollausschüttungen – Anmerkungen zu OGH 6 Ob 169/16w, VbR 2017, 108.

Foto: Privat

Mag. Michael Denk ist Universitätsassistent am Institut für Verwaltungsrecht und Verwaltungslehre sowie wissenschaftlicher Mitarbeiter am LIT Law Lab an der Johannes Kepler Universität Linz.

Kontakt: Institut für Verwaltungsrecht und Verwaltungslehre, Johannes Kepler Universität Linz, Altenbergerstraße 69, 4040 Linz
E-Mail: michael.denk@jku.at

Publikationen (Auswahl):
Der maschinell erstellte Bescheid (Teil I), ZTR 2019, 189; Die Zukunft des Datenexports in das Vereinigte Königreich, StAW 2019, 69;

Digitalsteuergesetz 2020 – Die Interimslösung für die Digital Economy, JKU TAX 19 (2019), 37 (gemeinsam mit *V. Bendlinger*); Die Judikaturdivergenzen zu einer Ausfertigung mittels automationsunterstützter Datenverarbeitung nach § 96 letzter Satz BAO, ZVG 2019, 425; Rodungen und (Stromleitungs-)Trassenaufhiebe im UVP-Recht, ZTR 2019, 17; Keine Unternehmereigenschaft iSd § 2 Abs 1 UStG eines Kommanditisten iZm bloßer Leistungsvereinigung von Sonderbetriebsvermögen an GmbH & Co KG, GES 2019, 201 (gemeinsam mit *G. Aichinger*); Besteuerung von Sanierungsgewinnen, in Bergmann/Renner/Wurm (Hrsg), Praxisbeispiele zur Körperschaftsteuer, (2019) 336; Der Europäische Fischereisektor im Lichte des »Brexit«, StAW 2018, 35; Allgemeine Missbrauchsvermutung bei Drittstaatsgesellschaft innerhalb der Beteiligungskette verstößt gegen Mutter-Tochter-Richtlinie, GES 2017, 38.

Foto: Privat

Mag.ᵃ Gisela Ernst ist Universitätsassistentin am Institut für Staats und Verwaltungsrecht, Abteilung Medizinrecht an der Universität Wien.

Kontakt: Universität Wien, Institut für Staats- und Verwaltungsrecht, Abteilung Medizinrecht, Schottenbastei 10–16, 1010 Wien
E-Mail: gisela.ernst@univie.ac.at

Publikationen (Auswahl):
What Is Possible and What Is Not? The Development of a Legal Framework for Drug Pricing Mechanisms in the EU, European Journal of Health Law 2019, 120. *Ernst/Blatzer,* Magistrale Zubereitung vs Zulassung – Überlegungen zur Vorrangfrage, RdM 2020, 12. VwGH 15.11.2017, Ro 2017/08/0013, RdM-LS 2018/66 *(Gisela Ernst)* S 113. OGH 24.10.2018, 3 Ob 169/18a, RdM-LS 2019/53 *(Gisela Ernst)* S 76.

Foto: Privat

Dr. Luca Mischensky, LL.M. (Edinburgh) ist Universitätsassistent am Institut für Österreichisches und Europäisches Öffentliches Recht an der Wirtschaftsuniversität Wien und absolviert derzeit die Gerichtspraxis im Sprengel des OLG Wien.

Kontakt: Institut für Österreichisches und Europäisches Öffentliches Recht, Wirtschaftsuniversität Wien, Gebäude D3, Welthandelsplatz 2, 1020 Wien
E-Mail: luca.mischensky@wu.ac.at

Publikationen (Auswahl):
Storr/Mischensky, Das Standort-Entwicklungsgesetz, in Baumgartner (Hrsg), Jahrbuch Öffentliches Recht 2019 (2020) 109; *Mischensky,* Das Kohärenzgebot des Art 11 Abs 2 und Art 136 Abs 2 B-VG (Teil 1), JAP 2019/2020, 88.

Foto: Privat

Univ.- Prof. Alfred J. Noll studierte Rechtswissenschaft in Salzburg und Wien, danach 1983–1985 Studium der Soziologie am Institut für Höhere Studien (IHS) in Wien (1983–1985). Seit 1992 selbstständiger Rechtsanwalt in Wien, mit den Schwerpunkten Urheber-, Medien-, Kunst- und Restitutionsrecht. 1998 Habilitation für Öffentliches Recht und Rechtslehre

Kontakt: Noll, Keider Rechtsanwalts GmbH
Schellinggasse 3/3,1010 Wien
E-Mail: Alfred.Noll@nollkeider.at

Publikationen (Auswahl):
»Sachlichkeit statt Gleichheit? Eine rechtspolitische Studie über Gesetz und Gleichheit vor dem österreichischen Verfassungsgerichtshof« (Wien/New York 1996); »Rechtslagen. Kleines Panoptikum fraglicher Rechtszustände« (Wien 2004); »Österreichisches Verlagsrecht«

(Wien 2005); »Praxiskommentar zum Mediengesetz« (3. Aufl, Wien 2012 –
mit *W. Berka/L. Heindl/Th. Höhne);* »Der rechte Werkmeister. Martin
Heidegger nach den Schwarzen Heften« (Köln 2016); »John Locke und
das Eigentum« (Wien 2016), und der Roman »Kannitz« (Wien 2014);
»Thomas Hobbes. Eine Einführung« (Köln 2019). Noll ist Gründer und
(Mit-)Herausgeber der Zeitschrift »Journal für Rechtspolitik« sowie
Mitglied im wissenschaftlichen Beirat der Zeitschriften »Medien und
Recht« und »Juridikum«.
2016 wurde ihm der »Österreichische Staatspreis für Kulturpublizis-
tik« verliehen.

Dr.[in] Lisa Sonnleitner ist Lecturer am
Institut für Rechtswissenschaftliche Grundlagen,
Fachbereich Rechtsphilosophie, der Universität
Graz.

Kontakt: Institut für Rechtswissenschaftliche
Grundlagen, Universitätsstraße 15/C2, 8010 Graz
E-Mail: lisa.sonnleitner@uni-graz.at

Foto: Privat

Publikationen (Auswahl):
The democratic legitimacy of the European Court of Human Rights
to interpret evolutively, Temple International and Comparative Law
Journal, Vol 33.2 (2019).

Mag.[a] Antonia Wagner ist Universitätsassistentin
(prae doc) am Institut für Österreichisches und
Europäisches Öffentliches Recht an
der Wirtschaftsuniversität Wien und
Redaktionsmitglied der Zeitschrift juridikum.

Kontakt: Institut für Österreichisches und
Europäisches Öffentliches Recht,
Wirtschaftsuniversität Wien, Welthandlesplatz 1,
1020 Wien.
E-Mail: antonia.wagner@wu.ac.at

Foto: Privat

➤

Publikationen (Auswahl):
(gemeinsam mit *Emanuel Matti),* Von Leaks und Lücken:
Mandatsverlust in der ÖH?, juridikum 2017, 465; Von Listen und
Statistiken – Schlaglichter auf die Volkszählung und ihre
Weiterentwicklungen, juridikum 2019, 67; Reform
der Bildungsverwaltung; Österreichische Verwaltungswissenschaftliche
Blätter 2019, 2; (gemeinsam mit *Harald Eberhard)* Constitutional Law
Austria, ERPL 2018 30//3, 109.

Foto: Privat

Mag. Lukas B. Wieser ist Universitätsassistent
(prae doc) für Öffentliches Recht an der Fakultät
für Rechtswissenschaften der Sigmund Freud
Privatuniversität Wien.

Kontakt: Fakultät für Rechtswissenschaften,
Sigmund Freud Privatuniversität Wien,
Freudplatz 3, 1020 Wien.
E-Mail: lukas.wieser@jus.sfu.ac.at

Publikationen (Auswahl):
Von privilegierten Journalisten und Daten im (fast) rechtsfreien Raum –
Zur einseitigen Lösung der Grundrechtskollision zwischen
Datenschutz und Meinungsfreiheit durch § 9 DSG, in Jahnel (Hrsg),
Datenschutzrecht. Jahrbuch 2019 (2019) 303–325 (gemeinsam mit *Marco
Blocher);* §§ 12 f DSG – Kein Spielraum für Beharrlichkeit – Zur
Unionsrechtskonformität der §§ 12 f DSG vor dem Hintergrund
der DS-GVO, jusIT 2019, 72–78 (gemeinsam mit *Lisa Müllner);*
Investitionsschutzrecht 2.0: Alter Wein in neuen Schläuchen –
Auf der Suche nach dem Sinn des Investitionsschutzrechts im CETA-
Abkommen, juridikum 2018, 548–557 (gemeinsam mit *Konrad
Lachmayer);* Digitale Zusatztafeln im Straßenverkehr – Ein Beitrag zur
Kundmachung von Verordnungen, ZVR 2018, 280–286
(gemeinsam mit *Konrad Lachmayer).*

➤

Foto: Privat

Thomas Zahrl, LL.M. (WU) ist Universitätsassistent am Institut für Österreichisches und Europäisches Öffentliches Recht (IOER) der Wirtschaftsuniversität Wien.

Kontakt: Institut für Österreichisches und Europäisches Öffentliches Recht, Wirtschaftsuniversität Wien, Welthandelsplatz 1, 1020 Wien.
E-Mail: thomas.zahrl@wu.ac.at

Publikationen (Auswahl):
Entwicklungen im Landesrecht 2017, in Baumgartner (Hrsg), Jahrbuch Öffentliches Recht 2018 (2018) 327 (gemeinsam mit *Alexander Harrer);* Grundzüge der Rechts- und Staatsphilosophie, in Ganglbauer/ Lukan/Manolas/Vasek (Hrsg); Einführung in die Rechtswissenschaften (2019) 151 (gemeinsam mit Matthias *Lukan und Emmanuel Manolas).*

Gesellschaftliche Herausforderungen – Öffentlich-rechtliche Möglichkeiten

Tagung der Österreichischen Assistentinnen und Assistenten Öffentliches Recht

Band 10   Graz 2019

Alfred J. Noll

Leidet das Parlament an Animophobie?

Sehr verehrte Damen und Herren,[1]

zunächst und zuvörderst: Dank für diese Einladung, ich fühle mich geehrt. – Zwar beseelt mich eine gewisse Ungewissheit, ob ich mit den nachfolgenden Impressionen all Ihren Erwartungen an einen »Festvortrag« vollumfänglich zu entsprechen vermag; und ich muss Ihnen einleitend auch gestehen, dass ich aus vielerlei Gründen der politischen Gegenwart wenig »Festliches« abgewinnen kann, – aber ich hoffe doch, dass ich mit dem Folgenden Ihre Aufmerksamkeit und vielleicht sogar Ihr nachwirkendes Interesse erwecken kann, und wenn's gelingt, dann wird, was kommt, mancher und manchem von Ihnen vielleicht sogar ein vergnügliches Lächeln entlocken – so immerhin würde dann doch zumindest ein Element des Festlichen sich einstellen.

Meine Ausführungen habe ich unter den aufmerksamkeitsheischenden, weil gänzlich unverständlichen Titel gestellt:

Leidet das Parlament an Animophobie?

Mag Ihnen damit auch nicht klar sein, um was es geht, so ist mit dieser Themenstellung jedenfalls indiziert, dass ich Sie nachfolgend nicht mit der Ihnen vertrauten und Sie stets sättigenden Kost strenger rechtswissenschaftlicher Verfassungsexegese abzuspeisen gedenke, sondern dass ich Ihnen im zeitlich vorgegebenen Korsett einige Gedankenausflüge aus dem Minimalorbit heimischer politischer Unbeweglichkeit kredenzen werde.

---

1   Festvortrag vom 26. September 2019 im Grazer Rathaus anlässlich der Eröffnung der »10. Tagung der österreichischen Assistentinnen und Assistenten des Öffentlichen Rechts« vom 26.–28. September an der Karl-Franzens-Universität Graz: »Gesellschaftliche Herausforderungem – Öffentlich-rechtliche Möglichkeiten«.

Beginnen wir mit Art 70 Abs 1 in der Stammfassung des B-VG 1920: »Die Bundesregierung wird vom Nationalrat in namentlicher Abstimmung aus einem vom Hauptausschuss zu erstattenden Gesamtvorschlag gewählt.« Sie wissen, dass diese Formulierung fast wortwörtlich Art 2 Abs 2 des Gesetzes vom 14. März 1919 über die Staatsregierung folgte, und dass dort in Art 1 Abs 1 die Staatsregierung als die Gesamtheit der mit der Ausübung der Regierungs- und Vollzugsgewalt gewählten »Volksbeauftragten« bestimmt wurde. Und dann hieß es in Art 4 Abs 1 leg cit: »Versagt das Haus der Staatsregierung oder einzelnen Mitgliedern derselben durch ausdrückliche Entschließung das Vertrauen, so ist eine neue Regierung zu bestellen.« Dem entsprach im B-VG 1920 der Art 74 Abs 1 wiederum fast wortwörtlich: »Versagt der Nationalrat der Bundesregierung oder einzelnen ihrer Mitglieder durch ausdrückliche Entschließung das Vertrauen, so ist die Bundesregierung oder der betreffende Bundesminister des Amtes zu entheben.«

Wir sehen hier mit normativer Konsequenz verfassungsrechtlich realisiert, was durch die Provisorische Nationalversammlung im Gesetz vom 14. März 1919 über die Volksvertretung postuliert wurde; dort hieß es in Art 1 Abs 1: »Die vom Volke Deutschösterreich gewählte konstituierende Nationalversammlung übernimmt als höchstes Organ des Volkes die oberste Gewalt der Republik.« – Parlamentarismus pur.

Mit der B-VG-Novelle 1929 wurde dieses Regime von der ungeschmälerten Parlamentsherrschaft in eine – wie es mancherorts heißt – »parlamentarische Demokratie mit präsidentiellem Einschlag« transformiert. Tatsächlich lautet Art 70 Abs 1 B-VG heute: »Der Bundeskanzler und auf seinen Vorschlag die übrigen Mitglieder der Bundesregierung werden vom Bundespräsidenten ernannt«.

Mit der für unseren Zweck gerechtfertigen Zuspitzung lässt sich diese Änderung bezeichnen als Statuswandel der Regierung vom parlamentarisch gekürten Volksbeauftragten hin zum frei bestimmten Beauftragten des Präsidenten. Wo zuvor nur der Nationalrat Wahlorgan und damit Herr der Regierung gewesen ist, ist nunmehr der Bundespräsident allein Ernennungsorgan und Souverän der Regierungsbildung.

Drei Aspekte dieser Änderung scheinen mir erwähnenswert:

1.   Auch wenn man sich vor Übertreibungen hüten soll – denn der Bundespräsident ist eben kein »Wahlmonarch«, sondern bloß oberster Volksbeauftragter mit voller parlamentarischer und gerichtlicher Verantwort-

lichkeit –, so ist der eben bezeichnete normative Wandel doch mehr als bloß ein »präsidentieller Einschlag«, den das vormalige politische System einer »reinen« parlamentarischen Demokratie dadurch erlitten hat. Schon Ignaz Seipel hatte die Vorstellung, den durch Volkswahl bestimmten Präsidenten durch die Gewährung der alleinigen Kompetenz zur Regierungsbildung und -entlassung zum antiparlamentarischen Akteur aufzuwerten; die öffentliche Kritik daran, wie sie etwa von Hans Kelsen mit großer Vehemenz vorgetragen wurde, ist Ihnen bekannt.

2.   Zwar ist der Wortlaut des Art 70 Abs 1 B-VG seit 1929 gleich geblieben, aber die Bedeutung der präsidentiellen Regierungsernennungs- und -entlassungskompetenz hat doch durch den faktischen Machtzuwachs der Exekutive gegenüber der Legislative (wie wir ihn seit 1945 beobachten können) erheblich zugenommen. Heute sehen wir, dass die gesamte Gesetzgebung *de facto* nur noch durch Regierungsdekrete erfolgt und der Nationalrat den ihm übermittelten Regierungsvorlagen bloß noch das Mäntelchen der Gesetzlichkeit überstülpt. To make a long story short: Der Bundespräsident schafft mit der Ernennung der Bundesregierung also den *de-facto*-Gesetzgeber der Republik und er bestimmt *uno actu* die obersten Organe der Vollziehung. In dieser Tatsache liegt begründet, warum Norbert Hofer bei der Präsidentschaftswahl in Aussicht stellen konnte: »Sie werden sich wundern, was alles geht!« Man mag politische Einwände gegen Herrn Hofer haben, aber unsere Verfassung hat sich seiner Lektüre nicht gänzlich entziehen können.

3.   In auffälligem Kontrast dazu steht die landläufige Vorstellung, wir würden mit der nun anstehenden Wahl zum Nationalrat die Regierung wählen; jeglicher verfassungsaufklärerische Versuch, Land und Leuten zu erklären, dass mit der kommenden Wahl lediglich über die Zusammensetzung des Nationalrates entschieden, nicht aber unsere Regierung gewählt würde, zerschellt an der tradierten Verfassungsfolklore. Die verfassungspolitische Traverse dieser volkstümlichen Überlieferung besteht aus einem Amalgam aus bisheriger Übung (der Bundespräsident beauftragt üblicherweise den Spitzenkandidaten der stärksten Partei mit der Regierungsbildung) und den Restbeständen an sedimentiertem Demokratiebewusstsein in unserer Republik: Denn natürlich wollen wir alle glauben, dass in einer Demokratie das Parlament die politischen Geschicke des Landes lenkt und leitet. Nur hat dieser Glaube eben weder normativ noch faktisch ein entsprechendes Tatsachenfundament.

Die Wahlen zum Nationalrat sind zur Regierungsbildung zunächst einmal ebenso inkongruent, wie die eigenständige Gesetzgebungskompetenz des Nationalrats gegenüber der Regierung chimärenhaft ist. Nur als Fußnote weise ich darauf hin, dass eine gründliche Analyse der vom Alt-Kanzler unmittelbar nach seiner Abwahl kolportierten Plakat-Parole: »Das Parlament hat bestimmt, das Volk wird entscheiden!« sich mit den ambivalenten Erwartungen an unsere Verfassung und mit den höchst misslichen landläufigen Vorstellungen darüber auseinanderzusetzen hätte, wenn man die in diesem Postulat enthaltene Demagogie angemessen entschlüsseln wollte.

Das Ihnen allen gewiss schon auf der Zunge liegende und dringlich nach Ausdruck suchende Gegenargument will ich an dieser Stelle nur streifen: Gewiss ist der Bundespräsident mit seiner von ihm gänzlich frei und unter alleiniger Verantwortung liegenden Regierungsbildung darauf angewiesen, dass seiner Regierung im Nationalrat nicht sofort das Vertrauen versagt werde. Dem Nationalrat bleibt ja über Art 74 B-VG jederzeit die Möglichkeit, die vom Bundespräsidenten ernannte Regierung vermittels eines Misstrauensvotums ins Out zu schießen; ein kluger Bundespräsident würde doch niemals eine Regierung ernennen, der es absehbar am Vertrauen im Nationalrat ermangelt. Noch nie in der Geschichte der Republik Österreich ist es – abgesehen von dem jetzt gleich noch zu behandelnden Fall – zu einem erfolgreichen Misstrauensantrag gekommen;[2] am weitesten brachte es noch der Misstrauensantrag gegen die Regierung Dollfuß am 2. August 1932, der von den großdeutschen Abgeordneten eingebracht und von der Sozialdemokratie unterstützt wurde – die Stimmengleichheit von 81 zu 81 Stimmen entschied letztlich für die Regierung, die zuvor sogar Abgeordnete aus dem Krankenhaus zur Abstimmung bringen ließ.

In unserem System kann es deshalb zum Gelingen eines Misstrauensvotums an sich nicht kommen. In unübertrefflicher Lakonie steht auf der Homepage des Parlaments: Die politische »Frontlinie« verlaufe im parlamentarischen Regierungssystem eben »nicht mehr zwischen Parlament und Regierung [...]. Sie verläuft heute zwischen der Regierung und den sie unterstützenden Parlamentsfraktionen einerseits und der Opposition andererseits. – Das erklärt, warum Misstrauensanträge unter stabilen politischen Mehrheitsverhältnissen nie eine Mehrheit

---

2   *Addendum,* Wenn das Misstrauen siegt, <addendum.org/politometer/kategorie/verwaltung/misstrauensantrag> (31.01.2020).

finden, auch wenn sie von der Opposition immer wieder eingebracht werden.«[3]

Bekanntlich verkündete Bundeskanzler Kurz am Samstag, den 18. Mai 2019, das Ende der Koalition zwischen ÖVP und FPÖ, Sie erinnern sich an seine Worte: »Genug ist genug«; gleichzeitig erklärte er, er habe sich gegen einen fliegenden Wechsel und für Neuwahlen entschieden.[4]

Versetzen wir uns vier Monate zurück und versuchen wir gemeinsam eine retrospektive Bestandsaufnahme:

1.   Der Bundeskanzler löst die Koalition auf und postuliert Neuwahlen, dh er gibt seinem politischen Wunsch bzw seiner Absicht nach Neuwahlen Ausdruck. Verfassungsrechtlich hat dieser Wunsch keine Erheblichkeit, denn die für Neuwahlen notwendige Auflösung des Nationalrats könnte gem Art 29 B-VG ja nur dieser selbst oder der Bundespräsident bewerkstelligen. Tatsächlich aber ist dieser Wunsch sofort von fast allen politischen Parteien, vom Bundespräsidenten und vor allem von den österreichischen Medien als eine politische Gewissheit genommen und akzeptiert worden. Mehr noch: Die gesamte politische Landschaft schloss aus der Auflösung der Koalition auf die unabdingbare Notwendigkeit von Neuwahlen.

Rückblickend betrachtet zeigt sich, dass das einmal verkündete politische Wollen eines obersten Verwaltungsorgans Präponderanz gegenüber den verfassungsrechtlichen Vorgaben gewonnen hatte – denn schließlich wurden die Abgeordneten am 15. Oktober 2017 für die Dauer von fünf Jahren gewählt, und nicht bloß für zwei Jahre. Anders gesagt: Die Auflösung der Koalition erzwang *ipso facto* in der Vorstellung aller Beteiligten die Notwendigkeit von Neuwahlen.

Zwar ist unbestreitbar, dass es so war; aber es lässt sich füglich fragen: Warum war das so? – Mein Verdacht: Es drückte sich darin nichts anderes aus als die unbedingte gouvernementale Hegemonie innerhalb unseres politischen Systems. Denkbar wäre doch immerhin gewesen,

---

3   Siehe auch *Homepage des Österreichischen Parlaments,* <parlament.gv.at/PERK/KONTR/POL/7MISSTRAUENSVOTUM> (31.01.2020).
4   Siehe auch *Der Standard,* Strache und Gudenus treten zurück, Kurz und Van der Bellen kündigen Neuwahlen an, <derstandard.at/story/2000103406915/strache-und-gudenus-treten-zurueck-kurz-und-van-der-bellen> (31.01.2020).

dem Ansinnen nach Neuwahlen eine Absage zu erteilen, so wie das erst unlängst der italienische Staatspräsident Materella nach dem Scheitern der Allianz zwischen der Fünf-Sterne-Bewegung und der rechten Lega gemacht hat. Wiederum in Paranthese sei hinzugefügt, dass mir gegenüber sowohl Abgeordnete der SPÖ als auch der FPÖ freimütig erklärt haben, dass sie überhaupt keine Lust an Wahlen hätten, dass man aber nicht wisse, wie man diese Absage an Neuwahlen den Medien verkaufen könne: Die »Neuwahl-Order« von Kurz sei öffentlich nicht mehr hinterfragbar – »das schaffen wir nicht«.

2.   Ab dem Abend des 20. Mai 2019 wurde von JETZT die Absicht kolportiert, gegen Bundeskanzler Kurz einen Misstrauensantrag einzubringen; und am 21. Mai wurde den anderen Parteien ein Entwurf für den Misstrauensantrag gegen Kurz übermittelt. Angenommen wurde dann in der Sondersitzung des Nationalrats am 27. Mai der Misstrauensantrag der SPÖ gegen die gesamte Regierung (über den ebenfalls eingebrachten Misstrauensantrag von JETZT, der nur gegen den Bundeskanzler gerichtet war, wurde aus Gründen der Geschäftsordnung [§ 65 Abs 4 GO-NR] nicht abgestimmt). Als Folge dieses Beschlusses ernannte der Bundespräsident dann nach einem Zwischenspiel einer ÖVP-Alleinregierung unter Expertenbeteiligung gem Art 70 B-VG die jetzige Regierung und sprach sich gleichzeitig für möglichst rasche Neuwahlen aus.

Die seither übliche Bezeichnung der Regierung Bierlein als »Übergangsregierung« ist wiederum nur zu verstehen als eine durch die Gewissheit von Neuwahlen bestimmte Apostrophierung; denn natürlich ist diese Regierung von Verfassungs wegen nicht weniger Regierung als alle anderen Regierungen auch. Ihrem Handeln und Unterlassen lag nur die durch öffentliche Zuschreibung erfolgte »Vergänglichkeit« von allem Anfang an zugrunde, eine Kennzeichnung, an der die Mitglieder der derzeitigen Regierung heftig mitwirkten: Wir wollen verwalten, und nicht gestalten, wir stehen nur für eine Übergangszeit zur Verfügung etc etc.

3.   Bemerkenswert ist nun, dass die Regierung Bierlein am 3. Juni 2019 vom Bundespräsidenten ernannt und angelobt wurde. Zu diesem Zeitpunkt waren die verfassungsrechtlichen Voraussetzungen einer Neuwahl, nämlich die Auflösung des Nationalrates, noch gar nicht gegeben. Vielmehr waren es die öffentlichen Erklärungen des Bundespräsidenten

und der neuen Kanzlerin, die die faktische Unabwendbarkeit von Neuwahlen in den Raum stellten – und zudem der von der ÖVP schon unmittelbar nach dem 27. Mai 2019 in die Gänge gekommene Wahlkampf, der von den Medien breitenwirksam begleitet wurde. Gegen die Stimmen von JETZT beschloss der Nationalrat darauf hin am 12. Juni 2019 seine Auflösung[5] und der Hauptausschuss des Nationalrats legte sodann den Wahltermin für Sonntag, den 29. September 2019, fest.[6] Eine verfassungsmäßige Vorgabe, sich aufzulösen, bestand für den Nationalrat nicht – vielmehr wäre es dem Nationalrat völlig frei gestanden, seinen Bestand bis zum Ablauf der Legislaturperiode zu wahren. Das hat er nicht getan, und wir können unschwer erkennen, dass der Auflösungsbeschluss eine beinahe denknotwendige Folge der Akzeptanz des vom vormaligen Bundeskanzler ausgesprochenen Neuwahlpostulats war. SPÖ und FPÖ hätten natürlich den Wahltermin auch erst ins nächste Jahr legen können: Die FPÖ war durch das Ibiza-Video geschwächt und konnte nicht hoffen, von Wahlen zu profitieren; die SPÖ war absehbar durch die mangelnde öffentliche Begründbarkeit des von ihr initiierten Misstrauensantrages gegen die gesamte Regierung beeinträchtigt. Beide Parteien aber vermochten sich dem öffentlichen Verlangen nach raschen Neuwahlen nicht zu entziehen – womit sie die politisch-hegemoniale Nachrangigkeit des Parlaments gegenüber der Verwaltung und gegenüber den medial geäußerten Erwartungen bestätigten.

Meine sehr geehrten Damen und Herren, ich komme zum Schluss und versuche mit der Ihnen gerade noch zumutbaren Unumwundenheit ein Resümee zu ziehen:

Durchbräche man die Oberfläche der legitimatorischen Fassade, mit der sich der Nationalrat in der Öffentlichkeit präsentiert und mit der er in Sonn- und Feiertagsreden charakterisiert wird, dann könnten wir vermittels einer etwas vertieften Nachschau vielleicht erkennen, dass es sich bei der dem Nationalrat zugesprochenen Kompetenz um eine kontrafaktische Unterstellung handelt. Ich behaupte einmal – und sie können mich beim gleich folgenden Abendempfang gerne widerlegen oder noch Schlimmeres mit mir anstellen –, dass der Nationalrat und

---

5 BGBl I 52/2019.
6 *Homepage des Österreichischen Parlaments,* <parlament.gv.at/PAKT/PR/JAHR_2019/ PK0772> (31. 01. 2020).

mit ihm die gesamte politische Öffentlichkeit durch den erstmals erfolgreichen Misstrauensantrag einen Schock erlitten hat. Die Erfahrung des erfolgreichen Misstrauensantrages und die damit unter einem realisierte Selbstermächtigung des Nationalrats hat bei der Mehrzahl der Abgeordneten (und vorweg in den Parteizentralen von SPÖ und FPÖ) zu einer Art »Angst vor der eigenen Courage« geführt, medizinisch ausgedrückt: sie haben einen animophobischen Schub erlitten, der Mut hat sie verlassen. Oder verfassungspolitisch gewendet: Versagt die Mehrheit im Nationalrat einer Regierung das Vertrauen, womit sie ihrer demokratisch-parlamentarischen Souveränität gegenüber der Regierung unmittelbar und unbekämpfbar Ausdruck verleiht, dann bestehen für diese Mehrheit zwei Möglichkeiten: Sie kann – verwirrt vom eigenen Erfolg – die Abwahl der Regierung als bloße Episode im kontinuierlichen Einerlei der politischen Geschehnisse verkommen lassen, oder sie kann – selbstbewusst und zuversichtlich – diese erstmalige Durchbrechung der Üblichkeiten zum Fanal eigener Gestaltungskraft werden lassen. Letzteres ist erkennbar nicht geschehen.

Kein »Festvortrag« ohne Goethe und Schiller: Sie erinnern sich vielleicht an die berühmte Schilderung Goethes aus der »Campagne in Frankreich«, wo er, angesichts der Kanonade von Valmy, die große Weltwende gespürt und vorausverkündet hat. »Von hier und heute«, so sagt er zu seinen Begleitern, »geht eine neue Epoche der Weltgeschichte aus, und ihr könnt sagen, ihr seid dabei gewesen.«[7]

Wer so etwas sagt, der hat den Verstand und die Ambition, den gegenwärtigen Moment, in dem er steht, über seine zeitlichen Grenzen zu erweitern und in ihm die Reihe der Folgen, die sich an ihn knüpfen sollten, zu überschauen. Vor dem Hintergrund eines konkreten Erlebnisses hebt sich plötzlich ein Gesamtgeschehen ab – im Besonderen wird dann das Allgemeine sichtbar, nicht als Traum und Schatten, wie es an anderer Stelle bei Goethe heißt, sondern als »lebendig-augenblickliche Offenbarung«. Man hätte den gelungenen Misstrauensantrag als einen Beginn von etwas Neuem sehen können; dann aber hätte es auch der Entschlossenheit und der Konsequenz bedurft, um Fertigzumachen, was man damit in Gang gesetzt hat.

Natürlich war der Misstrauensantrag keine Kanonade von Valmy; aber musste er gleich einem Hornberger Schießen enden? Lässt sich

---

7   *Johann Wolfgang von Goethe,* Campagne in Frankreich 1792, in: Werke, 1. Abt, Bd XXIII, 1–271, hier 75.

heute ein andres Resümee ziehen als jenes, für das Schiller in »Die Räu-
ber« (1781) die Textvorlage lieferte: »Da ging's aus wie's Schießen zu
Hornberg und sie mussten abziehen mit langer Nase«? Und werden wir
nicht schon nächste Woche allesamt uns sagen müssen, was Karl Moor
lächelnd zu Moritz Spiegelberg sagte: »Kamerad! mit den Narrenstrei-
chen ist's nun zu Ende« (1. Akt, 2. Scene)?

Ich habe für Ihre Aufmerksamkeit zu danken – und ich wünsche Ihnen
noch einige Abendstunden, die Ihnen mehr an Ersprießlichkeit und
Vergnügen bereiten, als es mir die parlamentarischen Geschehnisse
während meiner zweijährigen ethnologischen Exkursion brachten.

Lisa Sonnleitner

Gesellschaftlicher Wandel in Europa: Die evolutive Auslegung der EMRK als notwendige Antwort oder illegitime Rechtsfortbildung?

I. Einleitung

Der europäische Gerichtshof für Menschenrechte (EGMR) bezeichnet die Europäische Menschenrechtskonvention (EMRK)[1] als *lebendiges Instrument (living instrument),* welches im Lichte aktueller Gegebenheiten ausgelegt werden soll. Seit der ersten Nennung dieser sogenannten evolutiven Auslegung im Fall *Tyrer gg das Vereinigte Königreich*[2] 1978, griff der EGMR in einer Vielzahl von Fällen auf diesen Auslegungsansatz zurück, um die Konvention an aktuelle gesellschaftliche Herausforderungen anzupassen. Schon von Beginn an wurde der Gerichtshof für seine mangelnde demokratische Legitimation zur Rechtsfortbildung kritisiert.[3] Die kritische Haltung scheint aber in den letzten zehn Jahren zugenommen zu haben und nahm auch starken Einfluss auf das Reformtreffen des Europarats in Brighton 2012, wo das 15. Zusatzprotokoll zur EMRK beschlossen wurde. Dieses wird erstmals den Text der Präambel verändern und einen neuen Absatz einfügen, welcher auf die Prinzipien der Subsidiarität sowie des Ermessensspielraums der Mitgliedstaaten

---

1   Konvention zum Schutze der Menschenrechte und Grundfreiheiten, Rom, 4.11.1950 (ETS Nr 005).
2   EGMR 25.04.1978, 5856/72 (Tyrer gg das Vereinigte Königreich).
3   S hierzu näher: *Sonnleitner,* The Democratic Legitimacy of Evolutive Interpretation by the European Court of Human Rights, Temple International and Comparative Law Journal 2019/33/2, 279.

verweist. Die Doktrin des Ermessensspielraums der Mitgliedstaaten bei der Auslegung der EMRK wird ab Inkrafttreten[4] des Zusatzprotokolls die einzige explizite Vorgabe für die Auslegung des Konventionstextes sein. Der EGMR wird dadurch zur Berücksichtigung nationaler Menschenrechtsverständnisse bei seiner eigenen Auslegung der EMRK gemahnt. Dies ist durchaus als Aufruf zu verstehen, eine den nationalen Begriffsverständnissen zuvorkommende evolutive Auslegung stärker einzudämmen.

Dieser Aufsatz stellt infrage, ob es aus normativen Erwägungen wünschenswert ist, dass der EGMR in seiner evolutiven Auslegung gebremst wird, um nationalen Auslegungen der EMRK den Vorrang zu geben. Es wird argumentiert, dass eine vernünftige Anpassung des Konventionstextes an aktuelle Herausforderungen unabdingbar ist, um einerseits zu einer Harmonisierung des effektiven Menschenrechtsschutzes in den Mitgliedstaaten des Europarats zu führen und andererseits zu erhöhter individueller Fallgerechtigkeit beizutragen. Gleichzeitig soll aber nicht für einen gänzlichen Ausschluss des Ermessensspielraums der Mitgliedstaaten argumentiert werden. Vielmehr soll auch der sogenannten statischen Auslegung, welche einen Spielraum für nationale Begriffsverständnisse zulässt, eine legitime Rolle in der Auslegung der EMRK eingeräumt werden. Dies ist insbesondere im Hinblick auf Werte wie Konsistenz und Rechtssicherheit im Menschenrechtsschutz notwendig. Der Aufsatz wird zeigen, dass diese augenscheinliche Dichotomie zwischen statischer und evolutiver Auslegung tief in den Verfassungswerten der EMRK verankert ist. Die Verfassungsprinzipien der EMRK liefern letztlich auch die Legitimationsbasis für diese beiden Auslegungsansätze.

Ziel des Aufsatzes ist es, die Grundlage der beiden Auslegungsansätze in den Verfassungswerten der EMRK darzustellen. Dies soll schließlich einen Hinweis darauf geben, wie das Spannungsverhältnis zwischen evolutiver und statischer Auslegung aufzulösen ist. Das Argument wird in drei Teilen ausgeführt. Zuerst wird die theoretische Basis gelegt, indem die Begrifflichkeiten der evolutiven und statischen Auslegung erläutert werden, und die Verfassungsnatur der EMRK näher beleuchtet wird. In einem zweiten Schritt werde ich dann tiefer auf die

---

4   Protokoll Nr 15 zur Änderung der Konvention zum Schutze der Menschenrechte und Grundfreiheiten, Straßburg, 24.06.2013 (CETS Nr 213), mit Dezember 2019 liegen 45 von 47 notwendigen Ratifikationen für das Inkrafttreten vor.

konkreten Verfassungsprinzipien eingehen, welche für die Wahl des richtigen Auslegungsansatzes ausschlaggebend sind. In einem dritten Schritt soll schließlich der Rahmen für ein Modell zur Auflösung des Spannungsverhältnisses zwischen evolutiver und statischer Auslegung erarbeitet werden.

II. Die EMRK als lebendiges Instrument mit Verfassungsqualität

Dieser Abschnitt soll die wesentlichen Prämissen des Aufsatzes klären und so zu einem umfassenden Verständnis des späteren Arguments beitragen. In einem ersten Schritt wird der Begriff der evolutiven Auslegung der EMRK näher erläutert und sodann dem Begriff der statischen Auslegung gegenübergestellt (A.). In einem zweiten Schritt wird schließlich geklärt, inwiefern im Zusammenhang der EMRK von einem Dokument mit Verfassungsqualität gesprochen werden kann (B.).

A.   Gesellschaftlicher Wandel und die Auslegung der EMRK

Im Fall *Tyrer gg das Vereinigte Königreich* berief sich der EGMR zum ersten Mal darauf, dass die EMRK ein lebendiges Instrument sei, welches im Lichte aktueller Gegebenheiten ausgelegt werden müsse.[5] Der Fall *Tyrer* befasste sich mit der Frage, ob Prügelstrafen nach dem Strafrecht der Isle of Man unter den Begriff der *erniedrigenden Behandlung* im Sinne des Artikel 3 EMRK fallen.[6] Dies war insofern eine Frage des gesellschaftlichen Wandels, als dass Prügelstrafen zum Zeitpunkt der Gestaltung der EMRK noch in einigen Mitgliedstaaten des Europarats eine legale Form der Bestrafung waren. Zum Zeitpunkt der Entscheidung im Fall *Tyrer* hingegen, hatte der Großteil der Mitgliedstaaten diese Art der körperlichen Bestrafung bereits abgeschafft.[7] Es hatte sich somit ein gesellschaftlicher Wandel in Europa hin zu einem Verbot von staatlich

---

5   EGMR 25.04.1978, 5856/72, § 31.
6   EGMR 25.04.1978, 5856/72, §§ 28–30.
7   EGMR 25.04.1978, 5856/72, § 31.

verordneten Prügelstrafen vollzogen. Der EGMR stellte daher letztlich einen Verstoß gegen Artikel 3 EMRK fest und führte begründend aus, dass Prügelstrafen die Menschenwürde und körperliche Integrität verletzen würden.[8] Mit dem Fall *Tyrer* wurde der Grundstein gelegt für die in weiterer Folge laufend stattfindende Anpassung der EMRK an neue gesellschaftliche Herausforderungen.

Seit der erstmaligen Nennung in *Tyrer,* griff der EGMR in einer Vielzahl von Fällen auf die evolutive Auslegung der EMRK zurück, was nicht nur zu einer konstanten Weiterentwicklung der Konventionsrechte, sondern auch zu einer zunehmend kritischen Haltung innerhalb und außerhalb des Gerichtshofs gegenüber dieses Auslegungsansatzes geführt hat. Schon von Beginn an kritisierte der britische Richter am EGMR, *Sir Gerald Fitzmaurice,* dass die evolutive Auslegung ein Einfallstor für indirekte politische Reformen durch den EGMR sei.[9] Außerhalb des Gerichtshofs ließen insbesondere Debatten in Großbritannien über den Austritt aus der EMRK aufhorchen, deren Ausgangspunkt in der mangelnden Bereitschaft Großbritanniens zur Umsetzung der EGMR-Rechtsprechung zum Wahlrecht für Häftlinge lag.[10] Die Kritik am politischen Aktivismus des Gerichtshofs gipfelte im Reformtreffen in Brighton 2012, wo sich die Mitgliedstaaten auf eine Ergänzung des Konventionstextes einigten.[11] Die Präambel sollte nunmehr die Prinzipien der Subsidiarität des Konventionsschutzes durch den EGMR sowie des Ermessensspielraums der Mitgliedstaaten in der Anwendung der Konvention ausdrücklich im Text verankern. Das Subsidiaritätsprinzip besagt, dass sich die Funktion des EGMR im europäischen Menschenrechtsschutz auf eine reine Kontrollfunktion beschränkt, und vorranging den Mitgliedstaaten der Schutz der Menschenrechte obliegt.[12] Die Doktrin des Ermessensspielraums *(margin of appreciation)* ist mit dem Subsidiaritätsprinzip verbunden und bedeutet, dass der Gerichtshof den Mitgliedstaaten einen gewissen Handlungsspielraum bei der Anwendung und Umsetzung der EMRK lässt.[13] Es handelt sich hierbei um die erstmalige Änderung des Präambel-Textes seit Inkrafttreten der

---

8   EGMR 25.04.1978, 5856/72, § 33.
9   EGMR 25.04.1978, 5856/72, Sondervotum des Richters Fitzmaurice, § 14.
10   *Donald/Leach,* Parliaments and the European Court of Human Rights (2016), 6 f; EGMR 6.10.2005, 74025/01 (Hirst gg das Vereinigte Königreich).
11   Artikel 1, 15. Zusatzprotokoll zur EMRK (CETS Nr 213).
12   *Gerards,* General principles of the European Convention on Human Rights (2019) 5.
13   *Gerards,* General principles of the European Convention on Human Rights, 168.

EMRK. Besonders an der neuen Präambel ist vor allem die Nennung der Doktrin des Ermessensspielraums, da diese nun die einzige Doktrin zur Anwendung der EMRK ist, welche ausdrücklich im Konventionstext enthalten ist.[14] Dass die Adoption des 15. Zusatzprotokolls zur EMRK (auch) die politische Agenda verfolgte, die extensive Nutzung der evolutiven Auslegung einzudämmen, lässt sich außerdem durch einen Blick auf den politischen Hintergrund des Reformprozesses begründen. Bereits in der gemeinsamen Erklärung der Mitgliedstaaten auf dem Reformtreffen in Interlaken 2010 setzten sich die Staaten für eine stärkere Betonung des Subsidiaritätsprinzips in der Auslegung der EMRK ein.[15] Obwohl es zu diesem Zeitpunkt noch nicht klar schien, ob der Ruf nach Subsidiarität auch mit einer stärkeren Betonung des Ermessensspielraums der Mitgliedstaaten in der Auslegung der EMRK einhergehen soll[16], wurde die Richtigkeit dieser Lesart mit der Adoption des 15. Zusatzprotokolls und der expliziten Verankerung dieses Prinzips in der Präambel eindeutig. Kritiker des Zusatzprotokolls sehen darin einen ungerechtfertigten Eingriff in die Autonomie des EGMR in der Anwendung der EMRK.[17]

Der Reformprozess scheint also eine klare politische Agenda zu verfolgen. Diese besteht darin, die Rolle der Nationalstaaten im Menschenrechtsschutz zu stärken und dadurch einen stärkeren Einfluss nationaler Begriffsverständnisse auf die Auslegung der EMRK durch den EGMR zu erzielen. Eine stärkere Betonung des nationalen Elements in der Auslegung der EMRK würde naturgemäß zu einer stärkeren Fragmentierung der Auslegung führen, da sich die nationalen Begriffsverständnisse untereinander zumindest bis zu einem gewissen Grad unterscheiden. Ein solcher Auslegungsansatz soll verhindern, dass der EGMR einseitig von den Absichten der Vertragsunterzeichner oder von seiner bisherigen Rechtsprechung abweicht. Eine Weiterentwicklung der Konventionsrechte im Rahmen der Auslegung wäre in dieser Konstellation

---

14 *Sonnleitner,* Temple International and Comparative Law Journal 2019/33/2, 279 (281).

15 Aktionsplan, § 9, Interlaken Declaration, High Level Conference on the Future of the European Court of Human Rights, 19.02.2010.

16 *Bates,* The evolution of the European Convention on Human Rights: From its inception to the creation of a permanent court of human rights (2010) 437.

17 *Amnesty International,* Joint NGO input to the ongoing negotiations on the draft Brighton Declaration on the Future of the European Court of Human Rights, 20.03.2012, [3] <https://www.amnesty.org/en/documents/IOR61/005/2012/en/> (16.12.2019).

nur insofern möglich, als dass diese Weiterentwicklung vom Begriffsverständnis der Mitgliedstaaten getragen wird. Aus der Perspektive des
EGMR ist ein solches Vorgehen bei der Auslegung insofern als statisch
zu verstehen, als dass sich seine Auslegung immer an bereits bestehenden Begriffsverständnissen orientieren muss. Die Auslegung des EGMR
selbst führt dabei nicht zu einem Begriffswandel. Daher bezeichne ich
diese Form der Auslegung als statische Auslegung.

Dem gegenüber kann die evolutive Auslegung gestellt werden. Diese
legt die Verantwortung zur Berücksichtigung gesellschaftlichen Wandels in der Auslegung der EMRK in die Hände des EGMR. Eine Legitimation zur evolutiven Auslegung erlaubt es dem EGMR, von den Begriffsverständnissen der Vertragsunterzeichner oder seiner bisherigen
Rechtsprechung abzuweichen, ohne dass dieser Auslegung zwingend
ein Begriffswandel in den Mitgliedstaaten vorangehen muss.

Eine Harmonisierung der wandelnden Auslegung der EMRK kann
bei der statischen Auslegung nur in einem Prozess *von unten* erfolgen,
also wenn sich das Begriffsverständnis in den einzelnen Mitgliedstaaten ähnlich weiterentwickelt, und so eine ähnliche Rechtslage in den
verschiedenen Staaten entsteht. Bei der evolutiven Auslegung erfolgt
die Harmonisierung dagegen eher *von oben,* wenn die Mitgliedstaaten
ihre Rechtsordnungen an die evolutive Auslegung des EGMR anpas-
sen. In Abschnitt III soll später gezeigt werden, dass beide Auslegungsansätze, sowohl die statische als auch die evolutive Auslegung, durch
fundamentale Verfassungswerte der EMRK legitimiert werden können.
Als Grundlage hierfür soll aber zunächst im folgenden Abschnitt auf die
Verfassungsqualität der EMRK eingegangen werden.

B.   Die EMRK als Verfassungsdokument

Inwiefern kann bei einem internationalen Menschenrechtsdokument
wie der EMRK überhaupt von einem Vertrag mit Verfassungsqualität gesprochen werden? Diese Frage soll in diesem Abschnitt mit Blick auf die
Konstitutionalismus-Debatte im internationalen Recht geklärt werden.

Konstitutionalismus bezeichnet eine politische Theorie, welche sich
mit den legitimen Grenzen staatlichen Handelns befasst.[18] In einem

---

18   *Loughlin,* What is Constitutionalisation?, in Dobner/Loughlin (Hrsg), The Twilight
of Constitutionalism? (2010) 47 (55).

weiten Sinn könnte daher bereits bei jedweder politischen Einheit mit einem gewissen Organisationsgrad von einer Verfassung gesprochen werden. Ein normatives Verfassungskonzept verlangt allerdings die Erfüllung weiterer Kriterien, um von einer Verfassung zu sprechen.[19] Neben der beschränkten Macht des Souveräns, bedarf es nach *Rosenfeld* auch einem Bekenntnis zur Rechtstaatlichkeit sowie zum Grundrechtsschutz.[20] *Cottier* und *Hertig* verlangen zusätzlich die Institutionalisierung der Gewaltenteilung sowie einer demokratischen Autorität.[21] *Loughlin* weist darüber hinaus auf die Rolle der Gerichtsbarkeit zum Schutz dieser Verfassungsgrundsätze hin.[22] Die Sprache des Konstitutionalismus wurde klassischerweise für Nationalstaaten entwickelt. Mit Blick auf internationale Organisationen ist jedoch klar, dass diese noch nicht oder vielleicht sogar niemals denselben Grad an Verfasstheit wie Nationalstaaten erlangen werden.[23] Dennoch stellen sich auch im internationalen Kontext typische Verfassungsfragen wie die Bedingungen der Zugehörigkeit, Machtbeschränkung oder die Beziehungen der Mitgliedstaaten untereinander.[24] Dies spricht dafür, das Konzept des Konstitutionalismus auch auf den internationalen Kontext zu übertragen, wenn auch nicht im Sinne einer starren, schablonenhaften Übertragung der für den Nationalstaat entwickelten Kriterien des Konstitutionalismus. Vielmehr sollte Konstitutionalismus im internationalen Kontext als ein gradueller Prozess verstanden werden, dessen Fortschritt sich anhand verschiedener Faktoren bestimmen lässt.[25] Hauptaugenmerk soll dabei auf die machtbeschränkenden Grundsätze einer politischen Organisation gelegt werden. Diese Beschränkungen bestehen üblicherweise in Form von Grundrechten.[26] Einem Vorschlag von *Besson* zufolge, müssen

---

19 *Cottier/Hertig,* The Prospects of 21st century Constitutionalism, in von Bogdandy/Wolfrum (Hrsg), Max Planck Yearbook of United Nations Law (2003) 261 (279 f).

20 *Rosenfeld,* Introduction, in Rosenfeld (Hrsg), Constitutionalism, identity, difference, and legitimacy: Theoretical perspectives (1994) 2 (3).

21 *Cottier/Hertig* in von Bogdandy/Wolfrum, Max Planck Yearbook of United Nations Law, 261 (281).

22 *Loughlin* in Dobner/Loughlin, The Twilight of Constitutionalism?, 47 (55).

23 *Cottier/Hertig* in von Bogdandy/Wolfrum, Max Planck Yearbook of United Nations Law, 261 (281).

24 *Walker,* The EU and the WTO: Constitutionalism in a New Key, in de Búrca (Hrsg), The EU and the WTO: Legal and constitutional issues (2003) 31 (33).

25 *Walker* in de Búrca, The EU and the WTO: Legal and constitutional issues, 31 (32 f).

26 *Besson,* Whose Constitution(s)? International Law, Constitutionalism and Democracy, in Dunoff/Trachtman (Hrsg), Ruling the world?: Constitutionalism, international law, and global governance (2009) 381 (387).

zwei Bedingungen erfüllt sein, um von einer internationalen politischen Einheit mit Verfassungscharakter zu sprechen. Erstens muss sich diese Einheit zu Grundrechten bekennen, welche geeignet sind, die Macht der Organisation zu beschränken. Zweitens muss sich die politische Organisation diese Beschränkungen selbst auferlegt haben.[27] In Sinne einer demokratischen Legitimation erfordert dieser zweite Punkt auch eine verstärkte Einflussnahme des Individuums auf die Ausgestaltung der Grundrechte.[28] Gerade dieser Punkt der Stellung des Individuums stellt die Konstitutionalismus-Debatte im internationalen Kontext vor eine große Herausforderung, da sich die politische Teilnahme hier üblicherweise auf Nationalstaaten beschränkt.[29] Auch im Hinblick auf die Überprüfung eines möglichen Verfassungscharakters der EMRK muss also verstärkt auf die Rolle des Individuums geblickt werden.

Das Herzstück des Europarats[30] sowie der EMRK[31] bildet das Bekenntnis zum Grundrechtsschutz, zur Rechtstaatlichkeit und zur Demokratie. Schon früh in der Entstehungsgeschichte der EMRK kam die Debatte über den Verfassungscharakter der EMRK auf. Der erste Präsident der Europäischen Menschenrechtskommission, *Sir Humphrey Waldock,* wies darauf hin, dass die Verfassungsqualität der EMRK stark vom Willen der Mitgliedstaaten abhing. Er erklärte ausdrücklich, dass, falls die EMRK in deren Verständnis eher als Dokument mit Verfassungscharakter gesehen werden sollte, sich die Mitgliedstaaten für einen Ausbau des individuellen Petitionsrechts einsetzen müssten. Falls sie die EMRK hingegen eher als einen kollektiven Akt zur Vermeidung von Tyrannei und Diktaturen verstehen würden, so sei die zu Beginn eingeräumte Form der Staatenklage ausreichend.[32] Im Laufe der Jahrzehnte wurde das individuelle Petitionsverfahren tatsächlich immer weiter ausgebaut, bis es schließlich durch das 11. Zusatzprotokoll zur EMRK für alle

---

27   *Besson* in Dunoff/Trachtman, Ruling the world?: Constitutionalism, international law, and global governance, 381 (389).

28   *Besson* in Dunoff/Trachtman, Ruling the world?: Constitutionalism, international law, and global governance, 381 (392 f).

29   *Uerpmann,* Internationales Verfassungsrecht, JZ 2001/56/11, 565 (572).

30   § 3 der Präambel der Europarat-Satzung, London, 5.V.1949 (ETS Nr 1).

31   Präambel der Konvention zum Schutze der Menschenrechte und Grundfreiheiten (ETS Nr 005).

32   Notiz von C.H.M. Waldock anlässlich der Feierlichkeiten des Europarat-Tages in Brüssel, 03.09.1958, abgedruckt als: *Waldock,* The European Convention for the Protection of Human Rights and Fundamental Freedoms, in Waldock (Hrsg), The British Yearbook of International Law (1958) 356 (359).

Mitgliedstaaten verpflichtend festgelegt wurde.[33] Gleichfalls hat aber auch der EGMR in seiner Rechtsprechung seit Jahrzehnten immer wieder auf den Verfassungscharakter der EMRK hingewiesen, welcher sich darin äußert, dass die EMRK mehr als bloß reziproke Verpflichtungen begründe.[34] Weitere Indizien für die zunehmende Konstitutionalisierung des EMRK-Systems sind die Entpolitisierung der Gerichtsbarkeit durch den ebenfalls im 11. Zusatzprotokoll vollzogenen gänzlichen Ausschluss des politischen Ministerkommittees aus dem Gerichtsverfahren einerseits, und die verpflichtende Anerkennung der Zuständigkeit des EGMR andererseits.[35] Auch mit Blick auf die Auswirkungen der Rechtsprechung des EGMR auf die Rechtssysteme der Nationalstaaten kann festgestellt werden, dass diese weit über den individuellen Fall hinausgehen. In zahlreichen Mitgliedstaaten ist zu beobachten, dass auch unabhängig von der eigenen Parteistellung in einem Verfahren allgemeine Maßnahmen zur Anpassung des innerstaatlichen Rechts an die Rechtsprechung des EGMR gesetzt werden.[36] Der Einfluss des Individuums im Wege des individuellen Petitionsverfahrens auf die konkrete Auslegung der EMRK und die Gestaltung der Grundrechtsverpflichtungen der Mitgliedstaaten ist angesichts dieser Beobachtungen beträchtlich.[37] Die Mitgliedstaaten scheinen den Verfassungscharakter der EMRK also nicht nur akzeptiert, sondern auch bewusst weiter ausgebaut zu haben. All diese Faktoren sprechen für einen weit fortgeschrittenen Prozess der Konstitutionalisierung im Kontext der EMRK.

Aus der Verfassungsqualität der EMRK folgt, dass die Mitgliedstaaten des Europarats an einheitliche Verfassungswerte der EMRK gebunden sind, welche über die konkreten Menschenrechtsverpflichtungen

---

33　Artikel 34, 11. Zusatzprotokoll zur Europäischen Konvention zum Schutz der Menschenrechte und Grundfreiheiten über die Umgestaltung des durch die Konvention eingeführten Kontrollmechanismus, Straßburg, 11.V.1994 (ETS Nr 155).

34　EGMR 11.01.1961, 788/60 (Österreich gg Italien); EGMR 23.03.1995, 15318/89, (Loizidou gg Türkei (Preliminary Objections)), § 89; EGMR 07.071989, 14038/88 (Soering gg das Vereinigte Königreich), § 87.

35　*Bates,* The evolution of the European Convention on Human Rights: From its inception to the creation of a permanent court of human rights, 462 und 466.

36　*Bates,* The evolution of the European Convention on Human Rights: From its inception to the creation of a permanent court of human rights, 418.

37　*Frowein,* The European Convention on Human Rights as the Public Order of Europe, in Clapham (Hrsg), Collected Courses of the Academy of European Law: The Protection of Human Rights in Europe (1991) 267 (287).

im Konventionstext hinausgehen.[38] Inwiefern sich diese Verfassungswerte auf die Wahl der Auslegung der EMRK auswirken, soll im folgenden Abschnitt geklärt werden.

III.   Die Legitimation der Auslegung durch die Verfassungsprinzipien der EMRK

Dieser Abschnitt wird nun stärkeres Augenmerk auf konkrete Verfassungsprinzipien der EMRK, welche für die Auslegung der Konvention
relevant sind, legen. Dies soll Aufschluss darüber geben, inwiefern die
evolutive und die statische Auslegung der EMRK durch Verfassungsprinzipien legitimiert werden können. In einem ersten Schritt sollen
sogenannte evolutive und statische Verfassungsprinzipien identifiziert
werden (A.). In einem weiteren Schritt sollen sodann die Wechselwir-
kungen zwischen den Verfassungsprinzipien und der Auslegung der
EMRK näher beleuchtet werden (B.).

A.   Evolutive und statische Verfassungsprinzipien

Im ersten Abschnitt habe ich die Auslegungsansätze der evolutiven und
der statischen Auslegung gegenübergestellt. Im Folgenden soll nun dargestellt werden, dass die Grundlage der evolutiven Auslegung in materiellen Verfassungswerten wie dem effektiven Grundrechtsschutz oder
der Gerechtigkeit zu finden ist, wohingegen formale Verfassungswerte
wie Rechtssicherheit oder demokratische Legitimation die Grundlage
für die statische Auslegung bilden. Anhand einer kurzen Analyse der drei
Grundpfeiler des Europarats – Demokratie, Rechtstaat und Menschenrechte – wird sich zeigen, dass sich das System der EMRK gleichermaßen
zu formalen und materiellen Werten bekennt. Ich werde zeigen, dass sich
dieses Bekenntnis auf mehreren Ebenen widerspiegelt. Es zeigt sich in
der ursprünglichen Absicht der Vertragsunterzeichner, die Grundwerte
der Demokratie, der Rechtstaatlichkeit und der Menschenrechte zu

---

38   *Gardbaum,* Human Rights and International Constitutionalism, in Dunoff/Tracht-
man (Hrsg), Ruling the world?: Constitutionalism, international law, and global
governance (2009) 233 (250).

schützen. Es zeigt sich außerdem darin, wie die politischen Organe das tiefere Verständnis dieser drei fundamentalen Grundwerte der EMRK geprägt haben. Außerdem zeigt es sich auch in der Rechtsprechung des EGMR, welcher den Schutz dieser Grundwerte in seiner Rechtsprechung immer wieder betont und weiter ausgebaut hat.

Die Analyse geht also von den drei Grundwerten der Demokratie, der Rechtsstaatlichkeit und der Menschenrechte aus, welche die Eckpfeiler des Europarats bilden. Schon in diesen drei Grundwerten wird sich ein Zusammentreffen von formalen und materiellen Elementen zeigen. Sie stehen laut dem Ministerkommittee des Europarats zudem in einem wechselseitigen Abhängigkeitsverhältnis:

»There can be no democracy without the rule of law and respect for human rights; there can be no rule of law without democracy and respect for human rights, and no respect for human rights without democracy and the rule of law.«[39]

Die Verwirklichung einer der drei Grundwerte kann daher nur durch die gleichzeitige Verwirklichung der anderen beiden Grundwerte erreicht werden. Dies ist ein Indikator dafür, dass jedem der drei Grundwerte nach dem Verständnis des Europarats sowohl ein formales als auch ein materielles Element innewohnt. Dies lässt sich mit Blick auf politische Dokumente des Europarats und die Rechtsprechung des EGMR weiter belegen. Dies soll nun für alle drei Grundwerte im Einzelnen demonstriert werden.

Das Konzept der *Rechtstaatlichkeit* umfasst laut dem Europarat die Elemente der Machtausübung auf Basis von Gesetzen, der Gewaltenteilung, der verstärkten Rolle der Gerichtsbarkeit, der Rechtssicherheit, der Gleichheit vor dem Gesetz, der effektiven Kontrolle staatlichen Handelns sowie des Rechts auf ein faires Verfahren.[40] Die parlamentarische Versammlung des Europarats (PACE) bekennt sich sogar ausdrücklich zu einem substantiellen beziehungsweise materiellen Rechtsstaatkonzept und verwirft ein rein formalistisches Verständnis des Begriffs.[41] Dies bedeutet beispielsweise, dass staatliches Handeln nicht nur auf der Basis von Gesetzen erfolgen muss, sondern dass diese Gesetze auch

---

39   CM (2008) 170, 21.11.2008, The Council of Europe and the Rule of Law – An overview (Ministerkommittee des Europarats), § 27.
40   CM (2008) 170, §§ 37 ff.
41   Resolution 1594 (2007), The principle of the Rule of Law (Parlamentarische Versammlung des Europarats), § 4.

gewisse inhaltliche Gültigkeitskriterien erfüllen müssen, welche in den Rechten der EMRK ihre nähere Ausgestaltung finden.[42] Das Konzept der Rechtsstaatlichkeit lässt sich auch mit Blick auf die Rechtsprechung des EGMR näher bestimmen. Bereits im Fall *Golder gg das Vereinigte Königreich* hat der EGMR festgestellt, dass das Prinzip der Rechtsstaatlichkeit ein maßgebliches Prinzip für die Auslegung der Konventionsrechte ist.[43] Heute anerkennt der EGMR, dass das Prinzip der Rechtsstaatlichkeit in allen Rechten der EMRK verwurzelt ist.[44] Aus der Rechtsprechung des EGMR lässt sich beobachten, dass er den Fokus des Rechtsstaatsprinzips auf formale Kriterien wie die Rechtssicherheit legt. Allerdings zeigt sich auch beim EGMR ein darüberhinausgehendes Bekenntnis zu substantiellen Aspekten des Rechtsstaatsprinzips.[45] Gleich den politischen Organen des Europarats misst auch der EGMR die Gültigkeit der Rechtsgrundlagen für staatliches Handeln am Maßstab der Konventionsrechte.[46] Dies lässt sich insbesondere im Hinblick auf die Garantien des Artikel 3 beobachten, wo der EGMR beispielsweise festgestellt hat, dass die Ausweisung von Flüchtlingen in Länder, in welchen sie der Gefahr der Folter oder der menschenunwürdigen Behandlung ausgesetzt sind, gegen das Prinzip der Rechtsstaatlichkeit verstößt.[47]

Das Konzept der *Demokratie* bedarf nach Eigenansicht der PACE noch weiterer Konzeptualisierung.[48] Eine Resolution aus dem Jahr 1983 verankert die Demokratie in den Werten der Menschenwürde und dem gleichen Respekt gegenüber jedermann, und unterteilt das Konzept in eine soziale, politische, internationale und rechtliche Dimension.[49] Während die politische Dimension die klassischen demokratischen Beteiligungsrechte abdeckt, verknüpfen die übrigen Dimensionen das Demokratiekonzept mit substantiellen Elementen. Die soziale Dimension verbindet Demokratie mit den Rechten auf freie Meinungsäußerung und Information.[50] Die internationale Dimension verschränkt das Demokratiekonzept mit

---

42   CM (2008) 170, § 46; s auch: *Lautenbach,* The Concept of the Rule of Law and the European Court of Human Rights (2013) 191.

43   EGMR 21.02.1975, 4451/70 (Golder gg das Vereinigte Königreich), § 34.

44   EGMR 25.06.1996, 19776/92 (Amuur gg Frankreich), § 50.

45   *Lautenbach,* The Concept of the Rule of Law and the European Court of Human Rights, 212.

46   EGMR 08.07.2004, 48787/99 (Ilaşcu und andere gg Moldawien und Russland), § 461.

47   EGMR 07.07.1989, 14038/88, § 88.

48   Resolution 1746 (2010), Democracy in Europe: Crisis and Perspectives (PACE).

49   Resolution 800 (1983), Principles of Democracy (PACE).

50   Resolution 800 (1983), Abschnitt A.

dem Anspruch nach globaler Gerechtigkeit.[51] Die rechtliche Dimension stellt schließlich eine Verbindung zum rechtsstaatlichen Prinzip, zur Gewaltenteilung und zur Kontrollfunktion der Gerichtsbarkeit her.[52] Im Gegensatz zu den politischen Organen hat der EGMR in seiner Rechtsprechung ein sehr reichhaltiges Konzept der Demokratie entwickelt, welches weit über das formelle Element des Rechts auf freie Wahlen hinausgeht und sich insbesondere mit der Konzeptualisierung der *demokratischen Gesellschaft* im Hinblick auf die Schrankenbestimmungen der Artikel 8–11 EMRK befasst. Demokratische Entscheidungen müssen daher ebenfalls inhaltlichen Qualitätskriterien entsprechen, um als autoritative Entscheidungen gerechtfertigt werden zu können.[53] Insbesondere sind in diesem Zusammenhang die Garantien der Meinungsäußerungs-[54], Presse-[55] und Informationsfreiheit[56] zu nennen.

Während es bei den Konzepten der Rechtsstaatlichkeit und Demokratie viel eher überraschte, dass sie über ein rein formelles Begriffsverständnis hinausgehen, so überrascht beim Konzept der *Menschenrechte* vielmehr, dass es neben den Konventionsrechten auch ein abstrakteres Verständnis des Begriffes gibt. Dieses ergibt sich insbesondere aus der anfänglich erwähnten Wechselwirkung mit den Begriffen des Rechtsstaats und der Demokratie, welche auch vom EGMR betont wird.[57] Dass der Europarat ein abstraktes Verständnis der Menschenrechte vertritt, ergibt sich aber auch daraus, dass die konkreten Konventionsrechte den drei Grundprinzipien untergeordnet werden können. Das Ministerkommittee hat dies wie folgt ausgedrückt:

»Democracy, rule of law and human rights can be seen as three partly overlapping circles. Some principles, such as equality and non-discrimination, belong to all three notions [...]. Others are more directly associated with two of the three notions, such as the fair trial principle (rule of law and human rights) or the principles of freedom of expression, assembly and association (democracy and human rights).

51 Resolution 800 (1983), Abschnitt C.
52 Resolution 800 (1983), Abschnitt D.
53 *Van der Schyff,* The Concept of Democracy as an Element of the European Convention, The Comparative and International Law Journal of Southern Africa 2005/38/3, 355 (356 und 372).
54 EGMR 17.02.2004, 44158/98 (Gorzelik und andere gg Polen).
55 EGMR 23.04.1992, 11798/85 (Castells gg Spanien).
56 EGMR 02.01.2002, 29221/95 und 29225/95 (Stankov und The United Macedonian Organisation Ilinden gg Bulgarien).
57 EGMR 06.09.1978, 5029/71 (Klass und andere gg Deutschland), § 55.

Still other principles operate principally in relation to one of the three notions (eg the human rights principle of freedom of movement).«[58]

Daraus lässt sich schließen, dass es ein abstrakteres Bekenntnis zu Menschenrechten gibt, welches über die konkreten Konventionsrechte hinausgeht. Dasselbe gilt für die beiden anderen Werte der Rechtsstaatlichkeit und der Demokratie. Dies führt zu der begründeten Annahme, dass diese drei Grundwerte den Verfassungskern der EMRK bilden, welcher allen Konventionsrechten zugrunde liegt. Aus der Analyse ergibt sich zudem, dass den drei fundamentalen Grundwerten der EMRK allesamt sowohl ein formales als auch ein substantielles Element innewohnt. Dies führt dazu, dass die Konvention einerseits formelle Werte wie Konsistenz und Rechtssicherheit schützt, sie aber gleichzeitig nach der Verwirklichung eines Menschenrechtsideals strebt, welches unter anderem in den Werten der Gerechtigkeit, der Menschenwürde oder dem Konzept der pluralistischen Gesellschaft verankert ist. Im folgenden Abschnitt soll nun verdeutlicht werden, wie aus diesen Ergebnissen auf eine Legitimationsgrundlage sowohl für die evolutive als auch für die statische Auslegung geschlossen werden kann.

B.   Der Einfluss der Verfassungsprinzipien auf die Auslegung der EMRK

Inwiefern ein Zusammenhang zwischen diesen drei Grundprinzipien und der Auslegung der EMRK besteht, lässt sich am besten mit Blick auf die Rechtsprechung des EGMR demonstrieren. Betrachtet man die Auslegungspraxis des EGMR, so ergibt sich, dass der Gerichtshof in seiner Begründung von evolutiven oder statischen Auslegungen, auf die soeben identifizierten formellen und substantiellen Verfassungsprinzipien verweist.

Hauptargument in der Begründung von evolutiven Auslegungen stellt beim EGMR der Verweis auf die Notwendigkeit eines effektiven Grundrechtsschutzes dar. Der EGMR spricht hier üblicherweise davon, dass die Konventionsrechte *praktisch und effektiv, nicht theoretisch und illusorisch* sein sollen.[59] Ein weiterer Begründungsansatz findet sich im

---

58   CM (2008) 170, § 26.
59   EGMR 10.02.2009, 14939/03, (Sergey Zolotukhin gg Russland), § 80; EGMR 11.07. 2002, 28957/95 (Christine Goodwin gg das Vereinigte Königreich), § 74.

Konzept der Menschenwürde, auf welches sich der EGMR beispielsweise im Zusammenhang mit den Rechten transsexueller Personen
auf Anerkennung ihres gewählten Geschlechts berufen hat.[60] Die Menschenwürde bezeichnete der EGMR damals als die *Essenz* der EMRK.[61]
Auch die Anerkennung des Verbots des Menschenhandels unter Artikel 4 EMRK wurde wesentlich durch das Prinzip der Menschenwürde
begründet.[62]

Sowohl das Prinzip des effektiven Grundrechtsschutzes als auch
der Menschenwürde stellen moralische Grundprinzipien beziehungsweise Prinzipien der Gerechtigkeit dar, welche eindeutig den substantiellen Verfassungswerten zuzuordnen sind. Das Hauptaugenmerk bei
der Begründung von statischen Auslegungen legt der EGMR hingegen auf prozedurale oder formelle Verfassungsprinzipien. Großteils
beruft sich der EGMR hier auf formelle rechtsstaatliche Prinzipien der
Rechtssicherheit, der Vorhersehbarkeit und der Gleichheit vor dem
Gesetz.[63] Außerdem verweist der EGMR in Fällen statischer Auslegung
vermehrt auf die Wichtigkeit, seiner ständigen Rechtsprechung treu
zu bleiben.[64]

In seiner Begründung der evolutiven Auslegung greift der EGMR
also insbesondere auf substantielle Verfassungsprinzipien zurück
und bei der Begründung der statischen Auslegung auf formelle Verfassungsprinzipien. Die im vorherigen Abschnitt identifizierten Verfassungswerte der EMRK werden daher in der Praxis des EGMR zur
Rechtfertigung zweier diametral entgegengesetzter Auslegungsansätze
herangezogen. Und auch die politischen Organe des Europarats scheinen diese Dualität der Verfassungswerte nicht nur zu akzeptieren, sondern auch aktiv zu fördern.

Die Verfolgung solch divergierender Verfassungsprinzipien durch die
EMRK führt notwendigerweise zur Frage, welche Prinzipien nun in der
Auslegung der EMRK eher verwirklicht werden sollen. Im Hinblick auf
die Berücksichtigung gesellschaftlichen Wandels in der Auslegung der
Konvention äußert sich dieses Spannungsverhältnis in einem Konflikt

---

60   EGMR 11.07.2002, 28957/95, § 90.
61   EGMR 11.07.2002, 28957/95, § 70.
62   EGMR 07.01.2010, 25965/04 (Rantsev gg Zypern und Russland), § 282.
63   EGMR 07.07.2011, 23459/03 (Bayatyan gg Armenien), § 98; EGMR 11.07.2002, 28957/
      95, § 74.
64   EGMR 07.07.2011, 23459/03, § 98.

zwischen der Wahl eines evolutiven oder eines statischen Auslegungsansatzes. Entscheidet man sich für einen evolutiven Auslegungsansatz, so bedeutet dies die Verwirklichung substantieller Verfassungsprinzipien. Entscheidet man sich hingegen für einen statischen Auslegungsansatz, so steht dies für eine Verwirklichung formeller Verfassungsprinzipien. Der nächste Abschnitt wird nun einen Vorschlag zur Lösung dieses Spannungsverhältnisses unterbreiten.

IV. Die Auflösung des Konflikts zwischen statischer und evolutiver Auslegung

Bei der Auflösung eines solchen Spannungsverhältnisses drängt sich natürlich die Frage auf, ob der Konflikt ein für alle Mal einseitig zugunsten eines Auslegungsansatzes oder relativ nach den Umständen des Einzelfalles aufgelöst werden soll. Ich schlage vor, dass die zweite Alternative gegenüber der ersten zu bevorzugen ist. Die Tatsache, dass sowohl die statische als auch die evolutive Auslegung durch die Verfassungsprinzipien der EMRK gerechtfertigt werden können, spricht dafür, dass auch beide Herangehensweisen als grundsätzlich legitim angesehen werden können. Dies lässt sich dadurch begründen, dass auf keines der genannten Verfassungsprinzipien im System der EMRK zur Gänze verzichtet werden kann. Verkürzt gesagt, sowohl formelle Werte wie Rechtssicherheit, als auch materielle Werte, wie Gerechtigkeit sind mit Blick auf den Verfassungskern der EMRK schützenswert. Beide sollten daher verwirklicht werden, um den Verfassungsgrundsätzen der EMRK zu entsprechen. Die Debatte um die Legitimation der evolutiven Auslegung sollte sich daher nicht darauf beschränken, sie entweder als legitim oder nicht legitim zu betrachten und daraus zu schließen, dass ihr Gegenstück – die statische Auslegung – entweder bevorzugt oder ausgeschlossen werden sollte. Die Entscheidung über die zulässige Auslegung sollte viel eher einzelfallbasiert getroffen werden, um den Verfassungsprinzipien der EMRK unter Berücksichtigung der Umstände des Einzelfalls vollends gerecht zu werden.

Die Auflösung des Konflikts sollte daher im Einzelfall darauf abzielen, die beiden Auslegungsansätze in das richtige Verhältnis zu bringen. Daraus ergibt sich, wie beispielsweise auch bei der Verhältnismäßigkeits prüfung, eine bedingte Vorrangrelation anstelle einer starren, hierarchischen Vorrangstellung zwischen konfligierenden Prinzipien.[65]

Für die Bestimmung dieser Vorrangrelation muss festgestellt werden, welchem Verfassungsprinzip im Einzelfall ein stärkeres Gewicht beizumessen ist. Nur dann kann auch darauf geschlossen werden, ob die Verwirklichung des einen Prinzips wichtiger als die Verwirklichung des entgegengesetzten Prinzips ist.[66] Dies erfordert eine nähere Definition jener Faktoren, welche im Einzelfall vom EGMR für die Bestimmung der Vorrangrelation berücksichtigt werden sollen. Im konkreten Kontext der statischen und evolutiven Auslegung der EMRK schlage ich folgende vier Kategorien von Faktoren vor. Erstens sollten substantielle Werte berücksichtigt werden, also die Frage danach wie stark eine Auslegung den Kernrechten der EMRK wie beispielsweise Gleichheit, Menschenwürde oder persönliche Freiheit, dienlich oder abträglich ist. Je weiter sich eine Auslegung vom Schutz dieser Kernrechte entfernt, desto mehr Begründung bedarf es hierfür. Zweitens müssen auch formelle Aspekte bedacht werden, also wie stark eine Auslegung sich beispielsweise vom ursprünglichen Wortlaut oder von der Absicht des historischen Gesetzgebers entfernt. Auch hier gilt eine stärkere Begründungspflicht, je weiter sich eine Auslegung von diesen Maßstäben entfernt. Drittens sollte auch darauf eingegangen werden, inwieweit eine Auslegung demokratisch legitimiert ist. Hier könnte beispielsweise das Bestehen oder Nicht-Bestehen eines europäischen Konsenses in der betreffenden Rechtsfrage geprüft werden. Je eher eine Auslegung von einer demokratischen Legitimation getragen wird, desto eher wird sie sich durchsetzen. Viertens sollte auch konsequentialistischen Argumenten Raum gegeben werden, um beispielsweise zu bewerten, ob eine Auslegung mehr oder weniger zu einem effektiven Grundrechtsschutz beitragen kann.

Die Beachtung dieser, sicherlich nicht abschließenden, Liste an Faktoren, ermöglicht es dem Interpreten, zu bestimmen, welche Verfassungsprinzipien im konkreten Fall schützenswerter sind. Daraus lässt sich dann auf den im Einzelfall durch die Verfassungsprinzipien legitimierten Auslegungsansatz schließen. Ein solches Modell zur Wahl des Auslegungsansatzes gewährleistet, dass gesellschaftlicher Wandel in

---

65   *Alexy,* A theory of constitutional rights (2010) 100 f.
66   Dies wurde im Zusammenhang mit der Verhältnismäßigkeitsprüfung ausgeführt von: *Alexy,* A theory of constitutional rights, 401.

der Auslegung der EMRK nur dann berücksichtigt wird und zu einer Änderung der bisherigen Rechtsprechung führt, wenn gewichtige Verfassungsprinzipien dies verlangen.

V.   Schlussbemerkungen

Gesellschaftlicher Wandel stellt die Auslegung der EMRK vor eine große Herausforderung. Der EGMR wurde bereits vielfach für seine evolutive Auslegung der EMRK kritisiert. Dieser Aufsatz hat die Legitimation des evolutiven Auslegungsansatzes vor dem Hintergrund der EMRK als Verfassungsdokument beleuchtet. Hierfür wurden zunächst die Begrifflichkeiten der evolutiven und statischen Auslegung geklärt und die Verfassungsqualität der EMRK erörtert. Anschließend wurden jene Verfassungsprinzipien identifiziert, welche zur Rechtfertigung einer evolutiven beziehungsweise statischen Auslegung herangezogen werden können.

Der Aufsatz hat gezeigt, dass im Zusammenhang der evolutiven Auslegung der EMRK nicht automatisch von illegitimer Rechtsfortbildung gesprochen werden kann. Daran vermag auch die Änderung des Wortlauts der Präambel durch das 15. Zusatzprotokoll zur EMRK nichts zu ändern. Dies liegt darin begründet, dass dieser Auslegungsansatz sehr wohl durch Verfassungsprinzipien der EMRK gerechtfertigt werden kann. Allerdings ist diese Rechtfertigung nicht als absolut zu begreifen, sodass die Verfassung der EMRK auch die Grenzen einer solchen Auslegungspraxis vorzeichnet. In einem solchen Fall müsste der EGMR anstatt einer evolutiven Auslegung eine statische Auslegung vornehmen. Wie die Grenzen der evolutiven Auslegung in der Rechtsprechungspraxis auszumachen sind, wurde im vierten Abschnitt angedeutet. Hierbei muss der EGMR auf jene Verfassungsprinzipien blicken, welche eine statische als auch evolutive Auslegung rechtfertigen, und im Einzelfall eine Vorrangrelation zwischen den beiden Auslegungsansätzen begründen. Ein solches Modell konnte hier freilich nur skizziert werden und bedarf einer tiefergehenden Auseinandersetzung, um endgültig zu überzeugen. Es liefert aber einen ersten Anhaltspunkt dafür, wie der EGMR in seiner Rechtsprechung mit gesellschaftlichem Wandel Schritt halten kann, ohne dabei die Grenzen seiner Zuständigkeit zu überschreiten.

Literaturverzeichnis

▸ *Alexy Robert,* A theory of constitutional rights
(Oxford University Press 2010)

▸ *Amnesty International,* Joint NGO input to the ongoing negotiations on the
draft Brighton Declaration on the Future of the European Court of Human
Rights, 20.03.2012, <https://www.amnesty.org/en/documents/IOR61/005/
2012/en/> (16.12.2019)

▸ *Bates Ed,* The evolution of the European Convention on Human Rights:
From its inception to the creation of a permanent court of human rights
(Oxford University Press 2010)

▸ *Frowein Jochen Abraham,* The European Convention on Human Rights as
the Public Order of Europe, in *Clapham Andrew* (Hrsg), Collected Courses
of the Academy of European Law: The Protection of Human Rights in
Europe (Martinus Nijhoff Publishers 1991) 267

▸ *Walker Neil,* The EU and the WTO: Constitutionalism in a New Key, in
De Búrca Grainne (Hrsg), The EU and the WTO: Legal and constitutional
issues (Hart 2003) 31

▸ *Besson Samantha,* Whose Constitution(s)? International Law,
Constitutionalism and Democracy, in *Dobner Petra/Loughlin Martin* (Hrsg),
The Twilight of Constitutionalism? (Oxford University Press 2010) 381

▸ *Loughlin Martin,* What is Constitutionalisation?, in *Dobner Petra/
Loughlin Martin* (Hrsg), The Twilight of Constitutionalism?
(Oxford University Press 2010) 47

▸ *Donald Alice/Leach Philip,* Parliaments and the European Court of Human
Rights (Oxford University Press 2016)

▸ *Gardbaum Stephen,* Human Rights and International Constitutionalism,
in *Dunoff Jeffrey/Trachtman Joel* (Hrsg), Ruling the world?:
Constitutionalism, international law, and global governance
(Cambridge University Press 2009) 233

▸ *Gerards Janneke,* General principles of the European Convention on
Human Rights (Cambridge University Press 2019)

▸ *Lautenbach Geranne,* The Concept of the Rule of Law and the European
Court of Human Rights (Oxford University Press 2013)

▸ *Rosenfeld Michel,* Introduction, in *Rosenfeld Michel* (Hrsg), Constitutionalism, identity, difference, and legitimacy: Theoretical perspectives
(Duke University Press 1994) 2

▸ *Sonnleitner Lisa,* The Democratic Legitimacy of Evolutive Interpretation
by the European Court of Human Rights, Temple International and
Comparative Law Journal 2019/33/2, 279

- *Uerpmann Robert,* Internationales Verfassungsrecht, JZ 2011/56/11, 565
- *Van der Schyff Gerhard,* The Concept of Democracy as an Element of the European Convention, The Comparative and International Law Journal of Southern Africa 2005/38/3, 355
- *Cottier Thomas/Hertig Maya,* The Prospects of 21st century Constitutionalism, in *Von Bogdandy Armin/Wolfrum Rüdiger* (Hrsg), Max Planck Yearbook of United Nations Law (Brill 2003) 261
- *Waldock Humphrey,* The European Convention for the Protection of Human Rights and Fundamental Freedoms, in *Waldock Humphrey* (Hrsg), The British Yearbook of International Law (Oyford University Press 1958) 356

Judikatur

- EGMR 11.01.1961, 788/60 (Österreich gg Italien)
- EGMR 21.02.1975, 4451/70 (Golder gg das Vereinigte Königreich)
- EGMR 25.04.1978, 5856/72 (Tyrer gg das Vereinigte Königreich)
- EGMR 06.09.1978, 5029/71 (Klass und andere gg Deutschland)
- EGMR 07.07.1989, 14038/88 (Soering gg das Vereinigte Königreich)
- EGMR 23.04.1992, 11798/85 (Castells gg Spanien)
- EGMR 23.03.1995, 15318/89 (Loizidou gg Türkei)
- EGMR 25.06.1996, 19776/92 (Amuur gg Frankreich)
- EGMR 02.01.2002, 29221/95 und 29225/95 (Stankov und The United Macedonian Organisation Ilinden gg Bulgarien)
- EGMR 11.07.2002, 28957/95 (Christine Goodwin gg das Vereinigte Königreich)
- EGMR 17.02.2004, 44158/98 (Gorzelik und andere gg Polen)
- EGMR 08.07.2004, 48787/99 (Ilaşcu und andere gg Moldawien und Russland)
- EGMR 6.10.2005, 74025/01 (Hirst gg das Vereinigte Königreich)
- EGMR 10.02.2009, 14939/03 (Sergey Zolotukhin gg Russland)
- EGMR 07.01.2010, 25965/04 (Rantsev gg Zypern und Russland)
- EGMR, 07.07.2011, 23459/03 (Bayatyan gg Armenien)

Rechtsquellen

- ▶ Satzung des Europarates, London, 5.V.1949 (ETS Nr 001)
- ▶ Konvention zum Schutze der Menschenrechte und Grundfreiheiten, Rom, 4.11.1950 (ETS Nr 005)
- ▶ Resolution 800 (1983), Principles of Democracy (Parlamentarische Versammlung des Europarats)
- ▶ Protokoll Nr 11 zur Europäischen Konvention zum Schutz der Menschenrechte und Grundfreiheiten über die Umgestaltung des durch die Konvention eingeführten Kontrollmechanismus, Straßburg, 11.V.1994 (ETS Nr 155)
- ▶ Resolution 1594 (2007), The principle of the Rule of Law (Parlamentarische Versammlung des Europarats)
- ▶ CM (2008) 170, 21.11.2008, The Council of Europe and the Rule of Law – An overview (Ministerkommittee des Europarats)
- ▶ Interlaken Declaration, High Level Conference on the Future of the European Court of Human Rights, 19.02.2010
- ▶ Resolution 1746 (2010), Democracy in Europe: Crisis and Perspectives (Parlamentarische Versammlung des Europarats)
- ▶ Protokoll Nr 15 zur Änderung der Konvention zum Schutze der Menschenrechte und Grundfreiheiten, Straßburg, 24.06.2013 (CETS Nr 213)

Thomas Zahrl

Gesellschaftliche Herausforderungen und objektives Verfassungsrecht

Neues zur Wirkung von Staatszielbestimmungen[*]

I. Einleitung

Die österreichische Rechtsordnung spricht gesellschaftliche Herausforderungen, wie etwa den Schutz der Umwelt,[1] die damit verbundene notwendige Umstellung auf eine nachhaltige Nutzung natürlicher Ressourcen,[2] aber auch die Beseitigung der Diskriminierung von Frauen[3] oder Menschen mit Behinderungen[4] explizit an. Neben zahlreichen einfachgesetzlichen Bestimmungen sind die diesbezüglichen Ziele auf Verfassungsebene mittels sogenannter Staatszielbestimmungen festgelegt. Diese stechen besonders dadurch hervor, dass sie – anders als die sonstigen Bestimmungen der Bundesverfassung – auf ungewöhnliche Art und Weise Bekenntnisse der Republik zu mehr oder weniger spezifischen Zielen formulieren. Deren rechtliche Wirkungen sind jedoch meist nicht ganz klar, sodass nach wie vor große Unsicherheiten im Umgang mit Staatszielbestimmungen bestehen.

---

[*] Für wertvolle Anregungen sei Univ.-Prof. Dr. *Harald Eberhard* sowie Mag.[a] *Antonia Wagner* ganz herzlich gedankt.

[1] Siehe § 3 BVG Nachhaltigkeit (Bundesverfassungsgesetz über die Nachhaltigkeit, den Tierschutz, den umfassenden Umweltschutz, die Sicherstellung der Wasser- und Lebensmittelversorgung und die Forschung, BGBl I 111/2013).

[2] Siehe § 1 BVG Nachhaltigkeit.

[3] Siehe Art 7 Abs 2 erster Satz B-VG.

[4] Siehe Art 7 Abs 1 letzter Satz B-VG.

Im Folgenden wird untersucht, ob sich diese besondere Regelungs-technik des Verfassungsgesetzgebers als effektives Werkzeug erweist, diese selbstauferlegten Ziele zu erreichen oder ob es sich dabei um bloß normativ wirkungslose »Verfassungslyrik«[5] handelt. Dazu soll der Begriff »Staatszielbestimmung« fassbar gemacht werden (II.), um dar-auf aufbauend genauer auf die Wirkungsweisen und Funktionen die-ses spezifischen Normtypus im System der österreichischen Bundes-verfassung schließen zu können (III.). In weiterer Folge wird auf neue Entwicklungen und dabei auch insbesondere auf die jüngste, überaus bemerkenswerte Judikatur des VfGH zur Wirkung von Staatszielbestim-mungen eingegangen (IV.).

II.   Staatszielbestimmungen als materielle Verfassungsprinzipien

Staatszielbestimmungen stellen im System der österreichischen Bun-desverfassung gewissermaßen einen Fremdkörper dar. Wurde diese – geprägt durch Kelsens Idee der »Reinen Rechtslehre«[6] – doch zunächst als nüchterne Verfahrensordnung des politischen Prozesses konzipiert, welche bloß die Entstehung von Rechtsnormen und deren Vollziehung regeln sollte.[7] Das B-VG von 1920 sollte im Sinne dieses ursprünglichen Verständnisses dabei als eine Art »Spielregelverfassung«[8] die Rahmen-bedingungen des politischen Prozesses provisorisch festlegen und dabei weitestgehend frei von programmatischen[9] Zielaussagen und inhaltlichen Determinierungen bleiben.[10] Materielle System- und Wert-entscheidungen, wie sie jedoch insbesondere Staatszielbestimmungen

---

5   Vgl *Wieser,* Handbuch des österreichischen Schulrechts Band 2: Schulorganisati-onsrecht (2011) 34.

6   Vgl *Kelsen,* Reine Rechtslehre[2] (1960).

7   Vgl *Berka,* Verfassungsrecht[7] (2018) Rz 81.

8   Vgl *Öhlinger/Eberhard,* Verfassungsrecht[12] (2019) Rz 30.

9   *Kelsen/Froehlich/Merkl,* Die Bundesverfassung vom 1. Oktober 1920 (1922) 65 ver-traten diesbezüglich etwa die Ansicht, dass die programmhafte Festlegung des Art 1 B-VG gar »keinen relevanten Rechtsinhalt« besäße.

10   Vgl *Wiederin,* Verfassungsinterpretation in Österreich, in Lienbacher (Hrsg), Ver-fassungsinterpretation in Europa (2011) 81 (104); *Walter,* Überlegungen aus Anlass des Wiedererscheinens von Kelsen/Froehlich/Merkl, Kommentar zum B-VG 1920, JRP 2004, 7.

zu entnehmen sind, sollten demnach ohne etwaige verfassungsrechtliche Einschränkungen dem politischen Prozess und damit dem demokratisch legitimierten Gesetzgeber überlassen werden.

Freilich wandelte sich dieses anfänglich formelle Verfassungsverständnis – demzufolge die Verfassung bloß eine Stufe der Rechtsordnung darstelle, die sich von Gesetzen oder Verordnungen nur dem Rang nach, nicht jedoch qualitativ unterscheide –[11] einerseits aufgrund der Grundrechte und der damit verbundenen Judikatur des VfGH, EGMR und nicht zuletzt auch jener des EuGH. Diese sukzessive »Wertaufladung« der Verfassung fand jedoch nicht nur durch Inkorporation von Grundrechten, also verfassungsrechtlich gewährleisteten *subjektiven* Rechten statt, sondern zeigt sich andererseits auch durch die vermehrte Verankerung rein *objektiv*-rechtlich wirkender Verfassungsprinzipien.

Durch die – im Laufe der letzten 35 Jahre zunehmende – Implementierung derartiger objektiver Verfassungsnormen wurden immer mehr gesellschaftspolitische Fragen durch materielle Grundsatzentscheidungen des Verfassungsgesetzgebers vorgezeichnet und so als gesamtgesellschaftlich festgelegter Konsens in Form grundlegender »System- und Wertentscheidungen«[12] verfassungsrechtlich verankert. Diese sog Staatszielbestimmungen definieren gewisse gesellschaftspolitische Herausforderungen (zB Umweltschutz, Tierschutz, Nachhaltigkeit, tatsächliche soziale Gleichberechtigung), indem sie verbindliche Zielsetzungen enthalten, ohne jedoch subjektive Rechte zu vermitteln. Diese mangelnde Subjektivität gab vielfach Anlass zur Kritik über die nur geringe Effektivität derartiger Normen.[13] Was von Staatszielbestimmungen bleibt, ist nämlich die rein objektiv-rechtliche Wirkung in Form materieller Verfassungsprinzipien. Die Frage nach den konkreten Wirkungsweisen blieb jedoch lange Zeit unbeachtet, sodass sich bislang keine umfassende Dogmatik von Staatszielbestimmungen entwickeln konnte. Nicht zuletzt durch die Judikatur der Verwaltungsgerichte

---

11   Vgl dazu *Öhlinger,* Die Zukunft der Verfassung, JRP 2011, 67 (68) mwN.

12   *Grabenwarter/Holoubek,* Verfassungsrecht – Allgemeines Verwaltungsrecht[4] (2019) Rz 97.

13   Die Verankerung von Staatszielbestimmungen wurde mitunter als »Verfassungsgesetzgebung jenseits konkreter normativer Erfordernisse« *(Grabenwarter/Holoubek,* Verfassungsrecht – Allgemeines Verwaltungsrecht[2] [2014] Rz 100) kritisiert bzw derartige Bestimmungen als »leere Formeln, [die] juristisch kaum einen Wert [hätten]« (Ö1 Morgenjournal 24.05.2013, Tiere, Wasser in Verfassung: »Juristisch wertlos«, <https://oe1.orf.at/artikel/341089> [22.10.2019]), bezeichnet.

erster Instanz scheint diesem Normtypus jedoch eine steigende Aufmerksamkeit zuzukommen.[14]

A.   Der Begriff »Staatszielbestimmung«

Zunächst ist zu betonen, dass der Begriff »Staatszielbestimmung« weder im Text der Bundesverfassung, noch in den einzelnen Landesverfassungen zu finden ist. Es handelt sich somit nicht um einen Rechtsbegriff, den der (Landes-)[15] Verfassungsgesetzgeber selbst verwendet, sondern um einen (bislang)[16] ausschließlich rechtswissenschaftlichen Begriff.[17] Dieser entstammt der deutschen Staatsrechtslehre[18] und wurde bereits früh zur Charakterisierung der »Sozialstaatsklausel« in Art 20 und 28 des damals noch jungen deutschen Grundgesetzes verwendet.[19]

Obwohl der Begriff »Staatszielbestimmung« mittlerweile als fester Bestandteil der österreichischen Verfassungsdogmatik zu betrachten ist und in den meisten Lehrbüchern zum österreichischen Verfassungsrecht Erwähnung findet,[20] ist dieser nach wie vor von einer auffallenden

---

14   Mehr dazu unten bei IV.

15   Einigen Bestimmungen mancher Landesverfassungen geht jedoch die Bezeichnung »Ziel« voran: Siehe zB Art 4 nö L-VG 1979 (LGBl 0001-0 idF 23/2018), 1a. Hauptstück oö L-VG (LGBl 122/1991 idF 39/2019), Art 7 tir LO, (LGBl 61/1988 idF 53/2017), Art 7 vbg L-VG (LGBl 9/1999 idF 5/2018): »Ziele und Grundsätze des staatlichen Handelns«; siehe jedoch 2. Abschnitt sbg L-VG (LGBl 25/1999 idF 59/2018): »Aufgabe und Grundsätze des staatlichen Handelns«.

16   Siehe etwa die RV 110 BlgNR 26. GP, mit der das Bundesverfassungsgesetz über die Nachhaltigkeit, den Tierschutz und den umfassenden Umweltschutz, die Sicherung der Wasser- und Lebensmittelversorgung und die Forschung (BGBl I 111/2013) in »Bundesverfassungsgesetz über Staatsziele« umbenannt werden sollte, jedoch im Nationalrat bislang an der notwendigen Zweidrittelmehrheit scheiterte.

17   Zur Unterscheidung von Rechtsbegriff und rechtsdogmatischem Begriff siehe etwa *Winkler*, Das Recht und die Rechtswissenschaft (2014) 58 f; zur Funktion und den Kriterien wissenschaftlicher Begriffsbildung bereits *Winkler*, Die Wissenschaft vom Verwaltungsrecht, in FS Antoniolli (1979) 3 (18 f).

18   Erstmals taucht dieser Begriff bei *Ipsen*, Über das Grundgesetz (1950) 14 auf.

19   Vgl *Scheuner*, Staatszielbestimmungen, in FS Forsthoff (1972) 325 (328); *Lücke*, Soziale Grundrechte als Staatszielbestimmungen und Gesetzgebungsaufträge, AöR 1982, 15 (19); *R. Scholz*, Inflation der Staatsziele? – Zur Verfassungsgebung in den neuen Bundesländern, in FS Remmers (1995) 89 (92); *Sommermann*, Staatsziele und Staatszielbestimmungen (1997) 5.

20   Vgl *Öhlinger/Eberhard*, Verfassungsrecht[12], Rz 89 ff; *Berka*, Verfassungsrecht[7], Rz 203 ff; *Stolzlechner/Bezemek*, Einführung in das öffentliche Recht[7] (2018) Rz 147 ff; *Grabenwarter/Holoubek*, Verfassungsrecht[4], Rz 97 ff; *Mayer/Kucsko-Stadlmayer/Stöger*, Bundesverfassungsrecht[11] (2015) Rz 1333; *Adamovich et al*, Österreichisches

Uneinheitlichkeit und Widersprüchlichkeit geprägt.[21] Einerseits zeigt sich dies in der Bezeichnung selbst: Derartige Bekenntnisse des Verfassungsgesetzgebers werden in der Literatur auch als »Verfassungsaufträge«[22], »Gesetzgebungsaufträge«[23], »Staatsaufgaben«[24], »Handlungsaufträge«[25] oder verkürzend als »Staatsziele«[26] bezeichnet. Zuweilen wird der Terminus »Staatszielbestimmungen« auch unter einer gemeinsamen Überschrift, wie etwa »Baugesetze und andere verfassungsrechtliche Grundsätze«[27], mit anderen Begriffen vermengt. Diese verschiedenen, oft aber auch synonym gebrauchten Bezeichnungen werden dabei meist ohne nähere Begründung herangezogen und klare Aussagen über deren rechtliche Wirkung und Funktion werden meist unterlassen. Vor diesem Hintergrund ist es nicht verwunderlich, dass ebenso Uneinheitlichkeit in der Zuordnung der einzelnen Verfassungsbestimmungen zu diesem Normtypus besteht. Dass sich in der österreichischen Literatur von Anfang an derart unterschiedliche und zum Teil widersprüchliche Begrifflichkeiten verfestigen konnten,[28] hängt wohl auch damit zusammen, dass diesem speziellen Kreis von Verfassungsbestimmungen insgesamt zunächst keine große Aufmerksamkeit zukam.

Erst mit dem Inkrafttreten des BVG Umweltschutz[29] im Jahr 1984 kam Schwung in die Debatte um diesen Normtypus.[30] Bei dessen Erlassung betonte der Verfassungsgesetzgeber die Absicht, jedenfalls kein

---

Staatsrecht Band I² (2011) Rz 10.017 ff; *Hauer*, Staats- und Verwaltungshandeln³ (2011) 6.

21 Zur begrifflichen Uneinheitlichkeit vgl *Bertel*, Staatszielbestimmungen, in Breitenlechner et al (Hrsg), Sicherung von Stabilität und Nachhaltigkeit durch Recht (2014) 139 (140 f).

22 *Öhlinger/Eberhard*, Verfassungsrecht¹², Rz 89 ff; *Berka*, Verfassungsrecht⁷, Rz 203 ff; *Stolzlechner/Bezemek*, Einführung in das öffentliche Recht⁷, Rz 147 ff.

23 *Stolzlechner/Bezemek*, Einführung in das öffentliche Recht⁷, Rz 147.

24 *Brauneder*, Staatsaufgaben (1982).

25 *U. Davy*, Der Gleichheitssatz des österreichischen Rechts und Menschen mit Behinderung, in FS Funk (2003) 63 (77).

26 *Berka*, Verfassungsrecht⁷, Rz 203 ff.

27 *Adamovich et al*, Österreichisches Staatsrecht Band I², Rz 10.016 ff.

28 Diese Widersprüche bestehen bereits etwa bei *Brauneder*, Staatsaufgaben.

29 Bundesverfassungsgesetz vom 27. November 1984 über den umfassenden Umweltschutz, BGBl 491/1984.

30 Vgl *Duschanek*, Wege einer verfassungsrechtlichen Umweltschutzgarantie, in FS Wenger (1983) 279; *Pernthaler*, Bemerkungen zum Recht auf Umweltschutz, in Rack (Hrsg) Grundrechtsreform (1985) 205; *Wahl*, Staatszielbestimmungen im Verfassungsrecht – Bemerkungen aus der Sicht der Bundesrepublik Deutschland, in Rack (Hrsg), Grundrechtsreform (1985) 223; *Marko*, Umweltschutz als Staatsziel, ÖJZ 1986, 289; *B. Davy*, Folgenloses Umweltrecht (1989).

»Umwelt-Grundrecht«[31] schaffen zu wollen und unterstrich dies den Materialien zufolge damit, dass erstmals bewusst eine »sogenannte Staatszielbestimmung«[32] geschaffen werden sollte. Durch den expliziten Verweis auf die »in- und ausländische Diskussion um Umweltschutz-Verfassungsbestimmungen«[33] ist von einer Rezeption des bis dahin vor allem in Deutschland entwickelten Begriffsverständnisses auszugehen.[34]

In weiterer Folge kam es mit der Einführung weiterer ähnlich formulierter »Bekenntnisse«[35] sowohl in der Bundesverfassung, als auch in den einzelnen Landesverfassungen zu einer regelrechten »Inflation«[36] von Staatszielbestimmungen.[37] Im Zuge dessen setzte neben einer vermehrten Befassung der Literatur letztlich – wenngleich nur zögerlich – auch immer mehr Rechtsprechung zu diesen Bestimmungen ein.

B.   Wesensmerkmale

1.   Verbindliches Verfassungsrecht

Zwar ist die österreichische Rechtsordnung reich an allgemein gehaltenen Zielvorgaben,[38] jedoch stehen Staatszielbestimmungen als »[spezifische] Kategorie von Verfassungsnormen«[39] ausschließlich im Rang von Bundes- bzw Landesverfassungsrecht.[40] Im Zusammenhang mit

---

31   AB 469 BlgNR 16. GP, 1.
32   AB 469 BlgNR 16. GP, 1.
33   AB 469 BlgNR 16. GP, 1.
34   Vgl *Gutknecht* in Korinek et al (Hrsg), Österreichisches Bundesverfassungsrecht BVG Umwelt Rz 1 (1. Lfg 1999).
35   Zum »[a]llgemein-Bekenntnishafte[n]« Charakter von Staatszielbestimmungen siehe *Novak* in Korinek et al (Hrsg), Österreichisches Bundesverfassungsrecht BVG Atomfreiheit Rz 10 (6. Lfg 2003).
36   *Berka,* Verfassungsrecht [7], Rz 208 spricht von einer »Inflation von weiteren Staatszielen«.
37   Vgl *Funk,* Verursacherprinzip als Verfassungsprinzip? in Kerschner/Funk/Priewasser (Hrsg), Neue Umwelthaftung (2010) 9 (13).
38   Vgl etwa § 1 Abs 2 ForstG (Forstgesetz 1975, BGBl 440/1975 idF BGBl I 59/2002); § 1 TSchG (Tierschutzgesetz, BGBl I 118/2004); § 30 WRG (Wasserrechtsgesetz 1959, BGBl 215/1959 idF BGBl I 82/2003).
39   *Sommermann,* Staatsziele, 326.
40   Insofern verfehlt *Sander/Schlatter,* Das Bundesverfassungsgesetz über die Nachhaltigkeit, in Baumgartner (Hrsg), Jahrbuch Öffentliches Recht 2014 (2014) 235 (237), die mit Verweis auf § 1 TSchG ausführen, dass Staatszielbestimmungen »sowohl im Verfassungsrang als auch auf einfach gesetzlicher Ebene« zu finden seien.

deren überaus vagen und bloß programmhaften Formulierungen steht dabei zunächst die Frage, ob es sich dabei überhaupt um normativ verbindliches Recht handeln kann.[41] Die mittlerweile einhellige Meinung geht jedoch davon aus, dass die Staatszielbestimmungen des österreichischen Verfassungsrechts grundsätzlich rechtlich verbindliche Normen enthalten,[42] was auch spätestens durch die Judikatur des VfGH und VwGH evident geworden ist.[43]

Staatszielbestimmungen stellen also eine Normkategorie des formellen Verfassungsrechts dar. Sie müssen somit entsprechend erzeugt und bezeichnet werden. Es handelt sich dabei jedoch nicht unbedingt um Verfassungsrecht im materiellen Sinn.[44] Derartige Verfassungsprinzipien gestalten sich inhaltlich überaus divers und stellen regelmäßig keine »tragenden Grundprinzipien des B-VG«[45] dar. Sie sind somit nicht als leitende Grundsätze iSd Art 44 Abs 3 B-VG anzusehen, sodass Veränderungen bestehender oder die Aufnahme neuer Staatszielbestimmungen grundsätzlich keiner Volksabstimmung bedürfen.[46]

2.   Prinzipienhaftigkeit

Der »[a]llgemein-[b]ekenntnishafte«[47] Charakter stellt das wohl augenscheinlichste Merkmal dieser Art von Verfassungsbestimmungen dar.

---

41   Noch Zweifel an der Rechtsverbindlichkeit dürfte der OGH gehabt haben, als er das BVG Umweltschutz als »rein programmatische Staatszielbestimmung« bezeichnete (OGH 17.01.1995, 4 Ob 1639/94); ebenso bezeichneten noch *Walter/Mayer,* Grundriß des österreichischen Bundesverfassungsrechts[8] (1996) Rz 109 das BVG Umweltschutz als »bloße Deklaration«.

42   Statt vieler *Adamovich et al,* Österreichisches Staatsrecht Band I², Rz 03.020; *Berka,* Verfassungsrecht[7], Rz 204.

43   Siehe bereits VfSlg 13.210/1992 zur normativen Verbindlichkeit des Art 9 oö L-VG idF LGBl 122/1991; vgl auch VwSlg 13.466 A/1991.

44   Zum Begriff des materiellen Verfassungsrechts vgl *Schambeck,* Zum Begriff der Verfassung im formellen und materiellen Sinn aus österreichischer Sicht, in FS Klecatsky (1990) 247; vgl *Pürgy,* Die Bedeutung der Verfassung im politischen System – Das österreichische Verfassungsverständnis, JRP 2011, 15.

45   *Berka,* Verfassungsrecht[7], Rz 112.

46   In dieser Hinsicht zum BVG Nachhaltigkeit, BGBl I 111/2013: *Budischowsky,* Das Staatsziel der Bedeutung der Forschung, zfhr 2014, 68 (71); *Adamovich* et al, Österreichisches Staatsrecht Band I², Rz 10.016 f sprechen dagegen etwa im Abschnitt »Baugesetze und andere verfassungsrechtliche Grundsätze« von »Staatszielbestimmungen außerhalb des Gefüges der Baugesetze« – dabei wird jedoch offengelassen, welche Staatszielbestimmungen innerhalb des Gefüges der Baugesetze zu verorten wären.

47   *Novak* in Österreichisches Bundesverfassungsrecht BVG Atomfreiheit Rz 10.

Eingeleitet werden Normen dieses Typs meist mit den Worten »Österreich [bzw die Republik] bekennt sich [...]«.[48] Auch wenn mitunter abweichende Formulierungen bestehen,[49] ist allen Staatszielbestimmungen gemein, dass sie gewisse abstrakte Gebote in Form leitender Prinzipien enthalten. Sie werden dementsprechend auch als »besonderer Unterfall der Kategorie der Verfassungsprinzipien«[50] bezeichnet, die »in allgemeiner oder auch begrenzter Form Grundsätze und Richtlinien für das staatliche Handeln aufstellen und [dem Staat] in bestimmten Richtungen durch Gebote und Weisungen Orientierung und sachliche Aufgaben geben«[51].

Mit der Prinzipienhaftigkeit dieser Zielvorgaben geht einher, dass keine absoluten Ziele statuiert werden, die zu einem Zeitpunkt völlig erreichbar sind, sondern nur relative, asymptotische Annäherungen[52] an ein sich unter Umständen wandelndes Optimum – wie zB den Umweltschutz oder die Landesverteidigung – anzustreben sind. Diese Zielsetzungen weisen aufgrund ihrer Normstruktur somit eher Prinzipien- als Regelcharakter auf.[53] Daraus folgt, dass reine Verbotsnormen, die aus einer konditionalen »wenn-dann-Programmierung« bestehen, nicht als Staatszielbestimmungen einzuordnen sind.[54]

Die rechtstheoretische Einordnung als Prinzipien zeigt auch eine gewisse Schnittmenge zu Grundrechten auf: Beide Kategorien materieller Verfassungsnormen erweisen sich insofern als »abwägungsaffin«[55] und sind etwa bei Interessensabwägungen entweder – im Fall von Grundrechten – als *subjektive* oder – im Fall von Staatszielbestimmungen –

---

48 Siehe zB Art 7 Abs 1 letzter Satz, Art 7 Abs 2 erster Satz, Art 8 Abs 2, Art 9a Abs 1 erster Satz B-VG; §§ 1 bis 6 BVG Nachhaltigkeit.

49 Siehe zB Art 13 Abs 2 erster Satz und Abs 3, Art 120a Abs 2 B-VG.

50 *Scheuner* in FS Forsthoff, 325 (330).

51 *Scheuner* in FS Forsthoff, 325 (335).

52 Vgl *Sommermann*, Staatsziele, 380.

53 Zur normtheoretischen Unterscheidung von Regeln und Prinzipien siehe *Dworkin*, The Model of Rules, University of Chicago Law Review 35 (1967) 14; *Dworkin*, Taking Rights Seriously (1977) 22 ff, 71 ff; *Alexy*, Rechtsregeln und Rechtsprinzipien, in Maccormick/Panou/Vallauri (Hrsg), Conditions of Validity and Cognition in Modern Legal Thought (1985) 13; *Röhl/Röhl*, Allgemeine Rechtslehre³ (2008) 283; *Potacs*, Rechtstheorie² (2019) 20, 105 ff.

54 AA *Bertel* in Breitenlechner et al, 139 (142).

55 Für Grundrechte: *Lienbacher*, Abwägungsentscheidungen im öffentlichen Recht, in Khakzadeh-Leiler/Schmid/Weber (Hrsg), Interessenabwägung und Abwägungsentscheidungen (2014) 85 (87).

als »verfassungsrechtlich verfestigte *öffentliche* Interessen«[56] einzubeziehen.[57]

3. Nur objektiv-rechtliche Wirkung

Zentrales Wesensmerkmal von Staatszielbestimmungen ist – im Gegensatz zu Grundrechten – die Beschränkung auf die objektiv-rechtliche Wirkung.[58] Das bedeutet, dass sie Einzelnen keine subjektiv-rechtlichen Ansprüche gewähren.[59] Wenngleich also gewisse Ähnlichkeiten zu Grundrechten bestehen,[60] sind Staatszielbestimmungen in diesem Aspekt von diesen deutlich abzugrenzen.[61] Sie stellen rein »*objektiv* rechtliche Verfassungsnormen mit Bindungswirkung für die öffentliche Gewalt«[62] dar und vermitteln jedenfalls keine individuellen Rechte.[63] Ganz in diesem Sinne fungiert die Bezeichnung »Staatszielbestimmung« primär als zentraler Gegenbegriff zu »Grundrechten«, den der Verfassungsgesetzgeber heranzieht, um seine Absicht zu dokumentieren, keine subjektiven Rechte zu schaffen.[64] Staatszielbestimmungen bringen somit,

---

56   Vgl VfSlg 13.102/1992, Hervorhebung durch den Autor.

57   Siehe dazu unten III.B.

58   Vgl *Scheuner* in FS Forsthoff, 325 (328, 335 ff); *Lücke,* AöR 1982, 15 (23 f); Bundesminister des Inneren/Bundesminister der Justiz (Hrsg), Staatszielbestimmungen Gesetzgebungsaufträge – Bericht der Sachverständigenkommission (1983) Rz 5 ff; *Wienholz,* Arbeit, Kultur und Umwelt als Gegenstände verfassungsrechtlicher Staatszielbestimmungen, AöR 1984, 532 (536); *Michel,* Staatszwecke, Staatsziele und Grundrechtsinterpretation unter besonderer Berücksichtigung der Positivierung des Umweltschutzes im Grundgesetz (1986) 110 ff; *Marko,* ÖJZ 1986, 289 (290); *Gamper,* Allgemeine Bestimmungen des Landesverfassungsrechts, in Pürgy (Hrsg), Das Recht der Länder Band I (2012) 61 (71).

59   Vgl *Rill/Stolzlechner* in Kneihs/Lienbacher (Hrsg), Bundesverfassungsrecht Art 120a B-VG Rz 32 (6. Lfg 2010); *Gutknecht* in Österreichisches Bundesverfassungsrecht BVG Umwelt Rz 24.

60   So auch *Öhlinger/Eberhard,* Verfassungsrecht[12], Rz 90.

61   Vgl *Merten,* Über Staatsziele, DÖV 1993, 368 (370).

62   Bundesminister des Inneren/Bundesminister der Justiz (Hrsg), Staatszielbestimmungen, Rz 5; Hervorhebung durch den Autor.

63   Vgl statt vieler *Öhlinger/Eberhard,* Verfassungsrecht[12], Rz 90.

64   Vgl etwa die Materialien zum BVG Umweltschutz (insbesondere AB 469 BlgNR 16. GP, 1); die nach Forderungen einer Verankerung des Umweltschutzes in der Verfassung im Ergebnis des politischen Kompromisses geschaffene objektiv-rechtliche Bestimmung wurde treffend als »Grundrechtsverhinderungsbestimmung« (Marko, ÖJZ 1986, 289 [290]) bezeichnet; zur ähnlichen Genese des Art 20a GG: *Merten,* DÖV 1993, 368 (368) »Staatszielbestimmungen als ›dilatorischer Formelkompromiß‹ zwischen unverbindlicher Verfassungsprogrammatik und subjektiver Grundrechtsberechtigung«.

wie bereits erwähnt, keine individuellen, sondern öffentliche Interessen explizit zum Ausdruck.[65]

4.   Bindung aller drei Staatsgewalten

Staatszielbestimmungen entfalten Bindungswirkungen gegenüber dem Gesetzgeber. Sie wirken hierbei zunächst wie Gesetzgebungs- bzw Verfassungsaufträge und verpflichten die Legislative zur entsprechenden Zielverfolgung.[66] Aufgrund ihrer vagen und nur prinzipienhaften Formulierungen kommt dem Gesetzgeber bei der Umsetzung jedoch ein überaus weiter Gestaltungsspielraum zu. Dieser Spielraum betrifft allerdings nur das »Wie« der Umsetzung, nicht aber das grundsätzliche »Ob«; andernfalls würde es sich um bloß unverbindliche Proklamationen handeln.[67]

Im Gegensatz zu bloßen Gesetzgebungsaufträgen, die meist konkreter gefasste Ziel- bzw Auftragsnormen enthalten und dabei nur an die Legislative gerichtet sind, wirken Staatszielbestimmungen jedoch als »Richtlinie oder Direktive für das gesamte staatliche Handeln«[68];[69] sie werden also auch unmittelbar für die »Auslegung von Gesetzen und sonstigen Rechtsvorschriften«[70] oder bei der Ermessensübung[71] durch die Vollziehung relevant. Da sie sich an den gesamten Staat richten (arg: »Die Republik [Bund, Länder und Gemeinden] bekennt sich«), verpflichten sie auch die Verwaltung sowie die Rechtsprechung und sind

---

65   Vgl VfSlg 13.102/1992: »verfassungsrechtlich verfestigtes öffentliches Interesse«.
66   Siehe dazu unten III. A.
67   Vgl *Budischowsky,* zfhr 2014, 68 (70).
68   Bundesminister des Inneren/Bundesminister der Justiz (Hrsg), Staatszielbestimmungen Rz 7.
69   Vgl *W. Kahl,* Nachhaltigkeitsverfassung (2018) 25; *Sommermann,* Staatsziele, 363; zu dem in Art 20 Abs 1 GG verankerten Prinzip des »sozialen Rechtsstaats« führte etwa das BVerfG bereits im Jahr 1967 aus, dass sich dieses an den gesamten »Staat« und somit nicht nur an den Gesetzgeber richte (BVerfGE 22, 180 [204]).
70   Bundesminister des Inneren/Bundesminister der Justiz (Hrsg), Staatszielbestimmungen, Rz 6.
71   Vgl *Sommermann,* Staatsziele, 396, 448; *Koja,* Allgemeine Staatslehre (1993) 112; *Faller,* Staatsziel »Tierschutz« (2005) 208; *Sommermann,* Staatsziel »Umweltschutz« mit Gesetzesvorbehalt, DVBl 1991, 34 (35); *Gutknecht,* Das Prinzip Umweltschutz im Österreichischen Verfassungsrecht, in Machacek/Pahr/Stadler (Hrsg), 40 Jahre EMRK Grund- und Menschenrechte in Österreich Band 2 (1992) 113 (125).

somit »verfassungsunmittelbar, dh ohne Verwirklichung durch das Gesetz von der Exekutive und der Rechtsprechung«[72] zu vollziehen.[73]

C.   Zwischenfazit

Zusammenfassend beschreibt der Begriff »Staatszielbestimmung« positivierte Verfassungsprinzipien, die als »Zielaussagen [...] die Staatsgewalt (Legislative, Exekutive und Judikative) auf die Verfolgung eines bestimmten Ziels rechtsverbindlich verpflichten, ohne dem Bürger subjektive Rechte zu gewähren«[74]. Damit handelt es sich um Bestimmungen einer spezifischen Kategorie von Verfassungsnormen, von denen gewisse – im Folgenden näher zu beleuchtende – rechtliche Wirkungen auf alle Organe des Staates ausgehen.

III.   Rechtliche Wirkungen

A.   Bindung des Gesetzgebers

In ihren rechtlichen Wirkungen sind Staatszielbestimmungen ausschließlich staatsgerichtet.[75] Dabei ist der einfache Gesetzgeber »primärer Ansprechpartner«[76]; ihm obliegt somit die »Erst-Konkretisierung«[77] der nur sehr allgemein gehaltenen – und auf die normative Ausgestaltung durch den Gesetzgeber angewiesenen – verfassungsrechtlichen Zielsetzungen.[78] Im Gegensatz zu verfassungsrechtlichen Kompetenzbestimmungen, die im Bundesstaat dem betreffenden Gesetzgeber ein

---

72   Bundesminister des Inneren/Bundesminister der Justiz (Hrsg), Staatszielbestimmungen, Rz 6.
73   Zur verfassungsunmittelbaren Wirkung siehe III.B.
74   *Sommermann,* Staatsziele, 5.
75   Vgl *Perthaler,* Raumordnung und Verfassung Band 3 (1990) 457; *Kloepfer,* Umweltschutz als Verfassungsrecht, DVBl 1996, 73 (74); *Schink,* Umweltschutz als Staatsziel, DÖV, 1997, 221 (226); *D. Hahn,* Staatszielbestimmungen im integrierten Bundesstaat (2010) 95 ff.
76   *Sander/Schlatter* in Baumgartner, 235 (238).
77   *Faller,* Staatsziel, 210.
78   *Sommermann,* Staatsziele, 426.

Tätigwerden bloß ermöglichen, kann die Legislative aufgrund einer Staatszielbestimmung nicht mehr frei darüber befinden, ob ein gewisses rechtspolitisches Ziel verfolgt werden soll, sondern nur mehr entscheiden wie, also mit welchen Mitteln, dieses Ziel zu erreichen ist.[79] Im Verhältnis zum einfachen Gesetzgeber ist die Verpflichtung zum Tätigwerden damit Teil der heteronomen Determinante der im Verfassungsrang befindlichen Staatszielbestimmung.

1.   Großer Gestaltungsspielraum

Welche konkreten Maßnahmen der Gesetzgeber zur Zielerreichung wählt, wie er diese gewichtet und mit anderen Interessen abwägt, bleibt jedoch grundsätzlich in seinem rechtspolitischen Ermessen.[80] Der verfassungsrechtliche Auftrag an den Gesetzgeber ist somit bloß ein relativer, da der hohe Abstraktionsgrad und die Beschränkung auf nur grundsätzliche Vorgaben meist keine detaillierten Anweisungen bewirken und damit auch eine nachprüfende verfassungsgerichtliche Kontrolle deutlich abschwächen.[81] Bei Staatszielbestimmungen verstärken sich die aus der finalen Determinierung (dort auf Ebene der Verwaltung) bekannten Unschärfeprobleme exponentiell, da die Gesetzgebung zudem – anders als die Verwaltung – keine Vollzugs- sondern eben selbstständige politische und rechtliche Gestaltungsfunktion besitzt.[82]

Es ergibt sich somit nur eine überaus schwache normative Bindung des Gesetzgebers, aus der sich – sofern nicht der »Zielkern« des Gesetzgebungsauftrages betroffen ist – »keine justiziablen Handlungsverpflichtungen« ableiten lassen.[83] Im Wege der verfassungsgerichtlichen Normenkontrolle wären nur exzessive Defizite einfachgesetzlicher

---

79   Vgl *Budischowsky*, zfhr 2014, 68 (70); *Uhle*, Das Staatsziel »Umweltschutz« im System der grundgesetzlichen Ordnung, DÖV 1993, 947 (951); *Sommermann*, DVBl 1991, 34 (35); aA *Müller-Bromley*, Staatszielbestimmung Umweltschutz im Grundgesetz? (1990) 38.

80   Vgl *Gutknecht* in Österreichisches Bundesverfassungsrecht BVG Umwelt Rz 28; *Gutknecht*, in Machacek/Pahr/Stadler 113 (124); VfSlg 16.242/2001.

81   Vgl *Duschanek*, Wege einer verfassungsrechtlichen Umweltschutzgarantie, in FS Wenger (1983) 279 (298); zur bloß geringen Kontrolldichte der verfassungsgerichtlichen Überprüfung gesetzgeberischen Handelns in Bezug auf die Staatszielbestimmung Tierschutz des Art 20a GG siehe etwa *Faller*, Staatsziel, 183 mwN.

82   Vgl *Pernthaler*, Raumordnung, 454; *Marko*, ÖJZ 1986, 289 (292).

83   *W. Kahl*, Nachhaltigkeitsverfassung, 26; vgl *Faller*, Staatsziel, 172.

Regelungen als verfassungswidrig aufgreifbar,[84] wodurch dieser weitreichende Umsetzungsspielraum »wohl nur in extremis verfassungsrechtlich abgegrenzt«[85] ist.

In der Literatur wird darüber hinausgehend ebenso vertreten, dass es Staatszielbestimmungen dem Gesetzgeber im Sinne eines »Rückschrittverbotes«[86] verwehren, etwa den Standard an Umweltschutz drastisch zu reduzieren.[87] In Bezug auf die Staatszielbestimmung Tierschutz würde beispielsweise die ersatzlose Aufhebung des Straftatbestandes des § 222 StGB, des Verbotes der Tierquälerei in § 5 TSchG, des Tötungsverbotes in § 6 TSchG und die Regelungen zu unzulässigen Tierversuchen § 4 TVG[88] eine solche gravierende und damit wohl verfassungswidrige Verschlechterung herbeizuführen.[89]

Hinsichtlich einer derartigen verfassungsrechtlichen »Gewährleistung eines minimalen Schutzniveaus«[90] wird mitunter vertreten, dass es auf die Gravität des jeweiligen Staatszieles selbst ankomme. Insofern sei bei der Annahme eines absoluten Schutzniveaus zwischen existentiellen Interessen und weniger schwerwiegenden Zielen zu differenzieren.[91]

Darüber hinaus wird stellenweise gar ein »Fortschrittsgebot«[92] diskutiert, das vor allem die Legislative zu einer laufenden Verbesserung und nicht nur zur Beibehaltung des Status quo verpflichte. Insbesondere aufgrund des dynamischen Gehalts von Staatszielbestimmungen würde sich insofern die Bindung des Gesetzgebers immer wieder neu

---

84 Vgl *Rill*, Staatsaufgaben aus rechtlicher und rechtspolitischer Sicht, in Potacs/Rondo-Brovetto (Hrsg), Beiträge zur Reform der Kärntner Landesverwaltung (2001) 9 (18).

85 *Gamper*, Die öffentliche Aufgabe der Massenmedien: Kulturpolitische Aspekte, in Berka/Grabenwarter/Holoubek (Hrsg), Qualitätssicherung im Rundfunk und in den Online-Medien (2015) 59 (69).

86 *Hattenberger*, Der Umweltschutz als Staatsaufgabe (1993) 145; vgl *Kloepfer*, Umweltrecht ² (1998) 129; gegen ein absolutes Rückschrittsverbot: *Sommermann*, Staatsziele, 415.

87 Vgl *Weber*, Die Konkretisierung verfassungsrechtlicher Staatszielbestimmungen am Beispiel jener über den umfassenden Umweltschutz, in FS 75 Jahre B-VG (1995) 709 (716).

88 Tierversuchsgesetz 2012, BGBl I 114/2012 idF 31/2018.

89 Vgl *Sander/Schlatter* in Baumgartner, 235 (250); eher kritisch *Budischowsky*, Staatsziel Tierschutz, RdU 2013, 191 (193).

90 *Epiney* in Mangoldt/Klein/Starck (Hrsg), Grundgesetz Art 20a Rz 88 (6. Aufl 2010).

91 Vgl *Budischowsky*, RdU 2013, 191 (193), der etwa mit Blick auf die Interessen künftiger Generationen ausführt, dass »Umweltzerstörungen existenzbedrohende Ausmaße annehmen können«, während der Tierschutz keine existenziellen menschlichen Interessen betrifft«.

92 *Hattenberger*, Umweltschutz, 145.

aktualisieren und ebenso zu Beobachtungs-, Evaluierungs- und Nach-
besserungspflichten führen.[93] Das setzt jedoch voraus, dass im Gesetz-
gebungsprozess Überlegungen im Hinblick auf das jeweilige Staatsziel
angestellt werden.[94] Den Gesetzgeber treffe demnach stets die Pflicht,
Staatszielbestimmungen in seine Erwägungen einzubeziehen.[95] In diesem Zusammenhang kann somit auch das Instrument der Gesetzesfolgenabschätzung stehen.[96]

2.   Folgen gesetzgeberischer Untätigkeit?

Staatszielbestimmungen fordern also das Tätigwerden der Legislative;
dadurch kann es grundsätzlich zu einer Säumnis des einfachen Gesetzgebers im rechtlichen Sinn kommen.[97] Während etwa das Unionsrecht
insbesondere durch den Anwendungsvorrang, die unmittelbare Anwendbarkeit von Richtlinien,[98] die richtlinienkonforme Interpretation
sowie die unionsrechtliche Staatshaftung (diese richtet sich auch gegen die Legislative) Instrumente geschaffen hat, der Untätigkeit mitgliedstaatlicher Gesetzgeber entgegenzutreten,[99] besteht innerstaatlich
das grundlegende Problem, dass bei einem Unterlassen des Gesetzgebers diese Säumnis grundsätzlich nicht aufgegriffen werden kann. Der
VfGH kann im Fall gänzlichen gesetzgeberischen Unterlassens nicht
einschreiten, zumal legislative Untätigkeit nur dann auf eine etwaige

---

93   *Schulze-Fielitz*, in Dreier (Hrsg), Grundgesetz Art 20a Rz 72 (3. Aufl 2015); vgl *Caspar*,
     Das neue Staatsziel »Tierschutz« in Art 20a GG, NVwZ 2002, 913 (914).

94   Vgl *Murswiek*, Staatsziel Umweltschutz (Art 20a GG), NVwZ 1996, 222 (230); vgl
     Schink, DÖV, 1997, 221 (227).

95   Vgl *Wieland*, Verfassungsrang für Nachhaltigkeit, ZUR 2016, 473 (480); nach *W. Kahl*,
     Nachhaltigkeitsverfassung, 27 bedürfe darüber hinaus jede Beeinträchtigung einer
     Staatszielbestimmung einer Rechtfertigung durch den Gesetzgeber.

96   Vgl *W. Kahl*, Gesetzesfolgenabschätzung und Nachhaltigkeitsprüfung, in Kluth/
     Krings (Hrsg), Gesetzgebung (2014) 309; *Windoffer*, Nachhaltigkeit und Gesetzesfol-
     genabschätzung, in W. Kahl (Hrsg), Nachhaltigkeit durch Organisation und Verfah-
     ren (2016) 217; zum Niederschlag von Staatszielbestimmungen in der wirkungsorien-
     tierten Folgenabschätzung nach § 17 BHG vgl *Bertel* in Breitenlechner et al, 139 (150);
     vgl *Lienbacher*, Rationalitätsanforderungen an die parlamentarische Rechtssetzung
     im demokratischen Rechtsstaat, VVDStRL 71 (2012) 7 (37 ff), der die Gesetzesfolgen-
     abschätzung als verbindliche, jedoch nicht-justiziable, Anforderung zur Steigerung
     von Fachrationalität sieht.

97   Vgl *Holoubek*, Säumnis des Gesetzgebers, in Holoubek/Lang (Hrsg), Rechtsschutz
     gegen staatliche Untätigkeit (2011) 247 (249).

98   Siehe dazu *Öhlinger/Potacs*, EU-Recht und staatliches Recht[6] (2017) 71 ff.

99   Vgl *Holoubek* in Holoubek/Lang, 247 (249).

Verfassungswidrigkeit hin geprüft werden kann, wenn es sich um bloß partielles Unterlassen handelt, »wenn also ein Zusammenhang zu einer bestehenden Norm gegeben ist, der es erlaubt, diese als Bezugspunkt für die Auswirkungen anzusehen, die das gesetzgeberische Unterlassen nach sich zieht«[100].[101] Im System der Bundesverfassung kommt der Verfassungsgerichtsbarkeit auch insofern nur eine Aufhebungs-, nicht aber eine Beauftragungsfunktion[102] zu. Der Handlungspflicht, die sich für den Gesetzgeber aus einer Staatszielbestimmung ergibt, steht somit in der Regel kein entsprechendes Rechtsschutzverfahren gegenüber.[103]

3.   Zwischenfazit

Es zeigt sich also, dass die normative Bindung der Legislative aufgrund der sehr geringen Kontrolldichte und des unvollständigen Rechtsschutzes im Säumnisfall nur eine untergeordnete Rolle spielen kann.[104] Daraus ergibt sich eine nur sehr schwache Bindung des Gesetzgebers, die den grundsätzlich zwar verbindlichen Handlungsauftrag an die Legislative in den meisten Fällen als kaum justiziabel erscheinen lässt. Dies bestätigt sich auch mit Blick auf die verfassungsgerichtliche Judikatur: Bislang stellte der VfGH noch nie eine Verfassungswidrigkeit eines einfachen Gesetzes wegen Verletzung einer Staatszielbestimmung fest.

B.   Verfassungsunmittelbarer Maßstab für die Vollziehung

Ganz im Gegensatz zu der in der Praxis bislang nicht relevanten rechtlichen Bindung des Gesetzgebers stehen die Auswirkungen auf die

---

100   VfSlg 14.453/1996.

101   Vgl *Marko* in Korinek et al (Hrsg), Österreichisches Bundesverfassungsrecht Art 8 Abs 2 B-VG Rz 8 (8. Lfg 2007).

102   Vgl *Pernthaler*, Raumordnung, 454.

103   Zur Möglichkeit der institutionalisierten Beachtung von Staatszielbestimmungen in Bezug auf den Gesetzgeber in Form einer Missstandskontrolle durch die Volksanwaltschaften siehe *Lachmayer,* Der Schutz zukünftiger Generationen in Österreich, RdU 2016, 137 (140).

104   Hinsichtlich möglicher »sozialer Grundrechte«, deren Implementierung zuweilen ebenso in Form von Staatszielbestimmungen diskutiert wurde, wurde etwa im Zuge des Österreich-Konvents die Einführung einer verfassungsgerichtlichen Säumnisfeststellung vorgeschlagen (vgl *Rill/Stolzlechner* in Bundesverfassungsrecht Art 120a B-VG Rz 32).

Vollziehung: Die durch Staatszielbestimmungen verfassungsrechtlich verankerten Werte entfalten spürbare rechtliche Bindungswirkungen vor allem bei der Rechtsanwendung durch die Exekutive und Judikative. Wenngleich Staatszielbestimmungen so unbestimmt formuliert sind, dass sie selbst keine ausreichende Grundlage für die Erlassung hoheitlicher Akte bilden[105] und damit gewissermaßen nicht »self-executing«[106] sind, besteht dennoch eine »verfassungsunmittelbare«[107] Wirkung.

Diese besteht in ihrer direkten Heranziehung bei der Auslegung von unbestimmten Gesetzesbegriffen oder Generalklauseln[108].[109] Dabei bilden Staatszielbestimmungen für die Vollziehung den Maßstab verfassungskonformer Interpretation,[110] auf den überall dort zurückzugreifen ist, wo die anzuwendende gesetzliche Bestimmung entsprechenden Raum für die Berücksichtigung der Staatszielbestimmung gelassen hat.[111]

In Bereichen, in denen schon das einfache Gesetz selbst gewisse Ziele vorgibt, die sich unter Umständen mit jenen grundsätzlich ebenso zu berücksichtigender Staatszielbestimmungen decken und damit die gleichen Anknüpfungspunkte für die Auslegung (unbestimmter) gesetzlicher Bestimmungen liefern, erscheinen Staatszielbestimmungen jedoch geradezu obsolet.[112] *B. Raschauer* formulierte diesbezüglich treffend, dass vom Erfordernis einer verfassungskonformen Auslegung etwa im Sinne des Staatsziels Umweltschutz »jene Gesetze am wenigsten betroffen sind, die ›Umwelt‹ in ihrem Titel haben, wie etwa das UVP-G, das UmweltinformationsG oder das UmweltförderungsG«.[113]

---

105   Vgl VfSlg 13.449/1993; *Sommermann,* Staatsziele, 359; *Budischowsky,* RdU 2013, 191 (193).
106   *W. Kahl,* Nachhaltigkeitsverfassung, 24.
107   *R. Scholz* in Maunz/Dürig (Hrsg), Grundgesetz Art 20a Rz 53 (83. Lfg 2018); vgl *Rill/Stolzlechner* in Bundesverfassungsrecht Art 120a B-VG Rz 31; siehe auch bereits *Koja,* Das Verfassungsrecht der österreichischen Bundesländer² (1988) 91.
108   Staatszielbestimmungen erlangen überall dort besondere Bedeutung, wo vom Gesetzgeber die Berücksichtigung »öffentlicher Interessen« vorgeschrieben ist (vgl *Sander/Schlatter* in Baumgartner, 235 [251]).
109   Siehe etwa VwSlg 13.466 A/1991; vgl *Gutknecht* in Österreichisches Bundesverfassungsrecht BVG Umwelt Rz 30.
110   Vgl *Budischowsky,* RdU 2013, 191 (193); *B. Raschauer,* Umfassender Umweltschutz und Verwaltungsrecht, in Kerschner (Hrsg), Staatsziel Umweltschutz (1996) 57 (59 f).
111   Vgl *Faller,* Staatsziel, 209 f.
112   Siehe zB die sich überschneidenden Zielbestimmungen in § 1 TSchG und § 2 BVG Nachhaltigkeit.
113   *B. Raschauer* in Kerschner, 57 (59).

Im Gegensatz dazu kommt Staatszielbestimmungen bei der Auslegung »materienfremder« Gesetzesbestimmungen größere Relevanz zu. Bleibt man beim Beispiel des umfassenden Umweltschutzes, handelt es sich bei den von dieser Staatszielbestimmung betroffenen Bereichen vor allem, so *B. Raschauer*, »um die Wirtschaftsgesetze, um die veralteten Verkehrsgesetze [und] um das Bergrecht«[114],[115] bei denen allgemeine Tatbestände und insbesondere Klauseln, die die Berücksichtigung »öffentlicher Interessen«[116] vorschreiben, staatszielkonformer Auslegung bedürfen.

Darüber hinaus entfalten Staatszielbestimmungen auch rechtliche Bindungswirkung bei der Ausübung behördlichen Ermessens bzw bei Abwägungsentscheidungen.[117] Es zeigt sich also, dass im Bereich der Vollziehung Staatszielbestimmungen starke Steuerungswirkungen zukommen können. Gerade auch in Bereichen, die von einer finalen Programmierung geprägt sind, wie etwa die Raumplanung, entfalten die Vorgaben von Staatszielbestimmungen besondere praktische Relevanz.[118]

Aber auch in Bereichen der Verwaltung, die nicht dem Legalitätsprinzip unterliegen, wie etwa die Regierungstätigkeit in Gestalt außenpolitischer Erklärungen, der Vorbereitung von Regierungsvorlagen bzw Verordnungsentwürfen sowie in der Privatwirtschaftsverwaltung,[119] besteht eine gewisse Bindung an Staatszielbestimmungen.[120]

---

114   *B. Raschauer* in Kerschner, 57 (59).
115   Vgl VwGH, 30.11.1994, 93/03/0198.
116   Vgl VwSlg 13.466 A/1991.
117   Statt vieler bereits *Koja*, Verfassungsrecht², 91; siehe auch *W. Kahl*, Nachhaltigkeitsverfassung, 25 mwN.
118   Vgl *Holzer*, Bodenverbrauch – Raumplanungsrechtliche Aspekte, in Norer/Holzer (Hrsg), Jahrbuch Agrarrecht 2016 (2016) 131 (139); vgl VfSlg 11.990/1989.
119   Vgl *Rill* in Kneihs/Lienbacher (Hrsg), Bundesverfassungsrecht Art 18 B-VG Rz 34 ff, Rz 41 ff (1. Lfg 2001).
120   Vgl *Rill/Stolzlechner* in Bundesverfassungsrecht B-VG Art 120a Rz 31; *Budischowsky*, zfhr 2014, 68 (70).

IV. Neuere Entwicklungen

A. Verwaltungsgerichte als »Wahrer öffentlicher Interessen«

Seit der Einführung der Verwaltungsgerichtsbarkeit erster Instanz besteht die Verpflichtung der Verwaltungsgerichte gem Art 130 Abs 4 B-VG bzw § 28 Abs 2 VwGVG[121] unter Umständen in der Sache selbst zu entscheiden.[122] Die Kompetenz zur reformatorischen Entscheidung – als ein wesentliches Element der Verwaltungsgerichtsbarkeitsreform 2012 – bedeutet, dass insbesondere auch Abwägungs- und Ermessensfragen nun bei den Verwaltungsgerichten liegen können.[123] Aus der – im Vergleich zur weisungsgebunden Verwaltung – abgeschwächten demokratischen Legitimation der Verwaltungsgerichte folgt jedoch, dass diese judizieren und grundsätzlich nicht administrieren sollen.[124] Insbesondere bei Abwägungsentscheidungen, bei denen die Gesetzgebung der Vollziehung die Gewichtung und Abwägung maßgeblicher Aspekte und damit Wertungsfragen überlässt,[125] ergeben sich insofern also Legitimationsprobleme. Bei gesetzlichen Bestimmungen, die weite Interpretations- und Ermessensspielräume zulassen, tun sich darüber hinaus auch Konfliktbereiche mit dem Legalitätsprinzip auf.[126]

Hier können verfassungsrechtlich verfestigte öffentlichen Interessen in Form von Staatszielbestimmungen den Verwaltungsgerichten – als »Wahrer[n] öffentlicher Interessen, die niemand geltend gemacht hat«[127] – zusätzliches rechtliches Substrat für Entscheidungen bieten und so der »Verrechtlichung«, die mit der Verwaltungsgerichtsbarkeitsreform ein Stück weit einhergegangen ist, Rechnung tragen. Insofern besitzen Staatszielbestimmungen das Potentzial, Auslegungs- und Gestaltungsspielräume, die das einfache Gesetz offenlässt, durch die in

---

121 Verwaltungsgerichtsverfahrensgesetz, BGBl I 33/2013 idF 57/2018.

122 Vgl grundlegend VwGH 26.06.2014, Ro 2014/03/0063; VwGH 20.04.2016, Ra 2016/04/0007 sowie VfGH 18.06.2014, G 5/2014.

123 Dies führe laut *Merli*, Vom Verwaltungsstaat zum Justizstaat – und wieder zurück? in Holoubek/Lang (Hrsg), Grundfragen der Verwaltungs- und Finanzgerichtsbarkeit (2017) 355 (368) zu einer »Verwaltungsartigkeit des Rechtsschutzes«.

124 Vgl *Holoubek*, Die Rolle der Verwaltungsgerichte im Lichte der Zuständigkeiten des VwGH, in Holoubek/Lang (Hrsg), Das Verfahren vor dem VwGH in Steuersachen (2016) 351 (359 ff).

125 Vgl *Adamovich/Funk*, Allgemeines Verwaltungsrecht³ (1987) 119.

126 *Lienbacher* in Khakzadeh-Leiler/Schmid/Weber, 85 (92).

127 *Merli* in Holoubek/Lang, 355 (367).

der Verfassung explizit offengelegten Wertentscheidungen einzuengen und so Probleme, die sich aus einer nur schwach ausgeprägten einfachgesetzlichen Determinierung ergeben, zu entschärfen.

Dennoch besteht die Gefahr, dass der Rückgriff auf Staatszielbestimmungen, denen selbst große Auslegungsspielräume immanent sind, selbst zum Deckmantel für *judicial activism* wird. Staatszielbestimmungen zeigen hier – abermals in Ähnlichkeit zu Grundrechten – die schwierigen Grenzlinien zwischen Gesetzgebung und Gerichtsbarkeit auf, da die richterliche Kognitionsbefugnis immer gerade dann weit reicht, wenn die Verfassung nur allgemeine Prinzipien vorgibt.[128]

B.   Staatszielbestimmungen in der jüngsten Judikatur des VfGH

Im Zusammenhang mit diesen Fragen der demokratischen Legitimation steht auch die aktuelle Judikatur des VfGH. In seinem Erkenntnis[129] zur sog »dritten Piste« des Flughafens Wien nahm der VfGH eine Kehrtwende im bisherigen Verständnis der Funktionsweise von Staatszielbestimmungen vor und warf dem BVwG unter anderem aufgrund der unmittelbaren Heranziehung der Staatszielbestimmung Umweltschutz grobes Verkennen der Rechtslage vor.

Mit dem Erkenntnis vom 29.06.2017 hob der VfGH die Entscheidung des BVwG[130] zur Versagung der Genehmigung nach § 71 Abs 1 LFG[131] bekanntlich wegen Willkür auf. Im verwaltungsgerichtlichen Verfahren ging es um die Beurteilung, ob für die Erweiterung des Flughafens Wien um eine dritte Start- und Landepiste die notwendige Zivilflugplatz-Bewilligung erteilt werden darf. Dies wäre nur dann der Fall, wenn alle Voraussetzungen der § 71 Abs 1 lit a bis lit c LFG gegeben sind und der Genehmigung gem § 71 Abs 1 lit d LFG »sonstige öffentliche Interessen nicht entgegenstehen«. Da das LFG keine Definition vorsieht, was unter möglichen entgegenstehenden »sonstigen öffentlichen Interessen« zu verstehen ist, war fraglich, ob nicht der »umfassende Umweltschutz« iSd § 3 BVG Nachhaltigkeit ein hier zu beachtendes »sonstiges

---

128 Für Grundrechte siehe *Berka/Binder/Kneihs,* Die Grundrechte² (2019) 265 ff.
129 VfSlg 20.185/2017.
130 BVwG 02.02.2017, W109 2000179-1/291E.
131 Luftfahrtgesetz, BGBl 253/1957 idF BGBl I 83/2008.

öffentliches Interesse« darstellt. Das BVwG bejahte dies und legte § 71 Abs 1 lit d LFG im Sinne des Klima- und Umweltschutzes staatszielkonform aus.

Der VfGH bezeichnete § 71 LFG zunächst als Abwägungsermächtigung, bei der die entgegenstehenden »sonstigen öffentlichen Interessen« und die für die Bewilligung sprechenden »öffentlichen Interessen« gegeneinander abzuwägen seien.[132] Auch in der Lehre wurde § 71 LFG bereits als Beispiel für eine Bestimmung angeführt, die als Abwägungsermächtigung für alle öffentlichen Interessen offen sei.[133] Insofern wäre davon auszugehen gewesen, dass mit der Anwendung von § 71 LFG auch ein typischer Fall für eine Heranziehung einer Staatszielbestimmung vorliegt: die Auslegung eines unbestimmten Gesetzesbegriffes, bei dessen Anwendung noch dazu eine Abwägung verschiedener Interessen verlangt ist. Der VfGH hatte in ähnlichem Zusammenhang bereits festgehalten, dass Staatszielbestimmungen von der Vollziehung bei derartigen Abwägungsentscheidungen miteinzubeziehen sind.[134]

Im Erkenntnis zur »dritten Piste« hob der VfGH zunächst seine stRsp hervor, in der er selbst auch immer wieder betont hatte, dass die Staatszielbestimmung des BVG Umweltschutz einerseits zur Prüfung von Gesetzen auf ihre Verfassungsmäßigkeit und von Verordnungen auf ihre Gesetzmäßigkeit heranzuziehen sei.[135] Andererseits führte er auch weiter aus, dass es »verfassungsrechtlich geboten [sei], den umfassenden Umweltschutz sowohl bei der Interpretation der näher in Betracht kommenden abwägungsrelevanten Interessen, die nach dem LFG wahrzunehmen sind, als auch bei der nachfolgenden Gewichtung dieser Interessen miteinzubeziehen«; das sei jedoch nur der Fall, »wenn die als maßgeblich festgestellten Interessen einen Bezug zum Umweltschutz aufweisen«.[136] Da der Umweltschutz selbst jedoch nicht ausdrücklich im LFG verankert sei, könne er auch nicht in diese Abwägungsentscheidung

---

132   VfSlg 20.185/2017, Rz 203.

133   Vgl *Stolzlechner,* Verwaltungsgerichtliche Abwägungsentscheidung, ZfV 2000, 214 (218).

134   In VfSlg 13.102/1992 bezeichnet der VfGH die Staatszielbestimmung des BVG Umweltschutz als »verfassungsrechtlich verfestigtes öffentliches Interesse«, welches einen Eingriff in die Erwerbsausübungsfreiheit durch einen Kontrahierungszwang für Abfallsammler rechtfertige.

135   VfSlg 20.185/2017, Rz 206 mit Verweis auf VfSlg 11.990/1989; 12.009/1989; 12.485/1990; 12.486/1990; 13.012/1992; 13.718/1994; 14.551/1996; 19.584/2011.

136   VfSlg 20.185/2017, Rz 208.

einbezogen werden. Geradezu »apodiktisch«[137] stellte der VfGH dazu fest, dass die Staatszielbestimmung Umweltschutz die zu berücksichtigenden Interessen »nicht über den Kreis jener nach dem LFG wahrzunehmenden Interessen [erweitert]«[138].

Damit beschränkte der VfGH die zu berücksichtigten Interessen auf jene, die im LFG selbst explizit genannt sind und stützte diese Ansicht auf eine Entscheidung des VwGH aus dem Jahr 1970,[139] in welcher der VwGH im Wege systematischer Interpretation zu eben diesem Ergebnis gekommen ist. Spätestens seit dem Inkrafttreten des BVG Umweltschutz im Jahr 1984 haben sich jedoch die systematischen Zusammenhänge verschoben,[140] sodass bei Zweifeln über den Bedeutungsgehalt unbestimmter Gesetzesbegriffe auch gewichtige Argumente für die Berücksichtigung des Umweltschutzes sprechen.[141]

Eine Staatszielbestimmung soll also nach der neuesten Auffassung des VfGH nur dann zur Auslegung dienen, wenn es dafür bereits auf einfachgesetzlicher Ebene ausdrückliche »Anhaltspunkte«[142] gibt. Damit überlässt der VfGH die Entscheidung, ob ein verfassungsgesetzlich verankertes Staatsziel gegenüber der Vollziehung Wirkung entfalten soll, dem einfachen Gesetzgeber.[143]

Ein solches Verständnis der Wirkung von Staatszielbestimmungen passt jedoch nicht in die bis dahin bestandene Judikaturlinie. Der VfGH hatte das BVG Umweltschutz selbst bereits mehrmals als Maßstab einer verfassungskonformen Interpretation direkt herangezogen. So wurden etwa Umweltschutzinteressen, die vom Gesetzgeber im damaligen Binnenschifffahrts-KonzessionsG[144] nicht explizit vorgesehen waren, als Kriterium bei einer entsprechenden Bedarfsprüfung für Motorboots-Konzessionen erachtet.[145] Aber auch der VwGH hatte den unbestimmten Begriff des »öffentliches Interesses« iSd § 9 Abs 2 zweiter Satz LFG, welches der Genehmigung von Schitouristikflügen entgegenstehen kann, iSd BVG Umweltschutzes bereits so ausgelegt, dass auch der nicht

---

137   *Madner/Schulev-Steindl,* Dritte Piste – Klimaschutz als Willkür? ZöR 2017, 589 (600).
138   VfSlg 20.185/2017, Rz 208.
139   VwSlg 7913 A/1970.
140   Vgl *B. Raschauer* in Kerschner, 57 (59 f).
141   *Kerschner,* Zehn Thesen zur Einführung, in Kerschner (Hrsg), Staatsziel Umweltschutz (1996) 3 spricht gar von einem »in dubio pro natura«-Grundsatz.
142   *Madner/Schulev-Steindl,* ZÖR 2017, 589 (597).
143   Vgl *Holzer,* Lippenbekenntnisse im Verfassungsrang, Die Presse 11.07.2017, 23.
144   BGBl 533/1978, aufgehoben mit BGBl 87/1989.
145   VfSlg 12.009/1989.

im LFG ausdrücklich erwähnte Umweltschutz ein solches öffentliches Interesse darstelle.[146]

V. Fazit

Zusammenfassend ist festzuhalten, dass die österreichische Literatur dem rechtswissenschaftlichen Begriff der Staatszielbestimmung nach wie vor nur wenige Konturen verleiht. Meist begnügt sich die Lehre mit der Einordnung einzelner Bestimmungen als »Verfassungsaufträge« oder »Staatsziele«, ohne jedoch auf wichtige Fragen der staatlichen Bindungswirkung Antworten zu suchen. Dies steht auch im Zusammenhang mit der zwischenzeitlich überwunden geglaubten Abwertung derartiger Handlungsaufträge als insgesamt juristisch wertlos und normativ wirkungslos.

Die Implementierung immer mehr derartiger »Bekenntnisse« durch die Verfassungsgesetzgeber – sowohl auf Bundes-, als auch Landesebene – und die vermehrte Bezugnahme auf Staatszielbestimmungen durch die Vollziehung zog diesen Normtypus in den letzten Jahren wieder verstärkt in Diskussion.

Durch einen genaueren Blick auf die bisherige Rechtsprechung des VfGH und VwGH lässt sich – auch vor dem Hintergrund der ähnlichen Funktion von Staatszielbestimmungen im deutschen Grundgesetz – erkennen, dass Staatszielbestimmungen für alle staatlichen Organe Bindungswirkungen entfalten. Diese Bindung besteht jedoch in abgestufter Intensität je nach Adressat und Grad der inhaltlichen Determinierung der einzelnen Zielvorgabe.

Allgemein kann festgehalten werden, dass aufgrund des großen rechtspolitischen Gestaltungsspielraums, die nur vage und prinzipienhaft formulierten Staatszielbestimmungen gegenüber der Gesetzgebung kaum justiziable Bindungen bewirken. Demgegenüber weisen sowohl die Literatur, als auch die – bis zur Entscheidung des VfGH im Fall des Flughafens Wien als gesichert geglaubte – höchstgerichtliche Rechtsprechung Staatszielbestimmungen eine weitaus wichtigere Rolle in Bezug auf Verwaltung und Gerichtsbarkeit zu. Demnach stellen

---

146   VwSlg 13.466 A/1991.

Staatszielbestimmungen verfassungsunmittelbare Maßstäbe bei der Auslegung von Rechtsvorschriften sowie ebenso verbindliche Kriterien der Ermessensübung dar.

Im Erkenntnis zur »dritten Piste« verstand der VfGH die Bindung der Vollziehung an Staatszielbestimmungen jedoch als eine nur mittelbare, die unter dem Vorbehalt einer entsprechenden expliziten Berücksichtigung des Staatszieles auf einfachgesetzlicher Ebene stehe. Das widerspricht jedoch dem bisherigen Verständnis von Staatszielbestimmungen, nach dem diese verfassungsunmittelbar sowohl von der Exekutive als auch der Rechtsprechung zu berücksichtigen sind. In diesem Erkenntnis behandelte der VfGH § 3 BVG Nachhaltigkeit insofern – entgegen dem Willen des historischen Verfassungsgesetzgebers[147] – nicht als Staatszielbestimmung, sondern als vermeintlich bloßen Gesetzgebungsauftrag, der für sich genommen gegenüber der Vollziehung keinerlei Bindungswirkung entfalte.

Gegen ein solches Ergebnis spricht, wie gezeigt, sowohl die überwiegende Literatur, als auch die bisherige Rsp beider Gerichtshöfe des öffentlichen Rechts. Sollte Staatszielbestimmungen nur eine derartige gesetzesmediatisierte Bindung der Vollziehung zukommen, wären diese faktisch wirkungslos. Auch Überlegungen im Sinne eines effet utile,[148] nach welchen dem Normsetzer im Zweifel nicht unterstellt werden kann, Rechtsvorschriften zu schaffen, die keinerlei faktische Wirkung entfalten,[149] führen ebenso zu einem anderen Ergebnis.

Das Erkenntnis des VfGH offenbart nicht nur Lücken in der bisherigen Auseinandersetzung mit Staatszielbestimmungen und deren konkreten Funktionsweisen, sondern wirft zudem ein Schlaglicht auf die immer noch relativ junge Verwaltungsgerichtsbarkeit, der nun auch die schwierige Aufgabe zukommt, in politisch brisanten Angelegenheiten Abwägungsentscheidungen selbst vorzunehmen. Bei Letzterem können jedoch Staatszielbestimmungen – richtig verstanden als unmittelbarer Auslegungsmaßstab einfachgesetzlicher Generalklauseln und Abwägungsermächtigungen – zu einem Plus an Rechtssicherheit führen,

---

147   Zur Vorgängerbestimmung im BVG Umweltschutz siehe AB 469 BlgNR 16. GP, 1: »mit dem im Entwurf vorliegenden Bundesverfassungsgesetz [soll] eine sogenannte Staatszielbestimmung für den umfassenden Umweltschutz geschaffen werden«.

148   Zur Unterscheidung zwischen »effet utile« im engeren und weiteren Sinn siehe etwa *Potacs/C. Mayer*, Effet Utile as a Method of Interpretation, in Tichý/Potacs/Dumbrovský (Hrsg), Effet Utile (2014) 17 (18).

149   Vgl *Potacs,* Rechtstheorie², 194.

indem implizite Wertungen, die bis dahin etwa nur durch die Judikatur des VfGH der Verfassung entnommen werden konnten,[150] offengelegt und damit zu vorhersehbareren Kriterien der Entscheidungsfindung gemacht werden.

---

150   So wurde etwa der Tierschutz bereits vor der Explizierung durch § 2 BVG Nachhaltigkeit durch die Judikatur des VfGH als »weithin anerkanntes und bedeutsames öffentliches Interesse« qualifiziert (vgl VfSlg 15.394/1998).

Literaturverzeichnis

- *Adamovich Ludwig K. et al,* Österreichisches Staatsrecht Band I[2] (2011)
- *Adamovich Ludwig K./Funk Bernd-Christian,* Allgemeines Verwaltungsrecht[3] (1987)
- *Alexy Robert,* Rechtsregeln und Rechtsprinzipien, in Maccormick/ Panou/Vallauri (Hrsg), Conditions of Validity and Cognition in Modern Legal Thought (1985)
- *Berka Walter/Binder Christina/Kneihs Benjamin,* Die Grundrechte[2] (2019)
- *Berka Walter,* Verfassungsrecht[7] (2018)
- *Bertel Maria,* Staatszielbestimmungen, in Breitenlechner et al (Hrsg), Sicherung von Stabilität und Nachhaltigkeit durch Recht (2014) 139
- *Brauneder Wilhelm,* Staatsaufgaben (1982)
- *Budischowsky Jens,* Das Staatsziel der Bedeutung der Forschung, zfhr 2014, 68
- *Budischowsky Jens,* Staatsziel Tierschutz, RdU 2013, 191
- Bundesminister des Inneren/Bundesminister der Justiz (Hrsg), Staatszielbestimmungen Gesetzgebungsaufträge – Bericht der Sachverständigenkommission (1983)
- *Caspar Johannes,* Das neue Staatsziel »Tierschutz« in Art 20a GG, NVwZ 2002, 913
- *Davy, Ulrike,* Der Gleichheitssatz des österreichischen Rechts und Menschen mit Behinderung, in FS Funk (2003) 63
- *Davy Benjamin,* Folgenloses Umweltrecht (1989)
- *Duschanek Alfred,* Wege einer verfassungsrechtlichen Umweltschutzgarantie, in FS Wenger (1983) 279
- *Dworkin Ronald,* Taking Rights Seriously (1977)
- *Dworkin Ronald,* The Model of Rules, University of Chicago Law Review 35 (1967)
- *Epiney Astrid* in Mangoldt/Klein/Starck (Hrsg), Grundgesetz Art 20a (6. Aufl 2010)
- *Faller Rico,* Staatsziel »Tierschutz« (2005)
- *Funk Bernd-Christian,* Verursacherprinzip als Verfassungsprinzip? in Kerschner/Funk/Priewasser (Hrsg), Neue Umwelthaftung (2010) 9
- *Gamper Anna,* Allgemeine Bestimmungen des Landesverfassungsrechts, in Pürgy (Hrsg), Das Recht der Länder Band I (2012) 61
- *Gamper Anna,* Die öffentliche Aufgabe der Massenmedien: Kulturpolitische Aspekte, in Berka/Grabenwarter/Holoubek (Hrsg), Qualitätssicherung im Rundfunk und in den Online-Medien (2015) 59

- *Grabenwarter Christoph/Holoubek Michael,* Verfassungsrecht – Allgemeines Verwaltungsrecht[2] (2014)
- *Grabenwarter Christoph/Holoubek Michael,* Verfassungsrecht – Allgemeines Verwaltungsrecht[4] (2019)
- *Gutknecht Brigitte* in Korinek et al (Hrsg), Österreichisches Bundesverfassungsrecht BVG Umwelt (1. Lfg 1999)
- *Gutknecht Brigitte,* Das Prinzip Umweltschutz im Österreichischen Verfassungsrecht, in Machacek/Pahr/Stadler (Hrsg), 40 Jahre EMRK Grund- und Menschenrechte in Österreich Band 2 (1992) 113
- *Hahn Daniel,* Staatszielbestimmungen im integrierten Bundesstaat (2010)
- *Hattenberger Doris,* Der Umweltschutz als Staatsaufgabe (1993)
- *Hauer Andreas,* Staats- und Verwaltungshandeln[3] (2011)
- *Holoubek Michael,* Die Rolle der Verwaltungsgerichte im Lichte der Zuständigkeiten des VwGH, in Holoubek/Lang (Hrsg), Das Verfahren vor dem VwGH in Steuersachen (2016) 351
- *Holoubek Michael,* Säumnis des Gesetzgebers, in Holoubek/Lang (Hrsg), Rechtsschutz gegen staatliche Untätigkeit (2011) 247
- *Holzer Gottfried,* Bodenverbrauch – Raumplanungsrechtliche Aspekte, in Norer/Holzer (Hrsg), Jahrbuch Agrarrecht 2016 (2016) 131
- *Holzer, Gottfried,* Lippenbekenntnisse im Verfassungsrang, Die Presse 11.07.2017, 23
- *Ipsen Hans Peter,* Über das Grundgesetz (1950)
- *Kahl Wolfgang,* Gesetzesfolgenabschätzung und Nachhaltigkeitsprüfung, in Kluth/Krings (Hrsg), Gesetzgebung (2014) 309
- *Kahl Wolfgang,* Nachhaltigkeitsverfassung (2018)
- *Kelsen Hans,* Reine Rechtslehre[2] (1960)
- *Kelsen Hans/Froehlich Georg/Merkl Adolf,* Die Bundesverfassung vom 1. Oktober 1920 (1922)
- *Kerschner Ferdinand,* Zehn Thesen zur Einführung, in Kerschner (Hrsg), Staatsziel Umweltschutz (1996) 3
- *Kloepfer Michael,* Umweltrecht[2] (1998)
- *Kloepfer Michael,* Umweltschutz als Verfassungsrecht, DVBl 1996, 73
- *Koja Friedrich,* Allgemeine Staatslehre (1993)
- *Koja Friedrich,* Das Verfassungsrecht der österreichischen Bundesländer[2] (1988)
- *Lachmayer Konrad,* Der Schutz zukünftiger Generationen in Österreich, RdU 2016, 137
- *Lienbacher Georg,* Rationalitätsanforderungen an die parlamentarische Rechtssetzung im demokratischen Rechtsstaat, VVDStRL 71 (2012) 7

- *Lienbacher Georg,* Abwägungsentscheidungen im öffentlichen Recht, in Khakzadeh-Leiler/Schmid/Weber (Hrsg), Interessenabwägung und Abwägungsentscheidungen (2014) 85
- *Lücke Jörg,* Soziale Grundrechte als Staatszielbestimmungen und Gesetzgebungsaufträge, AöR 1982, 15
- *Madner Verena/Schulev-Steindl Eva,* Dritte Piste – Klimaschutz als Willkür? ZöR 2017, 589
- *Marko Joseph* in Korinek et al (Hrsg), Österreichisches Bundesverfassungsrecht Art 8 Abs 2 B-VG (8. Lfg 2007)
- *Marko Joseph,* Umweltschutz als Staatsziel, ÖJZ 1986, 289
- *Mayer Heinz/Kucsko-Stadlmayer Gabriele/Stöger Karl,* Bundesverfassungsrecht[11] (2015)
- *Merli Franz,* Vom Verwaltungsstaat zum Justizstaat – und wieder zurück? in Holoubek/Lang (Hrsg), Grundfragen der Verwaltungs- und Finanzgerichtsbarkeit (2017) 355
- *Merten Detlef,* Über Staatsziele, DÖV 1993, 368
- *Michel Lutz H.,* Staatszwecke, Staatsziele und Grundrechtsinterpretation unter besonderer Berücksichtigung der Positivierung des Umweltschutzes im Grundgesetz (1986)
- *Müller-Bromley Nicolai,* Staatszielbestimmung Umweltschutz im Grundgesetz? (1990)
- *Murswiek Dietrich,* Staatsziel Umweltschutz (Art 20a GG), NVwZ 1996, 222
- *Novak Richard* in Korinek et al (Hrsg), Österreichisches Bundesverfassungsrecht BVG Atomfreiheit (6. Lfg 2003)
- *Öhlinger Theo,* Die Zukunft der Verfassung, JRP 2011, 67
- *Öhlinger Theo/Eberhard, Harald,* Verfassungsrecht[12] (2019)
- *Öhlinger Theo/Potacs, Michael,* EU-Recht und staatliches Recht[6] (2017)
- *Pernthaler Peter,* Bemerkungen zum Recht auf Umweltschutz, in Rack (Hrsg) Grundrechtsreform (1985) 205
- *Pernthaler Peter,* Raumordnung und Verfassung Band 3 (1990) 457
- *Potacs Michael,* Rechtstheorie[2] (2019)
- *Potacs Michael/Mayer Claudia,* Effet Utile as a Method of Interpretation, in Tichý/Potacs/Dumbrovský (Hrsg), Effet Utile (2014) 17
- *Pürgy Erich,* Die Bedeutung der Verfassung im politischen System – Das österreichische Verfassungsverständnis, JRP 2011, 15
- *Raschauer Bernhard,* Umfassender Umweltschutz und Verwaltungsrecht, in Kerschner (Hrsg), Staatsziel Umweltschutz (1996) 57 (59 f)
- *Rill Heinz-Peter,* Staatsaufgaben aus rechtlicher und rechtspolitischer Sicht, in Potacs/Rondo-Brovetto (Hrsg), Beiträge zur Reform der Kärntner Landesverwaltung (2001) 9

▸ *Rill Heinz-Peter* in Kneihs/Lienbacher (Hrsg), Bundesverfassungsrecht Art 18 B-VG (1. Lfg 2001)

▸ *Rill Heinz-Peter/Stolzlechner Harald* in Kneihs/Lienbacher (Hrsg), Bundesverfassungsrecht Art 120a B-VG (6. Lfg 2010)

▸ *Röhl Klaus Friedrich/Röhl Hans Christian,* Allgemeine Rechtslehre[3] (2008)

▸ *Sander Peter/Schlatter Benjamin,* Das Bundesverfassungsgesetz über die Nachhaltigkeit, in Baumgartner (Hrsg), Jahrbuch Öffentliches Recht 2014 (2014) 235

▸ *Schambeck Herbert,* Zum Begriff der Verfassung im formellen und materiellen Sinn aus österreichischer Sicht, in FS Klecatsky (1990) 247

▸ *Scheuner Ulrich,* Staatszielbestimmungen, in FS Forsthoff (1972) 325

▸ *Schink Alexander,* Umweltschutz als Staatsziel, DÖV, 1997, 221

▸ *Scholz Rupert* in Maunz/Dürig (Hrsg), Grundgesetz Art 20a (83. Lfg 2018)

▸ *Scholz Rupert,* Inflation der Staatsziele? – Zur Verfassungsgebung in den neuen Bundesländern, in FS Remmers (1995) 89

▸ *Schulze-Fielitz Helmuth* in Dreier (Hrsg), Grundgesetz Art 20a (3. Aufl 2015)

▸ *Sommermann Karl-Peter,* Staatsziel »Umweltschutz« mit Gesetzesvorbehalt, DVBl 1991, 34

▸ *Sommermann Karl-Peter,* Staatsziele und Staatszielbestimmungen (1997)

▸ *Stolzlechner Harald,* Verwaltungsgerichtliche Abwägungsentscheidung, ZfV 2000, 214

▸ *Stolzlechner Harald/Bezemek Christoph,* Einführung in das öffentliche Recht[7] (2018)

▸ *Uhle Arnd,* Das Staatsziel »Umweltschutz« im System der grundgesetzlichen Ordnung, DÖV 1993, 947

▸ *Wahl Rainer,* Staatszielbestimmungen im Verfassungsrecht – Bemerkungen aus der Sicht der Bundesrepublik Deutschland, in Rack (Hrsg), Grundrechtsreform (1985) 223

▸ *Walter Robert,* Überlegungen aus Anlass des Wiedererscheinens von Kelsen/Froehlich/Merkl, Kommentar zum B-VG 1920, JRP 2004, 7

▸ *Walter Robert/Mayer Heinz,* Grundriß des österreichischen Bundesverfassungsrechts[8] (1996)

▸ *Weber Karl,* Die Konkretisierung verfassungsrechtlicher Staatszielbestimmungen am Beispiel jener über den umfassenden Umweltschutz, in FS 75 Jahre B-VG (1995) 709

▸ *Wiederin Ewald,* Verfassungsinterpretation in Österreich, in Lienbacher (Hrsg), Verfassungsinterpretation in Europa (2011) 81

▸ *Wieland, Joachim,* Verfassungsrang für Nachhaltigkeit, ZUR 2016, 473

▸ *Wienholz Ekkehard,* Arbeit, Kultur und Umwelt als Gegenstände verfassungsrechtlicher Staatszielbestimmungen, AöR 1984, 532

- *Wieser Bernd,* Handbuch des österreichischen Schulrechts, Band 2: Schulorganisationsrecht (2011)
- *Windoffer Alexander,* Nachhaltigkeit und Gesetzesfolgenabschätzung, in W. Kahl (Hrsg), Nachhaltigkeit durch Organisation und Verfahren (2016), 217
- *Winkler Günther,* Das Recht und die Rechtswissenschaft (2014)
- *Winkler Günther,* Die Wissenschaft vom Verwaltungsrecht, in FS Antoniolli (1979) 3

GISELA ERNST

Steigende Arzneimittelpreise – Ermessen als (öffentlich-rechtlicher) Retter in der Not?

I. Einleitung

Die Verteilung knapper Ressourcen, insbesondere im Gesundheitsbereich, ist seit jeher Gegenstand des gesellschaftlichen Diskurses. Teure, neuartige Therapien sind in diesem Zusammenhang zu einem Problem in der österreichischen Sozialversicherung geworden, bei dem es die Interessen der Patientinnen und Patienten, die Grundrechtspositionen der pharmazeutischen Unternehmen und die Finanzierbarkeit des Systems gegeneinander abzuwägen gilt. Ein Instrument, dessen man sich hier bedient, um bis zu einem gewissen Grad Einfluss auf Arzneimittelpreise zu nehmen, ist die gesetzliche Einräumung von Ermessen.

Das Rechtsinstitut des Ermessens hat in der österreichischen Rechtsordnung bereits eine lange Vorgeschichte. Gemäß dem aus 1946 stammenden und bis 2014 unveränderten Art 130 Abs 2 des B-VG aF[1] lag eine Ermessensentscheidung und somit keine Rechtswidrigkeit dann vor, wenn »die Gesetzgebung von einer bindenden Regelung des Verhaltens der Verwaltungsbehörde absieht und die Bestimmung dieses Verhaltens der Behörde selbst überlässt, die Behörde aber von diesem freien Ermessen im Sinne des Gesetzes Gebrauch gemacht hat«. Im Zuge der Verwaltungsgerichtsbarkeitsnovelle[2] fand durch die Ausweitung einer

---

[1]   Art 130 Abs 2 B-VG idF StGBl 4/1945. MwN zur Entwicklung des Verwaltungsermessens siehe *Fuchs*, Verwaltungsermessen und Verwaltungsgerichtsbarkeit: Rückblick und Ausblick, in Holoubek/Lang (Hrsg), Das Verfahren vor dem Bundesverwaltungsgericht und dem Bundesfinanzgericht (2014) 232.

[2]   Verwaltungsgerichtsbarkeits-Novelle 2012, BGBl I 51/2012.

rein kassatorischen auf eine auch meritorische Entscheidungsbefugnis der Verwaltungsgerichte fast unbemerkt eine Änderung des Verwaltungsermessen Eingang ins B-VG.[3] So lautet der neue Art 130 Abs 3 B-VG: »Außer [...] liegt Rechtswidrigkeit nicht vor, soweit das Gesetz der Verwaltungsbehörde Ermessen einräumt und sie dieses im Sinne des Gesetzes geübt hat.«[4]

Gerade diese Einräumung und die Reichweite der gesetzlichen Determinanten,[5] anhand derer das Ermessen geübt werden muss, scheinen im Fall der Erstattungspreisbildung von Arzneimitteln mehr als unklar. Hier entscheidet der Dachverband[6] der Sozialversicherungsträger *im Rahmen seines Ermessens* darüber, ob und zu welchem Preis ein Arzneimittel in den sogenannten *Erstattungskodex*[7] aufgenommen wird und somit auf Rechnung der Sozialversicherung abgegeben werden darf. Dieser Entscheidung gehen Verhandlungen zwischen Dachverband und vertriebsberechtigtem Unternehmen, sowie eine Reihe von Evaluationen (der Wirksamkeit, des Nutzens und der Wirtschaftlichkeit) des betroffenen Mittels voraus. Diese haben gemeinsam mit einer Reihe weiterer Entscheidungsfaktoren erheblichen Einfluss auf die Aufnahmeentscheidung. Eine Klärung dieser Gemengelage ist das Ziel des vorliegenden Beitrags.

In weiterer Folge ist auch die Überprüfung der Entscheidung maßgeblich davon abhängig, ob und wie weit Ermessen vorliegt. Durch die Sachentscheidungspflicht für Ermessensentscheidungen bei Vorliegen der Voraussetzungen des § 28 Abs 2 VwGVG[8] hat sich die Entscheidungskompetenz zu Gunsten des Verwaltungsgerichts verschoben. Auch die

---

3   *Fuchs* in Holoubek/Lang, Verfahren, 232 (263 f).

4   Art 130 B-VG idF BGBl I 101/2014. Dieser entspricht gemäß den Erläuterungen (ErlRV 1618 BlgNR XXIV. GP, 14) mit Ausnahme einer gebräuchlicheren Terminologie seiner Vorgängerbestimmung. Die Kognitionsbefugnis in merito führt jedoch dazu, dass Verwaltungsgerichte in manchen Fällen auch selbst Ermessen zu üben haben.

5   Im Detail zum Interpretationsproblem bei der Einräumung von Ermessen siehe *Raschauer*, Allgemeines Verwaltungsrecht[5] (2015) 230 ff; *Zußner*, Ermessen im Sinne des Gesetzes (2017) 168 ff.

6   Im Zuge des Sozialversicherungs-Organisationsgesetzes (SV-OG) BGBl I 2018/100 wurde der bis 31.12.2019 bestehende Hauptverband zu einem Dachverband umgestaltet (vgl ErlRV 329 BlgNR XXVI. GP, 3). Im Folgenden wird daher durchgehend der Begriff »Dachverband« verwendet. Das bisherige Schrifttum und die Judikatur beziehen sich auf den Begriff »Hauptverband«.

7   Im Folgenden auch mit »EKO« abgekürzt.

8   Verwaltungsgerichtsverfahrensgesetz (VwGVG) BGBl I 33/2013 idF BGBl I 57/2018.

Frage, inwieweit das Ermessen in der Folge durch das Verwaltungsgericht anstatt durch den Dachverband geübt wird, soll im Folgenden behandelt werden.

II. Einräumung von Ermessen

A. Rechtsgrundlagen

Um die Reichweite des Ermessens und somit seinen Einfluss auf Arzneimittelpreise feststellen zu können, ist in einem ersten Schritt zu klären, inwiefern die maßgeblichen Bestimmungen des ASVG[9] überhaupt einen Ermessensspielraum etablieren. Als Interpretationsgrundlage dienen einige Wendungen in §§ 351d ff ASVG: So normiert § 351d Abs 1 1. Satz: »Der Dachverband hat schriftlich über den Antrag auf Aufnahme in den gelben oder grünen Bereich des Erstattungskodex innerhalb von 90 Tagen [...] im Rahmen des ihm nach diesem Bundesgesetz eingeräumten Ermessens zu entscheiden.«

Die Bestimmung des § 351e ASVG sieht spiegelbildlich für Änderungsentscheidungen vor, dass der Dachverband »schriftlich über den Antrag [...] im Rahmen des ihm nach diesem Bundesgesetz eingeräumten Ermessens« zu entscheiden hat. Auch bei der Streichung aus dem EKO soll dem Dachverband gemäß § 351f ASVG Ermessen zukommen, wenn er nach Prüfung der Voraussetzungen der § 30b Abs 1 Z 4 und § 351c ASVG über die Streichung einer gelisteten Arzneispezialität entscheidet. Zudem ist insbesondere § 351h ASVG relevant für die Frage, ob Ermessen eingeräumt wurde. Dieser nimmt in seinem Abs 5 dezidiert auf § 28 Abs 2 und Abs 4 VwGVG Bezug, die das Vorgehen des Verwaltungsgerichts bei der Überprüfung von Ermessensentscheidungen regeln.

Zu überlegen ist auch, ob die Formulierung, dass der Dachverband mit dem vertriebsberechtigten Unternehmen einen Preis *zu vereinbaren* hat, einen gewissen Spielraum voraussetzt, innerhalb dessen diese Verhandlungen stattzufinden haben. Zwar geht diese Formulierung auf die als privatrechtlicher Vertrag ausgestaltete Vereinbarung über das Spezialitätenverzeichnis zurück[10] und kommt im Gesetz nur in Bezug

---

9 Allgemeines Sozialversicherungsgesetz (ASVG) BGBl 189/1955 idF BGBl I 84/2019.
10 *Winkler/Barfuß/Raschauer*, Arzneimittelpreise und Sozialversicherung (1983) 51 ff.

auf den grünen Bereich vor. Der Wortlaut lässt aber immerhin eine Deutung als Indizwirkung zu.

B.   Beurteilung in der Literatur

Auch wenn das Ermessen des Dachverbands in den einschlägigen Bestimmungen und deren Erläuterungen ausdrücklich genannt wird, fällt das Ergebnis der Interpretation bezüglich seiner Normierung in der Literatur durchaus unterschiedlich aus. So sieht *Mandlz* die genannten Bestimmungen als klare Einräumung von Ermessen iSd Art 130 B-VG,[11] *Mayrhofer* kommt hingegen zu einem anderen Ergebnis: Der Hinweis auf die Einräumung eines Ermessens im Gesetz und den Materialien[12] diene nicht der Eröffnung eines Ermessensspielraums, sondern beziehe sich ganz allgemein darauf, dass es im ASVG Bestimmungen gebe, die dem Dachverband einen solchen Spielraum eröffnen. Er argumentiert dies mit der Vorgängerbestimmung des § 351i ASVG,[13] die ebenfalls ein Ermessen voraussetzte ohne selbst eines zu etablieren.[14] Da die einschlägigen ASVG-Bestimmungen selbst keine Indizien für einen derartigen Ermessensspielraum eröffnen, müsse die Einräumung des Ermessens durch andere Bestimmungen des Gesetzes erfolgen. Hierbei genüge jedoch nicht eine implizit durch Interpretation herauslesbare Einräumung, vielmehr habe dies in einer »jeden Zweifel ausschließenden Weise« zu erfolgen.[15] Solche Bestimmungen liegen nach *Mayrhofer* jedoch auch sonst im ASVG nicht vor.[16]

Dem hält *Julcher*[17] entgegen, dass das ASVG eine Reihe von Bestimmungen enthält, die *Kriterien für die Ermessensübung* etablieren. Ihrer

---

11   *Mandlz,* Aufnahme oder Nichtaufnahme in den Erstattungskodex – Eine Ermessensentscheidung des Hauptverbands, RdM 2016, 73 (76).

12   ErlRV 2167 BlgNR XXIV. GP, 7.

13   Vgl § 351i ASVG idF BGBl I 33/2009.

14   *Mayrhofer,* Administrative Spielräume und die Rolle der Heilmittel-Evaluierungs-Kommission bei der Aufnahme eines Arzneimittels in den Erstattungskodex, JMG 2016, 54 (57).

15   VwSlg 7789 A/1970; VwGH 30.10.1990, 90/04/0134 ua.

16   *Mayrhofer* interpretiert die Materialien, die klar von Ermessen sprechen, hier so, dass diese auf einem weiteren Ermessensbegriff als jenem des Art 130 Abs 3 B-VG basieren und sie daher nur Auslegungsspielräume aufgrund unbestimmter Gesetzesbegriffe meinen, vgl *Mayrhofer,* JMG 2016, 54 (57).

17   *Julcher,* Verfahrensrechtliche Fragen bei der Aufnahme in den Erstattungskodex, in Auer-Mayer/Pfeil/Prantner (Hrsg), Aktuelle Fragen zu Medikamenten (2018) 83 (89).

Meinung nach kommt die Einräumung durch das Gesetz ausreichend zum Ausdruck. Sie nennt die Elemente der medizinisch-therapeutischen und gesundheitsökonomischen Evaluation und vor allem den Grad des therapeutischen (Zusatz-)Nutzens. Zudem konstituieren ihrer Meinung nach die allgemeinen Aufnahmevoraussetzungen des § 30b Abs 1 Z 4 ASVG,[18] das Erfordernis eines wesentlichen therapeutischen Zusatznutzens für den gelben Bereich sowie die ökonomische Vertretbarkeit der freien Verschreibung Ermessenskriterien.

Rebhahn spricht dem Dachverband bezüglich der Entscheidung gewisser Elemente ebenfalls einen Ermessensspielraum zu. Er argumentiert dies mit der ausdrücklichen Nennung des Begriffs »Ermessen« in den Materialien und der daraus erkennbaren *Intention des Gesetzgebers* und nähert dadurch den unbestimmten Rechtsbegriff dem Ermessen an.[19] Seine Auffassung, dem »Sinn des Gesetzes« in Bezug auf die Tragweite der Ermächtigung zu folgen, bezieht bei der Interpretation nicht nur die Absicht des Gesetzgebers, sondern auch allgemeine Materiengrundsätze und verfassungsrechtliche und unionsrechtliche Determinanten mit ein, aus denen auf die Grenzen des behördlichen Vorgehens geschlossen werden kann.[20] Bei der Beurteilung der verschiedenen Evaluationen spricht er sich dafür aus, dass im Einzelfall durch Auslegung der jeweilige Ermessensspielraum ermittelt werden muss. Dadurch, dass der Dachverband die VO-EKO[21] erlässt und in dieser für bestimmte Fallgruppen (beispielsweise für Generika) in der gesundheitsökonomischen Evaluation bereits konkrete Preisrelationen vorsieht, übt er laut *Rebhahn* sein Ermessen in einigen Bereichen bereits zu einem beträchtlichen Teil aus.[22] Er spricht von einer Selbstbindung des Dachverbands.[23]

---

18   Die Arzneispezialität muss nach den Erfahrungen im In- und Ausland und nach dem aktuellen Stand der Wissenschaft eine therapeutische Wirkung und einen Nutzen für Patienten und Patientinnen im Sinne der Ziele der Krankenbehandlung annehmen lassen.

19   *Rebhahn* in Mosler/Müller/Pfeil (Hrsg), Der SV-Komm § 351c ASVG Rz 22 (Stand 1.3.2016).

20   *Fuchs* in Holoubek/Lang, Verfahren, 232 (241–242).

21   Verfahrensordnung zur Herausgabe des Erstattungskodex (VO-EKO), verlautbart unter avsv 47/2004 idF avsv 159/2013.

22   *Rebhahn* in Der SV-Komm § 351c ASVG Rz 73.

23   Ein solches Konzept liegt auch *Merkls* These, das Wesen des Ermessens liege in der Vollziehung als Konkretisierung einer abstrakten Norm, zu Grunde, vgl *Merkl,* Allgemeines Verwaltungsrecht (1999) 144. MwN zur fortschreitenden Rechtskonkretisierung *Zußner,* Ermessen, 111.

C. Änderungen durch die Verwaltungsgerichtsbarkeitsnovelle

Etwas Klarheit in diese Gemengelage bringt der historische Kontext der Interpretationsgrundlage. So wurde in den genannten Bestimmungen im Zuge der Verwaltungsgerichtsbarkeitsnovelle die Wendung »im Rahmen des nach diesem Bundesgesetz eingeräumten Ermessens« eingefügt. Dies schien in den Augen des Gesetzgebers notwendig zu sein, da durch die Verwaltungsgerichte nunmehr eine Entscheidung in der Sache vorgesehen war und es im Gegensatz zur alten Rechtslage daher notwendig war (und ist), gebundene Ermessenselemente klar von ungebundenen zu trennen.[24]

Die Judikatur fasste die Fälle des »echten« Ermessens eher eng, weshalb diese dezidierte Einräumung und die Erkennbarkeit der Kriterien erforderlich waren. Der Gesetzgeber wollte durch die ausdrückliche Nennung die Einräumung des Ermessens verdeutlichen. So besagen auch die Erläuterungen, dass das Ermessen des Dachverbands, »welches ihm im ASVG eingeräumt wird«, durch die genannten Formulierungen ausdrücklich festgehalten werden soll. Des Weiteren soll nach Ansicht des Gesetzgebers Ermessen »insbesondere auf Grund der Bestimmungen der §§ 31 Abs 3 Z 12 *[jetzt: § 30b Abs 1 Z 4 ASVG]* sowie 351c bis 351f ASVG im Hinblick auf die Beurteilung des zusätzlichen therapeutischen Nutzens von Arzneispezialitäten oder deren medizinisch und gesundheitsökonomische Sinnhaftigkeit und Vertretbarkeit« bestehen.[25]

So war es die Intention des Gesetzgebers, Ermessen eindeutig einzuräumen. Der »klarstellende« Verweis auf ein durch das ASVG etabliertes Ermessen erzeugt eine gewisse Diskrepanz, da weder das Ermessen selbst noch ermessensleitende Kriterien durch den Wortlaut der verwiesenen Normen konkret skizziert werden.

---

24   Die UHK (= Unabhängige Heilmittelkommission) überprüfte nur, ob die Entscheidungen des Dachverbands im Wesentlichen nachvollziehbar waren. Daher war eine Aufschlüsselung der Bereiche, bezüglich welcher Ermessen eingeräumt war, nicht im selben Maß notwendig, mwN *Grabenwarter/Fister,* Das neue Rechtsmittelverfahren in Angelegenheiten des Erstattungskodex, RdM 2014, 58.

25   ErlRV 2167 BlgNR XXIV. GP, 7 (Einschub durch die Verfasserin). *Mayrhofer* deutet den Willen des historischen Gesetzgebers bei diesen Einfügungen durch die Verwaltungsgerichtsbarkeitsnovelle dahingehend, dass es ihm bei der Nennung dieser Bestimmungen nicht um die Eröffnung eines Ermessensspielraums ging, sondern um einen Hinweis darauf, dass es Vorschriften im ASVG gibt, die einen solchen etablieren, vgl *Mayrhofer,* JMG 2016, 54 (57).

D.   Beurteilung in der Judikatur

Auch die verfassungsgerichtliche Judikatur trägt nur begrenzt zur Aufklärung bei. So spricht der VfGH in stRsp vor der Verwaltungsgerichtsbarkeitsnovelle davon, dass die vom Dachverband für die Aufnahme von Arzneimitteln in den EKO zu beachtenden Kriterien einen ausreichend determinierenden Rahmen für die Abwägungsentscheidung des Dachverbands geben.[26] Nur in einem einzigen, allerdings unveröffentlichten und in der Sache abweisenden, Erkenntnis spricht der VfGH von einer Ermessensentscheidung iSd Art 130 B-VG.[27] Zudem gibt *Rebhahn* zu Recht zu bedenken, dass der VfGH bezüglich der Bescheide der UHK nur eine Grobprüfung vornahm.[28] Eine Feinprüfung auf Übereinstimmung mit dem einfachen Gesetz bzw der Ermessensübung erfolgte jedoch nicht. Angesichts der doch weitreichenden Verschiebungen der »Tektonik des öffentlich-rechtlichen Rechtsschutzes«, wie es *Fuchs* nennt,[29] die vor allem reformatorische Entscheidungsbefugnisse samt Tatsachenkognition gestärkt haben, verliert diese Rsp des VfGH bis zu einem gewissen Grad an Bedeutung.

Demgegenüber ist seit der Verwaltungsgerichtsbarkeitsnovelle der VwGH die letzte Instanz. Dieser hat, seitdem er mit der Materie befasst ist, schon *wichtige Schritte zur Klärung* der Ermessensfrage gesetzt.

Das erste Leiterkenntnis, das im Wege der neuen Verwaltungsgerichtsbarkeit gefällt wurde, betraf das Arzneimittel *Bydureon*. Der VwGH stellte hier bezüglich des Ermessens und seiner Grundlagen Folgendes fest: »Die Aufnahme oder Nichtaufnahme von Arzneispezialitäten in den Erstattungskodex ist eine *Ermessensentscheidung* des Hauptverbandes. Dies ergibt sich ausdrücklich aus § 351d Abs 1 ASVG (»im Rahmen des ihm nach diesem Bundesgesetz eingeräumten Ermessens«) und

---

26   Vgl VfSlg 19.815; VfGH 19. 9. 2014, B 828/2012; 11. 3. 2014, VfSlg 19.857.

27   In VfGH 1. 7. 2015, E 969/2015 stellt der Gerichtshof Folgendes fest: »Die nur begrenzt überprüfbare (Art 130 Abs 3 B-VG) Ermessensentscheidung des Dachverbandes, ob die Aufnahme einer Arzneispezialität in den Erstattungskodex den Grundsätzen der Wirtschaftlichkeit entspricht, setzt voraus, dass zuvor in rechtlicher Gebundenheit deren Innovationsgrad und der erzielbare therapeutische Effekt festgestellt wurden.« Mit Verweis darauf argumentiert auch *Mandlz*, RdM 2016, 73 (76).

28   Der VfGH überprüfte die Bescheide der UHK nur insoweit auf Gesetzmäßigkeit, als es um in die Verfassungssphäre reichende Fehler ging, also, ob die UHK von einem verfassungswidrigen Gesetzesinhalt ausging oder ob sie willkürlich gehandelt hat, vgl *Rebhahn* in Der SV-Komm § 351h ASVG Rz 5.

29   *Fuchs* in Holoubek/Lang, Verfahren, 232.

aus § 351h Abs 5 ASVG, der hinsichtlich einer allfälligen Behebung und Zurückverweisung durch das Bundesverwaltungsgericht auf § 28 Abs 4 VwGVG [...] Bezug nimmt.«[30]

Weiter führte er aus:»Die rechtmäßige Ausübung dieses Ermessens setzt voraus, dass der Dachverband die einzelnen gesetzlich festgelegten und durch die VO-EKO konkretisierten Kriterien – insbesondere betreffend den pharmakologischen Innovationsgrad, den medizinisch-therapeutischen Nutzen und die Wirtschaftlichkeit – ordnungsgemäß festgestellt hat.« Der VwGH stellte zudem fest, dass für die Ermessensentscheidung einzelne Kriterien zu gewichten und gegeneinander abzuwägen sind.

Durch diese Leitentscheidung wurde klar, dass der VwGH der Ansicht des Gesetzgebers folgte, dass dem Dachverband durch das ASVG Ermessen eingeräumt wurde. Bezüglich der oben aufgeworfenen Frage, wie groß genau der Ermessensspielraum ist und welche Kriterien ihn determinieren, brachte erst ein weiteres Leiterkenntnis aus dem Jahr 2017 zum Arzneimittel *Brilique* Ansätze für eine Antwort.

So hielt der Gerichtshof fest, dass die»*Einstufungen* im Rahmen der pharmakologischen, medizinisch therapeutischen und gesundheitsökonomischen Evaluation sowie die Festlegung der therapeutischen Alternativen [...] *nur Schritte auf dem Weg* zur letztendlich zu treffenden Entscheidung über die Aufnahme oder Nichtaufnahme in den Erstattungskodex« sind.[31] Diese betreffen laut VwGH nur »die Ermittlung und rechtliche Aufbereitung der Entscheidungsgrundlagen, und setzen entsprechende Tatsachenfeststellungen voraus, stellen aber selbst keine Entscheidungen dar, zu denen Ermessen eingeräumt werden könnte.«[32] Hieraus ergibt sich die logische Konsequenz, dass unrichtige Einstufungen oder Festlegungen, sowohl bezüglich der Tatsachenfeststellung als auch bezüglich der rechtlichen Subsumtion der Korrektur durch das BVwG zugänglich sind. *Nur die letzte Phase* der Entscheidung, in

---

30   (Hervorhebungen durch die Autorin) VwGH 27.1.2016, Ro 2015/08/0017, JMG 2016, 54 *(Mayrhofer)*.

31   VwGH 15.11.2017, Ro 2017/08/0013, RdM-LS 2018/66, 113 *(Ernst)* = ZfG 2018, 26 = RdM 2019/3, 10 *(Fister)*. (Hervorhebungen durch die Autorin).

32   Auch die Entscheidung VwGH 27.1.2017, Ro 2015/08/0017 ging bereits in diese Richtung, indem sie beispielsweise die Zuordnung zu einem der Tatbestände des § 24 Abs 2 VO-EKO als eine dem Hauptverband bzw. dem Bundesverwaltungsgericht obliegende rechtliche Beurteilung qualifizierte.

die diese Evaluationen einfließen, stellt nach dem VwGH eine *Ermessens-entscheidung* dar.[33] Zudem besteht laut VwGH die Möglichkeit, dass aufgrund der Vorgaben des ASVG und der VO-EKO kein Ermessensspielraum mehr offenbleibt.

Wenn im Rahmen der Evaluationen rechtlich verbindlich subsumiert wird und die Kriterien dafür das ASVG konkretisieren, scheinen dieselben Kriterien wohl nicht bzw nur mittelbar das Ermessen zu leiten, das erst in der darauffolgenden Phase geübt wird. Es wird in der Entscheidung nicht nennenswert auf die ua von *Mayrhofer* geäußerte Kritik eingegangen, der zufolge ermessensleitende Kriterien für eine verfassungskonforme Ermessenseinräumung erforderlich sind.[34] Die rechtliche Gebundenheit der einzelnen Evaluationen ist zwar mit Blick auf Rechtssicherheit und Unionsrechtskonformität[35] zu begrüßen,[36] das Urteil gibt allerdings keinen Aufschluss darüber, worin die ermessensleitenden Kriterien nun genau bestehen.[37] Der Judikatur ist lediglich zu entnehmen, dass die VO-EKO die Kriterien des ASVG präzisiert und nicht selbst festlegt.[38] Die Frage danach, welche Kriterien genau es sind, die präzisiert werden, bleibt aber offen. Ohne genaue Vorgaben des VwGH ist es nicht verwunderlich, dass das BVwG – wie *Fister* anschaulich darlegt – die Reichweite des Ermessens nicht konsistent und sehr unkonturiert beurteilt.[39] BVwG und VwGH werden bei der Freilegung dieser Kriterien durch ihre künftigen Entscheidungen noch eine bedeutende Rolle spielen. Zwar obliegt ihnen nur eine verdünnte Kontrolle

---

33   VwGH 15.11.2017, Ro 2017/08/0013.
34   *Mayrhofer,* JMG 2016, 54 (58).
35   Vgl insbesondere Art 6 der Richtlinie 89/105/EWG des Rates vom 21.12.1988 betreffend die Transparenz von Maßnahmen zur Regelung der Preisfestsetzung bei Arzneimitteln für den menschlichen Gebrauch und ihre Einbeziehung in die staatlichen Krankenversicherungssysteme (Transparenz-RL), ABl L 1989/040, 8.
36   VwGH 15.11.2017, Ro 2017/08/0013, RdM-LS 2018/66 *(Ernst).*
37   Vgl *Fister,* Praktische Erfahrungen mit dem Rechtsmittelverfahren in Angelegenheiten des Erstattungskodex – Kontrolldichte im Rechtsmittelverfahren vor dem BVwG, RdM 2019, 10 (11f). Er kritisiert insbesondere, dass die verfassungsrechtlich vorgesehene Einräumung dieser Kriterien durch das Gesetz wohl nicht darin bestehen kann, dass diese im Rahmen der Evaluationen erst »ermittelt« werden müssen.
38   Die VO-EKO ist als Akt der Vollziehung schließlich selbst eine Form der Ausübung des Ermessens, welches der Behörde durch das Gesetz selbst eingeräumt werden muss. Zur Konstituierung von Ermessen durch (einfaches) Gesetz, siehe *Mayer/Kucsko-Stadlmayer/Stöger,* Bundesverfassungsrecht[11] (2015) Rz 576.
39   *Fister,* RdM 2019, 10 (12).

im Bereich der Ermessensübung, (siehe unter IV.) sie können aber bei zurückweisenden Entscheidungen Vorgaben machen, welche Ermessensdeterminanten zu berücksichtigen sind, damit die Ermessensübung dem Gesetz entspricht.[40]

III. Ermittlung und Feststellung der Entscheidungsgrundlagen

A.   Gliederung und Ablauf der Aufnahmeentscheidung

Damit das Ermessen ordnungsgemäß ausgeübt werden kann, hat der Dachverband den entscheidungsrelevanten Sachverhalt nach den allgemeinen Regeln des AVG zu ermitteln.[41] Bereits bei Antragstellung muss das vertriebsberechtigte Unternehmen selbst Einstufungen zu den jeweiligen (gleich unter B. 1. skizzierten) Evaluationen vornehmen und diese durch Antragsunterlagen stützen.[42] Alle Unterlagen unterliegen dabei der Beweiswürdigung durch den Dachverband.[43]

Vor dem Hintergrund der skizzierten Judikatur und den Grundsätzen des Verwaltungsverfahrensrechts ist der Verfahrensablauf zur Aufnahmeentscheidung grob in drei Phasen zu teilen, die im Folgenden kurz skizziert werden.

Die Phase I betrifft die Sachverhaltsfeststellung. In dieser Phase werden alle vorgelegten Unterlagen und Studien auf ihre Nachvollziehbarkeit und Aussagekraft überprüft. Darauf aufbauend wird der maßgebliche Sachverhalt festgestellt. Dafür ist selbstverständlich spezifischer Sachverstand erforderlich, um den Wahrheitsgehalt der vorgelegten Studien und Analysen feststellen zu können. Bei der Feststellung kann dem Dachverband keinesfalls Ermessen zukommen, weil die Sachverhaltsfeststellung nicht Gegenstand behördlichen Ermessens sein kann.[44] Die Feststellung des Sachverhalts ist insofern von erheblicher

---

40   *Bumberger* in Bumberger/Lampert/Larcher/Weber (Hrsg), VwGVG § 28 Rz 117 (2019).

41   VwGH 27.1.2016, Ro 2015/08/0017; 2.6.2016, Ro 2015/08/0030; 6.7.2016, Ro 2016/08/0012; *Rebhahn* in Der SV-Komm § 351c ASVG Rz 53.

42   Vgl §§ 18, 19 VO-EKO; Stammdatenblatt der Anlage zur VO-EKO Punkte 1.16-1.18.

43   *Rebhahn* in Der SV-Komm § 351c ASVG Rz 53.

44   Mit überzeugenden Argumenten gegen diese Möglichkeit mwN *Zußner*, Ermessen, 165. Bezogen auf die medizinisch-therapeutische Evaluation auch *Mayrhofer*, JMG 2016, 54 (60).

Relevanz für das Ermessen, als es nur, wenn richtig ermittelt und festgestellt wurde, ordnungsgemäß ausgeübt werden kann.[45]

Phase II betrifft die Subsumtion des festgestellten Sachverhalts unter eine der Gruppen in § 23 (bei der pharmakologischen) § 24 (bei der medizinisch-therapeutischen) und § 25 (bei der gesundheitsökonomischen Evaluation) der VO-EKO. Diese Zuordnung ist eine Rechtsfrage. Die Übung von Ermessen ist daher grundsätzlich möglich. Nach der Judikatur des VwGH[46] liegt auf dieser Stufe kein Ermessen, sondern rechtliche Gebundenheit und somit vollumfängliche Überprüfbarkeit durch das BVwG vor. Die festgelegten Gruppen im Rahmen der Evaluationen lösen jeweils verbindliche Rechtsfolgen für die ihr nachfolgende Evaluation aus.[47]

Phase III betrifft schließlich die Aufnahmeentscheidung selbst. In sie fließen die in Phase I festgestellten und in Phase II rechtlich eingeordneten Einstufungen ein. In ihr kommen auch die rechtspolitischen Überlegungen zum Ausdruck, inwiefern eine Aufnahme zu einem bestimmten Preis für die Versicherungsgemeinschaft vertretbar ist.

B.   Die einzelnen Evaluationen

1.   Die pharmakologische Evaluation

Für die Festlegung der therapeutischen Alternativen und der Zuordnung von pharmakologischen Wirkungen nach dem ATC-Code[48] enthalten Gesetz und VO-EKO konkrete Vorgaben. Auf Grundlage der vorgelegten Urkunden wird die pharmakologische Wirkung zunächst festgestellt. Eine pharmakologische Wirkung ist ebenso wie eine

---

45   VwGH 27.1.2016, Ro 2015/08/0017; 2.6.2016, Ro 2015/08/0030; *Eckhardt,* Erstattungskodex und Verwaltungsgerichtsbarkeit – Einführung und erste Erfahrungen, in Brameshuber/Aschauer (Hrsg), Jahrbuch Sozialversicherungsrecht 2018 (2018) 149 (172).

46   VwGH 15.11.2017, Ro 2017/08/0013.

47   So ist die Subsumtion in eine der Gruppen der pharmakologischen Evaluation (§ 23 VO-EKO) maßgeblich für die medizinisch-therapeutische Evaluation (§ 24 VO-EKO) und diese wiederum für die auf sie aufbauende gesundheitsökonomische Evaluation (§ 25 VO-EKO).

48   ATC steht für das international anerkannte Anatomisch-Therapeutisch Chemische Klassifikationssystem. Zu einer Beschreibung des ATC-Code Systems vgl *Rebhahn* in Der SV-Komm § 351c ASVG Rz 60 mit Verweis auf *Europäische Kommission,* Pharmaceuticals – Union Register <http://ec.europa.eu/health/documents/community-register/html/atc.htm> (15.3.2019).

Zulassung Voraussetzung für die Aufnahme in den EKO. Die einzelnen Urkunden müssen unter Heranziehung von Sachverständigen gewürdigt, und genaue Feststellungen getroffen werden.

Im Rahmen der rechtlichen Beurteilung wird die pharmakologische Wirkung auf Basis der Gruppen in § 23 Abs 2 VO-EKO zugeordnet. Die überwiegend bestimmten Rechtsbegriffe sowie das detaillierte ATC-Code System lassen hier so gut wie keinen Spielraum.[49] Insbesondere vor dem Hintergrund der dargelegten Rechtsprechung,[50] ist daher davon auszugehen, dass im Rahmen dieser Evaluation, auch bei der Festlegung der therapeutischen Alternativen, kein Ermessen besteht. Die darauf aufbauende rechtliche Beurteilung ist eine gebundene Rechtsfrage, die durch das Bundesverwaltungsgericht überprüft werden kann.

2.   Die medizinisch-therapeutische Evaluation

Bei der darauf aufbauenden medizinisch-therapeutischen Evaluation ist die Sachverhaltsfeststellung sowie die Subsumtion wesentlich komplexer. Es geht um den bei innovativen Arzneimitteln so zentralen *wesentlichen therapeutischen Zusatznutzen,* der für die aufbauende gesundheitsökonomische Evaluation und damit den Preis von erheblicher Bedeutung ist. Er liegt gemäß § 24 Abs 2 Z 5 bzw 6 VO-EKO dann vor, wenn eine Arzneispezialität einen wesentlichen zusätzlichen therapeutischen Nutzen für eine Untergruppe bzw die Mehrzahl der Patienten/Patientinnen im Vergleich zu therapeutischen Alternativen aufweist. Die Rechtsfolge dieser Einstufung ist, dass im Rahmen der gesundheitsökonomischen Evaluation dann von einer Wirtschaftlichkeit auszugehen ist, wenn die Abgabe *sinnvoll und vertretbar* ist. Der Preis anderer gelisteter Mittel muss nicht wie bei anderen Einstufungen der medizinisch-therapeutischen Evaluation unterschritten werden.

Was genau dieser zusätzliche therapeutische Nutzen ist, ist weder im ASVG noch in der VO-EKO definiert.[51] Auch gibt es kein zugrundeliegendes Einstufungssystem wie jenes, der ATC-Codes, anhand dessen der Nutzen gemessen werden kann. Nicht verwunderlich ist, dass

---

49   *Rebhahn* in Der SV-Komm § 351c ASVG Rz 61.
50   VwGH 15.11.2017, Ro 2017/08/0013.
51   *Plank,* Erstattungskodex – Reformbedarf oder verdeckte Rationierung?, ZfG 2016, 12.

gerade bezüglich dieses Begriffs im Schrifttum vermehrt das Vorliegen von Ermessen verortet wurde.[52]

Konkret entwickelte sich das Verständnis des wesentlichen therapeutischen Zusatznutzens wie folgt: Zunächst judizierte der VfGH (allerdings noch zur Rechtslage vor Änderung des Rechtsschutzsystems) zum verwandten Begriff der therapeutischen Innovation,[53] dass dieser einen unbestimmten Rechtsbegriff darstelle, zu dessen Beurteilung es im Einzelfall zwar sachverständigen Wissens bedürfe, von dem aber nicht gesagt werden könne, dass er dem Dachverband »unermesslichen Ermessensspielraum« einräume.[54] Zum wesentlichen therapeutischen Zusatznutzen judizierte er, dass seine Festlegung eine »Fachfrage« darstelle, die im Rahmen von Sachverständigengutachten und klinischen Prüfungen zu beurteilen sei.[55]

Aus einer Zusammenschau mit der Judikatur des VwGH, der wieder zwischen Sachverhaltsfeststellung und nachfolgender Subsumtion unter § 24 VO-EKO unterscheidet, schließt *Mayrhofer,* dass auch der Begriff des wesentlichen therapeutischen Zusatznutzens kein Ermessen eröffnet. *Rebhahn* gibt zu Recht zu Bedenken, dass der Gesetzgeber – wie in den zitierten Materialien[56] gezeigt – die Beurteilung des zusätzlichen therapeutischen Nutzens ausdrücklich als Ermessensfrage verstanden sehen wollte und dem Dachverband zudem gesundheitspolitische Entscheidungen obliegen, die ein solches Ermessen erfordern.[57] Die genannten Überlegungen sind ebenso zutreffend wie die Schlussfolgerungen *Mayrhofer*s. Ihr vermeintlicher Widerspruch könnte sich im Lichte der verwaltungsgerichtlichen Judikatur insofern auflösen lassen, als

---

52   Vgl bspw *Zartl,* Das neue Sonderverfahrensrecht zur Arzneimittelerstattung, RdM-ÖG 2014, 16 (17); *Rebhahn* in Der SV-Komm § 351h ASVG Rz 23 f.

53   Der Begriff der therapeutischen Innovation ist zwar nicht mit jenem des therapeutischen Zusatznutzens gleichzusetzen, die angestellten Überlegungen lassen sich durchaus auf letzteren übertragen, vgl *Rebhahn* in Der SV-Komm § 351c ASVG Rz 69 und 81. Die neue Judikatur setzt die beiden Begriffe zumindest bezüglich ihrer Rechtsfolgen für die Aufnahme in den gelben Bereich gleich, vgl VwGH 14.9.2016, Ra 2016/08/0090 Rz 13.

54   VfGH 21.2.2014, B 1429/2011.

55   VfGH 19.9.2014, B 282/2012. Da Sachverständige an der Feststellung des Sachverhalts mitwirken und nicht Rechtsfragen beantworten, spricht diese Judikatur dafür, dass die Festlegung des therapeutischen Zusatznutzens nicht Gegenstand des Ermessens sein kann, da sich dieses nur auf Rechtsfragen beziehen kann.

56   ErlRV 2167 BlgNR XXIV. GP, 7.

57   *Rebhahn* in Der SV-Komm § 351c ASVG Rz 61.

sich *Mayrhofer* auf Phase II bezieht und *Rebhahn*s Überlegungen auf Phase III anzuwenden sind (auf letztere wird unter C. eingegangen).

Zudem hält *Rebhahn* nach einer detaillierten Analyse der Entscheidungsgrundlagen für Phase II das Vorliegen eines unbestimmten Rechtsbegriffs für möglich, was in Schrifttum[58] und Judikatur[59] auch verbreitet vertreten wird. In diesem Fall ist es von Bedeutung, dass die Judikatur Leitlinien zur Auslegung dieses unbestimmten Begriffs entwickelt. Das BVwG judiziert inkonsistent und beurteilt den therapeutischen Zusatznutzen teilweise im Rahmen der Beweiswürdigung, teilweise bei den Sachverhaltsfeststellungen,[60] was der Klarstellung des Begriffs nicht zuträglich ist.

Einer Zusammenschau aus Judikatur und Schrifttum sind allerdings einige Ansatzpunkte zu entnehmen, die Aufschluss über das Vorliegen eines Zusatznutzens und die Art und Weise seiner Feststellung geben können: Nach *Plank* orientiert sich der Dachverband am deutschen Recht und nimmt einen wesentlichen therapeutischen Zusatznutzen dann an, wenn (erstmals) eine Heilung der Erkrankung, eine erhebliche Verlängerung der Überlebensdauer, die langfristige Freiheit von schwerwiegenden Symptomen oder die weitgehende Vermeidung schwerwiegender Nebenwirkungen erreicht werden kann.[61] Bezüglich der Verringerung der Nebenwirkungen kommt *Rebhahn* zu demselben Ergebnis, er führt aber die geringere Sterblichkeit an (was wohl mit *Planks* Kriterium der Überlebensdauer/Heilung einhergeht) und geht auf Parameter ein, die einen solchen Nutzen nachweisen können. Grundsätzlich setzt er eine bedeutende Änderung in der Therapie voraus. Andere »kleinere« therapeutische Verbesserungen können seiner

---

58   So spricht *Plank* ebenfalls von unbestimmten Rechtsbegriffen iZm dem EKO und verneint ein Ermessen des Hauptverbands bezüglich des Patientennutzens, vgl *Plank*, ZfG 2016, 12 (13 und 15). Auch *Eckhardt* verweist auf die Ausführungen *Mayrhofers* zum unbestimmten Gesetzesbegriff und zitiert die verwaltungsgerichtliche Judikatur, vgl *Eckhardt* in Brameshuber/Aschauer, Jahrbuch Sozialversicherungsrecht 2018, 149 (173).

59   Vgl *Rebhahn* in Der SV-Komm § 351c ASVG Rz 69, der darauf verweist, dass das BVwG implizit von einem unbestimmten Rechtsbegriff und nicht von Ermessen ausgeht, da es von einer weitgehenden Kontrollbefugnis dieser Einordnung ausgeht, vgl bspw BVwG 23.3.2015, W123 200918-1.

60   Kritisch *Rebhahn* in Der SV-Komm § 351c ASVG Rz 69. Zu einer Analyse der Judikatur des BVwG und der Inkonsistenz der Beurteilung vgl *Fister*, RdM 2019, 10 (11).

61   *Plank*, ZfG 2016, 12 (13).

Ansicht nach nur bei Vorliegen einer Kumulation mit anderen Fort-schritten die Schwelle der »Wesentlichkeit« erreichen.[62]

In der jüngeren Rechtsprechung hat der VwGH bereits Kriterien ge-nannt, die solche »bedeutenden Verbesserungen« darstellen können. Auch hier spielen die Überlebensdauer und schwere Nebenwirkungen eine Rolle. Bezüglich der Heilung definiert der Gerichtshof einen deut-lich rascheren bzw vollständigen Rückgang der Symptome als wesentli-chen therapeutischen Zusatznutzen und bringt als Erweiterung der in der Literatur genannten Faktoren noch die Vermeidung bzw das Hin-auszögern von Folgeschäden ins Spiel. Bei chronischen Erkrankungen gesteht er zudem einer eindeutig objektivierbaren, erheblichen Verbes-serung der Lebensqualität den Status eines wesentlichen Zusatznut-zens zu.[63]

Gerade bei chronischen Erkrankungen, aber auch allgemein, stellt sich nun die Frage, wie diese Endpunkte nachzuweisen sind, damit sie ordnungsgemäß festgestellt werden können. Dabei wird in der Regel auf »harte« klinische Daten zurückgegriffen werden müssen, um bei-spielsweise eine geringere Sterblichkeit schwarz auf weiß nachzuwei-sen.[64] Allerdings zieht der VwGH auch »anerkannte Surrogatparameter« in Betracht, was insbesondere bei chronischen Krankheiten, bei denen sich der Heilungserfolg nicht messen lässt, der Fall sein wird.[65] Der Ge-richtshof schränkt dies aber nicht dahingehend ein.

Zusammengefasst muss bei der medizinisch-therapeutischen Eva-luation anhand klinischer Daten oder anerkannter Surrogatparameter eine der oben beschriebenen Verbesserungen nachgewiesen werden. Dies erfolgt auf Ebene der Sachverhaltsfeststellungen (unter Beizie-hung von Sachverständigen, Phase I). Aufgrund dieses Nachweises kann eine Subsumtion unter eine der Gruppen in § 24 VO-EKO vorge-nommen werden (Phase II). Der VwGH gesteht dem Dachverband bei neuen innovativen Arzneispezialitäten in seiner jüngsten Entscheidung auch innerhalb der Wesentlichkeit eines Zusatznutzens (§ 24 Abs 2 Z 5 und 6 VO-EKO) eine gewisse Bandbreite zu.[66] Diese Bandbreite kann

---

62 *Rebhahn* in Der SV-Komm § 351c ASVG Rz 70.
63 VwGH 27.1.2016, Ro 2015/08/0017.
64 *Rebhahn* in Der SV-Komm § 351c ASVG Rz 70.
65 *Rebhahn* in Der SV-Komm § 351c ASVG Rz 70.
66 VwGH 15.11.2017, Ro 2017/08/0013.

schließlich noch in die Endabwägung in Phase III einfließen (siehe dazu unter C. 2.).

3. Die gesundheitsökonomische Evaluation

Für die Subsumtion der gesundheitsökonomischen Evaluation stehen in § 25 VO-EKO sechs Ziffern zur Verfügung, die jeweils ein Preisverhältnis für eine in der medizinisch-therapeutischen Einstufung festgelegte Fallgruppe vorsehen. Beispielsweise darf der Preis eines Arzneimittels, das einen zusätzlichen therapeutischen Nutzen für eine Untergruppe von Patienten hat, nur in »geringem Ausmaß« über jenem der günstigsten Alternative im grünen Bereich liegen. Diese schwammigen Umschreibungen[67] werden durch die ökonomischen Beurteilungskriterien der Heilmittel-Evaluierungskommission[68] konkretisiert: So bedeutet beispielsweise ein ausreichend großer Preisunterschied nach unten »in der Regel mindestens 10,0 %« darunter oder Überschreitungen »in geringem Ausmaß««höchstens 5,0 %« darüber.[69]

Einzig beim wesentlichen therapeutischen Zusatznutzen wird auch in den Beurteilungskriterien der Wortlaut der VO-EKO wiederholt und somit nicht konkretisiert. Der Preis muss *sinnvoll und vertretbar* sein, vor allem im Hinblick auf das zu erwartende *Kosten-Nutzenverhältnis* für die definierte Patientengruppe. Für Phase II bringen die Beurteilungskriterien bei innovativen Arzneimitteln kaum eine Klarstellung. Allerdings sehen sie vor, dass diese Vertretbarkeit vom antragstellenden Unternehmen anhand einer pharmakoökonomischen Studie nachzuweisen ist (ein Verzicht ist bei Offensichtlichkeit möglich), womit zumindest eine Leitlinie für Phase I, die Feststellung des Sachverhalts, besteht.

In die Feststellungen sind auch Vergleichsprodukte sowie deren Preise einzubeziehen. Hierbei sind alle mit der Behandlung notwendig

---

67   Sie sind nach Ansicht des VfGH ausreichend determiniert, vgl VfGH 15. 10. 2005, B 446/05, VfSlg 17.686 = SSV-NF 19/B9; VfSlg 17.500; vgl auch VfGH E 969/2015 – Ablehnungsbeschluss.

68   *Heilmittel-Evaluierungs-Kommission,* Ökonomische Beurteilungskriterien <https:// www.sozialversicherung.at/cdscontent/?contentid=10007.683890> (19.3.2019). Zur Unverbindlichkeit dieser Beurteilungskriterien mangels Behördenstellung der HEK siehe *Krammer,* Preissenkung nach Aufnahme des dritten Nachfolgeprodukts (Generikums) in Erstattungskodex; Gibt es eine Bindungswirkung des Hauptverbands der österreichischen Sozialversicherungsträger an Empfehlungen der Heilmittel-Evaluierungs-Kommission?, RdM 2006, 180.

69   Vgl § 1 Abs 1 und 2 der ökonomischen Beurteilungskriterien der HEK.

verbundenen Kosten einzubeziehen, nicht allerdings indirekte Kosten oder Ersparnisse, die im Gesundheitswesen an anderer Stelle dadurch entstehen.[70] Gibt es kein Vergleichsmittel, ist ein sektorenübergreifender Vergleich anzustellen und die Aufnahme beispielsweise abzulehnen, wenn die Behandlung in einer Krankenanstalt kostengünstiger ist. Für den konkreten Kostenvergleich sind nur die Leistungskosten für die Sozialversicherung in Form der LKF-Punkte[71] zu berücksichtigen, nicht auch andere Kosten.

Im Fokus dieser Evaluationsstufe steht damit klar die Wirtschaftlichkeit. Diese Prüfung konkretisiert das Wirtschaftlichkeitsgebot der Sozialversicherung bezogen auf das konkrete Arzneimittel. Bei der Evaluation wird die Wirtschaftlichkeit der Behandlung einer Krankheit mit dem jeweiligen Medikament im Regelfall geprüft.[72] Da in weiterer Folge eine gewisse Abwägung erforderlich sein kann, geht *Rebhahn* von einer echten Ermessenseinräumung aus, da seiner Meinung nach medizinische und epidemiologische Gesichtspunkte sowie Priorisierungsüberlegungen in die Wirtschaftlichkeitsbeurteilung einfließen.[73]

Aus der Judikatur geht klar hervor, dass die Subsumtion bei allen Evaluationen eine Rechtsfrage ohne Ermessen ist und somit alle Abwägungen, die in sie einfließen, durch das BVwG überprüft werden können.[74] Die Judikatur legt somit ein konkretes Ermessensverständnis zu Grunde, das erst bei Phase III ansetzt. Es kann der Versuch unternommen werden, die vor dieser Judikatur in der Literatur angestellten Überlegungen auf dieses Ermessensverständnis zu übertragen (siehe gleich unter C.).

---

70 Der Umstand, dass keine indirekten Einsparungen und Kosten eingerechnet werden, wird in der Literatur kritisiert, vgl *Thaler/Plank,* Heilmittel und Komplementärmedizin in der Krankenversicherung (2004) 106; *Zartl,* Erstattungskodex und ökonomische Arzneimittelverschreibung, in Karl/Marko-Herzek (Hrsg), Jahrbuch Sozialversicherungsrecht 2010 (2010) 105 (116).

71 MwN zur Finanzierung von Krankenanstalten *Stöger,* Krankenanstaltenrecht (2008) 344 ff, 358 ff und 369 ff. Siehe auch *Kopetzki,* Krankenanstaltenrecht, in Holoubek/Potacs (Hrsg), Handbuch des öffentlichen Wirtschaftsrechts I⁴ (2019) 555.

72 *Rebhahn* in Der SV-Komm § 351c ASVG Rz 73 mit Verweis auf, aber auch Kritik an OGH, 12.6.2001, 10 Ob S 117/01f.

73 *Rebhahn* in Der SV-Komm § 351c ASVG Rz 73.

74 VwGH 15.11.2017, Ro 2017/08/0013.

C.   Aufnahmeentscheidung

1.   Ermessensphase

Die Aufnahmeentscheidung erfolgt in Phase III des skizzierten Verfahrens und betrifft die Frage, ob ein Arzneimittel aufgenommen werden soll oder nicht. In sie sollen nach der Judikatur die Ergebnisse der einzelnen Evaluationen *münden,* sie stellen *Begründungselemente* für diese Aufnahmeentscheidung dar.[75] Wo verläuft nun aber die Grenze zwischen Subsumtion und Ermessen bzw inwiefern wird letzteres durch die Evaluationen bereits determiniert? Welchen Spielraum hat der Dachverband in dieser Phase III tatsächlich?

Als grobe Überbegriffe, die in Zusammenhang mit Ermessen gesetzt werden können, nennt das Gesetz die *medizinische und gesundheitsökonomische Nachvollziehbarkeit und Vertretbarkeit* und das Vorliegen einer *Wirtschaftlichkeit* der Aufnahmeentscheidung.[76] Die verbindlichen Evaluationen bestimmen nicht abschließend das Verhältnis des Nutzens und der Wirtschaftlichkeit.

2.   Anhaltspunkte für ermessensleitende Kriterien

Will man diesen Restspielraum des Dachverbandes definieren, muss man bei den einzelnen Evaluationen prüfen, inwiefern diese – insbesondere durch Abwägung und Gewichtung der einzelnen Evaluationsergebnisse – noch Spielräume offenlassen. Bezüglich der »Generikapreisspirale« überzeugt *Rebhahns* Ansatz, wonach der Dachverband seinen Spielraum in dieser Phase fast vollständig ausgeübt hat, da die VO-EKO bereits sehr genaue Vorgaben für die Preisabschläge enthält. Bei innovativen neuartigen Arzneispezialitäten ist die Rechtslage allerdings nicht so eindeutig. Sowohl die aktuelle Judikatur[77] als auch das Schrifttum[78] gehen davon aus, dass es bei der Wesentlichkeit des

---

75   VwGH 15.11.2017, Ro 2017/08/0013.

76   Vgl § 30b Abs 1 Z 4 lit b und c sowie § 351c ASVG und § 25 VO-EKO.

77   Vgl die Ausführungen des VwGH, dass ein wesentlicher therapeutischer Zusatznutzen auch in der »unteren Bandbreite der ›Wesentlichkeit‹« liegen kann und dann außergewöhnlich hohe Kosten nicht rechtfertigt, mögen diese auch noch »vertretbar« iSd § 25 Abs 2 Z 5 VO-EKO sein.

78   Bereits vor dieser Judikatur ging *Rebhahn* von einem breiten Spielraum bei der Auslegung des Begriffs der Wesentlichkeit aus, vgl *Rebhahn* in Der SV-Komm § 351c ASVG Rz 69.

therapeutischen Zusatznutzens eine gewisse *Bandbreite* gibt. Bezüglich des Nutzens bleibt selbst bei einer genauen Festlegung in eine der Gruppen in § 24 VO-EKO, insbesondere aber beim wesentlichen therapeutischen Zusatznutzen, ein *Restspielraum bestehen*. Dieser Spielraum innerhalb der Wesentlichkeit des Zusatznutzens kann in Phase III mit dem Kriterium der Wirtschaftlichkeit aufgewogen werden.

Bei der gesundheitsökonomischen Evaluation, die vor der genannten Judikatur aufgrund der Materialien[79] der Ermessenssphäre zugerechnet wurde, gestaltet sich diese Abgrenzung bereits komplizierter. § 25 VO-EKO, unter den laut VwGH rechtlich bindend und überprüfbar subsumiert werden muss,[80] versucht die Wirtschaftlichkeit der einzelnen Nutzenkategorien zu definieren. Allerdings ist dieser Präzisierung der Wirtschaftlichkeit nicht zu entnehmen, dass diese ausgeschlossen ist, sofern die konkrete im Gesetz beschriebene Fallkonstellation nicht vorliegt.[81] Auch der VwGH judizierte in der Entscheidung zu *Brilique* eindeutig, dass sich der Spielraum für Phase III so ausgestaltet, dass die Aufnahme im letzten Schritt abgelehnt werden kann, wenn die Kosten außergewöhnlich hoch sind, auch wenn im Rahmen der gesundheitsökonomischen Evaluation eine Einstufung in § 25 Abs 2 Z 5 VO-EKO als »sinnvoll und vertretbar« erfolgt ist.[82]

Es kommt also zu einer Art *Kosten-Nutzen-Analyse »2.0«* in Phase III, die aufbauend auf die vorgegebenen Ergebnisse der einzelnen Evaluationen den Nutzen und die Kosten noch einmal abschließend gegenüberstellt. Hier können die von *Rebhahn* ins Spiel gebrachten *gesundheitspolitischen Überlegungen* einfließen und zu einer Endentscheidung führen, die *gegen die Wirtschaftlichkeit* spricht, wenngleich innerhalb des § 25 VO-EKO eine konkrete Stufe der Wirtschaftlichkeit bejaht wurde. Das Abwägen, das der VwGH zwischen den Ergebnissen der verschiedenen Evaluationen fordert, hat also zum einen die verschiedenen »Schattierungen« der Wesentlichkeit des Zusatznutzens zu beinhalten und zum

---

79   ErlRV 2167 BlgNR XXIV. GP, 7; der Gesetzgeber spricht hier davon, dass der therapeutische Zusatznutzen sowie die gesundheitsökonomische Beurteilung zur Ermessenssphäre zu zählen sind.

80   VwGH 15.11.2017, Ro 2017/08/0013.

81   Nach ihrem Wortlaut kann die VO-EKO auch so verstanden werden, dass sie für jede Gruppe Konstellationen festlegt, in denen Wirtschaftlichkeit jedenfalls gegeben ist, aber nicht abschließend jede Möglichkeit des Vorliegens von Wirtschaftlichkeit normiert.

82   VwGH 15.11.2017, Ro 2017/08/0013.

anderen die verschiedenen Arten von Wirtschaftlichkeit (eine innerhalb des § 25 VO-EKO und eine, die gesamthaft die Interessen der Versicherungsgemeinschaft im Blick hat). Der sich daraus ergebende Spielraum bildet den Rahmen für die Ermessensentscheidung.

Die von *Rebhahn* zur gesundheitsökonomischen Evaluation aufge-
stellten Thesen dazu, wann dieses Ermessen im Sinne des Gesetzes ausgeübt wurde, lassen sich auf diese Endphase übertragen. So sind folgende Elemente für die Ermessensübung relevant:

▷ »Die (Gesamt-)Kosten der Behandlung sind umso relevanter, je geringer der – wenn auch wesentliche – Zusatznutzen und je größer
   die Zahl der in Betracht kommenden Patienten ist;
▷ je größer der Zusatznutzen (insbesondere in Bezug auf die Belas-
   tung durch die Krankheit) für die Patienten, desto geringer wird die
   Bedeutung der Kosten sein;
▷ die Bedeutung der Kosten ist umso größer, je geringer der Anteil
   der Patienten, bei denen das Mittel wirkt, an den Behandelten ist.«[83]

Um aus diesen Anhaltspunkten die Grenzen des beschriebenen Spiel-
raums ableiten zu können, bedarf es noch einiger Klarstellungen durch
die Judikatur.

Diese hat als Kriterien für die Ermessensübung zum heutigen Stand
lediglich zwei grobe Schranken vorgegeben. Das ist zum einen das öffentliche Interesse, das der VfGH in der Aufrechterhaltung des finanziellen Gleichgewichts der Sozialversicherung sieht.[84] Der Dachverband
darf seine Ermessensübung keinesfalls so ausgestalten, dass die Finanzierbarkeit der Gesundheitsversorgung dadurch bedroht wird.[85] Zum
anderen kann aus dem *Brillique* Erkenntnis des VwGH der Umkehr-
schluss gezogen werden, dass bei einem wesentlichen therapeutischen
Zusatznutzen, der in der oberen »Bandbreite« liegt und der verhältnis-
mäßig günstigen Behandlungskosten gegenübersteht, kaum Freiraum

---

83   *Rebhahn* in Der SV-Komm § 351c ASVG Rz 77.
84   VfSlg 17500/2005.
85   Nicht zuletzt oblag dem Hauptverband gemäß dem noch bis 31.12.2019 in Kraft
     befindlichen § 31 Abs 2 Z 1 ASVG idF BGBl I 37/2018 die Wahrnehmung der allge-
     meinen und gesamtwirtschaftlichen Interessen im Vollzugsbereich der Sozialver-
     sicherung. Auch wenn die Aufgabenverteilung des Dachverbands ab 1.1.2020 diese
     Aufgabe nicht mehr vorsieht, geben § 133 Abs 2 ASVG als gesetzliche und § 120c
     Abs 2 B-VG als verfassungsgesetzliche Schranken die äußersten Grenzen der Er-
     messensübung vor.

mehr besteht, das betroffene Arzneimittel nicht in den Erstattungskodex aufzunehmen. Denn die Aufnahmeentscheidungen haben sinnvoll und vertretbar zu sein und sollen dem Erhalt »einer hohen Qualität der Arzneimittelversorgung für die Patienten und Patientinnen«[86] dienen.

3. Ermessen in Bezug auf die Einordnung in den grünen oder gelben Bereich

Ein wichtiger Aspekt der Aufnahmeentscheidung, der nicht von der Gebundenheit der Subsumtionen unter §§ 23–25 VO-EKO erfasst ist, ist die Frage, ob die Aufnahme in den grünen oder in den gelben bzw hellgelben oder dunkelgelben Bereich erfolgen soll.

Grundsätzlich kann das vertriebsberechtigte Unternehmen die Aufnahme entweder in den gelben oder in den grünen Bereich beantragen. In der Praxis verbreitet und vor allem bei innovativen Arzneispezialitäten häufig ist aber wohl ein subsidiärer Antrag für den gelben Bereich, wenn der Aufnahme in den grünen Bereich nicht stattgegeben wird.[87]

In solchen Fällen muss der Dachverband abwägen, in welchen Bereich ein Mittel aufgenommen werden soll. Zwar sieht § 25 VO-EKO eine Einstufung in eine der Fallgruppen bereits vor dem Hintergrund des gelben oder des grünen Bereichs vor, die Bestimmung ist aber nicht zwingend so zu lesen, dass diese Einstufung auch eine rechtlich gebundene Entscheidung bezüglich des gelben oder des grünen Bereichs enthält. Sind im gelben Bereich noch keine therapeutischen Alternativen enthalten, sieht § 25 Abs 4 VO-EKO überhaupt keine Zuordnung zu einer Fallgruppe vor, sondern begnügt sich mit der Beurteilung als gesundheitsökonomisch nachvollziehbar und vertretbar. Auch der VwGH bezieht in die Bindung nur die Evaluationen und nicht die zahlreichen, bei der gesundheitsökonomischen Evaluation zusätzlich zu bedenkenden Punkte mit ein.

Ob eine kontrollärztliche Bewilligung notwendig ist, ist nach der Systematik davon abhängig, ob medizinische oder ökonomische Gründe dafür bestehen.[88] Daraus folgt, dass der Dachverband die Aufnahme in

---

86   Vgl AB 316 BlgNR XXII. GP, 4 f. Auf diesen verweist auch der VfGH VfSlg 19.631.
87   *Rebhahn* in Der SV-Komm § 351c ASVG Rz 43.
88   Nach *Rebhahn* ist das beispielsweise der Fall, »wenn ein therapeutischer Mehrwert nur in bestimmten Fällen vorliegt oder wenn das Kosten/Nutzen-Verhältnis so ist, dass eine Verschreibung auf Kosten der KV nur bei besonderer Begründung durch den Arzt vertretbar ist«, vgl Rebhahn in Der SV-Komm § 351c ASVG Rz 81.

den grünen Bereich versagen und nur jene in den gelben Bereich befürworten kann, wenn derartige Gründe eine Bewilligungspflicht (dun-
kelgelb) oder zumindest eine nachträgliche Kontrolle (hellgelb) verlangen.[89] In Phase III kann darauf abgestellt werden, ob die beschriebene
Kosten-Nutzen-Analyse 2.0 vor allem bei teuren Arzneispezialitäten
gegen die freie Verschreibbarkeit spricht, insbesondere wenn die Wesentlichkeit des Zusatznutzens geringer ist. Auch bezüglich der Grenze
zwischen gelbem und grünem Bereich und damit der freien Verschreibbarkeit kann dem Dachverband somit Ermessen zukommen.

IV.   Überprüfung und Rechtsschutz

A.   Änderungen durch die Verwaltungsgerichtsbarkeitsnovelle

Bezüglich der Überprüfung der durchaus komplexen oben beschriebenen Entscheidung sind durch die Verwaltungsgerichtsbarkeitsnovelle
einige Änderungen eingetreten. Zum einen hat sich die Kontrolldichte
erhöht, zum anderen entscheidet das BVwG anders als die UHK meri-
torisch und unterliegt einer weitgehenden Sachentscheidungspflicht.
Zudem kann nun auch der VwGH gegen Entscheidungen des BVwG
angerufen werden.[90] Die meritorische Entscheidung hat in Verbindung
mit der erhöhten Kontrolldichte hiervon die weitreichendsten Auswirkungen: Das BVwG hat jene Elemente, bei denen der Dachverband gebunden ist, vollumfänglich nachzuprüfen und dort, wo er Ermessen
hat, aufzuheben, wenn der Dachverband das Ermessen überschritten
oder nicht nachvollziehbar ausgeübt hat.

Außerdem gibt es keine Bindung an die Beweisergebnisse des Dachverbands, da der Grundsatz der Unmittelbarkeit gilt. Die in Phase I erfol-
genden Feststellungen können und müssen in gewissen Fällen im Verfahren vor dem BVwG gemacht werden.[91] Auch die Begründungsstandards

---

89   *Rebhahn* in Der SV-Komm § 351c ASVG Rz 81. Wenn nur die Aufnahme in einen der
      beiden Bereiche beantragt wurde, wird der Dachverband dem vertriebsberechtig-
      ten Unternehmen die Antragstellung für den anderen Bereich nahelegen, vgl *Reb-
      hahn* in Der SV-Komm § 351c ASVG Rz 43.
90   *Grabenwarter/Fister*, RdM 2014, 58 (59).
91   *Grabenwarter/Fister*, RdM 2014, 58 (60).

haben sich verändert. So muss das Verwaltungsgericht den Sachverhalt, die Beweiswürdigung und die rechtliche Beurteilung in seiner Entscheidung darlegen und sie nicht darauf beschränken, ob die Entscheidungen des Dachverbandes nachvollziehbar waren.[92] Da das Verfahren zur Aufnahme in den EKO auf Vorgaben der Transparenz-RL beruht, sind die Rechtsschutzerfordernisse des Art 47 GRC einzuhalten, es handelt sich beim Aufnahmeverfahren um »Durchführung« des Unionsrechts.[93]

B.   Überprüfung der Ermessensentscheidung

1.   Entscheidungsmöglichkeiten des BVwG

Grundsätzlich ist für die Überprüfung von Aufnahmeentscheidungen des Dachverbands durch das BVwG laut VwGH § 28 Abs 4 VwGVG anzuwenden, »weil es insgesamt um die Kontrolle einer Ermessensentscheidung geht.« Eine Entscheidung in der Sache muss das BVwG nach Art 130 Abs 4 B-VG und § 28 Abs 2 VwGVG immer dann treffen, wenn der maßgebliche Sachverhalt feststeht oder seine Feststellung rascher oder kostensparender als die Zurückverweisung ist.[94] Ist dies nicht der Fall, ist das BVwG verpflichtet, den angefochtenen Bescheid aufzuheben und die Angelegenheit zurückzuverweisen, sofern nicht abzuweisen oder zurückzuweisen ist.[95] Anders als bei Nicht-Ermessensentscheidungen besteht nicht die Möglichkeit des § 28 Abs 3 VwGVG, auch außerhalb der Voraussetzungen des § 28 Abs 2 VwGVG in der Sache selbst zu entscheiden.

Ist es aber zur Sachentscheidung berufen, darf das Gericht die behördliche Entscheidung nur dann aufheben oder korrigieren, wenn das Ermessen nicht im Sinne des Gesetzes geübt wurde, was bei Ermessensüberschreitung bzw Ermessensmissbrauch der Fall ist.[96] Hierfür sind

---

92   MwN *Zartl,* RdM-ÖG 2014, 16 (17).
93   *Grabenwarter/Fister,* RdM 2014, 58. Siehe auch *Fuchs* in Holoubek/Lang, Verfahren, 232 (233).
94   VwGH 15.11.2017, Ro 2017/08/0013.
95   MwN *Leeb* in Hengstschläger/Leeb (Hrsg), AVG § 28 VwGVG Rz 142 f (Stand 15.2.2017, rdb.at).
96   *Fuchs* in Holoubek/Lang, Verfahren, 232 (242). Dies ist insbesondere der Fall, wenn die Behörde zu berücksichtigende Umstände außer Acht gelassen hat, unsachliche Kriterien herangezogen bzw die gebotene Abwägung ganz unterlassen oder die abzuwägenden Elemente fehlgewichtet hat, vgl *Leeb in AVG* § 28 VwGVG Rz 144.

die ermessensleitenden Kriterien von besonderer Bedeutung, da sie nun den einzigen Maßstab darstellen, anhand dessen diese gelockerte Kontrolle erfolgen kann.

Liegen die Voraussetzungen des § 28 Abs 2 VwGVG hingegen nicht vor, sieht § 28 Abs 4 VwGVG vor, dass zu kassieren und zurückzuverweisen ist, wenn nicht zurückzuweisen oder abzuweisen ist. Die Systematik des § 28 Abs 4 VwGVG *differenziert* insofern zwischen *Abweisung* und der *Entscheidung in der Sache* nach § 28 Abs 2 VwGVG.[97] Auch eine Abweisung ist eine Entscheidung in der Sache und setzt eine inhaltliche Auseinandersetzung sowie das Feststehen des Sachverhalts voraus.[98] Das Nichtvorliegen der Voraussetzungen des § 28 Abs 2 setzt zudem gerade voraus, dass der Sachverhalt nicht feststeht und seine Ermittlung nicht rascher oder ökonomischer durch das VwG erfolgen kann. Dieses wird aufgrund dieser mangelhaften Sachlage oft nicht sofort entscheiden können, ob abzuweisen ist. Der Zweck des § 28 Abs 4 VwGVG ist somit wohl, dass das BVwG auch außerhalb von § 28 Abs 2 unter Umständen Sachentscheidungen treffen kann:[99] Es soll vor der Zurückverweisung noch so weit ermitteln, bis es beurteilen kann, ob nicht ohnehin abzuweisen wäre, weil auch nach Berichtigung der Sachverhaltsfeststellungen und der rechtlichen Beurteilung das Endergebnis dasselbe wäre, wie im Bescheid.[100]

Das meint wohl auch der VwGH wenn er ausspricht, dass »die Beschwerde – allenfalls nach Verfahrensergänzung bzw nach abweichender Beurteilung der genannten Evaluationsschritte – abzuweisen [ist], wenn das nunmehr in der Sache entscheidende Verwaltungsgericht im Ergebnis die Auffassung des Dachverbandes teilt.«[101] Dann ist die Beschwerde, ohne dass das BVwG eine eigene (Ermessens-)Entscheidung

---

97   Dies ist wohl einem Vergleich mit § 67h Abs 2 AVG aF geschuldet, bei dem eine Abweisung in Ermessenssachen, aufgrund seiner bloß kassatorischen Kontrollfunktion keine neuerliche Sachentscheidung gesehen werden konnte, vgl *Leeb in* AVG § 28 VwGVG Rz 148. Siehe zur Auslegung der Bestimmung auch *Zußner*, Zur Wahl der Verwaltungsgerichte erster Instanz zwischen kassatorischer und meritorischer Entscheidung, ZfV 2015, 451 (457).

98   Zum historischen Hintergrund dieser Diskrepanz sowie mwN zur Auslegung *Leeb in* AVG § 28 VwGVG Rz 148 ff; siehe auch *Dünser*, Ermessenskontrolle durch Gerichte? Ermessen und öffentliche Interessen im verwaltungsgerichtlichen Verfahren, in Larcher (Hrsg), Handbuch Verwaltungsgerichte (2013) 229 (238).

99   In diese Richtung auch *Dünser* in Larcher, Handbuch Verwaltungsgerichte, 229 (242).

100   *Zußner* spricht von »Glückstreffern« der Behörde, vgl *Zußner*, ZfV 2015, 451 (457).

101   VwGH 15.11.2017, Ro 2017/08/0013.

zu fällen hätte, abzuweisen.[102] In der Literatur wird von einer »fingierten« Entscheidung in der Sache gesprochen, die mit dem Erlassen eines inhaltlich gleichlautenden Erkenntnisses gleichzusetzen ist und die bezweckt, die behördliche Ermessensübung aufrechtzuerhalten.[103]

Fraglich ist, wie sich dies zur sonstigen Judikatur des VwGH verhält, nach der Ermessensfehler immer schon dann vorliegen, wenn bei einem der Schritte, die sie voraussetzen, ein Fehler vorliegt. Es kann daher auch vertreten werden, dass immer aufzuheben und zurückzuverweisen ist, wenn in Ermessenssachen die Voraussetzungen des § 28 Abs 2 VwGVG nicht vorliegen.

2.   Ermessensübung durch das BVwG

Mit der zitierten Aussage wollte der VwGH die nach dem Gesetz unklare Frage adressieren, was gelten soll, wenn (wie bei der Aufnahmeentscheidung) *sowohl gebundene* (Phase I und II) *als auch ungebundene Entscheidungselemente* (Phase III) vorliegen.[104] Es stellt sich daher die Frage, inwiefern insgesamt die Kontrolle einer Ermessensentscheidung vorliegt und inwiefern die gebundenen Elemente der vollen Überprüfbarkeit unterliegen. Im Zusammenhang mit einer Disziplinarstrafe hat der VwGH bereits judiziert, dass nur, weil es sich insgesamt um eine Ermessensentscheidung handelt, nicht die gesamte Entscheidung der geringeren Kontrolle unterliegt, sondern nur die Ermessenselemente.[105]

Wie sieht dies nun aber bezogen auf die geschilderten Phasen der Aufnahmeentscheidung aus? Übt der Dachverband in Phase III sein Ermessen falsch aus, ist die Rechtslage klar. Das BVwG ist in diesem Fall, sofern die Voraussetzungen für eine Sachentscheidung vorliegen, befugt und verpflichtet, eine eigene rechtskonforme Ermessensübung vorzunehmen und diese an die Stelle der Ermessensübung des Dachverbands zu stellen.

Unterläuft dem Dachverband in Phase I bei der Sachverhaltsfeststellung ein Fehler, ist eine ordnungsgemäße Übung des Ermessens bereits ausgeschlossen, weil diese voraussetzt, dass der Sachverhalt

---

102   *Zußner,* Ermessen, 50 f mit Verweis auf *Dünser* in Larcher, Handbuch Verwaltungsgerichte, 229 (238).
103   *Leeb in* AVG § 28 VwGVG Rz 148.
104   MwN *Eberhard/Ranacher/Weinhandl,* Rechtsprechungsbericht: LVwG, BVwG, VwGH, ZfV 2017, 226 (237).
105   VwGH 10. 9. 2015, Ra 2015/09/0041.

ordnungsgemäß ermittelt und festgestellt wurde.[106] Man spricht auch von formellen Ermessensfehlern.[107] Für eine Sachentscheidung bleibt also nur noch die Möglichkeit des § 28 Abs 2 VwGVG, zweite Alternative, dass die Feststellung durch das BVwG im Interesse der Raschheit oder Kostenersparnis ist. Ist das der Fall, muss das BVwG selbst entscheiden und Ermessen üben.[108] Kommt es dabei, was den Spruch betrifft, zum selben Ergebnis wie der Dachverband, ist die Beschwerde nach dieser Sachentscheidung dennoch abzuweisen. (Zur Abweisung nach § 28 Abs 4 VwGVG siehe unter 1.)

Subsumiert der Dachverband bei Phase II die einzelnen Gruppen der Evaluationen falsch, liegt eine inhaltliche Rechtswidrigkeit vor. Es kann allerdings sein, dass er aufbauend auf diese falsche Subsumtion sein Ermessen dennoch fehlerfrei innerhalb des gesetzlichen Rahmens ausgeübt hat. Es stellt sich daher die Frage, ob das BVwG bei der Überprüfung einer solchen Entscheidung nur Phase II korrigieren darf, und sich bei der darauf aufbauenden Ermessensübung in Phase III an den Erwägungen des Dachverbands zu orientieren hat, oder ob es das Ermessen völlig frei ausüben kann.

Diesbezüglich haben sich in der Lehre zwei Meinungen herausgebildet. Einerseits wird vertreten, dass das VwG bei sonstigen Rechtswidrigkeiten die gesamte Entscheidung neu treffen muss und somit eigenes Ermessen üben muss. Eine andere Meinung geht davon aus, dass in solchen Fällen die fehlerfreie Ermessensübung der Behörde zugrunde gelegt werden muss.[109]

In einer aktuellen Monografie, in der *Zußner* grundlegende Fragen der – durch die Verwaltungsgerichtsbarkeits-Novelle 2012 neugestalteten – Ermessensproblematik aufarbeitet, vertritt er die Meinung, dass

---

106   VwGH 27.1.2016, Ro 2015/08/0017; 2.6.2016, Ro 2015/08/0030; *Eckhardt* in Brameshuber/Aschauer, Jahrbuch Sozialversicherungsrecht 2018, 149 (172).

107   *Fuchs* in Holoubek/Lang, Verfahren, 232 (242).

108   Das BVwG tendiert stark zu einer Zurückverweisung an den Dachverband, vor allem, wenn der Bescheid mangelhafte Sachverhaltsermittlungen und Feststellungen aufweist (vgl *Fister,* RdM 2019, 10 [13]). Dies macht im konkreten Verfahren auch insofern Sinn, als der Dachverband und die dort eingerichteten Stellen über hohes Maß an Sachverstand verfügen, der für die Aufnahmeverfahren auch erforderlich ist. Die allgemeine Tendenz des VwGH geht in eine andere Richtung und lässt eine Zurückverweisung nur bei »krassen bzw besonders gravierenden Ermittlungslücken« zu, vgl *Grabenwarter/Fister,* Verwaltungsverfahrensrecht und Verwaltungsgerichtsbarkeit⁶ (2019) 275 f.

109   MwN *Eberhard/Ranacher/Weinhandl,* ZfV 2017, 226 (237).

---

man genauer differenzieren muss. Wenn es technisch möglich ist, das Ermessen von der fehlerhaften rechtlichen Beurteilung zu trennen, sei unter verfassungskonformer Interpretation *nur der mit Rechtswidrigkeit behaftete Teil* durch das BVwG *zu korrigieren,* wobei die *Ermessensentscheidung unberührt* bleiben müsse.[110] Er gesteht allerdings ein, dass eine solche exakte Trennung in der Praxis wohl oft nur schwer möglich sein wird. Konkret wird dies vor allem dann möglich sein, wenn Ermessen in einem ersten behördlichen Entscheidungselement besteht und nachgeordnet gebundene Elemente vorgesehen sind, auf die sich die Ermessensausübung nicht auswirkt.[111]

In der Judikatur zum EKO aus 2017[112] geht der VwGH nicht konkret darauf ein, ob eine solche Trennbarkeit vorliegt. Er unterscheidet zwei Szenarien: Entweder teilt das BVwG im Ergebnis die Auffassung des Dachverbandes, oder eben nicht. Bezüglich ersterer führt er aus, dass ein dem Dachverband im Rahmen der Evaluationen unterlaufener Fehler nicht zwingend zur Aufhebung oder Änderung des Bescheides führen müsse.

Vor dem Hintergrund der aufeinander aufbauenden Phasen der Aufnahmeentscheidung ist nicht davon auszugehen, dass das Ermessen des Dachverbands den Evaluationen neutral gegenübersteht. Auch der VwGH ging bei diesen Ausführungen wohl nicht davon aus, dass das BVwG seiner Entscheidung das Ermessen des Dachverbands (sowohl die diesbezüglichen Erwägungen als auch das Endergebnis) zu Grunde legen muss. Vielmehr hat das BVwG allenfalls nach Verfahrensergänzung bzw abweichender Beurteilung eigenes Ermessen auszuüben. Stimmt das so gewonnene Ergebnis mit jenem des Bescheids überein, ist die Beschwerde abzuweisen.[113]

---

110 *Zußner,* Ermessen, 56 ff.
111 So auch *Bumberger* in VwGVG § 28 Rz 111 ff, der als Beispiel eine Jubiläumszuwendung nach § 20c GehG anführt, die unrichtig berechnet wurde. Hier dürfte die Berechnung zwar berichtigt, nicht aber ihr Zuspruch, der im Rahmen des behördlichen Ermessens erfolgte, geändert werden. Vgl auch die Ausführungen *Zußners* zur Ermessensentscheidung über das Aufenthaltsverbot (isd heutigen § 67 FPG) mit nachfolgend rechtlich gebundener Entscheidung über die Dauer des Aufenthaltsverbots, *Zußner,* Ermessen, 57.
112 VwGH 15.11.2017, Ro 2017/08/0013.
113 Man könnte auch argumentieren, das BVwG hätte zu prüfen, ob auch bei korrigierter rechtlicher Beurteilung die Ermessensübung des Dachverbands (die aber von anderen Einstufungen ausging) noch »im Sinne des Gesetzes« wäre. Dagegen spricht, dass eine fehlerfreie Ermessensübung vollständige und mängelfreie Feststellungen voraussetzt. Dieser Ansatz ist hier nicht nur auf Phase I, sondern auch

V. Auswirkungen des Ermessens in der Praxis

Die vorstehenden Ausführungen zeigen, welch ein komplexes Instrument das Ermessen als Entscheidungsfaktor in der Aufnahmeentscheidung darstellt. Für die Beantwortung der Frage, inwiefern sich ein derart ausgestaltetes Ermessen auf den Preis hochpreisiger Arzneispezialitäten auswirken kann, sind auch seine Dimensionen und seine Funktionsweise in der Praxis zu betrachten.

Das Aufnahmeverfahren knüpft an verschiedenen Stellen an die Kosten, also den Preis einer konkreten Arzneispezialität an, sodass der Preis in dreifacher Hinsicht in Bezug auf den EKO relevant ist. Erstens sein Verhältnis zu bereits gelisteten Mitteln, zweitens sein Verhältnis zum medizinisch-therapeutischen Nutzen (Kosten-Nutzenverhältnis) und drittens sein Verhältnis zum EU-Durchschnittspreis.[114]

Bei den ersten beiden Punkten wird der Preis mit dem jeweiligen Nutzen bzw dem Mehrwert eines Mittels verknüpft. Dies erfolgt sowohl im Rahmen der Subsumtion der gesundheitstherapeutischen Evaluation, als auch in Phase III im Rahmen der Ermessensentscheidung. Daraus folgt, dass sich der Preis eines Arzneimittels unmittelbar auf die daraus resultierende Entscheidung auswirkt. So kann laut VwGH das Ermessen dazu führen, dass der Preis eines Arzneimittels – sogar wenn es einen wesentlichen therapeutischen Zusatznutzen aufweist – der Grund dafür sein kann, dass es nicht erstattet wird, etwa wenn er gerade noch sinnvoll und vertretbar ist, aber in der Gesamtbetrachtung unverhältnismäßig einer eventuell bloß »geringen Wesentlichkeit« gegenübersteht.[115]

Dies führt dazu, dass vertriebsberechtigte Unternehmen nur dann Aussicht auf Aufnahme eines innovativen Produkts in den Erstattungskodex haben, wenn der Preis *strategisch* so angesetzt wird, dass er in *Anbetracht des Ermessensspielraums* noch *im Verhältnis* zum therapeutischen Zweck steht. Schlussendlich entscheidet der Dachverband – im

---

auf die Einstufungen in Phase II anzuwenden. Erst wenn alles rechtskonform ermittelt und eingestuft wurde, sind die Entscheidungsgrundlagen für eine rechtmäßige Ausübung des Ermessens gegeben.

114   *Rebhahn* in Der SV-Komm § 351c ASVG Rz 71. Für den gelben Bereich dürfen Arzneispezialitäten nicht über dem EU-Durchschnittspreis liegen, für den grünen Bereich grundsätzlich darunter.

115   VwGH 15.11.2017, Ro 2017/08/0013.

Rahmen seines Ermessens – über die Aufnahme und diese beinhaltet, sofern sie nicht abgelehnt wird, auch eine Entscheidung über den
Preis.[116]

Diese Entscheidungshoheit wirkt sich in der Praxis in verschiedener Hinsicht aus: Der Antragstellung zur Aufnahme in den EKO folgen
Verhandlungen zwischen Dachverband und dem vertriebsberechtigten
Unternehmen. In diesen Verhandlungen versucht man sich aufbauend
auf die Selbsteinstufung bei der pharmakologischen und medizinisch-
therapeutischen Evaluation auf einen für beide Verhandlungspartner
vertretbaren Preis zu einigen. Die Rechtsgrundlage dafür findet sich
im weitesten Sinn in § 351c Abs 9 Z 1 und Abs 10 Z 1 und 2 ASVG da vom
Dachverband verlangt wird, dass er Preise, die den gesetzlich genannten Anforderungen entsprechen, »vereinbart«.[117]

Es ist davon auszugehen, dass das Ermessen hier bereits Einfluss
hat. Nach Auskunft des Dachverbands führen diese Verhandlungen in
aller Regel dazu, dass das vertriebsberechtigte Unternehmen den ursprünglich beantragten Preis senkt. Geht man davon aus, dass bereits
in den Verhandlungen das Ermessen des Dachverbands zum Ausdruck
kommt[118] und der Dachverband so in seiner Verhandlungsposition gestärkt wird, hat das Ermessen einen sehr bedeutenden Einfluss auf den
Erstattungspreis einer Arzneispezialität.[119]

Auch zu einem späteren Zeitpunkt, bei der behördlichen Entscheidung in Phase III, wirkt sich das Ermessen (wie unter C. 3. gezeigt) aus.
Zwar ist der Spielraum durch die Evaluationen bereits erheblich eingeschränkt, wie der VwGH klarstellte, kann hier der Preis noch ein gewich-
tiges Kriterium für die Ermessensübung sein. Gerade bei innovativen
Arzneimitteln führt eine Einstufung als »sinnvoll und vertretbar« noch

---

116   Vgl auch *Rebhahn* in Der SV-Komm § 351d ASVG Rz 8.
117   *Rebhahn* in Der SV-Komm § 351d ASVG Rz 12.
118   In diese Richtung deutet auch die Rsp des VfGH und des VwGH, nach der der Dach-
       verband das Interesse der Versicherten an der Listung eines Produkts in den Ver-
       handlungen zu berücksichtigen und mit den wirtschaftlichen Interessen der Sozi-
       alversicherung abzuwägen hat, vgl VfSlg 19.857 und dem folgend VwGH 29.1.2019,
       Ra 2018/08/0238.
119   Vgl auch *Kopetzki*, Das Verfahren zur Aufnahme ins Heilmittel- und Leistungs-
       verzeichnis der Sozialversicherung, in *Pfeil* (Hrsg), Finanzielle Grenzen des Be-
       handlungsanspruchs (2010) 310 (322), der sich gegen eine Einordnung dieser Ver-
       handlungen als privatwirtschaftliche Preisverhandlung im Spiel von Angebot und
       Nachfrage, sondern dafür ausspricht, dass diese ein Teil des Aufnahmeverfahrens
       sind.

nicht zwangsläufig zur Aufnahme. Es liegt dabei im Ermessen des Dachverbands, ob er den angestrebten Preis für angemessen hält.

An dieser Stelle sei zudem erwähnt, dass das Ermessen sich nicht nur bei der Aufnahme in den Erstattungskodex auf den Preis auswirkt, sondern auch bezüglich des Verbleibs im EKO von zentraler Bedeutung sein kann. So hat der VwGH ebenfalls 2017 judiziert, dass der Dachverband sein Ermessen dahingehend ausüben kann, eine Streichung eines Produkts bei erheblicher Preisdifferenz zum günstigsten wirkstoffgleichen Nachfolgeprodukt aus gesundheitsökonomischen Gründen vorzunehmen.[120]

Konkret sieht § 351 f ASVG vor, dass der Dachverband den EKO daraufhin überprüfen muss, ob die gelisteten Arzneispezialitäten den Prüfmaßstäben der § 30b Abs 2 Z 4 und § 351c ASVG noch entsprechen. Im Rahmen seines Ermessens hat er eine Arzneispezialität zu streichen, in einen anderen Bereich zu übernehmen oder die Anführung auf bestimmte Anwendungen zu beschränken, wenn die Voraussetzungen für die Aufnahme nicht mehr gegeben sind. Dies kann insbesondere der Fall sein, weil neue pharmakologische, medizinisch-therapeutische oder gesundheitsökonomische Umstände eingetreten sind. Für Generika gelten spezielle Streichungsregeln.[121]

Auch bei Eintritt solcher neuen Umstände ist davon auszugehen, dass der Dachverband Verhandlungen mit dem vertriebsberechtigten Unternehmen aufnimmt. Dieses wiederum wird – im Wissen um den Ermessenspielraum des Dachverbandes – in Betracht ziehen, den Preis des Arzneimittels anzupassen, um im EKO gelistet bleiben zu können. Auch in diesem Zusammenhang kann sich das Ermessen des Dachverbandes erheblich auf den Preis einer Arzneispezialität auswirken.

Insgesamt ist anzunehmen, dass das Ermessen in der Praxis von erheblicher Bedeutung ist, da es den Dachverband in seinem Verhandlungsspielraum stärkt und in verschiedenen Stadien des Aufnahmeverfahrens Einfluss auf den Preis haben kann. Dadurch erzielte Ersparnisse

---

120   VwGH 23.10.2017, Ro 2016/08/0019.
121   Vgl *Eckhardt* in Brameshuber/Aschauer, Jahrbuch Sozialversicherungsrecht 2018, 149 (168 ff). Aufgrund dieser Regeln geht das BVwG davon aus, dass es zu einer gesetzlichen Preisregelung auf das Niveau des Nachfolgeprodukts kommt und falls dieses nicht vereinbart werden kann, der Dachverband streichen muss und nicht nur kann. Er hat hier daher kein Ermessen mehr, vgl BVwG 17.11.2017, W147 2157682-1/9E ua; 14.9.2018, W147 2198286-1/5E.

lassen sich jedoch kaum quantifizieren und waren bisher nicht Gegenstand gesundheitsökonomischer Analysen.

VI. Zusammenfassung

Die vorstehende Untersuchung zeigt, dass die Einräumung des Ermessens an den Dachverband im Aufnahmeverfahren zum einen umstritten und zum anderen sehr komplex ist. Die VwGH Judikatur nach der Verwaltungsgerichtsbarkeitsnovelle hat bereits bis zu einem gewissen Grad Klärung in Bezug auf die Reichweite des Ermessens gebracht. Dieses liegt laut VwGH nur in einer letzten Phase der Aufnahmeentscheidung vor, wohingegen die pharmakologische, die medizinisch-therapeutische und die gesundheitsökonomische Evaluation gebunden ist. Phase I und II, in denen die erforderlichen Sachverhaltsfeststellungen getroffen werden und darauffolgende Subsumtionen im Rahmen der Evaluationen erfolgen, sind damit voll überprüfbar.

Bei der nachgeordneten Ermessensphase (Phase III) bleibt, bedingt durch die Selbstbindung des Dachverbandes durch die VO-EKO, nur noch ein relativ kleiner Ermessensspielraum, der gerade in Bezug auf sehr teure Arzneimittel von Bedeutung sein kann. Dieser Spielraum kann sich bei innovativen und hochpreisigen Arzneimitteln direkt auf die Preisstrategie der vertriebsberechtigten Unternehmen auswirken und somit bereits zu Beginn des Aufnahmeverfahrens von praktischer Bedeutung sein.

Die Überprüfung der Frage, ob das Ermessen im Sinne des Gesetzes ausgeübt wurde, obliegt dem BVwG. Dieses hat aufgrund der starken Verschränkung der Entscheidungselemente, sofern die Voraussetzungen des § 28 Abs 2 VwGVG vorliegen, in den meisten Fällen eigenes Ermessen auszuüben, da gebundene und ungebundene Elemente der Aufnahmeentscheidung technisch nicht trennbar sind. Hierdurch verlagert sich die Entscheidungskompetenz zu einer Instanz, die wohl nicht dieselben gesundheitspolitischen Überlegungen in die Entscheidung einfließen lassen kann, wie dies beim Dachverband der Fall ist. Unabhängig davon, ob das Ermessen der Phase III letztendlich vom BVwG oder vom Dachverband ausgeübt wird, bleibt seine Auswirkung auf die Verhandlungen, die zu Beginn des Verfahrens erfolgen, bestehen, sodass das Ermessen in jedem Fall von großer praktischer Bedeutung ist.

Literaturverzeichnis

- *Bumberger Leopold/Lampert Stefan/Larcher Albin/Weber Karl* (Hrsg), VwGVG: Verwaltungsgerichtsverfahrensgesetz: Kommentar (Linde 2019)
- *Dünser Gerold*, Ermessenskontrolle durch Gerichte? Ermessen und öffentliche Interessen im verwaltungsgerichtlichen Verfahren, in Albin Larcher (Hrsg), Handbuch Verwaltungsgerichte (Facultas 2013)
- *Eberhard Harald/Ranacher Christian/Weinhandl Martina*, Rechtsprechungsbericht: LVwG, BVwG, VwGH, ZfV 2017, 226–254 *(Eberhard/Ranacher/Weinhandl*, ZfV 2017, 226)
- *Eckhardt Gernot*, Erstattungskodex und Verwaltungsgerichtsbarkeit – Einführung und erste Erfahrungen, in Brameshuber/Aschauer (Hrsg), Jahrbuch Sozialversicherungsrecht 2018 (NWV 2018)
- *Fister Mathis*, Praktische Erfahrungen mit dem Rechtsmittelverfahren in Angelegenheiten des Erstattungskodex – Kontrolldichte im Rechtsmittelverfahren vor dem BVwG, RdM 2019, 10–15 *(Fister*, RdM 2019, 10)
- *Grabenwarter Christoph/Fister Mathis*, Verwaltungsverfahrensrecht und Verwaltungsgerichtsbarkeit[5] (Verlag Österreich 2019)
- *Grabenwarter Christoph/Fister Mathis*, Das neue Rechtsmittelverfahren in Angelegenheiten des Erstattungskodex, RdM 2014, 58–62 *(Grabenwarter/Fister*, RdM 2014, 58)
- *Hengstschläger Johannes/Leeb David* (Hrsg), Kommentar zum Allgemeinen Verwaltungsverfahrensgesetz (Manz 2018)
- *Holoubek Michael/Lang Michael* (Hrsg), Das Verfahren vor dem Bundesverwaltungsgericht und dem Bundesfinanzgericht (Linde 2014)
- *Julcher Angela*, Verfahrensrechtliche Fragen bei der Aufnahme in den Erstattungskodex, in Auer-Mayer Susanne/Pfeil Walter/Prantner Michael (Hrsg), Aktuelle Fragen zu Medikamenten (Manz 2018)
- *Krammer Thomas*, Preissenkung nach Aufnahme des dritten Nachfolgeprodukts (Generikums) in den Erstattungskodex; Gibt es eine Bindungswirkung des Hauptverbands der österreichischen Sozialversicherungsträger an Empfehlungen der Heilmittel-Evaluierungs-Kommission?, RdM 2006, 180–184 *(Krammer*, RdM 2006, 180)
- *Kopetzki Christian*, Das Verfahren zur Aufnahme ins Heilmittel- und Leistungsverzeichnis der Sozialversicherung, in Walter Pfeil (Hrsg), Finanzielle Grenzen des Behandlungsanspruchs (Manz 2010)
- *Kopetzki Christian*, Krankenanstaltenrecht, in Michael Holoubek/ Michael Potacs (Hrsg), Handbuch des öffentlichen Wirtschaftsrechts[4] (Linde 2019) [in Druck]

- *Mandlz Gregor,* Aufnahme oder Nichtaufnahme in den Erstattungskodex – Eine Ermessensentscheidung des Hauptverbands, RdM 2016, 73–76 *(Mandlz,* RdM 2016, 73)

- *Mayrhofer Michael,* Administrative Spielräume und die Rolle der Heilmittel-Evaluierungs-Kommission bei der Aufnahme eines Arzneimittels in den Erstattungskodex, JMG 2016, 54–64 *(Mayrhofer,* JMG 2016, 54)

- *Merkl Adolf,* Allgemeines Verwaltungsrecht (Verlag Österreich 1999)

- *Plank Maria-Luise,* Erstattungskodex – Reformbedarf oder verdeckte Rationierung?, ZfG 2016, 12–15 *(Plank,* ZfG 2016, 12)

- *Rebhahn Robert* in Mosler Rudolf/Müller Rudolf/Pfeil Walter (Hrsg), Der SV-Komm § 351c ASVG Rz 22 (Manz: Stand 1.3.2016)

- *Stöger Karl,* Ausgewählte öffentlich-rechtliche Fragestellungen des österreichischen Krankenanstaltenrechts (Manz 2008)

- *Thaler Manuela/Plank Maria-Luise,* Heilmittel und Komplementärmedizin in der Krankenversicherung (Manz 2004)

- *Winkler Günther/Barfuß Walter/Raschauer Bernhard,* Arzneimittelpreise und Sozialversicherung (Signum-Verlag 1983)

- *Zartl Martin,* Erstattungskodex und ökonomische Arzneimittelverschreibung, in Karl Beatrix/Marko-Herzek Kathrin (Hrsg), Jahrbuch Sozialversicherungsrecht 2010 (NWV 2010)

- *Zartl Martin,* Das neue Sonderverfahrensrecht zur Arzneimittelerstattung, RdM-ÖG 2014, 16–20 *(Zartl,* RdM-ÖG 2014, 16)

- *Zußner Matthias,* Ermessen im Sinne des Gesetzes (Verlag Österreich 2017)

- *Zußner Matthias,* Zur Wahl der Verwaltungsgerichte erster Instanz zwischen kassatorischer und meritorischer Entscheidung, ZfV 2015, 451–457 *(Zußner,* ZfV 2015, 451)

Sophie Bohnert

EU-Investitionskontrolle – Kompetenzrechtliche Voraussetzungen und Grenzen

I. Hintergrund

Umstrittene Übernahmen von EU-Unternehmen durch Drittstaatsangehörige häufen sich. Zwei aufsehenerregende Beispiele sind die Übernahme des Hafens von Piräus in Griechenland durch die chinesische COSCO Shipping[1] und die Übernahme des schwedischen Automobilherstellers Volvo durch die chinesische Geely-Gruppe.[2] Der »*Elefant beziehungsweise Panda im Raum*« ist die Volksrepublik China.[3] Die Volksrepublik zeigt – verglichen mit anderen investitionsfreudigen »Schwellenländern«, die ursprünglich typischerweise das Ziel ausländischer Direktinvestitionen waren – besonderen Eifer. So stehen zum Beispiel 10 % der Terminalkapazität europäischer Häfen unter der Kontrolle chinesischer Staatsunternehmen.[4] Dafür gibt es zwei wesentliche Gründe: Zum einen verfolgen viele chinesische Unternehmen eine Internationalisierungsstrategie. Sie suchen den Zugang zu attraktiven

---

1   *Der Standard,* Hafen von Piräus geht an chinesische Rederei <https://www.derstandard.at/story/2000040179231/hafen-von-piraeus-geht-an-chinesischen-reederei-konzern> (7.9.2019).

2   *Neue Zürcher Zeitung,* Geely steigt bei Volvo ein <https://www.nzz.ch/wirtschaft/geely-steigt-bei-volvo-ein-ld.1342909> (7.9.2019).

3   *Hindelang,* Welcome Address and Opening Remarks – Vortrag im Rahmen der CELIS International Conference, Göteborg 7.3.2019; *Hindelang/Hagemeyer,* Enemy at the Gates? Die aktuellen Änderungen der Investitionsprüfungsvorschriften in der Außenwirtschaftsverordnung im Lichte des Unionsrechts, EuZW 2017, 882 (882).

4   *Breinbauer,* Sechs Jahre chinesische Seidenstraßeninitiative – Chancen, Risiken und Strategien für Europa, ÖGfE Policy Brief 20'2019 <https://oegfe.at/wordpress/wp-content/uploads/2019/09/OEGfE_Policy_Brief-2019.20.pdf> (23.9.2019).

Absatzmärkten. Zum anderen will die Volksrepublik ihre industriepo-litischen Ziele erreichen und nicht mehr als »Werkbank der Welt« gel-ten. Vor diesem Hintergrund sind auch die beiden industriepolitischen Strategien »Neue Seidenstraße« und »Made in China 2025« zu sehen. China will in einer Reihe von Zukunftsindustrien technologische Exzel-lenz erlangen. Damit erklärt sich auch das besondere Interesse an EU-Unternehmen, die über zukunftsträchtige Technologien, beispielsweise in den Bereichen der Robotik, alternativen Antriebstechniken und Bio-medizin, verfügen.[5]

Auslandsinvestitionen sind im Allgemeinen ein zweischneidiges Schwert für den Empfängerstaat: Einerseits sind sie eine wichtige Quelle des Wirtschaftswachstums.[6] Andererseits stellen sich Fragen der öffentlichen Ordnung und Sicherheit, da einige Staaten mit ihrer Investitionspolitik strategische und nicht bloß marktwirtschaftliche Ziele verfolgen.[7] Dies äußert sich vor allem dadurch, dass die Zielunter-nehmen in der Regel über kritische Infrastrukturen, Technologien oder Ressourcen verfügen. Das sind Unternehmen, die zum Beispiel in den Domänen der künstlichen Intelligenz, Robotik und Cybersicherheit tä-tig sind. Einige Produkte dieser Unternehmen eignen sich dazu, auch für militärische Zwecke genutzt zu werden.[8] Hinzu kommt, dass die Ei-gentümerstrukturen der Investoren intransparent sind. Einige der In-vestoren sind Staatsunternehmen oder werden zumindest indirekt von den Regierungen von Drittstaaten kontrolliert.[9] Schließlich lassen sich Umgehungstendenzen erkennen. Es werden vermehrt Versuche unter-nommen, mitgliedstaatliche Beschränkungen, die für Drittstaatsinves-titionen bestehen, zu umgehen. Dies geschieht, indem etwa Unterneh-men, die in der EU ansässig sind, als »Investitionsvehikel« dienen.[10]

5   *Gerhard,* Mehr Schutz vor ausländischen Direktinvestitionen? Wirtschaftsdienst
     2018, 814 (816).

6   *Europäisches Parlament,* Ausländische Direktinvestitionen: EU-Interessen schützen
     <http://www.europarl.europa.eu/news/de/headlines/economy/20180122STO92231/
     auslandische-direktinvestitionen-eu-interessen-schutzen> (10.9.2019).

7   *Gerhard,* Wirtschaftsdienst 2018, 814 (817); *Hindelang/Hagemeyer,* EuZW 2017, 882
     (882).

8   *de Kok,* Towards a European Framework for Foreign Investment Reviews, ELRev 2019,
     24 (37).

9   *Hindelang/Moberg,* Debate: A Common European Law on Investment Screening? <https:
     //verfassungsblog.de/debate-a-common-european-law-on-investment-screening/>
     (7.9.2019).

10   *Hindelang/Hagemeyer,* EuZW 2017, 882 (883).

Angesichts der skizzierten Problematik wurden auf Ebene der Mitgliedstaaten unterschiedlich ausgestaltete Mechanismen zur Kontrolle ausländischer Direktinvestitionen eingerichtet.[11] Diese Kontrollmechanismen unterscheiden sich beispielsweise im Hinblick auf ihren Geltungsbereich und den Verfahrensablauf, was Rechtsunsicherheit für Investoren schafft.[12] Während alle G 7-Staaten über Überprüfungsmechanismen verfügen, bestand auf Ebene der Union bis vor Kurzem eine rechtliche Lücke.[13]

In Anbetracht steigender Investitionsvolumina aus Ländern wie der Volksrepublik China und Russland entstand in den EU-Mitgliedstaaten der politische Wille, der Kontrolle von Drittstaatsinvestitionen einen gemeinsamen Rahmen zu geben. Die Verordnung zur Schaffung eines Rahmens für die Überprüfung ausländischer Direktinvestitionen in der Union (sog Investment Screening-VO),[14] die auf Grundlage des Art 207 AEUV (Gemeinsame Handelspolitik, GHP) erlassen wurde, soll vor allem die Koordination und Kooperation zwischen den Mitgliedstaaten verbessern.

Die Verordnung löste eine facettenreiche Debatte aus, die auch mit ihrem Inkrafttreten am 10.3.2019 keinen Abbruch erfahren sollte. Ein wesentlicher Diskussionspunkt sind die Natur und der Umfang der EU-Kompetenz für die Kontrolle von Direktinvestitionen.[15] Der Begriff der Direktinvestition ist sowohl in Art 64 Abs 2 beziehungsweise Abs 3 als auch in Art 207 AEUV enthalten. Während Art 64 Abs 2 und Abs 3 AEUV eine geteilte Zuständigkeit zwischen der EU und den Mitgliedstaaten

---

11   *Hindelang/Moberg,* Debate <https://verfassungsblog.de/debate-a-common-european-law-on-investment-screening/>.

12   ErwGr 4 VO (EU) 2019/452.

13   *Storr,* Ausländische Direktinvestitionen in europäische Energieversorgungsunternehmen, RdU 2019, 65 (69).

14   Verordnung (EU) 2019/452 des Europäischen Parlaments und des Rates vom 19. März 2019 zur Schaffung eines Rahmens für die Überprüfung ausländischer Direktinvestitionen in der Union, ABl L 2019/79 I, 1.

15   Siehe beispielsweise *Brauneck,* Ausländische Direktinvestitionen nur mit Einverständnis der EU-Kommission? EuZW 2018, 188; *Günther,* Der Vorschlag der Europäischen Kommission für eine Verordnung zur Schaffung eines Rahmens für die Überprüfung ausländischer Direktinvestitionen in der Europäischen Union <http://telc.jura.uni-halle.de/sites/default/files/BeitraegeTWR/Heft%20157.pdf> (24.10.2019); *Korte,* In Search of a Role for the Member States and the EU to Establish an Investment Screening Mechanism <https://verfassungsblog.de/in-search-of-a-role-for-the-member-states-and-the-eu-to-establish-an-investment-screening-mechanism/> (7.9.2019); *Simon,* What Powers at What Level? <https://verfassungsblog.de/what-powers-at-what-level/> (7.9.2019).

hinsichtlich der Regelung von Direktinvestitionen vorsehen, zählt Art 207 AEUV diese zum ausschließlichen Kompetenzbereich der EU. Die Wahl der »richtigen« Rechtsgrundlage (horizontale Kompetenzverteilung) bestimmt nicht nur den zulässigen Inhalt des Rechtsaktes und die (verbleibende) Rolle der Mitgliedstaaten (vertikale Kompetenzverteilung), sondern wirkt sich auch auf die Kompetenzausübungsschranken der Subsidiarität und Verhältnismäßigkeit sowie auf die Rechtswirksamkeit des Rechtsaktes aus. Skizziert wird ein »zweidimensionaler« Kompetenzkonflikt,[16] der zeigen soll, dass »[d]as *Verständnis der EU als Staaten-, Verfassungs- und Gemeinwohlverbund [...] ganz maßgeblich durch die Kompetenzfrage geprägt* [wird].«[17]

Dieser Beitrag gibt in einem ersten Schritt einen Überblick über den Regelungsgehalt der Investment Screening-VO (II.). In einem zweiten Schritt soll in die Problemstellung, die die Kompetenzfrage betrifft, eingeführt werden, indem die Grundsätze der EU-Kompetenzordnung in groben Zügen dargestellt werden (III. A.), um dann in weiterer Folge den horizontalen Kompetenzkonflikt zu skizzieren und präzisieren (III. B.). Im Anschluss daran wird der Versuch der kompetenzrechtlichen Zuordnung vorgenommen (IV.), um aus der Zusammenschau der vorangehenden Ausführungen Schlüsse im Hinblick auf die kompetenzrechtlichen Voraussetzungen und Grenzen einer EU-Investitionskontrolle zu ziehen (V.).

II.   Die Investment Screening-VO

A.   Ein Überblick

Während restriktive Tendenzen auf Ebene der Union bereits seit 2014 in groben Zügen erkennbar waren,[18] nahm die Bereitschaft der Mitgliedstaaten, gegen ausländische Direktinvestitionen vorzugehen, erstmals mit einem Brief der Wirtschaftsminister Deutschlands, Frankreichs und Italiens an EU-Handelskommissarin *Malmström* konkrete Gestalt an.[19]

---

16   *Nettesheim*, Horizontale Kompetenzkonflikte in der EG, EuR 1993, 243 (244).
17   *Calliess* in Calliess/Ruffert (Hrsg), EUV/AEUV⁵ Art 5 EUV Rz 1 (2016).
18   *Schuelken*, Der Schutz kritischer Infrastrukturen vor ausländischen Direktinvestitionen in der Europäischen Union, EuR 2018, 577 (578 ff).
19   *Zypries/Sapin/Calenda*, Brief an Handelskommissarin C. Malmström <https://www. bmwi.de/Redaktion/DE/Downloads/S-T/schreiben-de-fr-it-an-malmstroem.pdf?_ blob=publicationFile&v=5> (23.9.2019).

Daraufhin wurde dem Europäischen Parlament von einer Gruppe Abgeordneter der Fraktion der Europäischen Volkspartei ein Vorschlag für einen Unionsakt zur Überprüfung ausländischer Direktinvestitionen im strategischen Bereich vorgelegt.[20] In etwa zeitgleich veröffentlichte die Kommission ihr Reflexionspapier mit dem Titel »Die Globalisierung meistern«.[21] Betont wurden einerseits die Wichtigkeit eines offenen Investitionsklimas und andererseits auch die Herausforderungen, die mit der zunehmenden Globalisierung einhergehen. In weiterer Folge legte die Kommission einen Vorschlag für eine Investment Screening-VO,[22] begleitet von einer Mitteilung zur Offenheit für ausländische Direktinvestitionen bei gleichzeitigem Schutz grundlegender Unionsinteressen,[23] vor. Die neue Rahmenverordnung wurde am 19.3.2019 im ordentlichen Gesetzgebungsverfahren angenommen, trat am 10.3.2019 in Kraft und soll ab 11.10.2020 gelten.[24]

Die Investment Screening-VO hat eine zweifache Stoßrichtung: (1) Zunächst soll ein (teilharmonisierender) verfahrensrechtlicher Rahmen für die Überprüfung ausländischer Direktinvestitionen aus Gründen der öffentlichen Ordnung und Sicherheit geschaffen werden. (2) Darüber hinaus wird ein Mechanismus der Zusammenarbeit eingerichtet. Damit soll die unionsweite Kooperation und Koordination gewährleistet werden.[25] In diesem Zusammenhang soll die Kommission auch Stellungnahmen abgeben können und im Hinblick auf Investitionen in Unternehmen, die an EU-Förderprogrammen teilnehmen, eine eigene Prüfungskompetenz erhalten.[26] Sind andere Mitgliedstaaten von einer Investition betroffen, sollen ihnen Informations- und Stellungnahmerechte eingeräumt werden.[27]

---

20   Vorschlag gemäß Artikel 46 Abs 2 der Geschäftsordnung für einen Unionsakt der EVP-Abgeordneten *Caspary/Weber/Saifi/Winkler/Cicu/Proust/Quisthoudt-Rowohl/ Reding/Schwab/Szejnfeld* vom 26.4.2017 zur Überprüfung (Screening) ausländischer Investitionen in strategischen Bereichen (B8-0302/2017).

21   Reflexionspapier. Die Globalisierung meistern, KOM (2017) 240 endg.

22   KOM (2017) 487 endg.

23   Mitteilung der Europäischen Kommission zur Offenheit für ausländische Direktinvestitionen bei gleichzeitigem Schutz grundlegender Unionsinteressen, KOM (2017) 494 endg.

24   Art 17 VO (EU) 2019/452.

25   ErwGr 7 VO (EU) 2019/452.

26   Art 8 VO (EU) 2019/452.

27   Art 6 VO (EU) 2019/452.

Betont sei, dass die Verordnung keine Verpflichtung der Mitgliedstaaten vorsieht, Überprüfungsmechanismen einzurichten.[28] Auch
die konkrete Ausgestaltung etwaiger Überprüfungsmechanismen soll
den Mitgliedstaaten überlassen bleiben. Eine gewisse Determinierung
durch die Verordnung wird aber dennoch vorgenommen. In Art 4 ist
eine Reihe von Faktoren genannt, die von den Mitgliedstaaten oder der
Kommission bei der Feststellung, ob eine ausländische Direktinvestition die Sicherheit oder die öffentliche Ordnung voraussichtlich beeinträchtigt, berücksichtigt werden können. Dazu gehören unter anderem
die tatsächlichen oder potenziellen Auswirkungen auf kritische Infrastrukturen, kritische Technologien und Güter mit doppeltem Verwen-
dungszweck sowie die Versorgung mit kritischen Ressourcen. Darüber
hinaus kann beispielsweise auch berücksichtigt werden, ob der ausländische Investor direkt oder indirekt von der Regierung eines Drittstaats
kontrolliert wird.[29]

Gegenstand der Überprüfung sollen ausschließlich ausländische
Direktinvestitionen sein. Gemeint sind nach den Begriffsbestimmun-
gen des Art 2 Investment Screening-VO *»durch einen ausländischen Investor getätigte Investitionen jeder Art zur Schaffung oder Aufrechterhaltung
dauerhafter und direkter Beziehungen zwischen dem ausländischen Investor
und dem Unternehmer oder Unternehmen, für den beziehungsweise das das
Kapital zur fortgesetzten Ausübung einer wirtschaftlichen Tätigkeit in einem Mitgliedstaat bereitgestellt wird, **einschließlich** Investitionen, die eine
effektive Beteiligung an der Verwaltung oder Kontrolle eines Unternehmens
ermöglichen, das eine wirtschaftliche Tätigkeit ausübt.«[30]*

Die Formulierung (»einschließlich«) erweckt den Anschein, als
gäbe es noch weitere Arten von Direktinvestitionen, die keinen Kon-
trollerwerb darstellen. So wurde von *Brauneck*[31] vertreten, der Anwendungsbereich der Verordnung erstrecke sich auf andere Investitionen
als Direktinvestitionen. Die mE überzeugendere Ansicht[32] ist jedoch,
die Formulierung dahingehend zu verstehen, dass neben dem Kontrol-
lerwerb auch sog Greenfield-Investitionen erfasst sein sollen. Greenfield-Investitionen sind eine besondere Form der Direktinvestition. Sie

---

28   Art 3 VO (EU) 2019/452.
29   Art 4 VO (EU) 2019/452.
30   Art 2 Z 1 VO (EU) 2019/452 [eigene Hervorhebungen].
31   Brauneck, EuZW 2019, 199.
32   *Günther*, Vorschlag, 33.

umfassen etwa die Errichtung neuer oder die Übernahme bereits bestehender Produktionsstätten.[33]

B. Exkurs: Die Abgrenzung von Direkt- und Portfolioinvestitionen

An dieser Stelle ist auf die Unterscheidung zwischen Direkt- und Portfolioinvestitionen hinzuweisen, die insbesondere für die Kompetenzfrage sowie die Abgrenzung des Anwendungsbereichs der Niederlassungs- und Kapitalverkehrsfreiheit von Bedeutung ist. Die Kapitalverkehrsrichtlinie,[34] die für die Auslegung der Bestimmungen über die Kapitalverkehrsfreiheit weiterhin von Relevanz ist, beschreibt Direktinvestitionen als »*Investitionen jeder Art durch natürliche Personen, Handels-, Industrie- oder Finanzunternehmen zur Schaffung oder Aufrechterhaltung dauerhafter und direkter Beziehungen zwischen denjenigen, die die Mittel bereitstellen, und den Unternehmern oder Unternehmen, für die die Mittel zum Zwecke einer wirtschaftlichen Tätigkeit bestimmt sind.*«[35]

Angesichts dessen und vor dem Hintergrund der Definitionen des Internationalen Währungsfonds,[36] der OECD[37] und des im Rahmen der Doha-Runde eingereichten Konzeptpapiers der Union[38] liegt eine Direktinvestition vor, wenn es eine dauerhafte und direkte Beziehung zwischen Investor und Unternehmen gibt. Zusätzlich erforderlich ist ein Mindestgrad an tatsächlicher Einflussmöglichkeit auf die Unternehmenspolitik.[39]

---

33   Vgl *Kläger,* Schwerpunktbereich – Einführung in das internationale Enteignungs- und Investitionsrecht, JuS 2008, 969 (973).

34   Richtlinie 88/361/EWG des Rates vom 24.6.1988 zur Durchführung von Artikel 67 des Vertrages, ABl L 1988/178, 5.

35   RL 88/361/EWG.

36   *International Monetary Fund,* Balance of Payments and International Investment Position Manual[6] (2013) 100.

37   *OECD,* OECD Benchmark Definition of Foreign Direct Investment[4] (2008) 48.

38   Communication from the European Community and its Member States of 15.4.2002, Concept Paper on the Definition of Investment, WTO Dok. WT/WGTI/W/115, Rz 17.

39   *Bungenberg,* Die Kompetenzverteilung zwischen EU und Mitgliedstaaten »nach Lissabon«, in Bungenberg/Griebel/Hindelang (Hrsg), Internationaler Investitionsschutz und Europarecht (2010) 81 (89); *Herrmann,* Die Zukunft der mitgliedstaatlichen Investitionspolitik nach dem Vertrag von Lissabon, EuZW 2010, 207 (209).

Wann ein solcher Mindestgrad an tatsächlicher Einflussmöglichkeit vorliegt, ist strittig. Nach der steuerrechtlichen Rs *Cadbury Schweppes*[40] liegt bereits dann eine Direktinvestition vor, wenn ein Investor »[...] *eine Beteiligung hält, die es ihm ermöglicht, einen sicheren Einfluss auf die Entscheidungen der Gesellschaft auszuüben und deren Tätigkeiten zu bestimmen.*« Das sei bei einer Kapitalbeteiligung von mehr als 50 % jedenfalls möglich. In einer anderen – ebenfalls steuerrechtlichen – Rechtssache[41] ging der Europäische Gerichtshof (EuGH) erst ab einer Kapitalbeteiligung von mehr als 75 % von einer tatsächlichen Einflussmöglichkeit aus. In der nachfolgenden Rechtsprechung fernab des Steuerrechts wird deutlich, dass auch die Beteiligungsstruktur der jeweiligen Gesellschaft berücksichtigt werden müsse. In Gesellschaften, in denen viele Anteile im Streubesitz stehen, könne bereits bei Beteiligungen von mindestens 5 % der Stimmrechte die Rede von einer tatsächlichen Einflussmöglichkeit sein.[42] Das Ausmaß der Kapitalbeteiligung hat daher angesichts der uneinheitlichen Rechtsprechung nur Indizfunktion.[43] Letztlich ist nicht der Schwellenwert ausschlaggebend, sondern »[...] *ob die Aktien ihrem Inhaber entweder nach den bestehenden nationalen aktienrechtlichen Vorschriften oder aus anderen Gründen die Möglichkeit geben, sich tatsächlich an der Verwaltung dieser Gesellschaft oder an deren Kontrolle zu beteiligen.*«[44]

Liegt nun eine Direktinvestition vor, ist nach der Rechtsprechung der Anwendungsbereich der Niederlassungs- und nicht der Kapitalverkehrsfreiheit eröffnet. Es zeichnet sich dabei eine Tendenz des EuGH ab, bei höheren Beteiligungen nunmehr immer auf die Niederlassungsfreiheit abzustellen, ohne die tatsächliche Beteiligungsstruktur der Gesellschaft zu betrachten.[45] Im Gegensatz zur Kapitalverkehrsfreiheit ist die Niederlassungsfreiheit im Verhältnis zu Drittstaaten nicht anwendbar. Diese Tatsache entschärft zwar die kompetenzrechtliche Problematik,

---

40   EuGH 12. 9. 2006, C-196/04 (Cadbury Schweppes) Rz 31.

41   EuGH 13. 3. 2007, C-524/04 (Test Claimants in the Thin Cap Group Litigation) Rz 27 ff.

42   EuGH 26. 3. 2009, C-326/07 (Kommission/Italien) Rz 38.

43   *Cottier/Trinberg* in von der Groeben/Schwarze/Hatje (Hrsg), Europäisches Unionsrecht[7] Artikel 207 AEUV Rz 54 (2015); *Johannsen*, Die Kompetenz der Europäischen Union für ausländische Direktinvestitionen nach dem Vertrag von Lissabon, 1 <http://telc.jura.uni-halle.de/sites/default/files/altbestand/Heft_90.pdf> (24.10.2019).

44   EuGH 12. 12. 2006, C-446/04 (Test Claimants in the FII Group Litigation) Rz 182.

45   *Ress/Ukrow* in Grabitz/Hilf/Nettesheim/Bast (Hrsg), Das Recht der Europäischen Union Art 63 AEUV Rz 316 (67. ErgLfg 2019).

die im Zusammenhang mit der mitgliedstaatlichen Investitionskontrolle entsteht.[46] Gleichzeitig hat sie aber den Effekt, dass Drittstaatsdirektinvestitionen jeglicher Schutz versagt wird.[47]

Im Fall von Portfolioinvestitionen wird eine dauerhafte und direkte Verbindung zum Unternehmen weder hergestellt noch gewollt. Gleiches gilt für das Kriterium der Einflussmöglichkeit auf die Führung oder Kontrolle des Unternehmens. Vielmehr steht die Gewinnpartizipation in Form von Renditen im Vordergrund.[48] Hier ist nach der Rechtsprechung der Schutzbereich der Kapitalverkehrsfreiheit eröffnet.[49]

III.   Die Problemstellung

A.   Die EU-Kompetenzordnung

»*Das Verständnis der EU als Staaten-, Verfassungs- und Gemeinwohlverbund wird ganz maßgeblich durch die Kompetenzfrage geprägt. Denn Kompetenzfragen sind immer auch Machtfragen.*«[50] Die Tragweite der Problematik lässt sich anhand der »Grundprinzipien« der EU-Kompetenzordnung illustrieren. Die Schlüsselnorm, die die Beziehung zwischen der Union und den Mitgliedstaaten regelt, ist Art 5 EUV.[51] Dort findet sich die sog »*europarechtliche Schrankentrias*«,[52] bestehend aus drei separaten, aber ineinandergreifenden Prinzipien.[53] Die Schrankentrias besteht aus dem Prinzip der begrenzten Einzelermächtigung, dem Subsidiaritätsprinzip und dem Verhältnismäßigkeitsgrundsatz.[54]

---

46   *Nettesheim,* Unternehmensübernahmen durch Staatsfonds, ZHR 2008, 729 (742); *Roth,* Investitionsbeschränkungen im deutschen Außenwirtschaftsrecht, ZBB 2009, 257 (270).

47   *Hindelang,* Direktinvestitionen und die Europäische Kapitalverkehrsfreiheit im Drittstaatenverhältnis, JZ 2009, 829 (830).

48   *Bungenberg* in Pechstein/Nowak/Häde (Hrsg), Frankfurter Kommentar zu EUV, GRC, AEUV III Art 207 AEUV Rz 23 (2017); *Cottier/Trinberg* in Europäisches Unionsrecht Art 207 AEUV Rz 59.

49   *Ress/Ukrow* in Recht der Europäischen Union Art 63 AEUV Rz 317.

50   *Calliess* in EUV/AEUV⁵ Art 5 EUV Rz 1.

51   *Bast* in Grabitz/Hilf/Nettesheim/Bast (Hrsg), Das Recht der Europäischen Union Art 5 EUV Rz 1 (67. ErgLfg 2019).

52   *Calliess* in EUV/AEUV⁵ Art 5 EUV Rz 4 ff; *Vedder* in Vedder/Heintschel von Heinegg (Hrsg), Europäisches Unionsrecht² Art 5 EUV Rz 6 (2018).

53   *Streinz* in Streinz (Hrsg), EUV/AEUV³ Art 5 EUV Rz 2 (2018).

54   *Vedder* in Europäisches Unionsrecht² Art 5 EUV Rz 6.

1.   Kompetenzverteilung

Das Prinzip der begrenzten Einzelermächtigung nach Art 5 Abs 2 EUV betrifft die Frage, ob die EU überhaupt tätig werden darf.[55] Der Union stehen nur die Zuständigkeiten zu, die ihr durch die Mitgliedstaaten zur Verwirklichung der vertraglich determinierten Ziele übertragen wurden. Jedwedes Handeln der EU bedarf einer speziellen Kompetenzgrundlage, die entweder direkt aus den Verträgen resultiert oder sich aus ihnen ableiten lässt. Damit wird die Hauptfunktion des Prinzips verdeutlicht: die Abgrenzung und Zuordnung der Kompetenzsphären der Mitgliedstaaten und der Union (vertikale Kompetenzverteilung).[56] Durch die Notwendigkeit einer Ermächtigungsnorm wird die Verbandskompetenz der Union eingeschränkt.[57]

Die Kompetenzgrundlage ist in den Bestimmungen der Verträge zu den einzelnen Sach- beziehungsweise Politikbereichen zu suchen. Daher trägt das Prinzip der begrenzten Einzelermächtigung auch zu einer *»horizontalen Strukturierung des Unionsrechts nach Rechtsgrundlagen«* bei.[58] Der Wahl der richtigen Kompetenzgrundlage kommt *»verfassungsrechtliche Bedeutung«*[59] zu. Tatsächlich hat die Auswahl der Rechtsgrundlage weitreichende Konsequenzen: Sie bestimmt das Abstimmungsverfahren im Rat sowie den Umfang der Mitwirkung des Europäischen Parlaments (horizontale Kompetenzverteilung). Damit ist die Wahl der Rechtsgrundlage ausschlaggebend für die Organkompetenz.[60] Daneben setzt die Kompetenzgrundlage auch den zulässigen Handlungsformen und der Intensität der Regelung Grenzen. Je nachdem, welcher Kompetenzkategorie der Art 2 bis 6 AEUV der jeweilige Politikbereich, dem die Kompetenzgrundlage entnommen ist, angehört, ergibt sich eine Reihe von weiteren Rechtsfolgen, die eigenständige Bedeutung haben. Das sind insb der Ausschluss der Mitgliedstaaten von der Rechtssetzung,

---

55   *Schima* in Mayer/Stöger (Hrsg), EUV/AEUV Art 5 EUV Rz 6 (Stand 1.4.2011, rdb.at).
56   *Lienbacher* in Becker/Hatje/Schoo/Schwarze (Hrsg), EU-Kommentar[4] Art 5 EUV Rz 1 (2019).
57   *Streinz* in EUV/AEUV[3] Art 5 EUV Rz 8.
58   *Bast* in Recht der Europäischen Union Art 5 EUV Rz 14.
59   *Lienbacher* in EU-Kommentar[4] Art 5 EUV Rz 12 verwendet in diesem Zusammenhang den Begriff *»primärrechtliche Bedeutung«* unter Verweis auf die anderslautende Diktion des EuGHs in EuGH 14.6.2016, C-263/14 (Parlament/Rat) Rz 46 f.
60   *Calliess* in EUV/AEUV[5] Art 5 EUV Rz 9.

die Anwendung der Kompetenzausübungsschranken sowie das Harmonisierungsverbot (siehe dazu III. A. 2.).[61]

Die Wahl der Rechtsgrundlage hat nach der Rechtsprechung des EuGH nach objektiven, gerichtlich nachprüfbaren Kriterien, die regelmäßig einer Rechtmäßigkeitskontrolle unterliegen, zu erfolgen.[62] Ausschlaggebend sind Ziel und Inhalt des jeweiligen Rechtsaktes.[63] Kommen vor dem Hintergrund des sachlichen Anwendungsbereichs mehrere Rechtsgrundlagen infrage und bestehen keine Spezialitäts- oder Subsidiaritätsregeln, handelt es sich um einen »horizontalen Kompetenzkonflikt«.[64] Dieser Kompetenzkonflikt bezieht sich grundsätzlich nur auf die Verbandskompetenz.[65] Aufzulösen ist er nach der Rechtsprechung des EuGH[66] dahingehend, dass das Hauptziel beziehungsweise der Schwerpunkt der jeweiligen Regelung zu ermitteln und dann auf die passende Rechtsgrundlage abzustellen ist. Ergibt die Auslegung jedoch, dass es mehrere gleichrangige und untrennbar miteinander verbundene Zielsetzungen gibt, ist ausnahmsweise eine Mehrfachabstützung zulässig. Eine Mehrfachabstützung scheidet jedoch aus, wenn sich die in den jeweiligen Rechtsgrundlagen vorgesehenen Rechtsetzungsverfahren widersprechen und/oder eine Beeinträchtigung der Rechte des Europäischen Parlaments droht.[67]

Der horizontale Kompetenzkonflikt kann aber in einigen Fällen zum zweidimensionalen Kompetenzkonflikt werden.[68] Fragen der vertikalen Kompetenzverteilung ergeben sich, wenn die berührten Rechtsgrundlagen verschiedenen Kompetenztypen zuordenbar sind. Das ist beispielsweise dann der Fall, wenn ein Konkurrenzverhältnis zwischen einer ausschließlichen und einer geteilten Kompetenz oder einer Unterstützungs-, Koordinierungs- und Ergänzungskompetenz besteht.[69]

---

61 *Obwexer* in von der Groeben/Schwarze/Hatje (Hrsg), Europäisches Unionsrecht[7] Art 2 AEUV Rz 51 ff (2015); *Streinz* in EUV/AEUV[3] Art 5 EUV Rz 9 ff.

62 *Schima* in EUV/AEUV Art 5 EUV Rz 14.

63 Insbesondere EuGH 11.6.1991, C-300/89 (Titandioxid) Rz 10; *von Danwitz,* Rechtsetzung und Rechtsangleichung, in Dauses (Hrsg), Handbuch des EU-Wirtschaftsrechts Rz 140 (39. ErgLfg 2016).

64 *von Danwitz* in Dauses, EU-Wirtschaftsrecht Rz 141.

65 *Bast* in Recht der Europäischen Union Art 5 EUV Rz 18.

66 Siehe beispielsweise EuGH 14.6.2016, C-263/14 (Parlament/Rat) Rz 44; EuGH 8.9.2009, C-411/06, (Kommission/Parlament) Rz 47.

67 Siehe dazu ausführlich *Lienbacher* in EU-Kommentar[4] Art 5 EUV Rz 12 mwN.

68 *Nettesheim,* EuR 1993, 243 (244).

69 *Bast* in Recht der Europäischen Union Art 5 AEUV Rz 18.

2.   Kompetenzausübung

Die in den Verträgen enthaltenen Kompetenzgrundlagen können schließlich über die jeweiligen Sach- beziehungsweise Politikbereiche den Kompetenztypen des Art 2 bis 6 AEUV zugeordnet werden. Im Allgemeinen kann zwischen drei Hauptkompetenztypen unterschieden werden. Das sind die ausschließliche und die geteilte Zuständigkeit sowie die Unterstützungs-, Koordinierungs- und Ergänzungskompetenzen.[70] Für die Zwecke dieses Beitrags werden nur die ausschließliche und geteilte Zuständigkeit behandelt.

Die tatsächliche Kompetenzausübung durch die Union unterliegt einem der oder – im Falle der nicht-ausschließlichen Zuständigkeit – den beiden verbleibenden Prinzipien der »*europarechtlichen Schrankentrias*«. Wird die Union aufgrund einer nicht-ausschließlichen Kompetenz tätig, ist dieses Tätigwerden am Subsidiaritätsprinzip zu messen.[71] Das Subsidiaritätsprinzip fordert, dass die Regelungsziele des Rechtsakts von den Mitgliedstaaten nicht ausreichend und auf Unionsebene besser verwirklicht werden können.[72] Der Prüfungsgegenstand des Verhältnismäßigkeitsprinzips sind hingegen alle Maßnahmen der Union. Die fragliche Maßnahme muss – angesichts der mit ihr verfolgten legitimen Ziele – geeignet und erforderlich sein.[73]

Liegt nun eine ausschließliche Unionszuständigkeit vor, ergibt sich folgendes Bild: Es greift gemäß Art 2 Abs 1 AEUV eine generelle Sperrwirkung, die das Tätigwerden der Mitgliedstaaten unionsrechtlich ausschließt.[74] Das gilt unabhängig davon, ob die Union ihre Kompetenz ausgeübt hat oder nicht.[75] Es gibt nur drei anerkannte Ausnahmen von der Sperrwirkung: (1) Die Mitgliedstaaten werden durch die Union ermächtigt. (2) Die Mitgliedstaaten führen Rechtsakte der Union aus. (3) Die Mitgliedstaaten werden als Sachwalter des gemeinsamen Interesses tätig. Da die Mitgliedstaaten ohnehin von der Rechtsetzung ausgeschlossen

---

70   *Obwexer* in Europäisches Unionsrecht[7] Art 2 AEUV Rz 7 ff.
71   *Bast* in Recht der Europäischen Union Art 5 AEUV Rz 50 ff.
72   Art 5 Abs 3 EUV.
73   *Bast* in Recht der Europäischen Union Art 5 AEUV Rz 69 ff.
74   Art 3 Abs 1 AEUV.
75   *Pelka* in Becker/Hatje/Schoo/Schwarze (Hrsg), EU-Kommentar[4] Art 2 AEUV Rz 9 (2019).

sind, greift das Subsidiaritätsprinzip nicht. Sehr wohl aber das Verhältnismäßigkeitsprinzip.[76]

Liegt eine geteilte Zuständigkeit vor, so tritt die Sperrwirkung nur insofern und insoweit ein, als die Union auch Gebrauch von ihrer Zuständigkeit gemacht hat. Der Konflikt zwischen später ergangenem Unionsrecht und früherem mitgliedstaatlichen Recht ist durch den Anwendungsvorrang zu lösen. Im Bereich der geteilten Zuständigkeit greifen sowohl das Subsidiaritäts- als auch das Verhältnismäßigkeitsprinzip.[77]

B.   Skizze des Kompetenzkonflikts

Ergibt sich ein Kompetenzkonflikt auf unionsrechtlicher Ebene, so sind – wie in anderen Rechtsbereichen auch – Kollisionsregeln heranzuziehen, um zu einer Lösung zu gelangen. Eine Betrachtung der Unionsverträge ergibt jedoch, dass der Normgeber kaum Kollisionsregeln vorgesehen hat. Dieses Versäumnis wird besonders im Hinblick auf Art 207 AEUV deutlich, da in diesem Bereich typischerweise ein Spannungsverhältnis zwischen Handelsfragen und anderen Bereichen entsteht. Folglich können nicht nur Konkurrenzverhältnisse zu unionsrechtlichen Kompetenzen in anderen Sachbereichen, sondern auch zu bei den Mitgliedstaaten verbliebenen Kompetenzen bestehen.[78]

Der Erlass der Investment Screening-VO ist als Ausübung der Außenkompetenz der Union gegenüber Drittstaaten zu verstehen. In der Rs *AETR*[79] hat der EuGH erstmalig ausgeführt, dass der Union bei bestehender Innenkompetenz eine entsprechende Außenkompetenz zukommt. Im Gutachten 1/94 nahm der EuGH eine Präzisierung vor und sprach aus, dass dies als eine Parallelität zwischen den der Union im Inneren zugewiesenen Kompetenzen und ihren Außenkompetenzen zu verstehen sei. Daher könne grundsätzlich jede Sachpolitik als Grundlage für eine Außenkompetenz der Union herangezogen werden.[80]

---

76   *Calliess* in EUV/AEUV Art 2 EUV Rz 5 ff.
77   *Obwexer* in Europäisches Unionsrecht⁷ Art 2 AEUV Rz 25 ff.
78   *Nettesheim* in Streinz (Hrsg), EUV/AEUV³ Art 207 AEUV Rz 39 (2018).
79   EuGH 31.3.1971, Rs 22/70 (AETR) Rz 6/8.
80   EuGH 15.11.1994 (Gutachten 1/94) Rz 45 ff.

Infolgedessen ist eine Abgrenzung der Außenkompetenzvorschriften der Union vorzunehmen (horizontaler Kompetenzkonflikt). Wie eine Betrachtung der Rechtsprechung durch *Erlbacher*[81] zeigt, ist ein Gleichlauf der Begründungen im Hinblick auf das Bestehen sowie die Natur der Außenkompetenz der Union und die Wahl der Rechtsgrundlage im Innenbereich zu erkennen. Dies zeigt sich insbesondere in der Rs *PCA Philippines*[82]. Es ist bei der Abgrenzung der Außenkompetenzvorschriften der Union auf den Hauptzweck des internationalen Abkommens abzustellen. Eine Doppelabstützung ist ausnahmsweise zulässig, wenn mehrere untrennbar miteinander verbundene Ziele verfolgt werden, von denen keines zweitrangig und mittelbar ist. Für die Ausnahme von der Ausnahme gelten die Ausführungen unter III. A. I.

Einige Besonderheiten ergeben sich jedoch im Hinblick auf die Frage der Kompetenzausübung. Die Union kann von ihren Außenkompetenzen Gebrauch machen, selbst wenn sie ihre Kompetenzen im Innenbereich (noch) nicht ausgeübt hat. Übt die Union ihre Außenkompetenzen aus, ist ein mitgliedstaatliches Handeln aufgrund der Sperrwirkung des Handelns der Union untersagt. Diese Sperrwirkung ist bereits als Konsequenz der Ausübung unionsrechtlicher Kompetenzen im Innenbereich bekannt.[83] Die Sperrwirkung ist aber beschränkt. Sie erstreckt sich nur auf gemeinsame Rechtsnormen, die durch ein von den Mitgliedstaaten abgeschlossenes Abkommen oder autonome Maßnahmen beeinträchtigt werden könnten. Daher tritt die Sperrwirkung externer Unionszuständigkeiten nur insoweit ein, als auf Unionsebene verbindliche Rechtsakte erlassen wurden.[84]

Besondere Bedeutung erhält die Problematik der horizontal-vertikalen Kompetenzkonflikte mit Blick auf die autonome Handelspolitik der Mitgliedstaaten.[85] Versuche, solche Kompetenzkonflikte möglichst kompetenzschonend und zugunsten der Mitgliedstaaten aufzulösen, sind in der Judikatur extensiv dokumentiert.[86] Bei der Wahl der entsprechenden

---

81   *Erlbacher*, Recent Case Law on External Competences of the European Union: How Member States Can Embrace Their Own Treaty, TMC Asser Institute for International & European Law, CLEER Paper Series 2017-02, 14 <https://papers.ssrn.com/sol3/papers.cfm?abstract_id=3120550> (11.11.2019).

82   EuGH 11.6.2014, C-377/12 (PCA Philippines) Rz 35 ff.

83   *Scherer/Heselhaus*, Umweltrecht, in Dauses/Ludwigs (Hrsg), Handbuch des EU-Wirtschaftsrechts Rz 125 (48. ErgLfg 2019).

84   *Erlbacher*, Case Law, 15 f.

85   *Nettesheim* in EUV/AEUV[3] Art 207 AEUV Rz 43.

86   Siehe etwa EuGH 27.9.1988, Rs 165/87 (Kommission/Rat).

Kompetenzgrundlage wird wohl auch in solchen Fällen nach den bereits ausgeführten Grundsätzen vorzugehen sein.

Beruhend auf diesen theoretischen Ausführungen lässt sich bezüglich der Kontrolle ausländischer Direktinvestitionen ein horizontaler Kompetenzkonflikt skizzieren, der in weiterer Folge Fragen der vertikalen Kompetenzverteilung zwischen der Union und den Mitgliedstaaten aufwirft.[87] Die Kontrollmechanismen sind Teil des Regelungsbereichs der ausländischen Direktinvestitionen.[88] Der Begriff der ausländischen Direktinvestition ist sowohl in Art 207 Abs 1 und Abs 2 AEUV als auch in Art 64 Abs 2 und 3 AEUV enthalten.

So lautet Art 207 Abs 1 und 2 AEUV: *(1) Die gemeinsame Handelspolitik wird nach einheitlichen Grundsätzen gestaltet; dies gilt insbesondere [...] für den Abschluss von Zoll- und Handelsabkommen, die den Handel mit Waren und Dienstleistungen betreffen, und für [...] die **ausländischen Direktinvestitionen**, [...] sowie die handelspolitischen Schutzmaßnahmen, [...]. Die gemeinsame Handelspolitik wird im Rahmen der Grundsätze und Ziele des auswärtigen Handelns der Union gestaltet.*

(2) Das Europäische Parlament und der Rat erlassen durch Verordnungen gemäß dem ordentlichen Gesetzgebungsverfahren die Maßnahmen, mit denen der Rahmen für die Umsetzung der gemeinsamen Handelspolitik bestimmt wird. [...]

Art 64 Abs 2 und 3 AEUV haben den folgenden Wortlaut: *[...] (2) **Unbeschadet der anderen Kapitel der Verträge** sowie ihrer Bemühungen um eine möglichst weit gehende Verwirklichung des Zieles eines freien Kapitalverkehrs zwischen den Mitgliedstaaten und dritten Ländern beschließen das Europäische Parlament und der Rat gemäß dem ordentlichen Gesetzgebungsverfahren Maßnahmen für den Kapitalverkehr mit dritten Ländern im Zusammenhang mit **Direktinvestitionen** einschließlich [...].*

(3) Abweichend von Absatz 2 kann nur der Rat gemäß einem besonderen Gesetzgebungsverfahren und nach Anhörung des Europäischen Parlaments Maßnahmen einstimmig beschließen, die im Rahmen des Unionsrechts für die Liberalisierung des Kapitalverkehrs mit Drittländern einen Rückschritt darstellen.

Ein Vorrang- oder Spezialitätsverhältnis einer der beiden Rechtsgrundlagen ist nicht explizit festgeschrieben. Die Formulierung des

---

87　*Bungenberg,* Europäischer Internationaler Investitionsschutz, in von Arnauld (Hrsg), Europäische Außenbeziehungen (2014) 743 (752 ff).

88　Zur Definition siehe II. B.

Art 64 Abs 2 *»unbeschadet der anderen Kapitel der Verträge«* lässt nach
überwiegender Ansicht[89] keine allgemeingültigen Rückschlüsse auf
die Kompetenzverteilung zu. Die beiden Kompetenzgrundlagen sind
also grundsätzlich gleichrangig.[90] Deshalb muss durch Auslegung ermittelt werden, ob unter Umständen doch ein Vorrang- oder Spezialitätsverhältnis besteht oder ob eine Zuordnung zu einer der beiden
Kompetenzgrundlagen auf Grundlage einer anderen Zuordnungsregel
vorgenommen werden kann.[91] Im nächsten Schritt ist daher zunächst
die Wahl der Rechtsgrundlage durch die Kommission zu beleuchten.
In einem weiteren Schritt ist der Kompetenzkonflikt weiter zu konkretisieren.

1.   Rechtsgrundlage der Verordnung

Die Investment Screening-VO bezeichnet als Rechtsgrundlage Art 207
Abs 2 AEUV, also die GHP. Die GHP fällt gemäß Art 3 Abs 1 lit e AEUV in
die ausschließliche Zuständigkeit der Union.[92] Angesichts der gemäß
Art 2 Abs 1 AEUV eintretenden unionsrechtlichen Sperrwirkung[93] stellt
sich die Frage, was das für bestehende oder noch zu schaffende Überprüfungsmechanismen der Mitgliedstaaten bedeutet.[94]

Im Bereich der ausschließlichen Zuständigkeiten der Union besteht
die Möglichkeit einer inhaltlich und/oder zeitlich begrenzten Rückdelegation durch einen Sekundärrechtsakt, der neben einer Ermächtigung der Mitgliedstaaten auch die Reichweite derselben festzulegen

---

89   *Cottier/Trinberg* in Europäisches Unionsrecht[7] Art 207 AEUV Rz 64; aA *Hindelang/
      Maydell,* Die Gemeinsame Europäische Investitionspolitik – Alter Wein in neuen
      Schläuchen? in Bungenberg/Griebel/Hindelang (Hrsg), Internationaler Investiti-
      onsschutz und Europarecht (2010) 12 (74), die die Formulierung als Klarstellung
      verstehen, nach der die ausschließlichen Kompetenzen gerade unangetastet blei-
      ben sollen.

90   Eingehend zu dieser Frage *Clostermeyer,* Staatliche Übernahmeabwehr und die
      Kapitalverkehrsfreiheit zu Drittstaaten (2011) 102 ff.

91   *Nettesheim,* Kompetenzen, in von Bogdandy/Bast (Hrsg), Europäisches Verfas-
      sungsrecht[2] (2009) 389 (435).

92   ErwGr 6 VO (EU) 2019/452.

93   Beachte aber die in den Verträgen vorgesehene mitgliedstaatliche Beschränkungs-
      möglichkeit nach Art 346 Abs 1 lit b AEUV im Verteidigungssektor im Falle der *»Be-
      einträchtigung wesentlicher Sicherheitsinteressen.«* Siehe dazu *Hahn* in Calliess/Ruf-
      fert (Hrsg), EUV/AEUV[5] Art 207 AEUV Rz 70 ff (2016).

94   Vgl zu dieser Frage *Bungenberg* in von Arnauld, Europäische Außenbeziehungen,
      743 (752 ff).

hat.[95] Die Rahmenverordnung könnte eine solche Rückermächtigung der Mitgliedstaaten sein. Die Formulierung der Begründung des Kommissionsvorschlags für die VO könnte Hinweise dafür enthalten. Dort wird immer wieder betont, dass die VO mit Blick auf die Überprüfungsmechanismen der Mitgliedstaaten für Rechtssicherheit sorgen soll. Konkret soll »*bestätigt*« werden, dass die Mitgliedstaaten bestehende Mechanismen aufrechterhalten oder ändern sowie neue Maßnahmen erlassen *können*.[96] Eine Formulierung, die eine Rückdelegation nahelegt, findet sich ebenso in Art 3 Abs 1 der Investment Screening-VO.[97]

Das bestätigt aber letztlich nur, dass Direktinvestitionen einer Kontrolle unterzogen werden *dürfen*. Wenn aber die Überprüfung ausländischer Direktinvestitionen in die ausschließliche Zuständigkeit der Union fällt, welche mitgliedstaatliche Kompetenz wird hier bestätigt? Vielmehr müsste man die Mitgliedstaaten explizit ermächtigen.[98] Und zwar auf eine Art und Weise, die konkret genug ist, um die Einheitlichkeit der Ausübung der ausschließlichen Kompetenz zu gewährleisten.[99] In diesem Zusammenhang ist auch schwer erklärbar, weshalb der Rechtfertigungsgrund aus Art 65 Abs 1 lit b AEUV, der es den MS erlaubt, Maßnahmen zu ergreifen, die aus Gründen der öffentlichen Ordnung oder Sicherheit gerechtfertigt sind, nach Ansicht der Kommission auf die ausschließliche Kompetenz der Union gemäß Art 207 Abs 1 AEUV Anwendung finden kann.[100]

2.   Weitere mögliche Rechtsgrundlagen

Weitere mögliche Kompetenzgrundlagen finden sich – wie bereits unter III. B. dargestellt – in Art 64 Abs 2 und 3 AEUV. Da sich der fragliche Politikbereich weder den ausschließlichen Kompetenzen des Art 3 noch

---

95   *Obwexer* in Europäisches Unionsrecht[7] Art 2 AEUV Rz 19.

96   KOM (2017) 487 endg.

97   Art 3 Abs 1 Investment Screening-VO lautet folgendermaßen: »*Die Mitgliedstaaten können gemäß der Verordnung aus Gründen der Sicherheit oder der öffentlichen Ordnung Mechanismen zur Überprüfung ausländischer Direktinvestitionen in ihrem Hoheitsgebiet aufrechterhalten, ändern oder einrichten. [...]*«

98   *Simon,* Powers <https://verfassungsblog.de/what-powers-at-what-level/>; so auch *Herrmann,* Europarechtliche Fragen der Deutschen Investitionskontrolle, ZEuS 2019, 429 (437).

99   *Korte,* Search <https://verfassungsblog.de/in-search-of-a-role-for-the-member-states-and-the-eu-to-establish-an-investment-screening-mechanism/>.

100   Ebenso *Günther,* Vorschlag, 33.

den Unterstützungs-, Koordinierungs- und Ergänzungskompetenzen des Art 6 AEUV zuordnen lässt, handelt es sich um eine geteilte Zuständigkeit im Sinne des Art 2 Abs 2 iVm Art 4 AEUV.[101]

Ausländische Direktinvestitionen fallen nach ständiger Rechtsprechung[102] des EuGH in den Anwendungsbereich der Niederlassungsfreiheit gemäß Art 49 ff AEUV.[103] Vor diesem Hintergrund ist eine Berufung auf die Kapitalverkehrsfreiheit und die dort verorteten Rechtfertigungsmöglichkeiten schwer. Diese Problematik hat aber der EuGH durch seine Rechtsprechung, mit der verschiedene Konstellationen in den Anwendungsbereich der Niederlassungsfreiheit verschoben wurden, selbst herbeigeführt.[104] Der Wortlaut des Art 64 Abs 2 sieht nun aber explizit vor, dass das Europäische Parlament und der Rat im Wege eines ordentlichen Gesetzgebungsverfahrens Maßnahmen für den Kapitalverkehr mit dritten Ländern im Zusammenhang mit Direktinvestitionen treffen können. Aufgrund des klaren Wortlauts des Art 64 AEUV wird dessen Anwendung durch die Niederlassungsfreiheit meines Erachtens nicht ausgeschlossen.[105]

Fraglich ist nun, ob Art 64 Abs 2 oder 3 AEUV zur Anwendung kommt. Zu diesem Zweck hat eine Abgrenzung der beiden Handlungsermächtigungen zu erfolgen. Art 64 Abs 3 AEUV ermöglicht es, in einem besonderen Gesetzgebungsverfahren Maßnahmen vorzusehen, die einen Rückschritt für die Liberalisierung des Kapitalverkehrs mit Drittstaaten bedeuten. Zu fragen ist ergebnisorientiert, ob eine Maßnahme tatsächliche oder potenzielle, unmittelbare oder mittelbare Effekte auf den bereits erreichten Liberalisierungsgrad hat. Wird der bereits erreichte Liberalisierungsgrad unterschritten, so ist Art 64 Abs 3 AEUV die einschlägige Rechtsgrundlage.[106] Sofern am 31.12.1993 eine Regelung auf Unionsebene

---

101   *Streinz* in EUV/AEUV[3] Art 2 AEUV Rz 8.

102   Vgl insb EuGH 13.11.2012, C-35/11 (Test Claimants in the FII Group Litigation) Rz 100.

103   Eingehend zur Frage, ob ausländische Direktinvestitionen in den Anwendungsbereich der Niederlassungs- oder Kapitalverkehrsfreiheit fallen: *Hindelang,* JZ 2009, 829 (830 ff); *Schweitzer,* Sovereign Wealth Funds – Market Investors or Imperialist Capitalists? The European Response to Direct Investments by Non-EU-State-Controlled Entities, in Bernitz/Ringe (Hrsg), Company Law and Economic Protectionism (2010) 250 (262 f); *Stompfe,* Rebuilding the Berlin Wall? <https://verfassungsblog.de/rebuilding-the-berlin-wall/> (25.9.2019).

104   Siehe dazu II. B.

105   aA *Günther,* Vorschlag, 34.

106   *Bröhmer* in Calliess/Ruffert (Hrsg), AEUV/EUV[5] Art 64 AEUV Rz 8 ff (2016); *Sedlaczek/Züger* in Streinz (Hrsg), EUV/AEUV[3] Art 64 AEUV Rz 18 ff (2018); *Wojcik* in von der

bestand, ist diese der relevante Maßstab. Bestand am 31.12.1993 keine solche Regelung, so trat am folgenden Tag eine komplette, primärrechtliche Liberalisierung ein. Dementsprechend ist jede nachfolgend verabschiedete unionsrechtliche Maßnahme als »Rückschritt« im Sinne des Artikels zu verstehen. Dies hat aber zur Folge, dass dem Regelverfahren nach Art 64 Abs 2 AEUV der Anwendungsbereich entzogen wird. Aus diesem Grund muss es möglich sein, eine Neuregelung im ordentlichen Gesetzgebungsverfahren zu erlassen, wohingegen eine Verschärfung einer bestehenden Maßnahme auf Art 64 Abs 3 AEUV zu stützen ist.[107]

Nun bestand auf dem Gebiet der Kontrollmechanismen keine Regelung auf Unionsebene, sodass es sich um die erstmalige Erlassung einer Unionsmaßnahme handelt. Dies hat zur Folge, dass mE die besseren Argumente für die Wahl von Art 64 Abs 2 AEUV als potenzielle Kompetenzgrundlage sprechen.[108]

IV. Versuch der kompetenzrechtlichen Zuordnung

Die der Union im Rahmen der GHP zur Verfügung stehenden Handlungsformen umfassen die vertragliche und die autonome Handelspolitik.[109] Im Hinblick auf völkervertragliches Handeln dürfte nunmehr geklärt sein, dass Art 207 Abs 3 AEUV die sachnähere und explizitere Kompetenzgrundlage ist.[110] Begründet wird diese Spezialität damit, dass der Abschluss internationaler Abkommen im Hinblick auf Direktinvestitionen aus Drittstaaten in den größeren Zusammenhang sowie die Ziele des auswärtigen Handelns eingebettet werden müsse.[111] Darüber

---

Groeben/Schwarze/Hatje (Hrsg), Europäisches Unionsrecht IV[7] Art 64 AEUV Rz 18 f (2015).

107   *Sedlaczek/Züger* in EUV/AEUV[3] Art 64 AEUV Rz 20.

108   Ebenso *Korte,* Search <https://verfassungsblog.de/in-search-of-a-role-for-the-mem ber-states-and-the-eu-to-establish-an-investment-screening-mechanism/>; aA *Simon,* Powers <https://verfassungsblog.de/what-powers-at-what-level/>, der argumentiert, dass Kontrollmechanismen einen Rückschritt iSd Art 64 Abs 3 AEUV darstellen können, da sie Hürden für Investoren sind.

109   *Reinisch* in Jaeger/Stöger (Hrsg), Art 207 AEUV Rz 14 (Stand 1.10.2018, rdb.at).

110   *Cottier/Trinberg* in Europäisches Unionsrecht[7] Art 207 AEUV Rz 65.

111   *Hindelang* in Hailbronner/Jochum/Kau (Hrsg), Recht der Europäischen Union in 2 Bänden Art 64 AEUV Rz 21 ff (im Erscheinen) <https://www.academia.edu/

hinaus sei die Außenkompetenz im Rahmen des Art 207 AEUV eine explizite Außenkompetenz, die durch eine implizite Außenkompetenz nicht beeinträchtigt werden könne.[112]

Weniger klar ist der Charakter von Art 207 Abs 1 AEUV als *lex specialis* im Hinblick auf autonome Maßnahmen, welche die einseitige Einrichtung von Kontrollmechanismen umfassen. Einer Ansicht[113] nach sollen alle autonomen Maßnahmen bezüglich ausländischer Direktinvestition von Art 207 Abs 1 AEUV erfasst sein. Argumentiert wird beispielsweise damit, dass Art 207 AEUV bezüglich des sachlichen Anwendungsbereichs der ausländischen Direktinvestitionen keinerlei Begrenzungen und auch keine Ausnahmebereiche festlege.[114] Darüber hinaus wird bezugnehmend auf den Auslegungsgrundsatz des *effet utile* argumentiert, die ausschließliche Zuständigkeit umfasse auch Marktzugangsregelungen wie Screening-Mechanismen. Dies deshalb, weil weder der Wortlaut noch die Entstehungsgeschichte des Art 207 AEUV darauf hindeuten, dass dieser auf den Abschluss völkerrechtlicher Abkommen beschränkt sei. Vielmehr seien auch Rechtskate wie Verordnungen erfasst, mit deren Hilfe es zu einer Ausübung der Außenkompetenz gegenüber Drittstaaten komme.[115] Die Gestaltung der GHP nach »*einheitlichen Grundsätzen*« erfordere auch in diesem Bereich eine ausschließliche Unionskompetenz, um die »[...] *Einheitlichkeit des stark vernetzten europäischen Wirtschaftsraumes zu wahren.*«[116] Unterschiedliche nationalstaatliche Bestimmungen seien nicht nur verantwortlich für Rechtsunsicherheit, sondern können auch zu einer Art »forum shopping« führen.[117] Diese Sichtweise führt dazu, dass eine Unionsrechtswidrigkeit

---

7085665/WHI_-PAPER_02_2014_Kommentierung_der_Vorschriften_zum_Kapital-und_Zahlungsverkehr_im_AEUV> (25.9.2019); *Johannsen,* Kompetenz, 21; *Weiß* in Grabitz/Hilf/Nettesheim (Hrsg), Das Recht der Europäischen Union Art 207 AEUV Rz 40 (67. ErgLfg 2019).

112   *Weiß* in Recht der Europäischen Union Art 207 AEUV Rz 40.

113   *Herrmann/Niestedt,* Kompetenzen der EU im Bereich des Außenwirtschafts- und Zollrechts, in Krenzler/Herrmann/Niestedt (Hrsg), EU-Außenwirtschafts- und Zollrecht Rz 19 (13. ErgLfg 2019); *Herrmann,* EuZW 2010, 207 (210); *Weiß* in Recht der Europäischen Union Art 207 AEUV Rz 43.

114   Zur gleichlautenden Bestimmung des Verfassungsvertrags siehe *Ceyssens,* Towards a Common Foreign Invesmtent Policy? – Foreign Investment in the European, LIEI 2005, 259 (276).

115   *Bungenberg* in Frankfurter Kommentar III Art 207 AEUV Rz 24 ff; *Ceyssens,* LIEI 2005, 259 (276).

116   *Günther,* Vorschlag, 31.

117   *Brauneck,* EuZW 2019, 188 (189); *Storr,* RdU 65 (69).

bestehender mitgliedstaatlicher Kontrollmechanismen angenommen werden muss.

Dieser Sichtweise wird entgegengehalten, die Argumente für den Vorzug des Art 207 AEUV, die im Zusammenhang mit der vertraglichen Handelspolitik angeführt werden, seien im Hinblick auf autonome Maßnahmen nicht im selben Umfang tragfähig.[118] Auch wird vielfach ins Treffen geführt, die Rechtsfolgen einer Abstützung auf Art 64 AEUV seien in diesem konkreten Fall politisch unproblematischer.[119] Dies deshalb, weil zum einen ein Rückgriff auf Art 65 Abs 1 lit b AEUV ohne Weiteres möglich sei. Zum anderen seien – sofern man Art 64 Abs 3 AEUV als Kompetenzgrundlage heranzieht – aufgrund der dort geforderten Einstimmigkeit im Rat die mitgliedstaatlichen Interessen in diesem sensiblen Bereich besser geschützt. Demgegenüber sei dies im ordentlichen Gesetzgebungsverfahren gemäß Art 207 Abs 2 AEUV nicht der Fall.[120]

Die Ansicht, Art 207 Abs 2 AEUV sei auch im Hinblick auf autonome Maßnahmen *lex specialis,* kann modifiziert werden, indem zwar erneut die ausschließliche Zuständigkeit bejaht, jedoch der Rechtfertigungsgrund des Art 65 Abs 1 lit b AEUV zugelassen wird.[121] Fraglich ist, wie das rechtstechnisch möglich ist. Wie *Günther*[122] meines Erachtens zutreffend ausführt, sprechen die Stellung des Art 65 AEUV im Vertragsgefüge und die Formulierung »*Art 63 berührt nicht das Recht der Mitgliedstaaten*« dafür, die Rechtfertigungsmöglichkeit des Art 65 Abs 1 lit b AEUV nur auf die Kapital- und Zahlungsverkehrsfreiheit zu beziehen.

Nun wurde die Überlegung angestellt, Art 65 Abs 1 lit b über Art 207 Abs 6 AEUV in Art 207 AEUV einzubeziehen. Art 207 Abs 6 AEUV besagt, dass »[d]*ie Ausübung der durch diesen Artikel übertragenen Zuständigkeiten [...] keine Auswirkungen auf die Abgrenzung der Zuständigkeiten zwischen der Union und den Mitgliedstaaten [hat] und [...] nicht zu einer Harmonisierung der Rechtsvorschriften der Mitgliedstaaten [führt], soweit eine solche Harmonisierung in den Verträgen ausgeschlossen wird.*«

---

118   *Clostermeyer,* Übernahmeabwehr, 104 f; *Hindelang* in Recht der Europäischen Union Art 64 AEUV Rz 25.

119   *Günther,* Vorschlag, 28.

120   *Clostermeyer,* Übernahmeabwehr, 104 f.

121   So ausdrücklich *Beutenmüller,* Das deutsche Außenwirtschaftsgesetz vor dem Hintergrund der neuen Unionskompetenz für ausländische Direktinvestitionen, RLR 2011, 281 (288 f); Denkanstöße in diese Richtung *Vranes,* State Measures Protecting Against »Undesirable« Foreign Investment, ZÖR 2012, 639 (664); *Weiß* in Recht der Europäischen Union Art 207 AEUV Rz 43.

122   *Günther,* Vorschlag, 25.

Die korrekte Leseart dieses Absatzes ist umstritten. Argumentiert wird, der Absatz bekräftige bloß, die Union habe infolge einer Ausübung ihrer Zuständigkeiten im Rahmen der GHP keine automatischen Umsetzungszuständigkeiten. Vielmehr richte sich die Umsetzungszuständigkeit nach den allgemeinen Regeln für die Zuständigkeitsverteilung.[123] Mit Art 207 Abs 6 AEUV solle gerade ein umgekehrter *AETR*-Effekt verhindert werden. Einer anderen Ansicht[124] nach soll Art 207 Abs 6 AEUV als Begrenzung der ausschließlichen Zuständigkeit verstanden werden und zwar in Bereichen, in denen eine Harmonisierung auf Unionsebene ausgeschlossen ist.[125] Gemein ist diesen beiden Literaturmeinungen jedenfalls, dass die Umsetzungskompetenz im Innenbereich und die Vertragsabschlusskompetenz auseinanderfallen können. Mechanismen zur Kontrolle von Direktinvestitionen sind gerade keine völkerrechtlichen Abkommen, die einer Umsetzung oder Durchführung bedürften. Mit Erlass der Investment Screening-VO, die die Beziehungen zu Drittstaaten betrifft, übt die Union eine Außenkompetenz aus. Aus Sicht der Union handelt es sich um autonome externe Maßnahmen. Aus Sicht der Mitgliedstaaten um Außenwirtschaftspolitik. Folglich ist ein Eingreifen des Rechtfertigungsgrunds des Art 65 Abs 1 lit b über Art 207 Abs 6 AEUV zu verneinen.

Einer vermittelnden Ansicht[126] zufolge müsse bei autonomen Maßnahmen der Union, die Direktinvestitionen im Verhältnis zu Drittstaaten betreffen, im Einzelfall abgegrenzt werden, ob diese der »Handelspolitik« (im Rahmen des Gestaltungsauftrags) zuordenbar sind oder Zwecke des Art 64 Abs 3 AEUV (Reaktion auf protektionistische Maßnahmen, Schutz von Rechtsgütern wie der öffentlichen Sicherheit) verfolgt werden.[127]

---

123   *Johannsen,* Kompetenz, 18 ff.
124   *Herrmann,* EuZW 2010, 207 (210 f).
125   *Weiß* in Recht der Europäischen Union Art 207 AEUV Rz 78.
126   *Günther,* Vorschlag, 26; *Herrmann,* EuZW 2010, 207 (210 f); aA *Beutenmüller,* RLR 2011, 281 (288 f).
127   *Clostermeyer,* Übernahmeabwehr, 103 f; *Dauses* in Arnold/Meindl (Hrsg), Der Begriff der Handelspolitik im Unionsrecht, EU-Wirtschaftsrecht Rz 6 (39. ErgLfg 2016); *Hindelang* in Recht der Europäischen Union Art 64 AEUV Rz 26.

V. Fazit und Ausblick

Die vorstehende Analyse der EU-Kompetenzordnung hat gezeigt, dass auch nach dem Vertrag von Lissabon der Wahl der »richtigen« Rechtsgrundlage immer noch herausragende Bedeutung zukommt. Im Ergebnis ist zwar zutreffend, dass die Wahl des Art 64 AEUV als Kompetenzgrundlage politisch unproblematischer gewesen wäre. Es überrascht aber auch nicht, dass die Kommission die ausschließliche einer geteilten Kompetenz vorzieht. Vor dem Hintergrund der vorstehenden Diskussion spricht besonders die Gestaltung der GHP nach »einheitlichen Grundsätzen« dafür, die Wahl des Art 207 Abs 2 AEUV als Kompetenzgrundlage zu befürworten. Was die bestehenden Kontrollmechanismen der Mitgliedstaaten betrifft, ist die Investment Screening-VO als Rückdelegation aufzufassen. Argumente für eine Rückermächtigung bietet – wie bereits weiter oben ausgeführt – zunächst die Formulierung der Begründung des Kommissionsvorschlags für die Verordnung. Dort wird immer wieder der Aspekt der Rechtssicherheit betont, der in Anbetracht der unterschiedlich ausgestalteten Mechanismen der Mitgliedstaaten bis zum Erlass der Investment Screening-VO fehlte. Ein weiterer Hinweis für eine Rückdelegation ist Art 3 Abs 1 der Investment Screening-VO.[128] Ob die »Rückdelegation« durch die Verordnung vor dem Hintergrund der Einheitlichkeit des Unionsrechts inhaltlich konkret genug ist, kann meines Erachtens infrage gestellt werden. Die Verordnung wurde aber im ordentlichen Gesetzgebungsverfahren verabschiedet und ihre Rechtmäßigkeit bis dato nicht in Zweifel gezogen.

> *»Zusammenfassend lässt sich festhalten, dass Institutionen der Union ebenso wie nationale Institutionen anscheinend von einem unumstößlichen Recht der MS ausgehen, Investitionen aus Gründen der öffentlichen Sicherheit und Ordnung zu untersagen.«*[129]

---

128 Art 3 Abs 1 VO (EU) 2019/452 lautet folgendermaßen: »*Die Mitgliedstaaten können gemäß der Verordnung aus Gründen der Sicherheit oder der öffentlichen Ordnung Mechanismen zur Überprüfung ausländischer Direktinvestitionen in ihrem Hoheitsgebiet aufrechterhalten, ändern oder einrichten. […]*«

129 *Günther*, Vorschlag, 23.

Literaturverzeichnis

▸ *Bast Jürgen* in Grabitz/Hilf/Nettesheim/Bast (Hrsg), Das Recht der Europäischen Union Art 5 EUV (67. ErgLfg 2019)

▸ *Beuttenmüller Sophie Luise,* Das deutsche Außenwirtschaftsgesetz vor dem Hintergrund der neuen Unionskompetenz für ausländische Direktinvestitionen, RLR 2011, 281

▸ *Brauneck Jens,* Ausländische Direktinvestitionen nur mit Einverständnis der EU-Kommission? EuZW 2018, 188

▸ *Breinbauer Andreas,* Sechs Jahre chinesische Seidenstraßeninitiative – Chancen, Risiken und Strategien für Europa, ÖGfE Policy Brief 20'2019 <https://oegfe.at/wordpress/wp-content/uploads/2019/09/OEGfE_Policy_Brief-2019.20.pdf> (23.9.2019)

▸ *Bröhmer Jürgen* in Calliess/Ruffert (Hrsg), AEUV/EUV[5] Art 64 AEUV (2016)

▸ *Bungenberg Marc* in Pechstein/Nowak/Häde (Hrsg), Frankfurter Kommentar zu EUV, GRC, AEUV III Art 207 AEUV (2017) 743

▸ *Bungenberg Marc,* Europäischer Internationaler Investitionsschutz, in von Arnauld (Hrsg), Europäische Außenbeziehungen (2014)

▸ *Bungenberg Marc,* Die Kompetenzverteilung zwischen EU und Mitgliedstaaten»nach Lissabon«, in Bungenberg/Griebel/Hindelang (Hrsg), Internationaler Investitionsschutz und Europarecht (2010) 81

▸ *Calliess Christian* in Calliess/Ruffert (Hrsg), EUV/AEUV[5] Art 5 EUV (2016)

▸ *Ceyssens Jan,* Towards a Common Foreign Invesmtent Policy? – Foreign Investment in the European, LIEI 2005, 259

▸ *Clostermeyer Maximilian,* Staatliche Übernahmeabwehr und die Kapitalverkehrsfreiheit zu Drittstaaten (Nomos 2011)

▸ *Cottier Thomas/Trinberg Lorena* in von der Groeben/Schwarze/Hatje (Hrsg), Europäisches Unionsrecht[7] Artikel 207 AEUV (2015)

▸ *Dauses Manfred A.* in Arnold/Meindl (Hrsg), Der Begriff der Handelspolitik im Unionsrecht, EU-Wirtschaftsrecht (39. EL 2016)

▸ *de Kok Jochem,* Towards a European Framework for Foreign Investment Reviews, ELRev 2019, 24

▸ *Der Standard,* Hafen von Piräus geht an chinesische Rederei <https://www.derstandard.at/story/2000040179231/hafen-von-piraeus-geht-an-chinesischen-reederei-konzern> (7.9.2019)

▸ *Erlbacher Friedrich,* Recent Case Law on External Competences of the European Union: How Member States Can Embrace Their Own Treaty, T.M.C. Asser Institute for International & European Law, CLEER Paper

Series 2017-02, 14 <https://papers.ssrn.com/sol3/papers.cfm?abstract_id=3120550> (11.11.2019)

▶ *Europäisches Parlament,* Ausländische Direktinvestitionen: EU-Interessen schützen <http://www.europarl.europa.eu/news/de/headlines/economy/20180122STO92231/auslandische-direktinvestitionen-eu-interessen-schutzen> (10.9.2019)

▶ *Gerhard Markus,* Mehr Schutz vor ausländischen Direktinvestitionen? Wirtschaftsdienst 2018, 814

▶ *Günther Valentin,* Der Vorschlag der Europäischen Kommission für eine Verordnung zur Schaffung eines Rahmens für die Überprüfung ausländischer Direktinvestitionen in der Europäischen Union <http://telc.jura.uni-halle.de/sites/default/files/BeitraegeTWR/Heft%20157.pdf> (24.10.2019)

▶ *Hahn Michael J.* in Calliess/Ruffert (Hrsg), EUV/AEUV[5] Art 207 AEUV (2016)

▶ *Herrmann Christoph,* Europarechtliche Fragen der Deutschen Investitionskontrolle, ZEuS 2019, 429

▶ *Herrmann Christoph,* Die Zukunft der mitgliedstaatlichen Investitionspolitik nach dem Vertrag von Lissabon, EuZW 2010, 207

▶ *Herrmann Christoph/Niestedt Marian,* Kompetenzen der EU im Bereich des Außenwirtschafts- und Zollrechts, in Krenzler/Herrmann/Niestedt (Hrsg), EU-Außenwirtschafts- und Zollrecht (13. ErgLfg 2019)

▶ *Hindelang Steffen* in Hailbronner/Jochum/Kau (Hrsg), Recht der Europäischen Union in 2 Bänden Art 64 AEUV (im Erscheinen) <https://www.academia.edu/7085665/WHI_-PAPER_02_2014_Kommentierung_der_Vorschriften_zum_Kapital-und_Zahlungsverkehr_im_AEUV> (25.9.2019)

▶ *Hindelang Steffen,* Direktinvestitionen und die Europäische Kapitalverkehrsfreiheit im Drittstaatenverhältnis, JZ 2009, 829

▶ *Hindelang Steffen,* Welcome Address and Opening Remarks – Vortrag im Rahmen der CELIS International Conference, Göteborg 7.3.2019

▶ *Hindelang Steffen/Hagemeyer Teoman,* Enemy at the Gates? Die aktuellen Änderungen der Investitionsprüfungsvorschriften in der Außenwirtschaftsverordnung im Lichte des Unionsrechts, EuZW 2017, 882

▶ *Hindelang Steffen/Maydell Niklas,* Die Gemeinsame Europäische Investitionspolitik – Alter Wein in neuen Schläuchen? in Bungenberg/Griebel/Hindelang (Hrsg), Internationaler Investitionsschutz und Europarecht (2010) 12

▶ *Hindelang Steffen/Moberg Andreas,* Debate: A Common European Law on Investment Screening? <https://verfassungsblog.de/debate-a-common-european-law-on-investment-screening/> (7.9.2019)

▶ *International Monetary Fund,* Balance of Payments and International Investment Position Manual[6] (International Monetary Fund 2013)

▶ *Johannsen Sven Leif Erik,* Die Kompetenz der Europäischen Union für ausländische Direktinvestitionen nach dem Vertrag von Lissabon <http://telc.jura.uni-halle.de/sites/default/files/altbestand/Heft_90.pdf> (24.10.2019)

▶ *Kläger Roland,* Schwerpunktbereich – Einführung in das internationale Enteignungs- und Investitionsrecht, JuS 2008, 969

▶ *Korte Stefan,* In Search of a Role for the Member States and the EU to Establish an Investment Screening Mechanism <https://verfassungsblog.de/in-search-of-a-role-for-the-member-states-and-the-eu-to-establish-an-investment-screening-mechanism/> (7.9.2019)

▶ *Lienbacher Georg* in Becker/Hatje/Schoo/Schwarze (Hrsg), EU-Kommentar[4] Art 5 EUV (2019)

▶ *Nettesheim Martin* in Streinz (Hrsg), EUV/AEUV[3] Art 207 AEUV (2018)

▶ *Nettesheim Martin,* Horizontale Kompetenzkonflikte in der EG, EuR 1993, 243

▶ *Nettesheim Martin,* Kompetenzen, in von Bogdandy/Bast (Hrsg), Europäisches Verfassungsrecht[2] (2009) 389

▶ *Nettesheim Martin,* Unternehmensübernahmen durch Staatsfonds, ZHR 2008, 729

▶ *Neue Zürcher Zeitung,* Geely steigt bei Volvo ein <https://www.nzz.ch/wirtschaft/geely-steigt-bei-volvo-ein-ld.1342909> (7.9.2019)

▶ *Obwexer Walter* in von der Groeben/Schwarze/Hatje (Hrsg), Europäisches Unionsrecht[7] Art 2 AEUV (2015)

▶ *OECD,* OECD Benchmark Definition of Foreign Direct Investment[4] (OECD 2008)

▶ *Pelka Sacha C.* in Becker/Hatje/Schoo/Schwarze (Hrsg), EU-Kommentar[4] Art 2 AEUV (2019)

▶ *Reinisch August* in Jaeger/Stöger (Hrsg), Art 207 AEUV (Stand 1.10.2018, rdb.at)

▶ *Ress Georg/Ukrow Jörg* in Grabitz/Hilf/Nettesheim/Bast (Hrsg), Das Recht der Europäischen Union Art 63 AEUV (67. ErgLfg 2019)

▶ *Roth Wulf-Henning,* Investitionsbeschränkungen im deutschen Außenwirtschaftsrecht, ZBB 2009, 257

▶ *Scherer Joachim/Heselhaus Sebastian,* Umweltrecht, in Dauses/Ludwigs (Hrsg), Handbuch des EU-Wirtschaftsrechts (48. ErgLfg 2019)

▶ *Schima Bernhard* in Mayer/Stöger (Hrsg), EUV/AEUV Art 5 EUV (Stand 1.4.2011, rdb.at)

▶ *Schuelken Tobias,* Der Schutz kritischer Infrastrukturen vor ausländischen Direktinvestitionen in der Europäischen Union, EuR 2018, 577

▶ *Schweitzer Heike,* Sovereign Wealth Funds – Market Investors or Imperialist Capitalists? The European Response to Direct Investments by Non-EU-State-

Controlled Entities, in Bernitz/Ringe (Hrsg), Company Law and Economic Protectionism (2010) 250

▸ *Sedlaczek Michael/Züger Mario* in Streinz (Hrsg), EUV/AEUV[3] Art 64 AEUV (2018)

▸ *Simon Sven,* What Powers at What Level? <https://verfassungsblog.de/what-powers-at-what-level/> (7.9.2019)

▸ *Stompfe Philipp,* Rebuilding the Berlin Wall? <https://verfassungsblog.de/rebuilding-the-berlin-wall/> (25.9.2019)

▸ *Storr Stefan,* Ausländische Direktinvestitionen in europäische Energieversorgungsunternehmen, RdU 2019, 65

▸ *Streinz Rudolf* in Streinz (Hrsg), EUV/AEUV[3] Art 5 EUV (2018)

▸ *Vedder Christoph* in Vedder/Heintschel von Heinegg (Hrsg), Europäisches Unionsrecht[2] Art 5 EUV (2018)

▸ *von Danwitz Thomas,* Rechtsetzung und Rechtsangleichung, in Dauses (Hrsg), Handbuch des EU-Wirtschaftsrechts (39. ErgLfg 2016)

▸ *Vranes Erich,* State Measures Protecting Against »Undesirable« Foreign Investment, ZÖR 2012, 639

▸ *Weiß Wolfgang* in Grabitz/Hilf/Nettesheim (Hrsg), Das Recht der Europäischen Union Art 207 AEUV (67. ErgLfg 2019)

▸ *Wojcik Karl-Philipp* in von der Groeben/Schwarze/Hatje (Hrsg), Europäisches Unionsrecht IV[7] Art 64 AEUV (2015)

▸ *Zypries Brigitte/Sapin Michel/Calenda Carlo,* Brief an Handelskommissarin C. Malmström <https://www.bmwi.de/Redaktion/DE/Downloads/S-T/schreiben-de-fr-it-an-malmstroem.pdf?__blob=publicationFile&v=5> (23.9.2019)

Michael Denk

Europäischer Datenschutz post Brexit[1]

I. Brexit und der außereuropäische Datenverkehr

Im Jahr 1973 trat das Vereinigte Königreich Großbritannien und Nordirland (UK) gemeinsam mit Dänemark und Irland der Europäischen Union bei.[2] Nach 43 Jahren, am 23.06.2016, votierten 51,90 % des britischen Volks für den Austritt des UK aus der Europäischen Union. Rechtsunsicherheit für Wirtschaft und Gesellschaft herrscht seither insb im Hinblick auf die Zukunft grenzüberschreitender Sachverhalte wie etwa dem freien Verkehr von Waren oder die Freizügigkeiten für ArbeitnehmerInnen. Die geschäftlichen Beziehungen betreffen aber auch transnationale Datentransfers zwischen dem UK und der EU. In einer zunehmend digitalisierten Weltwirtschaft ist der internationale Datenverkehr nicht wegzudenken. Das heutige globale Wirtschaftsleben ist geprägt und abhängig vom stetigen Informationsaustausch. In einer digitalen Welt bestehen vielfältige wirtschaftliche und technische Verflechtungen über Unternehmens- und Ländergrenzen hinweg.[3] Die Datenströme sind global und grenzüberschreitend. Unternehmen sind konzernmäßig verbunden und sourcen IT-Prozesse an (UK-)Dienstleister aus.[4]

---

[1] Der Beitrag stellt eine überarbeitete Fassung des Vortrags vom 27.09.2019 dar. Jüngste Entwicklungen der britischen Rechtslage, wie etwa die Auswirkungen des Gesetzentwurfs zur European Union (Withdrawal Agreement) Bill 2019–20, konnten nicht mehr berücksichtigt werden.

[2] Vgl Vertrag über den Beitritt Dänemarks, Irlands und des Vereinigten Königreichs (1972), ABl L 1972/73.

[3] *Landesbeauftragter für Datenschutz und Informationsfreiheit Rheinland-Pfalz,* Konsequenzen des Brexit, ZD-Aktuell 2019, 06431.

[4] *Reinisch,* »Brexit« – Folgen für den Datenschutz, ecolex 2016, 844 (844).

Viele Unternehmer übermitteln Beschäftigten- oder Kundendaten[5] ins UK oder nutzen IT-Leistungen, die von dortigen Anbietern oder in dortigen Rechenzentren erbracht werden. Betroffen sind sie als Konzernunternehmen, im Rahmen von Joint-Ventures, Lieferketten und digitalisierten Geschäftsprozessen wie Cloud-Computing[6]. Die wirtschaftliche Bedeutung des internationalen Datenaustauschs anerkennt die DSGVO in ErwGr 101.

Mit dem Vollzug des Brexit wird das gesamte Primär- und Sekundärrecht der EU im UK grds nicht mehr anwendbar sein.[7] Davon eingeschlossen ist die DSGVO[8] als jener Rechtsakt, der den freien Datenverkehr in der Europäischen Union (sowie im EWR) realisiert. Die Europäische Union und das UK verhandelten ein Austrittsabkommen, das den Fortbestand des europäischen Rechtsrahmens im UK auch nach Ausscheiden desselben bis zum 31.12.2020 sicherstellt, welches jüngst vom britischen Parlament bestätigt wurde.[9] Das UK gab auch bekannt den Großteil der EU-Rechtsordnung nach dem Brexit – unabhängig eines Abkommens und wohl auch nach Ablauf der Übergangsfrist – in den britischen Rechtsbestand zu rezipieren;[10] es ist allerdings nicht auszuschließen, dass sich der Staat in den darauffolgenden Jahren von den Grundsätzen der DSGVO zu lösen beginnt oder sogar gänzlich davon abweicht.[11] Die Kommission stellte in einer Mitteilung klar, dass

---

5   ZB in die UK-Personalstelle oder Buchführungsabteilung.

6   Cloud-Computing ist »[...] *eine Form der bedarfsgerechten und flexiblen Nutzung von IT-Leistungen. Diese werden in Echtzeit als Service über das Internet bereitgestellt und nach Nutzung abgerechnet. Damit ermöglicht Cloud-Computing den Nutzern eine Umverteilung von Investitions- zu Betriebsaufwand.*« (vgl *BITKOM*, Cloud Computing – Evolution in der Technik, Revolution im Business. BITKOM-Leitfaden (2009) 14 <https://www.bitkom.org/sites/default/files/file/import/090921-BITKOM-Leitfaden-CloudComputing-Web.pdf> (17.01.2020).

7   Vgl statt vieler *Hoeren*, Datenschutz: Jetzt wird's ernst – Großbritannien wird Drittland, MMR 2018, 53 (53).

8   Verordnung (EU) 2016/679 des Europäischen Parlaments und des Rates vom 27. April 2016 zum Schutz natürlicher Personen bei der Verarbeitung personenbezogener Daten, zum freien Datenverkehr und zur Aufhebung der Richtlinie 95/46/EG (Datenschutz-Grundverordnung), ABl L 2016/199, 1.

9   S zum Abkommen IV.B.

10   *UK Government,* Using personal data in your business or organisation if there's no Brexit deal <www.gov.uk/guidance/using-personal-data-after-brexit#data-protection-law-if-theres-no-brexit-deal> (15.10.2019); s dazu III.

11   Vgl *Moerel/Gillham/Samavi*, Data Protection Implications on a No Deal Brexit, 1 <www.mofo.com/resources/publications/190128-brexit-data-protection-Implications.pdf?#zoom=100> (13.10.2019).

das Vereinigte Königreich nach dem Austrittstag – vorbehaltlich einer ggf anders lautenden Austrittsvereinbarung[12] – auch datenschutzrechtlich als Drittstaat gilt.[13] Als Drittstaat wird jeder Staat angesehen, der nicht Mitgliedstaat der EU bzw des EWR ist.[14] Ein Datenexport ins UK wäre in diesem Fall zB gleich zu beurteilen wie ein Datenexport nach Mexiko oder auf die Philippinen. Im Falle eines »No-Deal-Brexit« – also ohne ein Austrittsabkommen – bzw in Ermangelung einer entsprechenden Vereinbarung nach Ablauf der Übergangsfrist bemisst sich der zukünftige Datentransfer ins UK nach den Art 44 ff DSGVO.[15] Nach Art 45 DSGVO kann die Kommission per Angemessenheitsbeschluss einen generellen Datentransfer personenbezogener EU-Daten in Drittstaaten ohne weitere Voraussetzungen zulassen.[16] Das Verfahren für einen derartigen Beschluss kann jedoch Jahre dauern. Mit Blick auf die heutigen digitalen Weltwirtschaftsprozesse birgt dieser Unsicherheitsfaktor erhebliche Hürden. In diesem Beitrag sollen die Voraussetzungen eines Datentransfers aus der EU in das UK nach dem endgültigen EU-Austritt bzw nach Ablauf der Übergangsfrist erörtert werden. Dabei wird neben der Darstellung der verschiedenen möglichen Szenarien auch auf die britische Rechtslage eingegangen.

II. Trennungsprozess nach Art 50 EUV

Art 50 Abs 1 EUV zufolge kann jeder Mitgliedstaat im Einklang mit seinen verfassungsrechtlichen Vorschriften den Austritt aus der Europäischen Union beschließen. Dazu bedarf es nach Art 50 Abs 2 S 1 EUV einer förmlichen Absichtserklärung des austrittswilligen Mitgliedstaats.

---

12   Die Frist wurde zuletzt bis zum 31.01.2020 verlängert.

13   COM, Notice to Stakeholders vom 09.01.2018 <www.ec.europa.eu/newsroom/just/document.cfm?action=display&doc_id=49245> (21.09.2019). Das UK wird nach seinem endgültigen Austritt aus der Europäischen Union ein Drittstaat, mit oder ohne Übergangsabkommen.

14   *Zerdick* in Ehmann/Selmayr (Hrsg), DS-GVO[2] (2018) Art 44 Rz 10.

15   S dazu IV.D.

16   S dazu IV.D.2. Ohne weitere Voraussetzungen meint nicht, dass etwa kein Datenverarbeitungsgrund nach Art 6 Abs 1 DSGVO vorliegen muss, sondern, dass eine Übermittlung in den Drittstaat ohne zusätzliche Vorkehrungen durchgeführt werden kann.

Diese Absichtserklärung an den Europäischen Rat erfolgte am
29.03.2017 durch die britische Regierung,[17] womit der Austrittsprozess
in Gang gesetzt wurde. Mit Zugang an den Europäischen Rat trat die
zweijährige Austrittsfrist (»sunset clause«) gem Art 50 Abs 3 EUV ein.[18]
Eine Fristverlängerung setzt einen einstimmigen Ratsbeschluss sowie
das Einvernehmen mit dem austretenden Staat voraus.[19] Der Europäische Rat stimmte zunächst einer Fristerstreckung bis zum 31.10.2019[20]
und letztendlich bis zum 31.01.2020 zu.[21] Mit Verstreichen der (verlän-
gerten) Frist verliert das gesamte Primär- und Sekundärrecht der Europäischen Union seine Geltung im Austrittsstaat.[22] Art 50 Abs 2 EUV
sieht vor, dass der ausscheidende Mitgliedstaat und die Union ein Abkommen über die Einzelheiten des Austritts und den Rahmen für die
künftigen Beziehungen des Austrittsstaats zur Union verhandeln sollen.
Diese Verhandlungen basieren auf Leitlinien, des Europäischen Rats.
Während die Austrittserklärung das »Ob« des Austritts bestimmt, regelt
das Austrittsabkommen das »Wie« des Ausscheidens. Dieses Abkommen schließt der Rat im Namen der Union mit qualifizierter Mehrheit
nach Zustimmung des Europäischen Parlaments mit dem Austrittsstaat
ab.[23] Das zwischen der britischen Regierung und der Union verhandelte
Abkommen[24] wurde vom britischen Parlament und vom europäischen
Parlament gebilligt.

---

17   Vgl European Council, United Kingdom notification under Article 50 vom 29.03.2017,
      TEU, XT 20001/17, 2 <http://data.consilium.europa.eu/doc/document/XT-20001-2017-
      INIT/en/pdf> (16.01.2020).

18   *Budischowsky* in Mayer/Stöger (Hrsg), Kommentar zu EUV und AEUV Art 50 EUV
      Rz 17 (Stand 1.7.2011, rdb.at).

19   *Budischowsky* in EUV/AEUV Art 50 EUV Rz 42.

20   Beschluss (EU) 2019/584 des Europäischen Rates, im Einvernehmen mit dem Ver-
      einigten Königreich gefasst, vom 11. April 2019 zur Verlängerung der Frist nach
      Artikel 50 Absatz 3 EUV, ABl L 2019/101, 1.

21   Beschluss (EU) 2019/1810 des Europäischen Rates, im Einvernehmen mit dem Ver-
      einigten Königreich gefasst, vom 29. Oktober 2019 zur Verlängerung der Frist nach
      Artikel 50 Absatz 3 EUV, ABl L 2019/278 I, 1.

22   *Budischowsky* in EUV/AEUV Art 50 EUV Rz 41.

23   *Budischowsky* in EUV/AEUV Art 50 EUV Rz 29.

24   Vgl zum Abkommen IV.B.

III. Rezeption der DSGVO durch den European Union-(Withdrawal)-Act 2018

Während Art 50 EUV die europarechtliche Grundlage für das Ausscheiden des UK darstellt, bewirkt das britische EU-Austrittsgesetz »European Union-(Withdrawal)-Act 2018 (EUWA 2018)« den Austritt aus Sicht des britischen (Verfassungs-)Rechts.

Die darin enthaltene Section 1 setzt den für den Beitritt des UK erlassenen European Communities Act 1972 außer Kraft. Section 2 EUWA 2018 normiert, dass das auf Richtlinien basierte nationale Recht im UK beibehalten wird. Nach Section 3 EUWA 2018 sollen (direkte) EU-Rechtsakte (mit Ausnahme der GRC, Section 5[4] EUWA 2018), soweit sie unmittelbar vor dem Austritt in Kraft stehen, nach dem Austrittstag in britisches Recht übergeführt werden.[25] Aus den Unionsverträgen sollen nur direkt anwendbare Rechte übernommen werden. Davon erfasst sind etwa die Niederlassungsfreiheit (Art 49 AEUV), die Dienstleistungsfreiheit (Art 56 AEUV) und die Kapitalverkehrsfreiheit (Art 63 AEUV).[26] Selbst die Urteile des EuGH sollen Section 6(3) EUWA 2018 zufolge weiterhin als sog »retained EU case law« zur Auslegung des übernommenen EU-Rechts ihre Gültigkeit behalten, wobei auch die britischen Gerichte – mit Ausnahme des Supreme Courts und des High Courts of Justiciary – an die übernommene EuGH-Rsp gebunden sein werden.[27] Die Rsp zur Rs *Francovich*,[28] wonach ein Anspruch auf Schadenersatz bei Unionsrechtsverstößen gegen den verursachenden Mitgliedstaat erwirkt werden kann, wird hingegen nicht übernommen (Schedule 1, Section 4 EUWA 2018). Das Gesetz sieht vor, dass die Zuständigkeit des EuGH mit dem Austrittstag endet (Section 6[1] EUWA 2018). Section 5(1) EUWA 2018 beendet die Vorrangwirkung des Unionsrechts. Demzufolge sollen *post*-Brexit Gesetze gegenüber dem beibehaltenen Europarecht Vorrang haben. Das Gesetz enthält zudem sog »Henry VIII power clauses«. Darunter werden Bestimmungen verstanden, die es

---

25   *Woods,* United Kingdom: Heading Towards Brexit but with a Data Protection Bill Implementing GDPR, EDPL 2017, 500 (500).

26   *Lang-Horgan,* Britisches Steuerrecht nach dem Brexit, DStR 2018, 2460 (2461).

27   *Segan,* The European Union (Withdrawal) Act 2018: Ten Key Implications for UK Law and Lawyers <https://ukconstitutionallaw.org/2018/07/26/james-segan-the-eu ropean-union-withdrawal-act-2018-ten-key-implications-for-uk-law-and-lawyers/> (08.09.2019).

28   EuGH 19.11.1991, C-6/90, C-9/90 (Francovich).

den britischen Ministern ermöglichen, Gesetze (primary legislation) *via* Verordnungen (secondary legislation) zu ändern bzw anzupassen, ohne dabei den gesamten parlamentarischen Prozess durchlaufen zu müssen.[29] Soweit ersichtlich, werden diese Ermächtigungen nicht dazu genutzt die DSGVO zu adaptieren. Die britische Datenschutzbehörde (The Information Commissioner's Office [ICO]) gab aber bekannt, dass für die britische »DSGVO-Version« einige technische Anpassungen ergehen werden.[30] Diese Anpassungen werden va die Regelungen zur Zusammenarbeit der Aufsichtsbehörden betreffen.

Es ist davon auszugehen, dass der European Union-(Withdrawal)-Act 2018 aufgrund des kürzlich angenommenen Austrittsabkommens im UK legistische Anpassungen erfahren oder erst nach Verstreichen der Übergangsfrist (31.12.2020) Geltung erlangen wird.

IV.   Datenschutzrechtliche Szenarien post Brexit

A.   Exkurs: »No Brexit«[31]

Bei der Austrittsmitteilung nach Art 50 Abs 2 S 1 EUV handelt es sich um eine einseitige, empfangsbedürftige Willenserklärung, deren Rechtsfolgen ab Zugang an den Europäischen Rat ausgelöst werden.[32] Fraglich ist bei diesem Szenario, ob das UK die Austrittsmitteilung widerrufen kann (bzw hätte können). Grundsätzlich ist auf Grund der Empfangsbedürftigkeit der Austrittserklärung ein Widerruf vor Zugang an den Europäischen Rat beachtlich.[33] Art 50 EUV trifft jedoch keine Regelungen hinsichtlich eines Widerrufs nach Zugang der Willenserklärung.

---

29   *Gordon QC/Moffatt,* Brexit: the immediate legal consequences (2016) 27; *Thompson/Pickard,* Concerns remain over how »Henry VIII powers« will affect Brexit, The Financial Times 12.09.2017 <https://www.ft.com/content/3e667c06-93d4-11e7-a9e6-11d2 foebb7fo> (20.09.2019).

30   *Information Commissioner's Office,* Leaving the EU – six steps to take, 3<https:// ico.org.uk/media/for-organisations/documents/2614365/leaving-the-eu-6-steps-to-take-final.pdf> (20.09.2019).

31   Auch wenn der Frage eines »No Brexit« angesichts des bereits vollzogenen Austritts nur mehr akademische Bedeutung beigemessen werden kann, soll sie an dieser Stelle der Vollständigkeit halber dargelegt werden.

32   *Budischowsky* in EUV/AEUV Art 50 EUV Rz 17.

33   *Budischowsky* in EUV/AEUV Art 50 EUV Rz 21 mwN.

Art 68 WVK[34] sieht vor, dass »*eine Notifikation oder eine Urkunde [...] jederzeit zurückgenommen werden [kann], bevor sie wirksam wird*«. Da die Konvention nicht von allen EU-Mitgliedstaaten ratifiziert wurde, sei die einseitige Kündigung nach Stimmen in der Literatur nicht möglich.[35] Ein einseitiges Rücknahmerecht sei nach dem völkerrechtlichen Grundsatz von Treu und Glauben abzulehnen.[36] Folglich bedürfte es – sofern das UK den Brexit revidieren will (bzw hätte wollen) – eines neuerlichen Beitritts nach den allgemeinen Regeln des Art 49 EUV (Art 50 Abs 5 EUV). Der EuGH judizierte allerdings im Urteil zur Rs *Wightman*, dass eine geäußerte Austrittsabsicht iSd Art 50 Abs 2 S 1 EUV »*ihrem Wesen nach weder endgültig noch unwiderruflich*« sei.[37] Der EuGH bemühte dabei auch die Grundgedanken der Verträge, nämlich die Schaffung einer immer engeren Union der Völker (Art 1 Abs 1 EUV) und dass die Union die Europa trennenden Schranken beseitigen soll. Der Widerruf müsse nur »*eindeutig und unbedingt*« sein, also die Absicht zum Ausdruck bringen, die bestehende Mitgliedschaft in der EU zu den bisherigen Bedingungen zu bestätigen und den Austrittsmechanismus des Art 50 EUV zu beenden.[38]

B.   »Deal-Brexit« – Austrittsabkommen

Zwischen der Europäischen Union und dem UK wurde ein Abkommen[39] iSd Art 50 Abs 2 EUV ausverhandelt.[40] Das Abkommen wird – dem

---

34   Wiener Übereinkommen über das Recht der Verträge (WVK), BGBl 40/1980.
35   *Budischowsky* in EUV/AEUV Art 50 EUV Rz 22 mwN.
36   *Budischowsky* in EUV/AEUV Art 50 EUV Rz 22 mwN.
37   EuGH, 10.12.2018, C-621/18 (Wightman) Rz 49.
38   EuGH, 10.12.2018, C-621/18 Rz 74; vgl dazu *Thiele*, Exit vom Brexit? Zur Möglichkeit einer einseitigen Rücknahme der notifizierten Austrittsabsicht nach Art 50 Abs 2 EUV – zugleich Anmerkung zum Urteil des EuGH v. 10.12.2018, Rs C-621/18 (Wightman), EuR 2019, 263.
39   Vgl Abkommen über den Austritt des Vereinigten Königreichs Großbritannien und Nordirland aus der Europäischen Union und der Europäischen Atomgemeinschaft, ABl C 2019/144 I, 1.
40   Seitens des Rats angenommen durch den Beschluss (EU) 2019/274 des Rates vom 11. Januar 2019 über die Unterzeichnung des Abkommens über den Austritt des Vereinigten Königreichs Großbritannien und Nordirland aus der Europäischen Union und der Europäischen Atomgemeinschaft im Namen der Europäischen Union und der Europäischen Atomgemeinschaft, ABl L 2019/47 I, 1. S zum Abkommen *Frau*, Ist das Brexit-Abkommen zu *Recht* gescheitert? EuR 2019, 502.

Verständnis des Art 50 Abs 2 EUV folgend – als bilaterales Abkommen zwischen der Union und dem Vereinigten Königreich abgeschlossen. Es handelt sich folglich um kein gemischtes Abkommen, weshalb weder die einzelnen Mitgliedstaaten noch andere Internationale Organisationen wie die EFTA daran beteiligt sind.[41] Art 126 Austrittsabkommen sieht eine Übergangsfrist bis zum 31.12.2020 vor. Diese Periode stellt eine vertragliche Verlängerung von Teilen der Unionsrechtsordnung dar und soll das Vereinigte Königreich bis zum Ende der Übergangsfrist[42] in einer Zollunion und im Binnenmarkt der EU inkludieren. Für den gesamten Zeitraum der Übergangsperiode entfaltet das Unionsrecht – inklusive die DSGVO – für das Vereinigte Königreich dieselbe rechtliche Wirkung wie für die Mitgliedstaaten (Art 127 leg cit).[43] Damit soll die Rechtsfolge von Art 50 Abs 3 EUV, wonach das Unionsrecht nach dem Austritt im UK keine Geltung mehr entfaltet, gleichsam umgangen werden.[44] Nach Art 132 leg cit ist eine Verlängerung des Übergangszeitraums um ein bzw zwei Jahre einmalig und vor dem 01.07.2020 möglich (also maximal bis Ende 2022).

Zufolge Art 71 des Vertrags soll das Europäische Datenschutzrecht im Vereinigten Königreich für die Verarbeitung der personenbezogenen Daten betroffener Personen außerhalb des UK weiterhin gelten, soweit die Verarbeitung vor dem Ende der Übergangsperiode stattgefunden hat oder eine Verarbeitung nach Ende der Übergangsperiode auf der Basis des Austrittsabkommens erfolgt. Innerhalb der zweijährigen Frist soll zudem ein Angemessenheitsbeschluss[45] vorbereitet werden.[46]

Da die Geltung des Abkommens zeitlich begrenzt ist, sind die nachfolgenden Szenarien insb für die Zeit nach Ablauf des Übergangszeitraums relevant.

---

41   *Schmidt-Kessel*, Grundfragen des Brexit-Austrittsabkommens, GPR 2018, 119 (120).
42   Gemeint ist bis zum 31.12.2020.
43   *Schmidt-Kessel*, GPR 2018, 124.
44   So *Frau*, EuR 2019, 503.
45   S dazu D.2.
46   *Auer-Reinsdorff*, (Hard)Brexit – Teil III: Datenschutz, IWRZ 2019, 101 (102).

C. »Soft-Brexit« bzw »Modell Norwegen« – EFTA und EWR-Beitritt

Ein mögliches Szenario könnte der Beitritt des UK zum Europäischen Wirtschaftsraum (EWR) sein. Das EWR-Abkommen[47] (EWR-A) begründet eine vertiefte Freihandelszone zwischen der Europäischen Union und der Europäischen Freihandelsassoziation (EFTA),[48] in der binnenmarktähnliche Verhältnisse geschaffen wurden. Aus Sicht der EU ist das EWR-A ein Assoziierungsabkommen iSd Art 217 AEUV.[49] Das Abkommen umfasst 49 Zusatzprotokolle mit weiterführenden Bestimmungen und 22 Anhänge, mit denen der EU-Besitzstand *(acquis communautaire)* übernommen wird.[50] Die DSGVO ist entsprechend mit dem Hinweis »Text von Bedeutung für den EWR« überschrieben und somit von den EWR-Staaten umzusetzen und anzuwenden. Durch den entsprechenden Übernahmebeschluss des Gemeinsamen EWR-Ausschusses erfuhr die DSGVO die Aufnahme ins EWR-A.[51] Daher ist die DSGVO gem Art 7 lit a EWR-A in das innerstaatliche Recht der Vertragsparteien zu übernehmen. Der Inhalt der DSGVO müsste sohin nach Vollzug des Brexit und nach dem Eintritt des UK in die EFTA und dem EWR uneingeschränkt in britisches Recht übernommen werden. Politisch gilt das UK im EWR als unerbeten. So äußerte sich eine norwegische Ministerin skeptisch gegenüber einem möglichen EWR-Beitritt des UK.[52] Eine Eingliederung in den EWR verhält sich auch auf der Gegenseite ähnlich und wird als unrealistisch betrachtet.

---

47 Abkommen über den Europäischen Wirtschaftsraum (EWR-Abkommen), BGBl 1993/909.

48 Derzeitige Vertragsparteien des EWR-A sind neben der EU, Norwegen, Island und Liechtenstein.

49 *Stöger* in Mayer/Stöger (Hrsg), Kommentar zu EUV und AEUV Art 217 AEUV Rz 49 (Stand 15. 8. 2019, rdb.at).

50 *Denk,* Der Europäische Fischereisektor im Lichte des »Brexit«, StAW 2018, 35 (42).

51 Beschluss des Gemeinsamen EWR-Ausschusses Nr 154/2018 vom 6. Juli 2018 zur Änderung des Anhangs XI (Elektronische Kommunikation, audiovisuelle Dienste und Informationsgesellschaft) und des Protokolls 37 (mit der Liste gemäß Artikel 101) des EWR- Abkommens [2018/1022], ABl L 2018/183, 23.

52 Vgl *Denk,* StAW 2018, 45; *Bigalke,* Briten sind nicht willkommen, Süddeutsche Zeitung 21.08.2016 <www.sueddeutsche.de/politik/brexit-briten-sind-nicht-willkommen-1.3130430> (23.09.2019).

D.   »No-Deal-Brexit«

1.   Das UK als Drittstaat

In Ermangelung eines EWR-Beitritts sowie einer entsprechenden bilateralen Einigung ist das UK datenschutzrechtlich als Drittstaat anzusehen. Eine Datenübermittlung wäre dann nur unter den Kautelen der Art 44 ff DSGVO zulässig. Dies gilt auch für einen etwaigen Folgetransfer der personenbezogenen Daten durch den UK-Datenimporteur in einen weiteren Drittstaat. Art 44 DSGVO enthält gleichsam eine Prüfkaskade für die Zulässigkeit eines außereuropäischen Datentransfers.[53] Zunächst ist zu prüfen, ob ein Angemessenheitsbeschluss der Kommission vorliegt. Fehlt ein solcher Beschluss, können sog »geeignete Garantien« für den internationalen Datentransfer herangezogen werden.[54] In Ermangelung dieser Rechtsgrundlagen dürfen personenbezogene Daten nur unter den engen Ausnahmeregelungen des Art 49 DSGVO übermittelt werden.[55] In Folge wird schwerpunktmäßig auf die Voraussetzungen eines Angemessenheitsbeschlusses eingegangen und idZ auch die einschlägige britische Rechtslage untersucht.

2.   Angemessenheitsbeschluss der Kommission

Mit diesem Rechtsakt bewertet die Kommission die datenschutzrelevante (Rechts-)Lage eines Drittstaats und befindet, ob diese mit dem Niveau der EU vergleichbar ist, womit Unternehmen ohne weitere Hürden personenbezogene Daten in das entsprechende Drittland transferieren können. Die Kommission befand bislang lediglich einige wenige Staaten – darunter etwa Argentinien,[56] Japan,[57] Neuseeland[58] und die

---

53   *Zerdick* in DS-GVO² Art 44 Rz 14.
54   S dazu D.4.
55   S dazu D.6.
56   Entscheidung der Kommission vom 30. Juni 2003 gemäß der Richtlinie 95/46/EG des Europäischen Parlaments und des Rates über die Angemessenheit des Datenschutzniveaus in Argentinien, ABl L 2003/168, 19 idgF.
57   Durchführungsbeschluss (EU) 2019/419 der Kommission vom 23. Januar 2019 nach der Verordnung (EU) 2016/679 des Europäischen Parlaments und des Rates über die Angemessenheit des Datenschutzniveaus in Japan im Rahmen des Gesetzes über den Schutz personenbezogener Informationen, ABl L 2019/76, 1 idgF.
58   Durchführungsbeschluss 2013/65/EU der Kommission vom 19. Dezember 2012 gemäß der Richtlinie 95/46/EG des Europäischen Parlaments und des Rates über die Angemessenheit des Datenschutzniveaus in Neuseeland, ABl L 2013/28, 12 idgF.

Schweiz[59] – für angemessen datenschützend.[60] Den Beurteilungsmaßstab der Angemessenheit gibt Art 45 Abs 2 DSGVO vor. Demnach ist das Gesamtsystem des Drittlands – also neben der Rechtslage auch die tatsächliche (Verwaltungs-)Praxis – maßgeblich. Ferner werden internationale Verpflichtungen[61] des Drittstaats sowie das Vorhandensein wirksamer Rechtsbehelfe in die Entscheidungsfindung der Kommission einbezogen.[62] Nach der Rsp des EuGH wird ein wirksames Schutzniveau vorausgesetzt, um einen Schutz zu gewährleisten, der dem in der Union garantierten Schutzniveau der Sache nach gleichwertig sein soll.[63] Insoweit muss das Datenschutzniveau mit dem der Unionsrechtsordnung nicht ident sein.[64] Im Zuge der Angemessenheitsprüfung des gebotenen Schutzniveaus prüft die Kommission insb die Rechtsstaatlichkeit, die Achtung der Menschenrechte und Grundfreiheiten, die in dem betreffenden Land geltenden einschlägigen Rechtsvorschriften sowohl allgemeiner als auch sektoraler Art; wie etwa Rechtsvorschriften betreffend öffentliche Sicherheit, Verteidigung, nationale Sicherheit und Strafrecht sowie Zugang der Behörden zu personenbezogenen Daten – sowie die Anwendung dieser Rechtsvorschriften. Des weiteren werden Datenschutzvorschriften, Berufsregeln und Sicherheitsvorschriften einschließlich der Vorschriften für die Weiterübermittlung personenbezogener Daten an ein anderes Drittland, die Rechtsprechung sowie wirksame und durchsetzbare Rechte der betroffenen Person und wirksame verwaltungsrechtliche und gerichtliche Rechtsbehelfe für betroffene Personen, deren personenbezogene Daten übermittelt werden und die Existenz und die wirksame Funktionsweise einer oder mehrerer unabhängiger Aufsichtsbehörden geprüft.

---

59 Entscheidung 2000/518/EG der Kommission vom 26. Juli 2000 gemäß der Richtlinie 95/46/EG des Europäischen Parlaments und des Rates über die Angemessenheit des Schutzes personenbezogener Daten in der Schweiz, ABl L 2000/215, 1 idgF.

60 Vgl *Voigt/Von dem Bussche,* EU-Datenschutz-Grundverordnung (2018) 157.

61 Nach ErwGr 105 DSGVO soll die Kommission den Beitritt des Drittlands zum Übereinkommen des Europarates vom 28. Januar 1981 zum Schutz des Menschen bei der automatischen Verarbeitung personenbezogener Daten (BGBl 1988/317) und dem dazugehörigen Zusatzprotokoll berücksichtigen. Das UK ist Vertragspartei des Übereinkommens.

62 *Jaeger,* Die Judikatur des EuGH zum Datenschutzrecht, in ÖJK/Müller (Hrsg), Datenschutz – Informationsfreiheit – Geheimnisschutz (2019) 171 (186).

63 EuGH 06.10.2015, C-362/14 (Schrems/Data Protection Commissioner) Rz 74.

64 *Paal* in Paal/Pauly (Hrsg), Datenschutz-Grundverordnung Bundesdatenschutzgesetz² (2018) Art 45 Rz 1b.

Nach der Feststellung des angemessenen Schutzniveaus beschließt die Kommission im Wege eines Durchführungsrechtsakts iSd Art 291 Abs 2 AEUV, ob ein Drittland, ein Gebiet oder ein oder mehrere spezifische Sektoren in einem Drittland ein angemessenes Schutzniveau iSd Art 45 DSGVO bieten. Ausweislich Art 45 Abs 3 DSGVO ist die Kommission verpflichtet, die Angemessenheit zumindest alle vier Jahre zu überprüfen. Sobald einem Drittland eine Angemessenheitsentscheidung erteilt wird, kann ein EU-Datenexporteur personenbezogene Daten ohne weitere Voraussetzungen in diesen Staat übermitteln. Der Angemessenheitsbeschluss hindert jedoch nationale Aufsichtsbehörden nicht daran, eine Beschwerde einer betroffenen Person zu prüfen, in der geltend gemacht wird, dass das Drittland (etwa aufgrund der Verwaltungspraxis) kein angemessenes Schutzniveau gewährleistet.[65] Die Behörde ist in weiterer Folge nach Art 58 Abs 2 lit j DSGVO berechtigt den Datentransfer im Einzelfall auszusetzen.[66] Ferner müssen ungeachtet eines Angemessenheitsbeschlusses zufolge Art 44 iVm Art 45 Abs 1 DSGVO Unternehmen und deren Datenverarbeitungen in Drittländer auch alle sonstigen, im vorangegangenen Kapitel beschriebenen Vorschriften der DSGVO einhalten.[67]

Für einen Angemessenheitsbeschluss bedarf es also einer Rechtslage, welche die wesentlichen Datenschutzgrundsätze der DSGVO auch im UK sicherstellt.[68] Es erhebt sich demnach die Frage, ob die rechtlichen und faktischen Gegebenheiten im UK einem Angemessenheitsbeschluss zugänglich sind. Dafür ist zunächst – aufgrund der Parallelitäten im Überwachungsrecht – auf das *Safe Harbor*-Urteil des EuGH einzugehen, in dem der GH den Angemessenheitsbeschluss der Kommission zugunsten der USA aufgrund massiver US-Geheimdienstaktivitäten für ungültig erklärte.

---

65   EuGH 06.10.2015, C-362/14 Rz 66.
66   *Zerdick* in DS-GVO² Art 45 Rz 18.
67   *Voigt/Von dem Bussche,* EU-Datenschutz-Grundverordnung, 156; *Heinemann,* Mehr (Un)Sicherheit? Datenschutz im transatlantischen Verhältnis, Beiträge zum Transnationalen Wirtschaftsrecht 2019/164, 1 (26 mwN). Eine Datenverarbeitung darf daher insb nur dann erfolgen, wenn ein Verarbeitungsgrund nach Art 6 Abs 1 DSGVO vorliegt.
68   *Reinisch,* ecolex 2016, 845.

a.   *Angemessener Datenschutz im UK?*

(i.)   Der transatlantische Datentransfer und
das Safe Harbor-Urteil

Aufgrund der mangelhaften datenschutzbezogenen US-Rechtslage qualifizierte die Kommission das amerikanische Datenschutzniveau als
unzureichend, um einen generellen und vorbehaltslosen Angemessenheitsbeschluss für den gesamten Staat zu erlassen. Stattdessen wurde
im Jahr 2000 mit dem US-Handelsministerium ein Katalog aus datenschutzbezogenen Prinzipien und Leitlinien für datenimportierende
Unternehmen konzipiert; das sog Safe Harbor-Programm.[69] Darauf
aufbauend erließ die Kommission einen Angemessenheitsbeschluss.
Dieser ist jedoch beschränkt auf Datenübermittlungen an jene Unternehmen, die sich im Zuge eines Selbstzertifizierungssystems den Da-
tenschutzgrundsätzen des Safe Harbor-Programms unterwarfen.[70] Der
»Safe Harbor-Angemessenheitsbeschluss« ermöglichte die zulässige
Übermittlung und Überlassung von Daten an diese US-amerikanischen
Unternehmen.[71] In Anbetracht der Ausnahmeregelungen des Beschlusses – etwa zugunsten der nationalen Sicherheit der USA – wurde die
Gültigkeit des Safe-Harbor-Angemessenheitsbeschlusses hinterfragt.[72]
Ein irisches Gericht legte dem EuGH mehrere Vorlagefragen vor, die
aufgrund einer Entscheidung der irischen Datenschutzbehörde betreffend Datenübermittlungen in die USA aufkamen. Der EuGH erklärte
den auf Safe Harbor gestützten Angemessenheitsbeschluss für ungültig.[73] Dem Verfahren vor dem irischen Gericht, lag die sog »PRISM-Be-
schwerde« des Datenschutzaktivisten *Maximilian Schrems* zugrunde.
Darin monierte *Schrems* nach Bekanntwerden der undifferenzierten

---

69   Entscheidung 2000/520/EG der Kommission vom 26.07.2000 gemäß der Richtlinie
      95/46/EG des Europäischen Parlaments und des Rates über die Angemessenheit
      des von den Grundsätzen des »sicheren Hafens« und der diesbezüglichen »Häufig
      gestellten Fragen« (FAQ) gewährleisteten Schutzes, vorgelegt vom Handelsminis-
      terium der USA, ABl L 2000/215, 7.

70   *Determann,* Datenschutz in den USA – Dichtung und Wahrheit, NVwZ 2016, 561 (562).

71   *Anderl/Schelling,* Privacy Shield: Erleichterung für EU-US-Datentransfer oder
      nächstes Kapitel einer unendlichen Geschichte? ecolex 2017, 96 (96); *Knyrim,* Da-
      tenschutzrecht³ (2015) 141.

72   Vgl dazu *Kunnert,* Die »Safe Harbor-Entscheidung« des EuGH vom 5. Oktober 2015
      und die Folgen für den Datenverkehr mit EU-Drittstaaten, in Baumgartner (Hrsg),
      Jahrbuch Öffentliches Recht 2016 (2016) 209 (211).

73   S dazu ferner *Schrems,* Die Safe-Harbor-Entscheidung des EuGH, Dako 2015, 115
      passim.

Internetüberwachung durch den US-Nachrichtendienst (National Security Agency [NSA]), dass Facebook Ireland Ltd – das Unternehmen
hat aus Steueroptimierungsgründen seinen Sitz in Irland[74] – die Daten
seiner Nutzer aus der gesamten EU auf in den USA gelegenen Servern
seiner US-Konzernmutter (Facebook Inc)[75] weitertransferierte.[76] Die europäischen User-Daten seien in den USA im Hinblick auf die Kooperation zwischen Facebook Inc und der NSA im Rahmen des sog PRISM-
Programms[77] gefährdet.[78] PRISM ermöglich(t)e den US-Behörden einen
Zugang zu den Betriebssystemen großer IT-Konzerne wie Facebook,
Google oder Apple.[79] Nach *Schrems* sei § 1881a FISA[80] die entscheidende
US-Norm, die der Geheimdienst dafür heranzieht.[81] Das Abgreifen der
Datenströme in den USA sei zwar einer gerichtlichen Kontrolle zugänglich gewesen, jedoch nur in einer pauschalen – einmal pro Jahr – statt-
findenden Weise und eben nicht hinsichtlich jedes einzelnen Datenab-
rufs.[82] Der EuGH griff diese Vorbringen auf und legte idZ inhaltliche

---

74   Vgl dazu *Bendlinger/Denk*, Digitalsteuergesetz 2020 – Die Interimslösung für die
      Digital Economy, JKU TAX 2019/19, 37 (37).
75   Welche sich ebenfalls im Safe Harbor-Programm zertifizierte.
76   *Kunnert* in Baumgartner, Jahrbuch Öffentliches Recht 2016, 211.
77   »PRISM« steht für »Planning tool for Resource Integration, Synchronization, and
      Management« und bezeichnet ein Programm der NSA, in dessen Rahmen die NSA
      freien Zugang zu großen Datenmengen auf Servern in den Vereinigten Staaten hat
      (vgl dazu die Ausführungen im SA v GA *Bot*, 23.11.2015, C-362/14 [Schrems/Data
      Protection Commissioner] Rz 26, 49 und 157). Der irische High Court führt be-
      treffend PRISM folgendes aus: »*In PRISM collection, the government sends a selector,
      such as an email address, to a United States based electronic communications service
      provider and the provider is compelled to give the communications sent to or from that
      selector to the government. The NSA receives all data collected through PRISM. In ad-
      dition, the CIA and the FBI each receive a select portion of the data collected through
      PRISM. A selector must be a specific communications facility that is assessed to be
      used by the target, such as the target's email address or telephone number. People are
      targeted and selectors are tasked. Only selectors used by non-US persons reasonably
      believed to be located abroad may be tasked*« (The High Court 03.10.2017, 2016 4809
      P [The Data Protection Commissioner/Facebook Ireland Limited & anor] Rz 179).
78   *Kunnert* in Baumgartner, Jahrbuch Öffentliches Recht 2016, 211.
79   *Ehmann/Selmayr* in Ehmann/Selmayr (Hrsg), Datenschutz-Grundverordnung[2]
      (2018) Einführung Rz 58 mwN.
80   Foreign Intelligence Surveillance Act (Gesetz zur Überwachung in der Auslandsauf-
      klärung). FISA ist ein vom Kongress der Vereinigten Staaten 1978 verabschiedetes
      Gesetz, das die Auslandsaufklärung und Spionageabwehr der Vereinigten Staaten
      regelt.
81   *Schrems*, Der »Privacy Shield« und seine Auswirkungen, in ÖJK/Müller (Hrsg), Daten-
      schutz – Informationsfreiheit – Geheimnisschutz (2019) 233 (233 f).
82   *Schrems* in ÖJK/Müller, Datenschutz – Informationsfreiheit – Geheimnisschutz, 234;
      weitere relevante US-Rechtsgrundlagen sind etwa der Patriot Act, die Presidential

Leitlinien hinsichtlich der Angemessenheit fest.[83] Das Schutzniveau im Drittstaat müsse »*der Sache nach gleichwertig sein*«.[84] Dies ist nicht der Fall, wenn Normen im Drittstaat, die in Garantien der Art 7 und 8 GRC eingreifen, keine klaren und präzisen Regeln für die Tragweite und die Anwendung einer Maßnahme vorsehen.[85]

Ein weiteres Indiz für einen unzureichenden Schutz sind datenschutzeinschränkende Normen, die nicht auf das absolut Notwendige begrenzt sind.[86] Eine Eingriffsbeschränkung auf das unbedingt Erforderliche sei dem Schutz des Grundrechts auf Achtung des Privatlebens immanent.[87] Eine generelle und ausnahmslose Speicherung aller personenbezogenen Daten sämtlicher Personen, deren Daten in den Drittstaat transferiert werden, ist jedenfalls nicht auf das absolut Notwendige[88] beschränkt.[89] Für den EuGH waren *inter alia* die Befugnisse der US-Behörden, ohne jegliche Differenzierung und Einschränkung auf personenbezogene Daten von EU-Bürgern zugreifen zu können, ausschlaggebend.[90] Eine Regelung, die es den Behörden des Drittstaats gestattet, in einer generellen Weise auf den Inhalt elektronischer Kommunikation zuzugreifen, verletzt den Wesensgehalt des durch Art 7 GRC verkörperten Grundrechts auf Achtung des Privatlebens.[91] Die Befugnisse der amerikanischen Behörden wurden daher als unvereinbar mit

---

Policy Directive 28 (PPD-28), die Section 702 des Foreign Intelligence Surveillance Acts (FISA) und der 2018 in Kraft getretene Clarifying Lawful Overseas Use of Data Act (CLOUD Act) (vgl *Heinemann*, Beiträge zum Transnationalen Wirtschaftsrecht 2019/164, 13 mwN).

83   *Jaeger* in ÖJK/Müller, Datenschutz – Informationsfreiheit – Geheimnisschutz, 183.
84   EuGH 06. 10. 2015, C-362/14 Rz 73.
85   *Zerdick* in DS-GVO² Art 45 Rz 7.
86   *Zerdick* in DS-GVO² Art 45 Rz 7.
87   EuGH 06. 10. 2015, C-362/14 Rz 92.
88   »*Nicht auf das absolut Notwendige beschränkt ist eine Regelung, die generell die Speicherung aller personenbezogenen Daten sämtlicher Personen, deren Daten aus der Union in die Vereinigten Staaten übermittelt wurden, gestattet, ohne irgendeine Differenzierung, Einschränkung oder Ausnahme anhand des verfolgten Ziels vorzunehmen und ohne ein objektives Kriterium vorzusehen, das es ermöglicht, den Zugang der Behörden zu den Daten und deren spätere Nutzung auf ganz bestimmte, strikt begrenzte Zwecke zu beschränken, die den sowohl mit dem Zugang zu diesen Daten als auch mit deren Nutzung verbundenen Eingriff zu rechtfertigen vermögen*« (EuGH 06. 10. 2015, C-362/14 Rz 93).
89   *Zerdick* in DS-GVO² Art 45 Rz 7; EuGH 06. 10. 2015, C-362/14 Rz 92 f.
90   EuGH 06. 10. 2015, C-362/14 Rz 81 und 93.
91   EuGH 06. 10. 2015, C-362/14 Rz 94 mit Verweis auf EuGH 08. 04. 2014, C-293/12, C-594/12 (Digital Rights Ireland) Rz 39.

den Art 7 und 8 GRC beurteilt.[92] Das angemessene Schutzniveau müsse nach Ansicht des EuGH nicht bloß *de iure* sondern auch *de facto,* dh realiter gegeben sein.[93] Der EuGH kritisierte außerdem den in den USA mangelhaften bzw fehlenden Rechtsschutz gegen Datenschutzverletzungen und wertete dies als Verstoß gegen Art 47 GRC.[94]

Die Art-29-Datenschutzgruppe erließ in Reaktion auf das dargelegte EuGH-Urteil Leitlinien, die sich aus der Rsp des EGMR und des EuGH speisen, im Hinblick auf die Rechtfertigung von Eingriffen in die Grundrechte auf Schutz der Privatsphäre und Datenschutz durch Überwachungsmaßnahmen bei der Übermittlung personenbezogener Daten.[95] Die als vier wesentliche europäische Garantien bezeichneten Leitlinien sind: die Datenverarbeitung sollte auf klaren, präzisen und zugänglichen Vorschriften beruhen (i), Erforderlichkeit und Angemessenheit im Hinblick auf die verfolgten legitimen Ziele sind nachzuweisen (ii), es sollte ein unabhängiger Aufsichtsmechanismus bestehen (iii) und dem Bürger müssen wirksame Rechtsbehelfe zur Verfügung stehen (iv).

(ii.)   EU-US Privacy Shield

Das nunmehr als Nachfolgeregime eingeführte EU-US Privacy Shield-Regelwerk[96] und der daraufhin erlassene (sektorspezifische) Angemessenheitsbeschluss[97] sollen einen rechtssicheren EU-US-Datenfluss ermöglichen. US-Unternehmen unterwerfen sich analog dem Safe Harbor-Programm im Zuge eines Selbstzertifizierungs-Mechanismus den Standards des Privacy Shields. Die Registrierung erfordert eine den

---

92   EuGH 06.10.2015, C-362/14 Rz 90; *Kunnert* in Baumgartner, Jahrbuch Öffentliches Recht 2016, 242.

93   *Jaeger* in ÖJK/Müller, Datenschutz – Informationsfreiheit – Geheimnisschutz, 183.

94   *Schrems* in ÖJK/Müller, Datenschutz – Informationsfreiheit – Geheimnisschutz, 236.

95   *Art-29-Datenschutzgruppe,* Arbeitsunterlage 01/2016 über die Rechtfertigung von Eingriffen in die Grundrechte auf Schutz der Privatsphäre und Datenschutz durch Überwachungsmaßnahmen bei der Übermittlung personenbezogener Daten (wesentliche europäische Garantien), WP 237, 16/DE <https://ec.europa.eu/newsroom/article29/document.cfm?action=display&doc_id=56069> (16.01.2020).

96   S dazu <www.privacyshield.gov> (15.01.2020).

97   Durchführungsbeschluss (EU) 2016/1250 der Kommission vom 12. Juli 2016 gemäß der Richtlinie 95/46/EG des Europäischen Parlaments und des Rates über die Angemessenheit des vom EU-US-Datenschutzschild gebotenen Schutzes, ABl L 2016/207, 1.

Privacy Shield-Vorgaben entsprechende Datenschutz-Policy.[98] Die verarbeitenden Unternehmen verpflichten sich etwa zur Bereitstellung von Informationen über ihre Verarbeitungstätigkeiten, Datenintegrität und Zweckbindung sowie geeignete Maßnahmen zu ergreifen, um die personenbezogenen Daten vor Verlust, Missbrauch und unbefugtem Zugriff, Weitergabe, Änderung und Zerstörung zu schützen.[99] Die Einhaltung der Standards wird vom US-Handelsministerium überwacht, wobei sich die Unternehmen jährlich beim Ministerium neuerlich zertifizieren müssen.[100] Um die vom EuGH beanstandete anlasslose, massenhafte Speicherung personenbezogener Daten hintanzustellen, ist eine Überwachung von EU-Bürgern durch die US-Behörden nur unter den Kautelen der Zweckgebundenheit und Verhältnismäßigkeit zulässig.[101] Die USA sicherten zudem zu, eine wahllose Massenüberwachung von personenbezogenen Daten, die in die USA übermittelt werden, zu unterlassen.[102] Den betroffenen Personen aus der Union kommt nunmehr ein Beschwerderecht zu, welches bei einer neu eingerichteten – von den Sicherheitsbehörden unabhängigen – Ombudsstelle geltend zu machen ist.[103] Dennoch steht das Abkommen seit jeher in der Kritik. *Maximilian Schrems,* der gegen das Abkommen vorgeht, hält fest: »*The deal is bad for users, which will not enjoy proper privacy protections and bad for business, which have to deal with a legally unstable solution.*«[104] *Schrems* kritisiert die im Beschluss Eingang gefundene Befugnis der US-Behörden eine Massenspeicherung von Daten (sog *bulk collection)* nach der US-Norm PPD-28[105] auch bei Vorliegen eines *transnational criminal threats* – also bei bloßer Gefahr einer kriminellen Handlung – vornehmen zu können.[106] Eine von der *Digital Rights Ireland Ltd* erhobene Nichtigkeitsklage

---

98   *Voigt/Von dem Bussche,* EU-Datenschutz-Grundverordnung, 164.
99   *Voigt/Von dem Bussche,* EU-Datenschutz-Grundverordnung, 164 f.
100   *Heinemann,* Beiträge zum Transnationalen Wirtschaftsrecht 2019/164, 22 mwN.
101   *Anderl/Schelling,* ecolex 2017, 97; *Johnson/Vroman,* Brexit's effect on the UK's data privacy policy and the EU Privacy Shield, International Interdisciplinary Business-Economics Advancement Journal 2018/3, 28 (33).
102   *Johnson/Vroman,* International Interdisciplinary Business-Economics Advancement Journal 2018/3, 32.
103   *Johnson/Vroman,* International Interdisciplinary Business-Economics Advancement Journal 2018/3, 32 f.
104   Vgl <http://europe-v-facebook.org/PA_PS.pdf> (19.09.2019).
105   Presidential Policy Directive 28 regarding signals intelligence activities vom 17.01.2014 <https://www.fbi.gov/file-repository/ppd-28-policies-procedures-signed.pdf> (16.01.2020).
106   *Schrems* in ÖJK/Müller, Datenschutz – Informationsfreiheit – Geheimnisschutz, 238.

gegen den »Privacy Shield-Angemessenheitsbeschluss« wurde als unzulässig zurückgewiesen.[107] Parallel dazu erhob auch das *French Data
Network* Klage gegen den Kommissionsbeschluss, deren Ausgang abzuwarten ist.[108]

(iii.) Data Protection Act 2018

Ausgehend von der Judikatur des EuGH zum Angemessenheitsbeschluss
Safe Harbor und der fortwährenden Kritik am Nachfolgeregime Privacy
Shield gilt es nun, die für einen Angemessenheitsbeschluss einschlägige britische Rechtslage und die Verwaltungspraxis der britischen Ge-
heimdienstbehörden in summarischer Weise darzustellen.

Wie bereits erläutert, wird das UK die DSGVO in seinen Rechtsbestand rezipieren.[109] Das UK erließ zudem parallel zur DSGVO ein neues
Datenschutzgesetz. Mit dem Data Protection Act 2018 (DPA 2018)[110] soll
ua den umsetzungsbedürftigen Bestimmungen der DSGVO entspro-
chen werden.[111] Im UK begegnete man dem Gesetz mit großem Enthu-
siasmus. Nicht zuletzt äußerte sich auch die *Queen* positiv zum DPA
2018 und führte aus, »*a new law will ensure that the United Kingdom re-
tains its world-class regime protecting personal data, and proposals for a
new digital charter will be brought forward to ensure that the United Kingdom is the safest place to be online*«.[112] Im Schrifttum wird hingegen kritisch angemerkt, dass das Gesetz viele Ausnahmen und Befreiungstat-
bestände enthalte, insb auch zugunsten der Geheimdienste.[113] Weiters
wird an dieser Stelle festgestellt, dass der DPA 2018 weitgehend auf die
Bedürfnisse der datenverarbeitenden Industrie abziele.[114] Part 4 DPA
2018 regelt die Verarbeitung durch Nachrichtendienste (Intelligence
services processing). Chapter 6 dieses Parts sieht weitreichende Ausnahmen zugunsten der nationalen Sicherheit vor. Demnach gelten ver-
schiedenste Datenschutzgrundsätze nach Chapter 2 DPA 2018 (wie etwa

---

107   EuG 22.11.2017, T-670/16 (Digital Rights Ireland/Kommission).
108   EuG, T-738/16 (La Quadrature du Net ua/Kommission) eingereicht am 25.10.2016.
109   Vgl zum European Union-(Withdrawal)-Act 2018 III.
110   Inhaltlich skizziert von *Lejeune*, UK Data Protection Act 2018, ITRB 2018, 206.
111   *Lejeune*, ITRB 2018, 206.
112   Queen's Speech 2017 <www.gov.uk/government/speeches/queens-speech-2017>
       (10.09.2019).
113   *Hoeren*, MMR 2018, 54.
114   *Hoeren*, MMR 2018, 54.

der Zweckbindungsgrundsatz, der Grundsatz einer fairen und transparenten Verarbeitung, der Speicherminimierungsgrundsatz oder der Verhältnismäßigkeitsgrundsatz) nicht. Ebenso wenig ist nach Section 108 DPA 2018 die Mitteilungspflicht im Falle eines »data breach« nach Chapter 4 durchzuführen, wenn zum Zwecke der Wahrung der nationalen Sicherheit eine Ausnahme von dieser Bestimmung erforderlich ist.[115]

(iv.)   Geheimdienstliche Aktivitäten und Befugnisse nach
         dem Investigatory Powers Act 2016

Den folgenden Ausführungen muss hinsichtlich der Geheimdienstprogramme ein Vorbehalt vorangestellt werden. Dies ist einerseits dem Umstand geschuldet, dass sich die Quellenangaben idR auf Presseberichte sowie geleakte Dokumente beschränken und andererseits dem Befund, dass den geheimdienstlichen Aktivitäten wohl eine gewisse Undurchsichtigkeit immanent ist.

Der EuGH erklärte den auf Safe-Harbor gestützten Angemessenheitsbeschluss ua aufgrund der weitreichenden Geheimdienstbefugnisse der US-Behörden für ungültig. Mit den Enthüllungen von *Edward Snowden* wurde jedoch nicht nur die Praxis der US-Behörden, sondern auch jene der UK-Geheimdienste, insb des GCHQ[116] bekannt.[117] Dabei wurde publik, dass der GCHQ im Rahmen des sog TEMPORA-Spähprogramms ein System zur Überwachung des weltweiten Telekommunikations- und Internet-Datenverkehrs eingerichtet hat.[118] Dabei soll der GCHQ transatlantische (Untersee-)Glasfaserkabeln[119] angezapft und große Datenvolumen an sich gezogen haben.[120] Der Geheimdienst soll die Datensätze anschließend in der sog »Black Hole-Datenbank« sammeln.[121] Mit dem

---

115   Section 110 DPA 2018.
116   Government Communications Headquarters (Regierungskommunikationszentrale).
117   *Richards,* Intelligence gathering, issues of accountability and Snowden, in Hale-Ross/Lowe (Hrsg), Terrorism and State Surveillance of Communications (2019) 19 (20).
118   Vgl *Söbbing,* Datentransfers nach dem Brexit, ITRB 2016, 232 (234).
119   25 % des weltweiten Internetverkehrs wird über Glasfaserkabel bewerkstelligt, die an Ufern des UK geleitet werden.
120   *Beuth,* GCHQ – Die weltgrößte Überwachungsmaschine, Zeit Online 25.09.2015 <www.zeit.de/digital/datenschutz/2015-09/gchq-karma-police-internet-ueberwachung> (20.09.2019).
121   In einem geleakten Dokument des GCHQ vom September 2009 (Black Hole Analytics) wird die Black Hole als »*The large flat file storage where all the data sits*« beschrieben.

Programm »KARMA Police«[122] soll der GCHQ sämtliche Websiten-Aufrufe überwachen.[123] Das System extrahiere den Browser-Verlauf der Internetnutzer. »KARMA Police« zeige zudem an, welche IP-Adressen auf welche Websites zugreifen.[124] Das Programm »MUTANT BROTH«[125] soll in der Lage sein, abgefangene Cookies – etwa von großen IT-Konzernen – zu durchsuchen und erstellt iVm den IP-Adressen Nutzerprofile.[126]

Zur Ermittlung des angemessenen Datenschutzniveaus wird nicht bloß das britische Datenschutzgesetz bewertet, sondern die gesamte einschlägige Rechtsordnung sowie die Verwaltungspraxis im UK. Ebenso der umstrittene »Investigatory Powers Act 2016« (IPA 2016), der den britischen Sicherheitsbehörden umfassende Befugnisse hinsichtlich der Verarbeitung von personenbezogenen Daten einräumt.

Der Investigatory Powers Act 2016 (von Kritikern auch als Snoopers' Charter bezeichnet)[127] ist eine umfassende Neufassung des britischen Sicherheits- und Nachrichtendienstrechts.[128] Dieses Gesetz ermöglicht

---

122   In einem geleakten Dokument des GCHQ vom 29.02.2008, Dok Nr: THQ/1202 THQ/1900/0058, heißt es: »›KARMA Police‹ aims to correlate every user visible to passive SIGINT [Signals Intelligence; dt: signalerfassende Aufklärung] with every website they visit, hence providing either (a) a web browsing profile for every visible user on the Internet, or (b) a user profile for every visible website on the Internet.« (<https://search.ed wardsnowden.com/docs/PullThroughSteeringGroupMeeting%23162015-09-25_nsa-docs_snowden_doc> [19.09.2019]). In einem anderen Dokument (Blazing Saddles) heißt es zu »KARMA Police«: »Bulk unselected TDI-website correlations -information about which TDIs [Target Detection Identifier; dt Zielerkennungs-ID] have been seen at approximately the same time, and from the same computer, as visits to websites. -Which websites your target visits, and when/where those visits occurred – Who visits suspicious websites, and when/where those visits occurred -Which other websites are visited by people who visit a suspicious website – Which IP address and webbrowser were being used by your target when they visited a website.« (<https://snowdenarchive.cjfe.org/green-stone/collect/snowden1/index/assoc/HASHA4e4.dir/doc.pdf> [19.09.2019]).

123   Dix, Datenschutz im Zeitalter von Big Data: wie steht es um den Schutz der Privatsphäre? Zeitschrift des Verbandes Deutscher Städtestatistiker 2016, 59 (62).

124   Beuth, GCHQ – Die weltgrößte Überwachungsmaschine.

125   In dem geleakten Dokument »Black Hole Analytics« des GCHQ vom September 2009 wird betreffend Mutant Broth ausgeführt: »Create a profile of a target's online activities«. (<https://search.edwardsnowden.com/docs/BlackHoleAnalytics 2015-09-25_nsadocs_snowden_doc> [16.01.2020]).

126   Beuth, GCHQ – Die weltgrößte Überwachungsmaschine.

127   Richards in Hale-Ross/Lowe, Terrorism and State Surveillance of Communications, 23; Griffin, UK spying laws: Government introduces law requiring whatsapp and imessage to break their own security, The Independent 01.03.2016 <www.independent. co.uk/life-style/gadgets-and-tech/news/uk-spying-laws-uk-government-introduces-law-requiring-whatsapp-and-imessage-to-be-broken-a6905106.html> (17.09.2019).

128   Murray, Data transfers between the EU and UK post Brexit? International Data Privacy Law 2017, 149 (156). Der Investigatory Powers Act 2016 normiert britische

den Ermittlungsbehörden eine gezielte und flächendeckende Überwachung der Kommunikation von Telefonen, Computern sowie anderen elektronischen Geräten,[129] wobei Section 2(2)(a) IPA 2016 für die Ausübung der behördlichen Befugnisse in gewisser Weise einen Verhältnismäßigkeitsgrundsatz postuliert.[130]

Der IPA 2016 normiert eine Vorratsdatenspeicherung im UK.[131] UK-Internet Service Provider können verpflichtet werden, anlasslos alle besuchten Internet Domains ihrer Kunden für zwölf Monate zu speichern (vgl Section 87[3] IPA 2016).[132] Vor der behördlichen Verwertung der vom Gesetz erfassten Daten, bedarf es zuvor der Zustimmung eines »Judicial Commissioners«.[133] Die Judicial Commissioner werden vom Premier Minister ernannt und sind nach Section 229(6) IPA 2016 dazu angehalten, ihre Ermächtigungen nicht entgegen der nationalen Sicherheit, zum Nachteil der Verhütung oder Aufdeckung schwerer Straftaten oder gegen das wirtschaftliche Wohlergehen des Vereinigten Königreichs auszuüben.[134] Die Kommunikationsdaten können zB verlangt werden, wenn dies im Interesse der nationalen (vgl Section 67[7][a] IPA 2016) oder der öffentlichen Sicherheit (Section 67[7][d] IPA 2016) liegt.[135]

Die Befugnisse zur Equipment Interference[136] ermöglichen den Zugriff sowie das Auslesen von auf Endgeräten gespeicherten Daten.[137] Das Home Office (Innenministerium) erließ mehrere Codes of Practice, welche von den Behörden bei der Ausübung der durch den IPA 2016

Geheimdienstbefugnisse, die zuvor etwa im Telecommunications Act 1984, Intelligence Services Act 1994 und im Wireless Telegraphy Act 2006 verankert waren nunmehr in einem Gesetzeswerk *(Hale-Ross,* The Investigatory Powers Act 2016, in Hale-Ross/Lowe [Hrsg], Terrorism and State Surveillance of Communications [2019] 65 [87]).

129   So *Söbbing,* Investigatory Powers Act 2016: Das neue Gesetz zur Vorratsdatenspeicherung in Großbritannien, MR-Int 2016, 196 (196).

130   Section 2(2)(a) IPA 2016 lautet: »*The public authority must have regard to whether what is sought to be achieved by the warrant, authorisation or notice could reasonably be achieved by other less intrusive means*«.

131   *Söbbing,* MR-Int 2016, 196.

132   *Söbbing,* MR-Int 2016, 196.

133   *Söbbing,* MR-Int 2016, 196.

134   *Hale-Ross* in Hale-Ross/Lowe, Terrorism and State Surveillance of Communications 89.

135   Vgl *Murray,* International Data Privacy Law 2017, 156.

136   Die Befugnisse sind in Part 5 IPA 2016 geregelt.

137   *Gräfin von Brühl/Nietsch,* Internationale Datentransfers im Lichte des Brexit, in Taeger (Hrsg), Recht 4.0 – Innovationen aus den rechtswissenschaftlichen Laboren (2017) 171 (179).

übertragenen Befugnisse anzuwenden sind. Im Code of Practice für die Befugnisse der Equipment Interference werden die Befugnisse dergestalt präzisiert, dass Eingriffe auf ein Gerät ausgeübt werden dürfen, um Kommunikations- und Gerätedaten sowie sonstige Informationen zu erhalten.[138] Dies kann sowohl direkt durch physische Eingriffe[139] als auch durch mittelbare Eingriffe[140] (Fernzugriff) erfolgen.[141] Diese Befugnis kann auch dazu verwendet werden, unbemerkt eine Software zur Spionage auf dem Gerät zu installieren.[142] Ferner sind Telekommunikationsbetreiber gem Section 252 IPA 2016 verpflichtet, nach einer entsprechenden »technical capability notice« Maßnahmen festzulegen, um etwa die Tätigkeiten eines Geheimdienstes zu erleichtern.[143] Gegen unzulässige Überwachungsmaßnahmen kann Beschwerde an das Investigatory Powers Tribunal (IPT) gerichtet werden (Section 242 IPA 2016).

Desgleichen wurde der EGMR mit Beschwerde gegen die britische Regierung bzw des GCHQ aufgrund geheimdienstlicher Massenüberwachung angerufen. Gegenstand der Beschwerde war eine britische Überwachungsanordnung, die das Abgreifen der Datenströme von allen Unterseekabeln, die durch britisches Territorium gelegt wurden, bezweckt. Der EGMR qualifizierte das Vorgehen des UK als Verstoß gegen Art 8 EMRK, weil Begrenzungen der Befugnisse fehlten.[144] Der britischen Exekutive war hinsichtlich der physischen Überwachung auswärtiger Kommunikation ein weitestgehend uneingeschränktes Ermessen eingeräumt.[145] Im Urteil legte der EGMR die Anforderungen an die

---

138   Vgl dazu auch *Lord Carlile of Berriew*, Communications and security after Brexit: Who needs what and whom? in Hale-Ross/Lowe (Hrsg), Terrorism and State Surveillance of Communications (2019) 5 (14).

139   ZB das verdeckte Herunterladen von Daten von einem Gerät.

140   ZB die Installation einer Software auf einem Gerät über ein Netzwerk, um Informationen zu erhalten.

141   *Home Office*, Equipment Interference. Code of Practice, Rz 3,11 <https://assets.publishing.service.gov.uk/government/uploads/system/uploads/attachment_data/file/71 5479/Equipment_Interference_Code_of_Practice.pdf> (16.01.2020).

142   *Gräfin von Brühl/Nietsch*, in Taeger, Recht 4.0 – Innovationen aus den rechtswissenschaftlichen Laboren, 180.

143   *Braamskamp/Gilchrist/Millward*, Investigatory Powers Act 2016: How to Prepare For A Digital Age 2 <http://m.klgates.com/files/Publication/9b994dfe-7e22-4f6e-bd00-22dc1d42c720/Presentation/Publication> Attachment/143b6e35-ac70-4f82-8319-29f8 d03ca568/Alert_Investigatory_Powers_Act_2016.pdf> (17.01.2020).

144   EGMR 01.08.2008, 58243/00 (Liberty and Others/The United Kingdom); s dazu *Ewer/Thienel*, Völker-, unions- und verfassungsrechtliche Aspekte des NSA-Datenskandals, NJW 2014, 30 (33).

145   EGMR 01.08.2008, 58243/00 Rz 64.

Vorhersehbarkeit im Bereich geheimer Überwachungsmaßnahmen fest. Demnach müsse jedes den Behörden eingeräumte Ermessen klar bestimmt sein, um dem Einzelnen einen Schutz vor willkürlichen Eingriffen zu gewähren.[146] Die entsprechenden Gesetze haben daher zumindest folgende Faktoren zu beinhalten: die Art der Straftaten, aufgrund derer eine Überwachung angeordnet werden kann, die Kategorie von Personen, die überwacht werden, die Höchstdauer der Überwachung, das Verfahren zur Prüfung, die Verwendung und Speicherung der dadurch gewonnen Daten, die bei der Übermittlung der Daten an Dritte zu treffenden Vorkehrungen und schließlich die Voraussetzungen für die Löschung der Daten.[147]

In einem weiteren Verfahren wurden im Lichte der bekanntgewordenen Spähprogramme des britischen Geheimdienstes mehrere Beschwerden gegen das UK beim EGMR anhängig gemacht. Dieser stellte wiederum eine Verletzung des Art 8 sowie des Art 10 EMRK[148] fest,[149] wobei der GH festhielt, dass ein staatliches Regime zur Massenüberwachung nicht *per se* gegen die Konvention verstoße. Allerdings müsse der gesetzliche Rahmen für solche Regimes gewisse Mindestanforderungen erfüllen, damit ein Machtmissbrauch vermieden werde. Insb müssen angemessene Kontrollmechanismen im Zusammenhang mit der Auswahl der zu überwachenden Kommunikation und ausreichende Garantien im Hinblick auf die Auswahl von mit dem abgefangenen Material verbundenen Kommunikationsdaten zur konkreten Prüfung eingerichtet werden.[150] Dass die Daten auch mit US-Geheimdiensten iSe Informationsaustauschs geteilt werden, stelle indes keinen Verstoß gegen die Menschenrechtskonvention dar.[151] Die Entscheidung des EGMR, die im Übrigen nicht die Befugnisse Investigatory Powers Act 2016 zum

---

146   EGMR 01.08.2008, 58243/00 Rz 62 mit Verweis auf EGMR 29.06.2006, 54934/00 (Weber, Saravia/Germany) Rz 93.

147   EGMR 01.08.2008, 58243/00 Rz 62 mit Verweis auf EGMR 29.06.2006, 54934/00 Rz 95.

148   Ua aufgrund des sog »Chilling effects« (EGMR 13.09.2018, 58170/13, 62322/14, 24960/15 [Big Brother Watch and Others/The United Kingdom] Rz 495). Dieser durch staatliche Überwachung herbeigeführte Abschreckungseffekt bewirkt, dass Rechtsunterworfene nicht von ihrem Grundrecht (auf Meinungsfreiheit) Gebrauch machen.

149   EGMR 13.09.2018, 58170/13, 62322/14, 24960/15.

150   EGMR 13.09.2018, 58.170/13 (Big Brother Watch ua/United Kingdom), NLMR 2018, 428 (428).

151   Vgl *Ukrow,* EGMR: Britische Kommunikationsüberwachung verstößt gegen EMRK, MMR-Aktuell 2018, 411060.

Inhalt hatte, sondern die Vorgängerbestimmungen der Regulation of Investigatory Powers Act 2000 (RIPA 2000), liegt nunmehr der Großen Kammer des EGMR vor.

(v.)   Fazit

Aus Sicht eines international operierenden Unternehmens ist es wohl praktikabler, ein Regelwerk einzuführen, das der DSGVO angeglichen ist, um einen einheitlichen Datenschutzstandard global zu implementieren.[152] Die DSGVO gilt ausweislich des Brexit-Austrittsabkommens jedenfalls bis zum Ende der Übergangsfrist.[153] Nach Verstreichen der Übergangsfrist wird das UK wohl tatsächlich die DSGVO rezipieren und ist gewillt, einen gleichwertigen Datenschutzstandard beizubehalten. Zufolge Section 5(4) EUWA 2018 wird jedoch die GRC und somit das Grundrecht auf Datenschutz nach Art 8 GRC nicht in den britischen Rechtsbestand übernommen. Das UK ist jedoch Konventionsstaat der EMRK und somit an Art 8 der Konvention gebunden.[154] Solange das UK Mitglied der EMRK bleibt, ist eine Nichtübernahme des Art 8 GRC angesichts der datenschützenden Auslegung von Art 8 EMRK durch den EGMR von geringerer Bedeutung.[155] *Prima facie* scheint es also nicht argumentierbar einem Drittstaat, der einerseits die DSGVO in seinen Rechtsbestand rezipiert hat und andererseits Konventionsstaat der EMRK ist, kein angemessenes Datenschutzniveau zuzusprechen. Doch selbst wenn das UK die DSGVO unverändert in seinen Rechtsbestand übernimmt, ist eine Auslegungsdivergenz zwischen britischen und kontinentaleuropäischen Gerichten (insb dem EuGH) auf lange Sicht wohl unvermeidlich.[156] Ebenso wird in der britischen Literatur angemerkt, dass es nach dem Brexit – trotz Rezeption der DSGVO – zu Auslegungsdivergenzen kommen kann. Der EuGH interpretiert das europäische

---

152   Vgl *Parker*, Brexit and Data Protection Legislation – Back to the Drawing Board? CRi 2017, 45 (47).
153   Vgl dazu IV.B.
154   Die EMRK wurde durch den Human Rights Act 1998 in die britische Rechtsordnung inkorporiert.
155   Auf politischer Ebene wurde selbst der Austritt aus der EMRK diskutiert (vgl *Merrick*, Theresa May to consider axeing Human Rights Act after Brexit, minister reveals, The Independent 18.01.2019 <www.independent.co.uk/news/uk/politics/theresa-may-human-rights-act-repeal-brexit-echr-commons-parliament-conserva tives-a8734886.html> [15.11.2019]).
156   *Hoeren*, MMR 2018, 54.

Datenschutzrecht idR in Zusammenhalt mit Art 8 GRC und betont dabei die grundrechtliche Dimension des Datenschutzes.[157] Da die GRC nicht in den britischen Rechtsbestand übernommen wird, werden nach *Murray* britische Gerichte eine Norm der DSGVO wohl nicht in Übereinstimmung mit der Rechtsprechung des EuGH auslegen.[158] Wenngleich der im UK weiterhin geltende Art 8 EMRK und Art 8 GRC hinsichtlich ihres Schutzbereichs nicht vollständig kongruent sind,[159] wird die DSGVO durch britische Gerichte und Behörden – soweit staatliche Eingriffe vorliegen – idR dennoch im Lichte des Art 8 EMRK auszulegen sein. Section 3(1) Human Rights Act 1998, der die Konventionsrechte der EMRK in die britische Rechtsordnung inkorporiert, statuiert das Gebot der konventionskonformen Auslegung von britischen Rechtsnormen.[160] Davon ausgehend ist eine durch den Austritt bedingte zukünftige bloße Auslegungsdivergenz nach der hier vertretenen Ansicht für einen Angemessenheitsbeschluss wohl nicht schädlich. Da der britische Gesetzgeber – mangels formellen Verfassungsrechts – selbst Grundrechte mit einfacher Mehrheit abändern kann,[161] bleibt jedoch die Entwicklung der Grundrechtsgarantien im UK insgesamt abzuwarten.[162]

Die Kommission hat nach der Rsp des EuGH jedoch nicht nur die datenschutz(grund)rechtliche Gesetzeslage des Staats, sondern auch den flankierenden Rechtsrahmen in ihrer Entscheidungsfindung zu berücksichtigen. Der IPA 2016 räumt den britischen Behörden zwar weitreichende Befugnisse ein, diese jedoch nicht uneingeschränkt und unter Berücksichtigung des Verhältnismäßigkeitsgrundsatzes. Im Schrifttum wird aber zurecht bezweifelt, ob die von der Art-29-Datenschutzgruppe ausgearbeiteten Garantien der Bestimmtheit und Erforderlichkeit mit den weitreichenden Bestimmungen des IPA 2016 vereinbar sind.[163]

Von Bedeutung werden auch die verdeckten Aktivitäten in der Verwaltungspraxis der britischen Geheimdienste sein. Die Kommission

---

157   *Bernsdorff* in Meyer/Hölscheidt (Hrsg), Charta der Grundrechte der Europäischen Union[5] (2019) Art 8 Rz 18.
158   *Murray*, International Data Privacy Law 2017, 152.
159   Vgl dazu *Riesz* in Holoubek/Lienbacher (Hrsg), GRC-Kommentar. Charta der Grundrechte der Europäischen Union[2] Art 8 Rz 8 und 25 (Stand 1.4.2019, rdb.at).
160   Vgl *Sanader*, Brexit und Renationalisierung des Grundrechtsschutzes, NLMR 2019, 99 (101).
161   Vgl *Sanader*, NLMR 2019, 103.
162   Vgl zum Ganzen *Sanader*, NLMR 2019, 103.
163   *Gräfin von Brühl/Nietsch*, in Taeger, Recht 4.0 – Innovationen aus den rechtswissenschaftlichen Laboren, 181.

wird zu untersuchen haben, inwieweit der GCHQ Programme wie TEMPORA und KARMA POLICE aufrechterhalten hat. Die Verurteilungen des EGMR infolge der geheimdienstlichen Aktivitäten sowie der schwache Determinierungsgrad der Normen, welche die behördlichen Befugnisse begründen, weisen auf einen eher geringen Stellenwert des Datenschutzes in der britischen Rechtsordnung sowie insb im Gesetzesvollzug hin. Fraglich ist indes auch, ob ein Angemessenheitsbeschluss im Hinblick auf die Kooperation der britischen Geheimdienste mit den US-Geheimdiensten[164] erlassen werden kann.[165]

Angesichts der umfassenden Geheimdienstbefugnisse/Aktivitäten wäre denkbar, dass analog dem EU-US-Privacy-Shield ein Regelwerk geschaffen wird, wonach sich UK-Datenimporteure zusätzlichen Garantien unterwerfen müssen und sohin ein nur sektoraler Angemessenheitsbeschluss erlassen wird.[166] Die mangelnde Wirksamkeit aufgrund des unvermeidlichen »Clash of Jurisdictions« wird noch darzulegen sein.[167] Daher wird wohl das UK sein Datenschutzniveau insgesamt erhöhen müssen, respektive den übernommenen EU-Rechtsbestand nicht mittels großzügiger Ausnahmetatbestände, etwa zugunsten der nationalen Sicherheit, durchlöchern dürfen.

3.   EU-UK Datenschutzabkommen

Die EU und das UK könnten anstatt eines Angemessenheitsbeschlusses nach Art 45 DSGVO ein eigenes Datenschutzabkommen für den freien Datenfluss nach dem Brexit schließen. Der EuGH bestätigte im Gutachten 1/15, dass die Europäische Union anstelle eines Angemessenheitsbeschlusses einen internationalen Vertrag mit einem Drittland vereinbaren kann, der den Datenexport in dieses Drittland ermöglicht.[168] Der EuGH legte im Gutachten 1/15 die Parameter für ein solches Abkommen dahingehend fest, dass ein derartiges Abkommen die gleichen Angemessen-

---

164   Sowie im Zuge der sog »Fünf-Augen-Allianz« mit den Geheimdiensten von Kanada, Australien und Neuseeland (vgl *Determann*, NVwZ 2016, 566).

165   *Geminn/Schaller*, Brexit im Datenschutz? ZD-Aktuell 2016, 05320; vgl zum neuen USA-UK Datenaustauschabkommen 5.a.

166   Vgl *Gräfin von Brühl/Nietsch*, in Taeger, Recht 4.0 – Innovationen aus den rechtswissenschaftlichen Laboren, 183.

167   S D.4.a.

168   *Murray*, International Data Privacy Law 2017, 155.

heitskriterien erfüllen muss, wie eine Kommissionsentscheidung nach Art 45 DSGVO.[169]

4. Geeignete Garantien für den internationalen Datentransfer[170]

a. Standard Contractual Clauses

Als Alternative zu einem Angemessenheitsbeschluss sind zunächst die Standard Contractual Clauses (SCC) gem Art 46 Abs 2 lit c DSGVO als geeignete Garantien zu nennen. Dabei handelt es sich um von der Kommission verfasste Standarddatenschutzklauseln, welche gleichsam einen fehlenden Angemessenheitsbeschluss kompensieren.[171] Nehmen die verarbeitenden Unternehmen die SCC in ihre Verträge auf, bedarf die Datenverarbeitung keiner weiteren Genehmigung. Insoweit wären die SCC für einen Datenexport ins UK eine vorteilhafte Lösung, weil diese ohne ein behördliches Verfahren angewendet werden können.[172]

Die SCC ermöglichen einen zulässigen Transfer personenbezogener Daten zwischen dem Datenexporteur und dem Datenimporteur – unabhängig vom Datenschutzniveau des Drittlands.[173] Der Drittstaats-Empfänger verpflichtet sich zur Einhaltung eines angemessenen – mit dem in der EU vergleichbaren – Datenschutzniveaus,[174] wobei dieses nur durch den Drittlandsempfänger gewährleistet ist und freilich das Drittland dadurch nicht zu einem sicheren Empfängerland für Datenübermittlungen wird.[175] Wenden die Vertragsparteien die SCC an, so unterliegen sowohl der Datenexporteur als auch der Datenimporteur der Aufsicht der Datenschutzbehörden.[176] ErwGr 109 S 1 DSGVO zufolge

---

169 EuGH 26.07.2017, GA 1/15 (Passagierdatenabkommen) Rz 214; *Murray,* International Data Privacy Law 2017, 155.

170 Im Folgenden werden als Bsp für geeignete Garantien nur die Standard Contractual Clauses (4.a.) sowie die Binding Corporate Rules (4.b.) dargelegt.

171 Vgl ErwGr 108 S 1 DSGVO.

172 *Pauly* in Paal/Pauly (Hrsg), Datenschutz-Grundverordnung Bundesdatenschutzgesetz² (2018) Art 46 Rz 19.

173 *Schmitz/von Dall'Armi,* Standardvertragsklauseln – heute und morgen – Eine Alternative für den Datentransfer in Drittländer? ZD 2016, 217 (218).

174 *Voigt/Von dem Bussche,* EU-Datenschutz-Grundverordnung 159.

175 *Voigt/Von dem Bussche,* EU-Datenschutz-Grundverordnung 159.

176 Mitteilung der Kommission an das Europäische Parlament und den Rat zu der Übermittlung personenbezogener Daten aus der EU in die Vereinigten Staaten von

können die Klauseln in umfangreichen Verträgen verwendet und weitere Klauseln oder zusätzliche Garantien hinzugefügt werden, solange diese nicht im Widerspruch zu den von der Kommission erlassenen Standarddatenschutzklauseln stehen oder die Grundrechte und Grundfreiheiten der betroffenen Personen beschneiden. Daher können die Klauseln auch in ein weitergehendes Vertragswerk mitaufgenommen werden.[177]

Die Kommission erließ bisher drei Sets von Standardvertragsklauseln.[178] Davon umfassen zwei Sets die Datenübermittlungen von EU-Verantwortlichen an Drittstaatsverantwortliche (»Controller-to-Controller«)[179] sowie ein Set die Datenübermittlungen von in der EU ansässigen Verantwortlichen an Auftragsverarbeiter in einem Drittland (»Controller-to-Processor«)[180]. Klausel 3 des Sets I stellt etwa eine Drittbegünstigungsklausel dar. Nach dieser Bestimmung können die von der Datenverarbeitung betroffenen Personen einen Großteil der in den SCC enthaltenen Rechte gegen den Datenimporteur sowie gegen den Datenexporteur geltend machen.[181] Der Vertrag kann sohin als echter Vertrag zugunsten Dritter iSd § 881 Abs 2 ABGB qualifiziert werden.[182] Klausel 7 leg cit enthält Bestimmungen hinsichtlich des Gerichtsstands. Demnach kann eine betroffene Person ihre aus Klausel 3 eingeräumten Ansprüche entweder vor einem Schiedsgericht oder vor den Gerichten des Staats, in dem der Datenexporteur ansässig ist, geltend machen.[183] Die SCC von Set I und II unterscheiden sich etwa hinsichtlich ihrer

---

Amerika auf der Grundlage der Richtlinie 95/46/EG nach dem Urteil des Gerichtshofs in der Rechtssache C-362/14 (Schrems) 06.11.2015, COM(2015) 566 final 7.

177   *Pauly* in DS-GVO BDSG[2] Art 46 Rz 21.

178   Abrufbar unter <https://ec.europa.eu/info/law/law-topic/data-protection/internati onal-dimension-data-protection/standard-contractual-clauses-scc_en> (10.10.2019).

179   Set I Entscheidung der Kommission 2001/497/EG vom 15.06.2001 hinsichtlich Standardvertragsklauseln für die Übermittlung personenbezogener Daten in Drittländer nach der Richtlinie 95/46/EG, ABl L 2001/181, 19 idgF sowie Set II Entscheidung der Kommission 2004/915/EG vom 27. Dezember 2004 zur Änderung der Entscheidung 2001/497/EG bezüglich der Einführung alternativer Standardvertragsklauseln für die Übermittlung personenbezogener Daten in Drittländer, ABl L 2004/385, 74 idgF.

180   Beschluss der Kommission 2010/87/EU vom 5. Februar 2010 über Standardvertragsklauseln für die Übermittlung personenbezogener Daten an Auftragsverarbeiter in Drittländern nach der Richtlinie 95/46/EG des Europäischen Parlaments und des Rates, ABl L 2010/39, 5 idgF.

181   *Knyrim,* Datenschutzrecht[3], 145 f.

182   *Knyrim,* Datenschutzrecht[3], 146.

183   *Knyrim,* Datenschutzrecht[3], 147.

Haftungsregelung für entstandene Schäden der betroffenen Personen. Während Klausel 6 Z 2 der SCC Set I eine gesamtschuldnerische Haftung vorsieht,[184] normiert Klausel 3 lit a der SCC Set II eine verursacherbezogene Haftung.[185]

Freilich muss idZ bemerkt werden, dass SCC lediglich für Private verbindlich sind und keinerlei Einfluss auf Überwachungsmaßnahmen von drittstaatlichen Behörden haben.[186] Die Kommission änderte daher die SCC bereits im Lichte des EuGH-Urteils zur Rs *Schrems* im Hinblick auf die Befugnisse der nationalen Datenschutzbehörden.[187] Zwar sind nationale Behörden aufgrund der Rechtsnatur einer Kommissions-Entscheidung nach Art 288 AEUV an diese gebunden,[188] jedoch sind die Datenschutzbehörden auch im Falle einer vertraglichen Zugrundelegung der SCC befugt, bei Zweifel im Hinblick auf deren Rechtmäßigkeit eine Untersagung oder die (temporäre) Aussetzung der Datenübermittlungen in das betreffende Drittland auszusprechen.[189] Die SCC enthalten »Suspendierungsklauseln«, die den nationalen Behörden eine Untersagung des Datenexports im Einzelfall ermöglichen.[190] So bestimmt Art 4 Abs 1 lit a SCC Set I, dass die nationalen Datenschutzbehörden die Datenübermittlung in Drittländer aussetzen und verbieten können, wenn feststeht, »*dass der Datenimporteur nach den für ihn geltenden Rechtsvorschriften Anforderungen unterliegt, die ihn zwingen, von den einschlägigen Datenschutzvorschriften in einem Maß abzuweichen, das über die Beschränkungen hinausgeht, die [...] für eine demokratische Gesellschaft erforderlich sind und dass sich diese Anforderungen wahrscheinlich sehr nachteilig auf die Garantien auswirken, die die Standardvertragsklauseln bieten sollen«.*[191] Im Schrifttum wird vertreten, dass die Datenschutzbehörden im Falle von staatlicher Massenüberwachung nicht nur zur Anordnung einer Untersagung bzw Aussetzung berechtigt, sondern geradezu dazu verpflichtet sind.[192]

---

184 Kl 6 Z 3 enthält die fakultative Möglichkeit einen gegenseitigen Regressanspruch der Vertragsparteien untereinander zu vereinbaren.

185 *Pauly* in DS-GVO BDSG² Art 46 Rz 26.

186 Vgl *Kunnert* in Baumgartner, Jahrbuch Öffentliches Recht 2016, 250.

187 *Pauly* in DS-GVO BDSG² Art 46 Rz 24.

188 *Pauly* in DS-GVO BDSG² Art 46 Rz 20.

189 Vgl Art 4 Entscheidung 2001/497/EG; *Kunnert,* in Baumgartner, Jahrbuch Öffentliches Recht 2016, 249; *Pauly* in DS-GVO BDSG² Art 46 Rz 19.

190 Vgl *Kunnert* in Baumgartner, Jahrbuch Öffentliches Recht 2016, 251.

191 Vgl auch Art 58 Abs 2 lit f und j DSGVO.

192 *Kunnert* in Baumgartner, Jahrbuch Öffentliches Recht 2016, 251.

Derzeit liegt angesichts der US-Geheimdienstaktivitäten ein Vorabentscheidungsersuchen des irischen High Courts beim EuGH vor.[193]
Dabei wird vorgebracht, dass zwar das Europäische Datenschutzrecht
eine Herausgabe bzw das Abgreifen von Daten untersagt, dem aber US-
Normen gegenüberstehen, die den US-Behörden eben diese Befugnisse
einräumen. Sohin sehen sich die betroffenen Unternehmen quasi einem »*Clash of Jurisdictions*« ausgesetzt, wenn in einer behördlichen
Anordnung die Offenlegung von Daten gefordert wird, sie aber gleichzeitig nach den SCC verpflichtet sind, den Europäischen Datenschutz
zu wahren.[194] GA *Saugmandsgaard Øe* hält in seinen Schlussanträgen
fest, dass die Standardvertragsklauseln des Kommissionsbeschlusses
2010/87 nicht ungültig und grds eine valide Übermittlungsgrundlage
seien. Kann der Datenimporteur den Schutz personenbezogener Daten
nicht gewährleisten, liege es an den nationalen Datenschutzbehörden
von ihren Befugnissen Gebrauch zu machen und den Datenstrom auszusetzen oder zu verbieten.[195]

b.   *Binding Corporate Rules*

Neben den SCC besteht die Möglichkeit nach Art 46 Abs 2 lit b DSGVO
sog Binding Corporate Rules (BCR) isv Art 47 DSGVO zu verwenden. Dabei handelt es sich um unternehmensinterne, verbindliche Datenschutzvorschriften. BCR stehen nur Unternehmen einer Unternehmensgruppe

---

193   Vorabentscheidungsersuchen EuGH, C-311/18 (Data Protection Commissioner/Face-
book Ireland Limited and Maximilian Schrems) eingereicht am 09.05.2018;
vgl dazu auch die Stellungnahme von *Maximilian Schrems* <europe-v-facebook.
org/sh2/PA.pdf> (19.09.2019). Vorlagefrage 8 lautet: »*Ist eine Datenschutzbehörde
in dem Fall, dass ein Datenimporteur eines Drittlands Überwachungsgesetzen unterliegt, die nach Ansicht einer Datenschutzbehörde* mit *den Klauseln im Anhang zum
SCC-Beschluss oder den Art. 25 oder 26 der Richtlinie und/oder der Charta unvereinbar
sind, verpflichtet, von ihren Durchsetzungsbefugnissen nach Art. 28 Abs. 3 der Richtlinie Gebrauch zu machen, um Datenübermittlungen auszusetzen, oder ist die Ausübung
dieser Befugnisse im Licht des elften Erwägungsgrundes der Richtlinie [elfter Erwä-
gungsgrund des Beschlusses 2010/87/EU der Kommission] lediglich auf Ausnahmefälle
begrenzt, oder kann eine Datenschutzbehörde ihr Ermessen dahin ausüben, von einer
Aussetzung von Datenübermittlungen abzusehen?*«.
194   Vgl dazu betreffend das Vorbringen im Rechtsstreit gegen Facebook vor dem irischen High Court *Schrems* in ÖJK/Müller, Datenschutz – Informationsfreiheit – Geheimnisschutz, 236.
195   SA v GA *Saugmandsgaard Øe*, 19.12.2019, C-311/18 (Data Protection Commissio-
ner/Facebook Ireland Limited and Maximilian Schrems) Rz 140 ff.

iSv Art 4 Z 19 DSGVO[196] als geeignete Garantien zur Verfügung. Sie sind demnach idR nur innerhalb einzelner Konzernstrukturen als geeignete Garantien für Drittlandsübermittlungen iSe globalen Datenschutzpolitik des Konzerns verwendbar.[197] Sie eignen sich daher für multinationale Unternehmensgruppen, wie etwa Cloud-Computing-Anbieter mit Niederlassungen im UK.[198] Die BCR können zwar individuell gestaltet werden, stehen aber gem Art 47 Abs 1 DSGVO unter einem individuellen Genehmigungsvorbehalt der Aufsichtsbehörden. Für die Genehmigung ist die »federführende Aufsichtsbehörde« zuständig. ErwGr 124 DSGVO nennt etwa die Behörde jenes Mitgliedstaats, in dem die Hauptniederlassung der Unternehmensgruppe liegt. Die BCR müssen für die Unternehmen und deren Beschäftigte rechtlich bindend sein[199] (Bindung im Innenverhältnis)[200] sowie durchsetzbare Betroffenenrechte enthalten (Bindung im Außenverhältnis),[201] wie etwa den Anspruch auf Schadenersatz.[202] Betroffene Personen haben als Drittbegünstigte der BCR das Recht deren Einhaltung im Wege eines Rechtsmittels durchzusetzen. Die Betroffenen müssen ihre Ansprüche innerhalb der europäischen Gerichtsbarkeit gelten machen können.[203] Die BCR haben ein europäisches Gruppenmitglied zu nennen, welches die Haftung für Regelverstöße übernimmt, die ein Gruppenmitglied in einem Drittstaat begeht.[204]

---

196 Art 4 Z 19 DSGVO definiert die Unternehmensgruppe als »*Gruppe, die aus einem herrschenden Unternehmen und den von diesem abhängigen Unternehmen besteht*«.

197 Vgl *Gierschmann*, Brexit – Was passiert, wenn Großbritannien »Drittland« wird? MMR 2016, 501 (502).

198 *Heinemann*, Beiträge zum Transnationalen Wirtschaftsrecht 2019/164, 37 mwN.

199 *Towfigh/Ulrich* in Sydow (Hrsg), Europäische Datenschutz-Grundverordnung² (2018) Art 47 Rz 10.

200 *Zerdick* in DS-GVO² Art 47 Rz 11.

201 *Zerdick* in DS-GVO² Art 47 Rz 12.

202 *Towfigh/Ulrich* in Europäische Datenschutz-Grundverordnung² Art 47 Rz 15.

203 *Towfigh/Ulrich* in Europäische Datenschutz-Grundverordnung² Art 47 Rz 15.

204 Mitteilung der Kommission an das Europäische Parlament und den Rat zu der Übermittlung personenbezogener Daten aus der EU in die Vereinigten Staaten von Amerika auf der Grundlage der Richtlinie 95/46/EG nach dem Urteil des Gerichtshofs in der Rechtssache C-362/14 (Schrems) 06.11.2015, COM(2015) 566 final 8.

5.   Internationaler Datentransfer für Behörden

a.   Geeignete Garantien gem Art 46 Abs 2 lit a und Abs 3 lit b DSGVO

In Ermangelung eines Angemessenheitsbeschlusses bedarf es gem Art 46 Abs 2 lit a DSGVO[205] für den außereuropäischen Datentransfer zwischen Behörden rechtsverbindlicher und durchsetzbarer Dokumente. Diese Dokumente taugen jedoch nur dann als Grundlage für Datenübermittlungen, wenn sie »sowohl rechtsverbindlich als auch durchsetzbar« sind.[206] Die Vereinbarungen in völkerrechtlichen Verträgen oder sonstigen öffentlich-rechtlichen Verträgen müssen innerstaatlich unmittelbare Anwendbarkeit entfalten.[207] Nicht rechtsverbindliche Verwaltungsvereinbarungen – wie etwa ein *Memorandum of Understanding*[208] – bedürfen nach Art 46 Abs 3 lit b DSGVO einer Genehmigung der Datenschutzbehörde.[209] Um eine geeignete Garantie für den Drittstaatsdatenstrom darzustellen, muss die Vereinbarung trotz der fehlenden Rechtverbindlichkeit einen hinreichenden Schutz der zu übermittelnden personenbezogenen Daten sicherstellen.[210] Im Hinblick auf den Datentransfer von Strafverfolgungsbehörden ist zudem die JI-RL[211] maßgeblich. IdZ sind insb die §§ 58 f DSG[212] anzuwenden.

Das UK und die USA schlossen am 03.10.2019 ein bilaterales Abkommen für einen vereinfachten Datenaustausch betreffend elektronische Beweismittel ab.[213]

---

205   Auf diesen Tatbestand können sich nur öffentliche Einrichtungen und demnach keine Unternehmen stützen (vgl *Knyrim* in Knyrim (Hrsg), Der DatKomm Art 46 DSGVO Rz 15 [Stand 1.10.2018, rdb.at]).

206   *Pauly* in DS-GVO BDSG² Art 46 Rz 16.

207   *Pauly* in DS-GVO BDSG² Art 46 Rz 16; *Zerdick* in DS-GVO² Art 46 Rz 8.

208   ErwGr 108 S 5 DSGVO.

209   Vgl ErwGr 108 S 6 DSGVO.

210   *Pauly* in DS-GVO BDSG² Art 46 Rz 49.

211   Richtlinie (EU) 2016/680 des Europäischen Parlaments und des Rates vom 27. April 2016 zum Schutz natürlicher Personen bei der Verarbeitung personenbezogener Daten durch die zuständigen Behörden zum Zwecke der Verhütung, Ermittlung, Aufdeckung oder Verfolgung von Straftaten oder der Strafvollstreckung sowie zum freien Datenverkehr und zur Aufhebung des Rahmenbeschlusses 2008/977/JI des Rates, ABl L 2016/119, 89.

212   BGBl I 165/1999 idgF.

213   Agreement between the Government of the United Kingdom of Great Britain and Northern Ireland and the Government of the United States of America on Access to Electronic Data for the Purpose of Countering Serious Crime.

Das Abkommen ermöglicht es den amerikanischen und britischen Strafverfolgungsbehörden, elektronische Daten zu schweren Straftaten anzufordern. In einem Explanatory Memorandum wird erklärt, dass das Abkommen den Kautelen des Art 46 Abs 2 lit a DSGVO entspreche.[214]

b.   Art 48 DSGVO

Art 48 DSGVO regelt Fälle, in denen eine Übermittlung von personenbezogenen Daten an Drittländer und deren Offenlegung durch EU-Verantwortliche oder EU-Auftragsverarbeiter an Drittländer unionsrechtlich unzulässig ist. Art 48 DSGVO bezweckt die Verhinderung der Umgehung europäischer Schutzstandards und Verfahrensgarantien durch Drittstaaten aufgrund deren (Sicherheits-)Interessen.[215] Urteile bzw Verwaltungsentscheidungen aus Drittländern, die von einem Verantwortlichen oder Auftragsverarbeiter die Übermittlung oder Offenlegung personenbezogener Daten verlangen, sollen demnach nur anerkannt und vollstreckt werden, wenn die Datenübermittlung auf ein internationales Übereinkommen, etwa ein Rechtshilfeabkommen, gestützt werden kann.[216] Als Entstehungsgrund für diese Norm werden ua die Enthüllungen von *Edward Snowden* im Hinblick auf die US-Spionage genannt.[217]

In der Kommentarliteratur werden Auskunftsverlangen von US-Behörden auf Basis des US-CLOUD Acts (Clarifying Lawful Overseas Use of Data Act) als problematisch erachtet.[218] Dieser ermögliche US-Behörden auch ohne Rechtshilfeabkommen Zugriff auf im Ausland gespeicherte Daten.[219] Für die Beurteilung eines zulässigen Drittstaatentransfers ist die jeweils zuständige nationale Behörde und nicht etwa der Verantwortliche oder Auftragsverarbeiter verantwortlich.[220] Das UK lehnt –

---

214   Explanatory memorandum UK/USA: Agreement on Access to Electronic Data for the Purpose of Countering Serious Crime Z 22 <https://www.gov.uk/government/pu blications/ukusa-agreement-on-access-to-electronic-data-for-the-purpose-of-coun tering-serious-crime-cs-usa-no62019> (09.11.2019).
215   *Knyrim* in DatKomm Art 48 DSGVO Rz 2.
216   *Jungkind* in Wolff/Brink (Hrsg), BeckOK Datenschutzrecht Art 48 Rz 1 (29. Edition Stand: 01.08.2019).
217   Vgl zB *Jungkind* in BeckOK Datenschutzrecht Art 48 Rz 2.
218   *Knyrim* in DatKomm Art 48 DSGVO Rz 14; *Jungkind* in BeckOK Datenschutzrecht Art 48 Rz 6.
219   *Jungkind* in BeckOK Datenschutzrecht Art 48 Rz 6 mwN.
220   *Jungkind* in BeckOK Datenschutzrecht Art 48 Rz 16.

unter Berufung auf Protokoll Nr 21 zu EUV/AEUV[221] – die Anwendung des Art 48 DSGVO ab.[222]

6.   Ausnahmeregelung im Einzelfall

Liegen weder ein Angemessenheitsbeschluss noch eine geeignete Garantie iSv Art 46 DSGVO vor, dürfen europäische Daten nur auf Grundlage eines Ausnahmetatbestands nach Art 49 DSGVO in Drittstaaten transferiert werden. Hierzu zählt etwa die – jederzeit widerrufbare – Einwilligung (Art 49 Abs 1 lit a DSGVO), womit dem Recht auf informationelle Selbstbestimmung Genüge getan wird.[223] Der Betroffene ist über das Risiko eines Datentransfers in ein Drittland aufzuklären und muss dieser Übermittlung ausdrücklich zustimmen. Weiters muss offengelegt werden, welche Daten übermittelt werden, wer der Empfänger sein wird und wo er sich befindet.[224]

Ferner ist der Erlaubnistatbestand der Vertragserfüllung nach Art 49 Abs 1 lit b DSGVO zu nennen.[225] Bei den Ausnahmeregelungen des Art 49 DSGVO handelt es sich großteils lediglich um eine Rechtsgrundlage für Einzelübermittlungen.

---

221   Protokoll (Nr 21) über die Position des Vereinigten Königreichs und Irlands hinsichtlich des Raums der Freiheit, der Sicherheit und des Rechts, ABl C 115/2008, 295.
222   *Knyrim* in DatKomm Art 48 Rz 19; Written Statement des House of Lords – HCWS500; Written Statement des House of Commons – HCWS511.
223   *Voigt/Von dem Bussche*, EU-Datenschutz-Grundverordnung, 158.
224   *Voigt/Von dem Bussche*, EU-Datenschutz-Grundverordnung, 158.
225   Dieser Tatbestand findet etwa iZm Reiseverträgen oder Banküberweisungen Anwendung *(Zerdick* in DS-GVO² Art 49 Rz 10). Ein Datentransfer ist darüber hinaus zulässig wenn, » *die Übermittlung [...] zum Abschluss oder zur Erfüllung eines im Interesse der betroffenen Person von dem Verantwortlichen mit einer anderen natürlichen oder juristischen Person geschlossenen Vertrags erforderlich [ist], die Übermittlung [...] aus wichtigen Gründen des öffentlichen Interesses notwendig [ist], die Übermittlung [...] zur Geltendmachung, Ausübung oder Verteidigung von Rechtsansprüchen erforderlich [ist], die Übermittlung [...] zum Schutz lebenswichtiger Interessen der betroffenen Person oder anderer Personen erforderlich [ist], sofern die betroffene Person aus physischen oder rechtlichen Gründen außerstande ist, ihre Einwilligung zu geben, die Übermittlung [...] aus einem Register, das gemäß dem Recht der Union oder der Mitgliedstaaten zur Information der Öffentlichkeit bestimmt ist und entweder der gesamten Öffentlichkeit oder allen Personen, die ein berechtigtes Interesse nachweisen können, zur Einsichtnahme offensteht, aber nur soweit die im Recht der Union oder der Mitgliedstaaten festgelegten Voraussetzungen für die Einsichtnahme im Einzelfall gegeben sind.* «.

E.   Informationspflichten

Zusätzlich zu den Voraussetzungen eines Transfers in Drittstaaten sind die erweiterten Informationspflichten zu beachten. Der Verantwortliche muss im Falle einer geplanten Datenübermittlung in einen Drittstaat gem Art 13 Abs 1 lit f und Art 14 Abs 1 lit f DSGVO über diesen Umstand informieren. Die Information muss das Vorhandensein bzw das Fehlen eines Angemessenheitsbeschlusses nach Art 45 DSGVO enthalten.[226] Werden geeignete Garantien zur Datenübermittlung herangezogen, muss über diese aufgeklärt werden.[227] Stützt sich der Transfer auf SCC oder BCR sind die entsprechenden Unterlagen bereitzustellen bzw anzubieten.[228] Nimmt eine betroffene Person ihr Auskunftsrecht in Anspruch, ist sie gem Art 15 Abs 1 lit c und Abs 2 DSGVO auch über die Datenübermittlung in Drittländer zu informieren.

F.   Die extraterritoriale Reichweite der DSGVO

Unbeschadet der Voraussetzungen eines Datentransfers von personenbezogenen Daten aus der Union darf die extraterritoriale Wirkung der DSGVO auf verarbeitende Unternehmen in Drittstaaten nicht übersehen werden. Die Geltung der DSGVO erstreckt sich durch das in Art 3 Abs 2 DSGVO verankerte Marktortprinzip unter bestimmten Voraussetzungen auch auf Verarbeitungsvorgänge von Stellen (zB Unternehmen) außerhalb der EU, wenn die Union ihr Zielmarkt ist.[229] Dadurch soll betroffenen Personen, die sich innerhalb der EU befinden, jedoch von Datenverarbeitungen außerhalb Europas betroffen sind, eine verbesserte Schutzposition zukommen.[230] Insoweit hat die DSGVO Außenwirkung auch auf Unternehmen des UK, wenn diese personenbezogene Daten aus der EU verarbeiten. Die extraterritoriale Wirkung der DSGVO nach

---

226   *Knyrim* in Ehmann/Selmayr (Hrsg), Datenschutz-Grundverordnung[2] (2018) Art 13 Rz 48.

227   *Knyrim* in DS-GVO[2] Art 13 Rz 48.

228   *Knyrim* in DS-GVO[2] Art 13 Rz 50.

229   *Georgieva,* Die EU-Datenschutz-Grundverordnung: globaler Wirkungsbereich mit lokalen Besonderheiten in Jahnel (Hrsg), Jahrbuch Datenschutzrecht 2017 (2017) 244 (262).

230   ErwGr 23 DSGVO; *Leissler/Wolfbauer* in Knyrim (Hrsg), Der DatKomm Art 3 Rz 13 (Stand 1.10.2018, rdb.at).

Art 3 Abs 2 leg cit kommt zur Geltung, wenn die Datenverarbeitung im
Zusammenhang damit steht, betroffenen Personen in der Union Waren oder Dienstleistungen anzubieten[231] (lit a) bzw das Verhalten betroffener Personen zu beobachten, soweit ihr Verhalten in der Union
stattfindet (lit b). Nach ErwGr 23 DSGVO ist für den Tatbestand der lit a
das bloße Zugänglichmachen einer Website kein Anhaltspunkt für die
Absicht des Wirtschaftsteilnehmers seinen Markt auf einen EU-MS aus-
zurichten.[232] Der ErwGr nennt als anhaltsgebende Faktoren etwa die
Verwendung einer Sprache oder Währung, die in einem oder mehreren
Mitgliedstaaten gebräuchlich ist, in Verbindung mit der Möglichkeit
Waren und Dienstleistungen in dieser anderen Sprache zu bestellen.
Das Tatbestandsmerkmal der »Beobachtung« wird in ErwGr 24 DSGVO
umschrieben. Demnach sollte eine Beobachtung danach festgemacht
werden, ob Internetaktivitäten der betroffenen Personen nachvollzogen
werden. Im Schrifttum werden etwa die Registrierung der Internetnut-
zung, die Auswertung von Postings zur Erstellung von Kundenprofi-
len, die Auswertung von Mitarbeiterdaten von Konzerntöchtern einer
ausländischen Konzernmutter,[233] das Verhaltenstracking durch Cookies
und Social-Plug-Ins (zb ein »Gefällt mir-Button«)[234] genannt. Die betroffene Person muss sich zudem im Zeitpunkt der Beobachtung in der
Union aufhalten.[235] Gem Art 27 Abs 1 DSGVO haben Unternehmen, die
nach Art 3 Abs 2 DSGVO dem Marktortprinzip unterfallen, einen Vertre-
ter in der Union zu benennen, sofern die Datenverarbeitung nicht nur
gelegentlich erfolgt.[236]

Weiters gelten die Regelungen der DSGVO nach ihrem Art 3 Abs 1
beim Vorliegen einer »Niederlassung« auch, wenn die Verarbeitung
selbst nicht innerhalb der Union[237] durchgeführt wird.[238] Sohin unterliegen auch europäische Unternehmen im Hinblick auf ihre – etwa
durch Outsourcing-Prozesse – vorgenommenen außereuropäischen

---

231   Unabhängig davon, ob von diesen betroffenen Personen eine Zahlung zu leisten ist.
232   *Brauneck,* Marktortprinzip der DSGVO: Weltgeltung für EU-Datenschutz, EuZW 2019,
      494 (497).
233   *Brauneck,* EuZW 2019, 497 mwN.
234   *Zerdick* in DS-GVO² Art 3 Rz 20; *Uecker,* Extraterritorialer Anwendungsbereich der
      DS-GVO, ZD 2019, 67 (69).
235   *Uecker,* ZD 2019, 70.
236   *Brauneck,* EuZW 2019, 495.
237   Klargestellt durch EuGH 13.05.2014, C-131/12 (Google Spain und Google).
238   *Georgieva* in Jahnel, Jahrbuch Datenschutzrecht 2017, 263; EuGH 13.05.2014,
      C-131/12 Rz 45 ff.

Datenverarbeitungen der DSGVO.[239] Ebenso unterliegen aber auch die außereuropäischen Subunternehmer der DSGVO.[240] IdZ ist der Aufenthaltsort der von der Datenverarbeitung betroffenen Personen unerheblich.[241] Auf die Rechtspersönlichkeit der Niederlassung kommt es nach Art 3 Abs 1 DSGVO nicht an. Daher sind sowohl Tochterunternehmen als auch bloße Zweigniederlassungen ohne eigene Rechtspersönlichkeit von Art 3 Abs 1 DSGVO erfasst.[242] Nach *Ennöckl* gelte der bloße Betrieb von Servern hingegen nicht als »Niederlassung«.[243]

Erstreckt sich der Anwendungsbereich nach Art 3 DSGVO auf Drittstaatsverarbeitungsvorgänge ist folglich die Rechtmäßigkeit der Datenverarbeitung nach den Regelungen der DSGVO entscheidend. Ferner unterliegt der Verantwortliche den entsprechenden Informationspflichten und der Betroffene kann sämtliche Rechte, die die DSGVO einräumt, geltend machen.[244] An dieser Stelle ist zu bemerken dass trotz des extraterritorialen Anwendungsbereichs die Voraussetzungen eines Drittstaatsdatentransfers nach Art 44 ff DSGVO unberührt bleiben.[245] Vielmehr unterliegt der Drittstaatsverarbeiter durch die ausgedehnte Reichweite selbst den Zulässigkeitsschranken einer Datenübermittlung in andere Drittstaaten.[246]

Unterliegt also ein UK-Unternehmen in einem *post*-Brexit-Szenario zB dem Marktortprinzip nach Art 3 Abs 2 DSGVO und möchte EU-Daten in einen weiteren Drittstaat transferieren, hat das datenexportierende Unternehmen nach der Prüfkaskade des Art 44 DSGVO vorzugehen.[247]

G.   Resümee und Ausblick

Das UK beabsichtigt, nach dem Brexit bzw nach der Übergangsfrist des Austrittsabkommens weiterhin einen ungehinderten Datenaustausch

---

239   *Georgieva* in Jahnel, Jahrbuch Datenschutzrecht 2017, 264.
240   *Georgieva* in Jahnel, Jahrbuch Datenschutzrecht 2017, 264.
241   *Leissler/Wolfbauer* in DatKomm Art 3 Rz 10.
242   *Zerdick* in DS-GVO² Art 3 Rz 9.
243   *Ennöckl* in Sydow (Hrsg), Europäische Datenschutz-Grundverordnung² (2018) Art 3 Rz 7; so auch *Zerdick* in DS-GVO² Art 3 Rz 10.
244   *Uecker,* ZD 2019, 71.
245   *Uecker,* ZD 2019, 71.
246   *Zerdick* in DS-GVO² Art 3 Rz 6; *Uecker,* ZD 2019, 71 mwN.
247   Das Exporteur hat zu prüfen, ob 1.) ein Angemessenheitsbeschluss, 2.) geeignete Garantien vorliegen bzw 3.) ein Ausnahmetatbestand nach Art 49 DSGVO vorliegt.

mit den EU 27-Staaten zu forcieren.[248] Nicht zuletzt aufgrund der Gewährleistung eines freien Datenverkehrs zwischen der Union und dem
UK wäre die dienlichste Vorgehensweise, dass das UK der Europäischen
Freihandelszone (EFTA) beitritt und in Folge wie Island, Liechtenstein
und Norwegen am Europäischen Wirtschaftsraum (EWR) teilnimmt,
in dem ein freier Datenfluss zwischen den Mitgliedstaaten garantiert
ist. Dieses Szenario scheint allerdings aus politischen Gründen kaum
denkbar. Ein Beitritt zum EWR-A würde entscheidende Abstimmungs-
motive des Brexit konterkarieren.[249] Das zwischen der Union und der
britischen Regierung formulierte Austrittsabkommen iSd Art 50 Abs 2
EUV wurde von beiden Vertragsparteien angenommen. Während des
Übergangszeitraums können Datenübermittlungen weiterhin ungehin-
dert zwischen der Union und dem UK durchgeführt werden. Danach
richtet sich der Datentransfer aus der Union in das UK nach den Art 44 ff
DSGVO; hier ist va der Angemessenheitsbeschluss gem Art 45 DSGVO
von Bedeutung. Im Präzedenzfall *Safe-Harbor* legte der EuGH die Parameter für die Entscheidungsfindung der Kommission fest. Wie dargelegt, bedarf es hier einer Analyse der tatsächlichen Geheimdienstpraxis
iZm personenbezogenen Daten und nicht bloß einer isolierten Betrachtung der britischen Rechtsordnung. Davon ausgehend ist zu bemerken,
dass nach Ablauf der Übergangszeit ein Angemessenheitsbeschluss kei-
neswegs gewiss ist. Da bis zum 20.12.2020 – trotz der weiterhin im UK
geltenden DSGVO[250] – nicht mit einem Angemessenheitsbeschluss der
Kommission zu rechnen ist, sollten Unternehmen einen Datentrans-
fermechanismus für alle EU-UK-Transfers einrichten. Dabei sind insb
die Standard Contractual Clauses aufgrund ihrer einfachen Handhabe
zu empfehlen. Im Unterschied zu BCR gelten die SCC nicht nur innerhalb einer Unternehmensgruppe und bedürfen keines vorgelagerten
Genehmigungsverfahrens vor der Datenschutzbehörde. Problematisch
erscheint der Umstand, dass Datenimporteure – unabhängig ihrer in
den Verträgen eingegangen Datenschutzverpflichtungen – mit gesetzlichen Vorschriften, die sie dazu verhalten, staatlichen Stellen personenbezogene Daten offenzulegen, konfrontiert sind. Dies kann im Einzelfall dazu führen, dass eine vertragliche Verpflichtung ein zu schwaches

---

248   Stellvertretend *Murray,* International Data Privacy Law 2017, 150.
249   ZB die Gewährung der Arbeitnehmerfreizügigkeit oder Zahlungen an die Union
       zu leisten.
250   Aufgrund der Rezeption durch den European Union-(Withdrawal)-Act 2018.

Instrument darstellt, um eine angemessene Garantie für den Daten-schutz zu erfüllen.[251] Dabei gilt es zunächst das Urteil EuGH, C-311/18 zur Wirksamkeit der SCC abzuwarten und ggf zu prüfen, ob vergleichbare Umstände im UK vorliegen.

Das UK gab bekannt, jedenfalls nach dem Vollzug des Brexit weiter-hin einen ungehinderten Datenaustausch mit den EU27-Staaten zu for-cieren.[252] Die britische Regierung erklärte idZ, dass sie einerseits eine Angemessenheitsentscheidung für die Staaten des EWR treffen werde und andererseits beabsichtige, den gleichen Ansatz für andere Länder zu verfolgen, die bereits eine Angemessenheitsentscheidung nach dem EU-Datenschutzrecht erhalten haben.[253] Den UK-Unternehmen wird so-hin eine ungehinderte Datenübermittlung in diese Staaten ermöglicht. Hinsichtlich jener Drittstaaten, die über keinen Angemessenheitssta-tus verfügen, bestätigte die britische Regierung, dass die Standardver-tragsklauseln der Kommission weiterhin als Übermittlungsmechanis-mus anerkannt werden.[254]

---

251   *Paal* in DS-GVO² Art 46 Rz 12.
252   Stellvertretend *Murray,* International Data Privacy Law 2017, 150.
253   Vgl *Department for Digital, Culture, Guidance Media & Sport,* Amendments to UK data protection law in the event the UK leaves the EU without a deal <www.gov.uk/govern ment/publications/data-protection-law-eu-exit/amendments-to-uk-data-protection-law-in-the-event-the-uk-leaves-the-eu-without-a-deal-on-29-march-2019> (04.11. 2019).
254   *Moerel/Gillham/Samavi,* Data Protection Implications on a No Deal Brexit, 2.

Literaturverzeichnis

- *Anderl Axel/Schelling Dominik,* Privacy Shield: Erleichterung für EU-US-Datentransfer oder nächstes Kapitel einer unendlichen Geschichte? ecolex 2017, 96
- *Auer-Reinsdorff Astrid,* (Hard)Brexit – Teil III: Datenschutz, IWRZ 2019, 101
- *Bendlinger Valentin/Denk Michael,* Digitalsteuergesetz 2020 – Die Interimslösung für die Digital Economy, JKU TAX 2019/19, 37
- *Bernsdorff Norbert* in Meyer Jürgen/Hölscheidt Sven (Hrsg), Charta der Grundrechte der Europäischen Union[5] (Nomos 2019)
- *Brauneck Jens,* Marktortprinzip der DSGVO: Weltgeltung für EU-Datenschutz, EuZW 2019, 494
- *Budischowsky Jens* in Mayer Heinz/Stöger Karl (Hrsg), Kommentar zu EUV und AEUV (Manz Stand 1.7.2014, rdb.at)
- *Denk Michael,* Der Europäische Fischereisektor im Lichte des »Brexit«, StAW 2018, 35
- *Determann Lothar,* Datenschutz in den USA – Dichtung und Wahrheit, NVwZ 2016, 561
- *Dix Alexander,* Datenschutz im Zeitalter von Big Data: wie steht es um den Schutz der Privatsphäre? Zeitschrift des Verbandes Deutscher Städtestatistiker 2016, 59
- *Ehmann Eugen/Selmayr Martin* in Ehmann Eugen/Selmayr Martin (Hrsg), Datenschutz-Grundverordnung[2] (CH Beck 2018)
- *Ennöckl Daniel* in Sydow Gernot (Hrsg), Europäische Datenschutz-Grundverordnung[2] (Nomos 2018)
- *Ewer Wolfgang/Thienel Tobias,* Völker-, unions- und verfassungsrechtliche Aspekte des NSA-Datenskandals, NJW 2014, 30
- *Frau Robert,* Ist das Brexit-Abkommen zu Recht gescheitert? EuR 2019, 502
- *Geminn Christian/Schaller Fabian,* Brexit im Datenschutz? ZD-Aktuell 2016, 05320
- *Georgieva Ludmila,* Die EU-Datenschutz-Grundverordnung: globaler Wirkungsbereich mit lokalen Besonderheiten, in Jahnel Dietmar (Hrsg), Jahrbuch Datenschutzrecht 2017 (NWV 2017) 244
- *Gierschmann Sibylle,* Brexit – Was passiert, wenn Großbritannien »Drittland« wird? MMR 2016, 501
- *Gordon QC Richard/Moffatt Rowena,* Brexit: the immediate legal consequences (The Constitution Society 2016)

▸ *Gräfin von Brühl Frederike/Nietsch Thomas,* Internationale Datentransfers im Lichte des Brexit, in Taeger Jürgen (Hrsg), Recht 4.0 – Innovationen aus den rechtswissenschaftlichen Laboren (OlWIR 2017) 171

▸ *Hale-Ross Simon,* The Investigatory Powers Act 2016, in Hale-Ross Simon/Lowe David (Hrsg), Terrorism and State Surveillance of Communications (Routledge 2019) 65

▸ *Heinemann Markus,* Mehr(Un)Sicherheit? Datenschutz im transatlantischen Verhältnis Beiträge zum Transnationalen Wirtschaftsrecht 2019/164, 1

▸ *Hoeren Thomas,* Datenschutz: Jetzt wird's ernst – Großbritannien wird Drittland, MMR 2018, 53

▸ *Jaeger Thomas,* Die Judikatur des EuGH zum Datenschutzrecht, in ÖJK/Müller Rudolf (Hrsg), Datenschutz – Informationsfreiheit – Geheimnisschutz (Linde 2019) 171

▸ *Johnson Carol/Vroman Margaret,* Brexit's effect on the UK's data privacy policy and the EU Privacy Shield, International Interdisciplinary Business-Economics Advancement Journal 2018/3, 28

▸ *Jungkind Vera* in Wolff Heinrich/Brink Stefan (Hrsg), BeckOK Datenschutzrecht, (CH Beck 29. Edition Stand: 01.08.2019)

▸ *Knyrim Rainer* in Ehmann Eugen/Selmayr Martin (Hrsg), Datenschutz-Grundverordnung[2] (CH Beck 2018)

▸ *Knyrim Rainer* in Knyrim Rainer (Hrsg), Der DatKomm (Manz Stand 1.10.2018, rdb.at)

▸ *Knyrim Rainer,* Datenschutzrecht[3] (Manz 2015)

▸ *Kunnert Gerhard,* Die »Safe Harbor-Entscheidung« des EuGH vom 5. Oktober 2015 und die Folgen für den Datenverkehr mit EU-Drittstaaten, in Baumgartner Gerhard (Hrsg), Jahrbuch Öffentliches Recht 2016 (NWV 2016) 209

▸ *Lang-Horgan Angela,* Britisches Steuerrecht nach dem Brexit, DStR 2018, 2460

▸ *Leissler Günther/Wolfbauer Veronika* in *Knyrim* Rainer (Hrsg), Der DatKomm (Manz Stand 1.10.2018, rdb.at)

▸ *Lejeune Mathias,* UK Data Protection Act 2018, ITRB 2018, 206

▸ *Landesbeauftragter für Datenschutz und Informationsfreiheit Rheinland-Pfalz,* Konsequenzen des Brexit, ZD-Aktuell 2019, 06431

▸ *Lord Carlile of Berriew Alex,* Communications and security after Brexit: Who needs what and whom? in Hale-Ross Simon/Lowe David (Hrsg), Terrorism and State Surveillance of Communications (Routledge 2019) 5

▸ *Murray Andrew,* Data transfers between the EU and UK post Brexit? International Data Privacy Law 2017, 149

▸ *Paal Boris* in Paal Boris/Pauly Daniel (Hrsg), Datenschutz-Grundverordnung Bundesdatenschutzgesetz[2] (CH Beck 2018)

▸ *Parker Nigel,* Brexit and Data Protection Legislation – Back to the Drawing Board? CRi 2017, 45

▸ *Pauly Daniel* in *Paal Boris/Pauly Daniel* (Hrsg), Datenschutz-Grundverordnung Bundesdatenschutzgesetz[2] (CH Beck 2018)

▸ *Reinisch Philipp,* »Brexit« – Folgen für den Datenschutz, ecolex 2016, 844

▸ *Richards Julian,* Intelligence gathering, issues of accountability and Snowden, in Hale-Ross Simon/Lowe David (Hrsg), Terrorism and State Surveillance of Communications (Routledge 2019) 19

▸ *Riesz Thomas in Holoubek* Michael/Lienbacher Georg (Hrsg), GRC-Kommentar. Charta der Grundrechte der Europäischen Union[2] (Manz Stand 1.4.2019, rdb.at)

▸ *Sanader Teresa,* Brexit und Renationalisierung des Grundrechtsschutzes, NLMR 2019, 99

▸ *Schmidt-Kessel Martin,* Grundfragen des Brexit-Austrittsabkommens, GPR 2018, 119

▸ *Schmitz Barbara/von Dall'Armi Jonas,* Standardvertragsklauseln – heute und morgen – Eine Alternative für den Datentransfer in Drittländer? ZD 2016, 217

▸ *Schrems Maximilian,* Der »Privacy Shield« und seine Auswirkungen, in ÖJK/Müller Rudolf (Hrsg), Datenschutz – Informationsfreiheit – Geheimnisschutz (Linde 2019) 233

▸ *Schrems Maximilian,* Die Safe-Harbor-Entscheidung des EuGH, Dako 2015, 115

▸ *Söbbing Thomas,* Datentransfers nach dem Brexit, ITRB 2016, 232

▸ *Söbbing Thomas,* Investigatory Powers Act 2016: Das neue Gesetz zur Vorratsdatenspeicherung in Großbritannien, MR-Int 2016, 196

▸ *Stöger Karl* in Mayer Heinz/Stöger Karl (Hrsg), Kommentar zu EUV und AEUV (Manz Stand 15.8.2019, rdb.at)

▸ *Thiele Alexander,* Exit vom Brexit? Zur Möglichkeit einer einseitigen Rücknahme der notifizierten Austrittsabsicht nach Art 50 Abs 2 EUV – zugleich Anmerkung zum Urteil des EuGH v. 10.12.2018, Rs C-621/18 (Wightman), EuR 2019, 263

▸ *Towfigh Emanuel/Ulrich Jacob* in Sydow Gernot (Hrsg), Europäische Datenschutz-Grundverordnung[2] (Nomos 2018)

▸ *Uecker Philip,* Extraterritorialer Anwendungsbereich der DS-GVO, ZD 2019, 67

▸ *Ukrow Jörg,* EGMR: Britische Kommunikationsüberwachung verstößt gegen EMRK, MMR-Aktuell 2018, 411060

▸ *Voigt Paul/Von dem Bussche Axel,* EU-Datenschutz-Grundverordnung (Springer 2018)

▸ *Woods Lorna,* United Kingdom: Heading Towards Brexit but with a Data Protection Bill Implementing GDPR, EDPL 2017, 500

‣ *Zerdick Thomas* in Ehmann Eugen/Selmayr Martin (Hrsg),
Datenschutz-Grundverordnung² (CH Beck 2018)

Internetquellen

‣ *Art-29-Datenschutzgruppe,* Arbeitsunterlage 01/2016 über
die Rechtfertigung von Eingriffen in die Grundrechte auf Schutz
der Privatsphäre und Datenschutz durch Überwachungsmaßnahmen bei
der Übermittlung personenbezogener Daten (wesentliche europäische
Garantien), WP 237, 16/DE <https://ec.europa.eu/newsroom/article29/
document.cfm?action=display&doc_id=56069>

‣ *Beuth Patrick,* GCHQ – Die weltgrößte Überwachungsmaschine, Zeit
Online 25.09.2015 <zeit.de/digital/datenschutz/2015-09/gchq-karma-police-
internet-ueberwachung>

‣ *Bigalke Silke,* Briten sind nicht willkommen, Süddeutsche Zeitung
21.08.2016 <sueddeutsche.de/politik/brexit-briten-sind-nicht-willkommen-
1.3130430>

‣ *BITKOM,* Cloud Computing – Evolution in der Technik, Revolution im Business, BITKOM-Leitfaden (2009) <https://www.bitkom.org/sites/default/
files/file/import/090921-BITKOM-Leitfaden-CloudComputing-Web.pdf>

‣ Blazing Saddles <https://snowdenarchive.cjfe.org/greenstone/collect/
snowden1/index/assoc/HASHa4e4.dir/doc.pdf>

‣ *Braamskamp Christine/Gilchrist Andrew/Millward James,* Investigatory
Powers Act 2016: How to Prepare For A Digital Age <http://m.klgates.com/
files/Publication/9b994dfe-7e22-4f6e-bd00-22dc1d42c720/Presentation/
PublicationAttachment/143b6e35-ac70-4f82-8319-29f8d03ca568/Alert_
Investigatory_Powers_Act_2016.pdf>

‣ *Department for Digital, Culture, Guidance Media & Sport,* Amendments
to UK data protection law in the event the UK leaves the EU without a deal
<gov.uk/government/publications/data-protection-law-eu-exit/amendments-
to-uk-data-protection-law-in-the-event-the-uk-leaves-the-eu-without-a-deal-
on-29-march-2019>

‣ *European Commission,* <https://ec.europa.eu/info/law/law-topic/data-
protection/international-dimension-data-protection/standard-contractual-
clauses-scc_en>

‣ *European Commission,* Notice to Stakeholders <www.ec.europa.eu/
newsroom/just/document.cfm?action=display&doc_id=49245>

‣ *European Council,* United Kingdom notification under Article 50, TEU,
XT 20001/17, 2 <http://data.consilium.europa.eu/doc/document/XT-20001-
2017-INIT/en/pdf>

‣ Explanatory memorandum UK/USA: Agreement on Access to Electronic
Data for the Purpose of Countering Serious Crime <https://www.gov.uk/

government/publications/ukusa-agreement-on-access-to-electronic-data-for-the-purpose-of-countering-serious-crime-cs-usa-n062019>

▸ *Griffin Andrew,* UK spying laws: Government introduces law requiring whatsapp and imessage to break their own security, The Independent 01.03.2016 <independent.co.uk/life-style/gadgets-and-tech/news/uk-spying-laws-uk-government-introduces-law-requiring-whatsapp-and-imessage-to-be-broken-a6905106.html>

▸ *Home Office,* Equipment Interference. Code of Practice, Rz 3, 11 <https://assets.publishing.service.gov.uk/government/uploads/system/uploads/attachment_data/file/715479/Equipment_Interference_Code_of_Practice.pdf>

▸ *Information Commissioner's Office,* Leaving the EU – six steps to take <https://ico.org.uk/media/for-organisations/documents/2614365/leaving-the-eu-6-steps-to-take-final.pdf>

▸ *Moerel Lokke/Gillham Annabel/Samavi Mercedes,* Data Protection Implications on a No Deal Brexit <mofo.com/resources/publications/190128-brexit-data-protection-Implications.pdf?#zoom=>

▸ Privacy Shield Framework <privacyshield.gov>

▸ Queen's Speech 2017 <gov.uk/government/speeches/queens-speech-2017>

▸ *Schrems Maximilian,* Privacy Shield – Press Breakfast by MEP Jan Albrecht <http://europe-v-facebook.org/PA_PS.pdf>

▸ *Segan James,* The European Union (Withdrawal) Act 2018: Ten Key Implications for UK Law and Lawyers <https://ukconstitutionallaw.org/2018/07/26/james-segan-the-european-union-withdrawal-act-2018-ten-key-implications-for-uk-law-and-lawyers/>

▸ *Merrick Rob,* Theresa May to consider axeing Human Rights Act after Brexit, minister reveals, The Independent 18.01.2019 <www.independent.co.uk/news/uk/politics/theresa-may-human-rights-act-repeal-brexit-echr-commons-parliament-conservatives-a8734886.html>

▸ Schlussfolgerungen des Europäischen Rats vom 10.04.2019, EUCO XT 20015/19 Pkt 6 <https://data.consilium.europa.eu/doc/document/XT-20015-2019-INIT/de/pdf>

▸ Snowden Doc Search, Black Hole Analytics,

▸ <https://search.edwardsnowden.com/docs/BlackHoleAnalytics2015-09-25_nsadocs_snowden_doc>

▸ Snowden Doc Search, PullThrough Steering Group Meeting #16 <https://search.edwardsnowden.com/docs/PullThroughSteeringGroup-Meeting%23162015-09-25_nsadocs_snowden_doc>

▸ *Thompson Barney/Pickard Jim,* Concerns remain over how ›Henry VIII powers‹ will affect Brexit, The Financial Times 12.09.2017 <https://www.ft.com/content/3e667c06-93d4-11e7-a9e6-11d2foebb7f0>

▸ *UK Government,* Using personal data in your business or organisation
  if there's no Brexit deal <gov.uk/guidance/using-personal-data-after-
  brexit#data-protection-law-if-theres-no-brexit-deal>

Luca Mischensky

Die kompetenzbeschränkende Funktion des Achtungsgebots nationaler Identität iSd Art 4 Abs 2 EUV*

I. Einleitung

Die Komplexität der gegenwärtigen gesellschaftlichen Herausforderungen in Europa führt unweigerlich zur Frage, welche Akteure Antworten darauf liefern sollten. Ist es die EU, sind es doch die Mitgliedstaaten oder ist eine Zusammenarbeit der genannten Akteure erforderlich? Die richtige Verteilung und Ausübung von Kompetenzen spielt dabei eine zentrale Rolle. Außer Streit steht, dass viele dieser Herausforderungen – als aktuelle Beispiele sind hier nur der Klimawandel und die Migrationsthematik zu nennen – nur durch eine Zusammenarbeit auf EU-Ebene zu bewältigen sind. Die EU ist dabei aber auf die fortwährende Akzeptanz und Anerkennung durch die Mitgliedstaaten angewiesen. Der Austritt Großbritanniens aus der EU zeigt, dass einerseits die Europäische Integration nicht unumkehrbar ist und andererseits was geschieht, wenn diese Akzeptanz verloren geht.

Ein wichtiger Beitrag zur fortwährenden Zusammenarbeit in der EU ist, dass die nicht der EU übertragenen Kompetenzen auch tatsächlich bei den Mitgliedstaaten verbleiben. Kompetenzüberschreitungen sollen damit effektiv verhindert werden. Um dies sicherzustellen, sind ua unionsrechtliche Sicherheitsmechanismen erforderlich. Mit diesen sollen

---

*   Im Folgenden kurz Art 4 Abs 2 EUV.

bei Ausübung wirksam bestehender Kompetenzen der EU die nicht übertragenen mitgliedstaatlichen Bereiche bewahrt werden. Das Achtungsgebot nationaler Identität iSd Art 4 Abs 2 S 1 2. HS EUV[1] hat das Potential, genau das in einem Bereich zu leisten, der einen besonderen Stellenwert in jeder Rechtsordnung einnimmt: Die nationale Identität der Mitgliedstaaten, die in den grundlegenden politischen und verfassungsmäßigen Strukturen zum Ausdruck kommt. Entscheidend ist dabei die kompetenzbeschränkende Funktion dieser Norm. Diese liegt in der Begrenzung unionalen Handelns durch Schaffung einer unionsrechtlichen Grundlage zur Bewahrung der nationalen Identität im unionalen Kontext.[2]

Dazu ist Art 4 Abs 2 EUV in einem ersten Schritt als Verbundprinzip im Verfassungsverbund zwischen der EU und den Mitgliedstaaten zu verorten (II.). In einem zweiten Schritt erfolgt die Ermittlung der grundlegenden Funktion dieses Verbundprinzips anhand der unionsrechtlichen Auslegungsmethodik (III.). Aufbauend auf die so ermittelte kompetenzbeschränkende Funktion wird in einem dritten Schritt erläutert, wie das Achtungsgebot nationaler Identität prozessual ausgestaltet ist (IV.).

II. Unionsrechtlicher Kontext

Eine isolierte Untersuchung des Art 4 Abs 2 EUV und des darin enthaltenen Achtungsgebots nationaler Identität würde nicht ausreichen, um dessen kompetenzbeschränkende Funktion erfassen zu können. Deshalb erfolgt zunächst eine Verortung im Kontext des europäischen Verfassungsverbundes zwischen EU und den Mitgliedstaaten: Dazu wird die Einordnung als Verfassungsverbund erörtert, in dem Art 4 EUV die zentralen Verbundprinzipien kodifiziert.

---

1   Keine Beachtung findet im Rahmen dieser Arbeit die in Art 4 Abs 2 S 1 1. HS EUV normierte Gleichheit der Mitgliedstaaten vor den Verträgen. Vgl dazu bloß *Schill/Krenn* in Grabitz/Hilf/Nettesheim (Hrsg), Das Recht der Europäischen Union Art 4 EUV Rz 7 ff (66. Lfg 2018).

2   Eine umfassende Behandlung aller Aspekte der nationalen Identität iSd Art 4 Abs 2 EUV kann im Rahmen dieses Beitrags freilich nicht erfolgen. Insbesondere kann auf die Modalitäten der Ermittlung des Anwendungsbereichs der nationalen Identität in materiell-rechtlicher Hinsicht nur in ihren Grundzügen eingegangen werden.

A. Der Verfassungsverbund

Die Rechtsnatur der EU ist aufgrund ihrer einzigartigen Entstehungsgeschichte und ihrer einzigartigen Struktur auch heute noch umstritten.[3] Die hA im Schrifttum ist, dass es sich bei der EU in ihrer derzeitigen Form nicht um einen Bundesstaat im völkerrechtlichen Sinn handelt.[4] Dazu mangelt es der EU an essentiellen staatlichen Eigenschaften. Erkennbar wird dies am Prinzip der begrenzten Einzelermächtigung[5] und der fehlenden Möglichkeit, autonom über ihre Kompetenzen zu entscheiden (sog Kompetenz-Kompetenz):[6] Denn jede Kompetenzerweiterung erfordert eine Änderung der Verträge nach Art 48 EUV und kann damit nur bei einstimmigem Beschluss aller Mitgliedstaaten unter Einbeziehung der genannten Unionsorgane realisiert werden.[7]

Die EU ist aber auch keine klassische internationale Organisation. Aufgrund ihrer supranationalen Prägung[8] und den daraus resultierenden

---

3 Einen Überblick über den Meinungsstand gibt *Calliess* in Calliess/Ruffert (Hrsg), EUV/AEUV[5] Art 1 EUV Rz 27 ff (2016).

4 Statt vieler *Epping,* Die EU: Noch internationale Organisation oder schon Staat? in Brüning/Suerbaum (Hrsg), Die Vermessung der Staatlichkeit (2013) 13 (14 ff); eine Überschreitung der Schwelle zum Bundesstaat auch mit dem gescheiterten Verfassungsvertrag ablehnend *Öhlinger,* Staatlichkeit zwischen Integration und Souveränität, in Griller/Kahl/Kneihs/Obwexer (Hrsg), 20 Jahre Mitgliedschaft Österreichs (2015) 111 (136 ff); ebenso *Öhlinger/Potacs,* EU-Recht und staatliches Recht[6] (2017) 5.

5 Normiert in Art 4 Abs 1, 5 Abs 1 und 2 EUV; vgl hierzu nur *Lienbacher* in Becker/Hatje/Schoo/Schwarze (Hrsg), EU-Kommentar[4] Art 5 EUV Rz 6 ff (2018); *Öhlinger/Potacs,* EU-Recht[6], 14 f; *Streinz* in Streinz (Hrsg), EUV/AEUV[3] Art 5 Rz 8 ff (2018).

6 Dies bereits im Zuge der Etablierung der EU im Zuge des Vertrages von Maastricht ablehnend *Huber,* Maastricht – Ein Staatsstreich? (1993) 49 f; siehe ferner *Calliess* in EUV/AEUV[5] Art 5 Rz 6; weiterführend *Dossi,* Die Verfassung der Europäischen Union – eine Analyse des Konventsentwurfs für den Verfassungsvertrag I, in Calliess/Isak (Hrsg), Der Konventsentwurf für eine EU-Verfassung im Kontext der Erweiterung (2004) 29 (38); ausführlich zur mangenden Staatlichkeit der EU außerdem *Öhlinger* in Korinek/Holoubek/Bezemek/Fuchs/Martin/Zellenberg (Hrsg), Österreichisches Bundesverfassungsrecht, EU-Beitritts-BVG Rz 56 ff (12. ErgLfg 2016).

7 Dieses notwendige Zusammenwirken der Mitgliedstaaten und der in Art 48 EUV genannten Unionsorgane führt aufgrund der mitgliedstaatsgeprägten Dominanz letzterer zu dem Schluss, dass Vertragsänderung »weitgehend außerhalb der unionalen Legalität stattfinden«; so *von Bogdandy/Bast,* Die vertikale Kompetenzverteilung der Europäischen Union, EuGRZ 2001, 441 (443). Dies ablehnend und von einer »gesamthänderischen Verantwortung sprechend« *Nettesheim,* Kompetenzen, in von Bogdandy/Bast (Hrsg), Europäisches Verfassungsrecht[2] (2009) 389 (401 f).

8 Vgl hierzu nur *Peters,* Elemente einer Theorie der Verfassung Europas (2001) 240 ff.

Eigenheiten[9] besitzt die EU ein erhöhtes Maß an Eigenständigkeit und Unabhängigkeit von den Mitgliedstaaten.[10]

Diese dogmatischen Schwierigkeiten der Klassifizierung provozierten in Wissenschaft und Rechtsprechung das Entstehen zahlreicher Theorien zu deren Rechtsnatur einschließlich des Verhältnisses zu den Mitgliedstaaten. Hier kann freilich nicht auf die Vor- und Nachteile der verschiedenen Erklärungsversuche eingegangen werden. Beispielhaft sind nur die Qualifizierung der EU als mitgliedsstaatszentrierter Staatenverbund[11] oder als bundestaatlicher Verfassungsverbund[12] sowie die verschiedenen Ausprägungen des Constitutional Pluralism[13] zu nennen. Um den Merkmalen der EU auch tatsächlich Rechnung tragen zu können, ist der Verbundbegriff von den genannten Erklärungsansätzen zu abstrahieren und um pluralistische Elemente zu ergänzen.[14]

---

9   Zu nennen sind hier etwa vielfältige Kompetenzen, für alle Mitgliedstaaten verbindliche Mehrheitsbeschlüsse, von den Mitgliedstaaten unabhängige Unionsorgane, unmittelbare Geltung und regelmäßig unmittelbare Anwendbarkeit des Unionsrechts einschließlich dessen Anwendungsvorrang vor nationalem Recht.

10   *Öhlinger/Potacs*, EU-Recht⁶, 3 f.

11   Diese Theorie begründend *Kirchhof,* Der deutsche Staat im Prozess der europäischen Integration, in Isensee/Kirchhof (Hrsg), Handbuch des Staatsrechts VII (1992) § 183 Rz 50; *ders,* Der europäische Staatenverbund, in von Bogdandy/Bast, Europäisches Verfassungsrecht² (2009) 1009 (1009 f). Diesem Ansatz ist das BVerfG in seinem Maastricht-Urteil (BVerfG 89, 155), welches durch das Lissabon-Urteil (BVerfG 123, 267 [348]) bestätigt wurde, gefolgt. Dabei wird der Staatenverbund als eine »enge, auf Dauer angelegte Verbindung souverän bleibender Staaten erfasst, die auf vertraglicher Grundlage öffentliche Gewalt ausübt, deren Grundordnung jedoch allein der Verfügung der Mitgliedstaaten unterliegt und in der die Völker – das heißt die staatsangehörigen Bürger – der Mitgliedstaaten die Subjekte demokratischer Legitimation bleiben.«

12   Diese Theorie begründend *Pernice,* Bestandsicherung der Verfassungen: Verfassungsrechtliche Mechanismen zur Wahrung der Verfassungsordnung, in Bieber/Widmer (Hrsg), Der Europäische Verfassungsraum (1995) 225 (261 ff); *ders,* Der Europäische Verfassungsverbund auf dem Wege der Konsolidierung, JöR 2000, 205 (214 ff). Das Primärrecht der EU und die Verfassungen sollen demnach zu einem Verfassungsverbund verschmolzen sein, der bei den Bürgern der Union als Legitimationssubjekte – ohne Staatlichkeit zu implizieren – ansetzt. Die Unionsbürger sind darüber hinaus auch Adressaten sowohl ihres nationalen Rechts als auch der unionsrechtlichen Normen, die zwar formal in zwei Ebenen zu trennen sind, aber doch eine materielle Einheit bilden.

13   Weiterführend zum Constitutional Pluralism *Kumm,* Rethinking Constitutional Authority: On the Structure and Limits of Constitutional Pluralism, in Avbelj/Komarek (Hrsg), Constitutional Pluralism in the European Union and Beyond (2012) 39-65; *Jaklic,* Constitutional Pluralism in the EU (2014).

14   *von Bogdandy/Schill,* Die Achtung der nationalen Identität unter dem reformierten Unionsvertrag, ZaöRV 2010, 701 (704).

Die EU-Mitgliedstaaten sind als »offene Verfassungsstaaten« zu verstehen, die durch die Öffnung ihrer Verfassungen die europäische Integration erst möglich machen.[15] An dieser Stelle ist der Verbundgedanken aufzugreifen: Demnach sind die wechselseitige Verschränkung, das inhaltliche Zusammenspiel sowie die gegenseitige Abhängigkeit der Verfassungsebenen als verbindendes, übergeordnetes Element zu begreifen.[16] Nur auf diesem Weg kann die notwendige Überwindung von hierarchischen Verständnissen gelingen.[17] Im Zuge der unionalen Entwicklung ist ein Teilverfassungsrecht der EU entstanden, das in einem »inhaltlichen Verbund mit den Verfassungsordnungen der Mitgliedstaaten steht.«[18] Damit einher geht eine wechselseitige Durchdringung der Verfassungen der Mitgliedstaaten und jener der EU, die eine besondere Form der Offenheit von Verfassungsstaatlichkeit darstellt; prägendes Merkmal ist die reziproke Beeinflussung. Es werden also nicht nur unionsrechtliche Anforderungen an die nationalen Verfassungen gestellt[19], sondern auch die nationalen Verfassungen beeinflussen das Unionsrecht.[20]

B. Art 4 EUV – Normierung zentraler Verbundprinzipien

Art 4 EUV kodifiziert diese Verbundkonzeption und ist die zentrale Norm zu dessen richtigem Verständnis.[21] Das in Abs 1 normierte Prinzip der begrenzten Einzelermächtigung sieht eine Kompetenzordnung vor, in der den Mitgliedstaaten die autonome Entscheidung darüber obliegt, welche Kompetenzen der EU übertragen werden und welche – mangels ausdrücklicher Übertragung – bei diesen verbleiben. Darauf

---

15   Grundlegend zum offenen Verfassungsstaat *Hobe,* Der offene Verfassungsstaat zwischen Souveränität und Interpendenz (1998).

16   So auch *Calliess* in EUV/AEUV[5] Art 1 Rz 44 mwN.

17   *von Bogdandy/Schill,* ZaöRV 2010, 704; *dies,* Overcoming Absolute Primacy: Respect for National Identity under the Lisbon Treaty, CMLR 2011, 1417 (1420).

18   *Calliess* in EUV/AEUV[5] Art 1 Rz 46.

19   Wie beispielsweise die Beachtung der unionsrechtlichen Werte des Art 2 EUV, wobei ein Abweichen davon über den Mechanismus des Art 7 EUV sanktionierbar ist.

20   *Calliess* in EUV/AEUV[5] Art 1 Rz 46.

21   *Schill/Krenn* in Grabitz/Hilf/Nettesheim (Hrsg), Das Recht der Europäischen Union Art 4 EUV Rz 1 (66. ErgLfg 2018); *Franzius* in Pechstein/Nowak/Häde (Hrsg), Frankfurter Kommentar zu EUV, GRC und AEUV Band 1 Art 4 EUV Rz 1 (2017).

aufbauend ist Abs 2 insbesondere[22] als Öffnung des Unionsrechts für die mitgliedstaatlichen Verfassungen zu verstehen:[23] Das Achtungsgebot der nationalen Identität der Mitgliedstaaten (Abs 2 S 1 2. HS) schafft eine unionsrechtliche Grundlage, die die Ausübung unionaler Kompetenzen hinsichtlich ihrer grundlegenden politischen und verfassungsmäßigen Strukturen begrenzt. Auf diesem Weg sollen fundamentale Bereiche der Staatlichkeit der Mitgliedstaaten als solche erhalten werden und einer schleichenden Degradierung zu bloßen Gliedstaaten eines europäischen Bundesstaats effektiv vorgebeugt werden.[24]

Zusätzlich wird mit der in Abs 2 S 2 und 3 normierten Pflicht zur Achtung der grundlegenden Staatsfunktionen der Mitgliedstaaten angeordnet, dass ein Tätigwerden der EU hinsichtlich der genannten grundlegenden Staatsfunktionen der Mitgliedstaaten ausgeschlossen ist. Denn die EU ist auch auf funktionsfähige Mitgliedstaaten angewiesen.[25] Das in Abs 3 enthaltene Loyalitätsgebot im Verhältnis Mitgliedstaaten –EU hat eine – im Gegensatz zu Abs 1 und Abs 2 – wechselseitige Ausrichtung und zeigt, dass die Treuverpflichtung im Verfassungsverbund reziprok ausgestaltet ist.[26]

Die genannten Verpflichtungen des Art 4 EUV sind dogmatisch als Prinzipien einzuordnen.[27] Deren Bedeutung ist hervorzuheben, weil sie allgemeine Vorgaben für die Unionsrechtsordnung in ihrer Gesamtheit normieren.[28] Als Verbundprinzipien[29] verdeutlichen sie die pluralistischen Elemente des Verfassungsverbunds, bestehend aus dem Unionsrecht und den nationalen Verfassungen.[30] Die Konsequenz ist eine

---

22   Die in Art 4 Abs 2 S 1 1. HS EUV normierte Gleichheit der Mitgliedstaaten vor den Verträgen wirkt nicht primär im vertikalen Verhältnis zwischen der EU und den Mitgliedstaaten, sondern verpflichtet die EU im Unionsrecht – aus einer horizontalen Perspektive – alle Mitgliedstaaten insoweit gleich zu behandeln, dass Diskriminierungen zwischen diesen hintangehalten werden; vgl hierzu bloß *Hatje* in Becker/Hatje/Schoo/Schwarze (Hrsg), EU-Kommentar[4] Art 4 EUV Rz 8 (2018).

23   *Franzius* in EUV/GRC/AEUV Art 4 EUV Rz 4; *Streinz* in EUV/AEUV[3] Art 4 Rz 19.

24   Übereinstimmend *Hatje* in EU-Kommentar[4] Art 4 EUV Rz 1; *Puttler* in Calliess/Ruffert (Hrsg), EUV/AEUV[5] Art 4 EUV Rz 8 (2016); *Schill/Krenn* in Recht der EU Art 4 EUV Rz 1.

25   *Franzius* in EUV/GRC/AEUV Art 4 EUV Rz 1; *Streinz* in EUV/AEUV[3] Art 4 Rz 3; *Schill/Krenn* in Recht der EU Art 4 EUV Rz 1.

26   *Calliess* in EUV/AEUV[5] Art 1 Rz 46.

27   *Schill/Krenn* in Recht der EU Art 4 EUV Rz 1.

28   *von Bogdandy,* Grundprinzipien, in von Bogdandy/Bast (Hrsg), Europäisches Verfassungsrecht[2] (2009) 13 (26).

29   Dieser Begriff findet sich bei *Franzius* in EUV/GRC/AEUV Art 4 EUV Rz 3.

30   *von Bogdandy/Schill,* ZaöRV 2010, 705.

Durchlässigkeit der so verbundenen Rechtsordnungen: Diese sind zwar dem Grunde nach voneinander getrennt, beanspruchen aber jeweils für ihren Anwendungsbereich, auf einem autonomen Geltungsgrund zu beruhen.[31] Diese miteinander unvereinbaren Positionen werden durch die Abgrenzung der Kompetenzen, wechselseitige Beeinflussung und einen materiell-rechtlichen Wertekonsens relativiert.[32] Die Verbundprinzipien werden in Art 4 EUV (erstmals) systematisch zusammengeführt und geben ein klares Bekenntnis zur pluralistischen Ausrichtung im Verfassungsverbund ab, welches nicht mehr unilateral-hierarchisch angelegt ist.[33] Zum Ausdruck wird diese wechselseitige Rücksichtnahme und Beeinflussung durch sog Öffnungsklauseln gebracht, die – plastisch formuliert – als Brücken dienen, über die der im Verbund erforderliche Austausch stattfindet.[34]

Das Achtungsgebot nationaler Identität in Art 4 Abs 2 EUV ist als eine solche unionsrechtliche Öffnungsklausel für nationales Verfassungsrecht zu sehen und fungiert damit als Verbundprinzip im Verfassungsverbund.

III. Funktion des Achtungsgebots nationaler Identität iSd Art 4 Abs 2 EUV

Der vorliegende Beitrag untersucht nur die grundlegende Funktion des Achtungsgebots nationaler Identität. Vorab ist anzumerken, dass damit keine Klärung des Verhältnisses von Unionsrecht und nationalem Verfassungsrecht zugunsten letzterem geschieht. Ein solches Verständnis würde die Bedeutung dieser Norm überspannen.[35] Vielmehr kommt Art 4 Abs 2 EUV die Funktion einer unionsrechtlichen Kompetenzausübungsschranke hinsichtlich der nationalen Identität der Mitgliedstaaten zu:[36] Mit der Neufassung des Art 4 Abs 2 EUV durch den Vertrag von

---

31 *Franzius* in EUV/GRC/AEUV Art 4 EUV Rz 3.

32 *Wendel,* Permeabilität im Verfassungsrecht (2011) 43.

33 *Franzius* EUV/GRC/AEUV Art 4 EUV Rz 10.

34 So auch *von Bogdandy/Schill,* ZaöRV 2010, 705.

35 In diese Richtung aber *Dobbs,* Sovereignty, Article 4 (2) TEU and the Respect of National Identities: Swinging the Balance of Power in Favour of the Member States, Yearbook of European Law 2014, 298 (298).

36 *Goldhammer,* Die Achtung der nationalen Identität durch die Europäische Union, [deutsches] Jahrbuch des Öffentlichen Rechts 2015 (2015) 105 (109 ff) verwendet den Begriff »Kompetenzregulativ«; *Kahl* in Calliess/Ruffert (Hrsg) EUV/AEUV⁴

Lissabon wurde eine unionsrechtliche Grundlage geschaffen, auf deren Basis überprüft werden kann, ob das Handeln von Unionsorganen und sonstigen Einrichtungen der Union bei der Anwendung des Unionsrechts die nationale Identität der Mitgliedstaaten achtet.

Dies ergibt sich aus der Auslegung der Norm anhand des Wortlautes, des systematischen Kontextes, des Zweckes und des historisch-subjektiven Willens des Normschöpfers.

A.   Zur unionsrechtlichen Auslegungsmethodik

Die Auslegung zielt auf »die Rekonstruktion des dem Gesetze innewohnenden Gedankens« ab.[37] Damit wird die Ermittlung der »heute rechtlich maßgebenden relevanten Sinngehalte der Norm [...]« bezweckt.[38] Auch wenn an diesen grundsätzlichen Zielen der Auslegung von Rechtsvorschriften nicht zu zweifeln ist, muss darauf Bedacht genommen werden, dass es sich bei Art 4 Abs 2 EUV um eine Norm des primären Unionsrechts handelt. Das Ziel der Auslegung von Normen des Unionsrechts liegt dabei auch in der Ermittlung, »[...] in welchem Sinn und mit welcher Tragweite diese Vorschrift seit ihrem Inkrafttreten zu verstehen und anzuwenden ist [...].«[39]

Ungeachtet unionsrechtsspezifischer Besonderheiten[40] sind die Auslegungsmethoden des Unionsrechts am klassischen– von *Savigny* begründeten – Auslegungskanon angelehnt:[41] Nach der Rechtsprechung des EuGH ist neben dem Wortlaut, dem Zusammenhang im gesamten Unionsrecht und den verfolgten Zielen auch die Entstehungsgeschichte

---

Art 4 Rz 106 (2011) spricht unter Verweis auf das Subsidiaritätsprinzip von einer »Kompetenzausübungsschranke«; *Puttler* in EUV/AEUV[5] Art 4 Rz 22 von einem »Gegengewicht zur nicht unerheblichen Kompetenzausweitung der Union«.

37   *Savigny,* System des heutigen Römischen Rechts I (1840) 213; zitiert nach *Zippelius,* Juristische Methodenlehre[11] (2012) 35.

38   *F. Bydlinski,* Juristische Methodenlehre und Rechtsbegriff[2] (1991) 436.

39   EuGH 27.3.1980, 61/79 (Denkavit Italiana) Rz 16.

40   Bei der Auslegung einer Norm des Primärrechts (Art 4 Abs 2 EUV) spielt beispielsweise die primärrechtskonforme oder die richtlinienkonforme Auslegung keine Rolle.

41   *Lengauer* in Jaeger/Stöger (Hrsg), EUV/AEUV Art 19 EUV Rz 48 (Stand 01.5.2018, rdb.at); *Möllers,* Juristische Methodenlehre (2017) § 4 Rz 27 f; *Stotz,* Die Rechtsprechung des EuGH, in Riesenhuber (Hrsg), Europäische Methodenlehre[3] (2015) § 22 Rz 19.

zu berücksichtigen.[42] Die Bedeutung der drei erstgenannten Auslegungsmethoden ist für das Unionsrecht unbestritten. Die historische Auslegungsmethode wurde aber im Schrifttum lange kritisch gesehen;[43] für Art 4 Abs 2 EUV spielt diese aber eine wichtige Rolle. Die Beantwortung der Frage nach der Funktion des Art 4 Abs 2 EUV erfolgt anhand dieser Methoden; deren unterschiedliche Gewichtung und Bedeutung wird entsprechend berücksichtigt.

B.   Funktion nach dem Wortlaut

Ausgangspunkt[44] der Auslegung ist der Wortlaut, weil der Gesetzgeber seinen Willen mittels des niedergeschriebenen Wortes zum Ausdruck bringt.[45] Dieser hat demnach auch eine besondere Bedeutung.[46] Da gem Art 55 Abs 1 EUV der Wortlaut der 24 Amtssprachen gleichermaßen verbindlich ist, sind grundsätzlich alle Sprachfassungen des Unionsrechts bei dessen Auslegung relevant.[47] Aus diesem Grund ist zur Ermittlung des Sinns einer unionsrechtlichen Norm eine Auslegung im Lichte aller Sprachfassungen geboten.[48] Nach der Rsp des EuGH sind diese einheitlich auszulegen.[49] Sofern die verschiedenen Sprachfassungen aufgrund von Übersetzungsproblemen oder willentlichen Abweichungen zu einem widersprüchlichen Ergebnis führen, versagt diese Methode.[50] Dem ist hier nicht so.

Die verschiedenen Sprachfassungen weisen einheitlich die EU in ihrer Gesamtheit als Adressatin der Pflicht zur Achtung der nationalen

---

42   EuGH 03.10.2013, C-583/11P (Inuit) Rz 50; 27.11.2012, C-370/12 (Pringle) Rz 135; ebenso *Streinz,* Interpretation and Development of EU Primary Law, in Riesenhuber (Hrsg), European Legal Methodology (2017) § 7 Rz 11.

43   Für Nachweise dazu siehe III.E.

44   Plakativ *Kramer,* Juristische Methodenlehre[5] (2016) 61.

45   Statt vieler *Morlok,* Die vier Auslegungsmethoden – was sonst? in Gabriel/Gröschner (Hrsg), Subsumtion (2012) 179 (184); *Möllers,* Methodenlehre, § 4 Rz 39; *Martens,* Methodenlehre des Unionsrechts (2013) 373.

46   EuGH 22.10.2013, C-105/12 (Essent) Rz 65.

47   Vgl Art 55 EUV und dazu nur *Huber-Kowald* in Jaeger/Stöger (Hrsg), EUV/AEUV Art 55 EUV Rz 5 (Stand 01.05.2018); grundlegend EuGH 6.10.1982, 283/81, (CILFIT) Rz 18.

48   So die stRsp; statt vieler EuGH 03.04.2008, C-187/07 (Endendijk) Rz 23; 30.05.2013, C 488/11 (Busse) Rz 26.

49   EuGH 12.05.2011, C-144/10 (Berliner Verkehrsbetriebe) Rz 28.

50   Vgl hierzu in anschaulicher Weise EuGH 07.02.1985, C-135/83 (Abels) Rz 11.

Identität der Mitgliedstaaten aus.[51] Damit wird eine Vorgabe für unionale Handlungen in allen ihren Erscheinungsformen etabliert, die bei jeglichem Tätigwerden der Organe und sonstigen Einrichtungen der EU eine Rolle spielt. Entscheidende Bedeutung kommt dabei der Ausgestaltung dieser Handlungsvorgabe zu: Ist dies eine unbedingte, das Handeln der Union mit zwingendem Charakter determinierende, Vorgabe? Oder wird das Handeln der Union insoweit inhaltlich determiniert, dass diese bloß zu berücksichtigen ist, hinsichtlich deren Verwirklichung aber ein großer Ermessensspielraum besteht?

Der unionsrechtliche Charakter des Wortes »achten« in Art 4 Abs 2 EUV erfordert eine autonom-unionsrechtliche Auslegung,[52] wobei erkennbar ist, dass dem Begriff eine zwingende Komponente innewohnt. Dies wird durch das Abstellen auf verschiedene Sprachfassungen bestätigt:[53] In diesen wird eine unbedingte Pflicht der Union etabliert, die nationale Identität der Mitgliedstaaten bei unionalen Handlungen nicht nur im Rahmen des Entscheidungsfindungsprozesses bestmöglich zu berücksichtigen, sondern den Erfolg der Achtung der nationalen Identität herzustellen.[54]

Die Auslegung anhand des Wortlauts bildet hier den ersten Schritt; definitive Schlüsse können auf dieser Grundlage nicht gezogen werden. Denn der Wortlaut des Art 4 Abs 2 EUV führt zu keinem Ergebnis, das dessen Funktion vollständig darlegt. Aus diesem Grund sind die übrigen Auslegungsmethoden als zusätzliche Erkenntnisquellen

---

51   Für die verschiedenen Ausprägungen der in Europa vorherrschenden indogermanischen Sprachen vgl nur: englisch *(The Union);* französisch *(L'Union);* italienisch *(L'Unione);* niederländisch *(De Unie);* polnisch *(Unia);* schwedisch *(Unionen);* spanisch *(La Unión);* ungarisch *(Unió).*

52   Sofern das Unionsrecht nicht auf das Recht der Mitgliedstaaten verweist, sind Begriffe des Unionsrechts autonom auszulegen; für Nachweise in der stRsp des EuGH siehe nur EuGH 19.09.2000, C-287/98 (Linster) Rz 43; 12.10.2004, C-55/02 (Kommission/Portugal) Rz 45; 27.01.2005, C-188/03 (Junk) Rz 29.

53   Dabei ist wiederum auf die (repräsentative) Auswahl der Sprachfassungen abzustellen, die ausnahmslos das Synonym »respektieren« des Begriffs »achten« verwenden: englisch *(respect* = respektiert); französisch *(respecte* = respektiert); italienisch *(rispetta* = respektiert); niederländisch *(eerbiedigt* = respektiert); polnisch *(szanuje* = respektiert); schwedisch *(ska respektera* = respektieren); spanisch *(respetará* = respektiert); ungarisch *(tiszletetben* = respektiert).

54   Ähnlich *Puttler* in EUV/AEUV⁵ Art 4 EUV Rz 22; differenzierend *Franzius* in EUV/GRC/AEUV Art 4 EUV Rz 14; bloß unverhältnismäßige Eingriffe im Rahmen einer Verhältnismäßigkeitsprüfung ablehnend *Schill/Krenn* in Recht der EU Art 4 EUV Rz 43 f; ebenso *von Bogdandy/Schill,* ZaöRV 2010, 725 f.

heranzuziehen.[55] Diese Vorgehensweise stimmt auch mit der Rechtsprechung des EuGH überein.[56] Als Zwischenergebnis kann aber festgehalten werden, dass die Funktion des Art 4 Abs 2 EUV nach dessen Wortlaut in einer unbedingten Bindung sämtlicher unionaler Handlungen an die Verwirklichung der Achtung der nationalen Identität besteht.

C.   Funktion nach der Systematik

Die Auslegung von Art 4 Abs 2 EUV nach systematischen Aspekten bezweckt die Ermittlung dessen Funktion im Regelungszusammenhang des gesamten Primärrechts, weil damit ein einheitliches Ordnungssystem geschaffen wurde.[57] Normen des Primärrechts sind so auszulegen, dass sich diese kohärent in dieses Ordnungssystem einfügen und gleichzeitig ihrer Funktion gerecht werden.[58] Dabei ist insbesondere das Zusammenspiel mit jenen Normen maßgeblich, die der betreffenden Norm entweder unmittelbar vorangestellt werden oder unmittelbar nachfolgen.[59]

Die Prinzipien des Verfassungsverbundes wurden – wie bereits erörtert – in Art 4 EUV primärrechtlich kodifiziert. Art 4 EUV fasst damit die zentralen Vorgaben für die Beziehung des Unionsrechts und den mitgliedstaatlichen Rechtsordnungen zusammen.[60] In systematischer Hinsicht ist das Achtungsgebot der nationalen Identität daher Teil einer Norm des Primärrechts, welche die Permeabilität im Verfassungsverbund garantiert und dabei die wechselseitige Wahrung der den handelnden Akteuren zustehenden Kompetenzen sichert.[61] Angesichts dieser Ausrichtung hat die EU bei Ausübung der ihr übertragenen

---

55   *Leisner,* Die subjektiv-historische Auslegung des Gemeinschaftsrechts, EuR 2007, 689 (701); *Martens,* Methodenlehre 375.
56   Richtungsweisend EuGH 12.11.1969, 29/69 (Stauder) Rz 3 f.
57   *Streinz* in Riesenhuber, Europäische Methodenlehre § 7 Rz 13.
58   *Martens,* Methodenlehre, 431.
59   *Pechstein/Drechsler,* Die Auslegung und Fortbildung des Primärrechts, in Riesenhuber (Hrsg), Europäische Methodenlehre³ (2015) § 7 Rz 23.
60   Vgl hierzu auch die noch im (gescheiterten) Verfassungsvertrag enthaltene Überschrift des Art I-6, der nahezu wortgleich in Art 4 EUV übergeführt wurde: »Beziehungen zwischen der Union und den Mitgliedstaaten«.
61   *von Bogdandy/Schill,* CMLR 2011, 1431 qualifizieren Art 4 Abs 2 EUV in ähnlicher Weise als » [...] gateway that opens EU law vis-a-vis domestic constitutional law, that makes EU law receptive to domestic constitutional law.«

Kompetenzen hinsichtlich jener Bereiche mit besonderer Sorgfalt vorzugehen, die aufgrund der Zugehörigkeit zur nationalen Identität eines Mitgliedstaates zentrale Bedeutung für diesen haben. Übereinstimmend mit den Ergebnissen der Auslegung des Wortlauts ist diese Pflicht zur besonderen Sorgfalt als Achtungsgebot systematisch als Kompetenz-ausübungsschranke zu verstehen: Die Union achtet die mitgliedstaatlichen Kompetenzen insbesondere dort, wo deren nationale Identität betroffen ist.

Diese These wird durch den vorstehenden Art 4 Abs 1 EUV und den nachstehenden Art 5 EUV gestützt und hebt die kompetenzrechtliche Charakteristik des Achtungsgebots hervor:[62] Gemäß dem Prinzip der begrenzten Einzelermächtigung hat die EU keine »Kompetenz-Kompetenz« und kann deshalb nur aufgrund jener Kompetenzen tätig werden, die ihr von den Mitgliedstaaten auch eingeräumt wurden.[63] Alle nicht eingeräumten Kompetenzen verbleiben bei den Mitgliedstaaten.[64] Die Auffassung, dass Art 4 Abs 1 EUV keine über Art 5 Abs 1 S 1 und Abs 2 EUV hinausgehende Bedeutung hat[65] und daher nur als Betonung zu verstehen ist,[66] trifft bei einer isolierten Betrachtung des Art 4 Abs 1 EUV zwar zu.[67] Dieser Befund kann aber für die systematische Auslegung des Art 4 Abs 2 EUV nicht aufrecht erhalten werden.

Im Lichte der Vorgänger dieser Bestimmung[68] sollte garantiert werden, dass die EU aufgrund der Bindung an die bestehende Kompetenzverteilung nicht derart handelt, dass Bereiche betroffen sind, die in die ausschließliche Kompetenz der Mitgliedstaaten fallen.[69] Das Ergebnis

---

62   *Guastaferro,* Beyond the Exceptionalism of Constitutional Condlicts: The Ordinary Functions of the Identity Clause, Yearbook of European Law 2012, 263 (288).

63   Statt vieler *Franzius* in EUV/GRC/AEUV Art 4 EUV Rz 14.

64   *Stöger* in Jaeger/Stöger (Hrsg), EUV/AEUV Art 4 EUV Rz 8 (Stand 01.12.2012); *Öhlinger/Potacs,* EU-Recht[6], 14.

65   *Schill/Krenn* in Recht der EU Art 4 EUV Rz 2; *Puttler* in EUV/AEUV[5] Art 4 EUV Rz 3.

66   *Schiffauer,* Zum Verfassungszustand der Europäischen Union nach Unterzeichnung des Vertrags von Lissabon, EuGRZ 2008, 1 (4); *Hellmann,* Der Vertrag von Lissabon (2009) 54.

67   Unbestritten ist, dass das Prinzip der begrenzten Einzelermächtigung grundlegend in Art 5 Abs 1 S 1 und Abs 2 EUV normiert wird.

68   Vgl dazu Art I-11 Abs 2 S 2 des (gescheiterten) Europäischen Verfassungsvertrages, dessen Ursprung die »Erklärung von Laeken« des Europäischen Rates, European Council Meeting in Laeken, 14 and 15 December 2001, Presidency Conclusions, Appendix I, 22; zugänglich unter (<https://ec.europa.eu/dorie/fileDownload.do?docId=475&cardId=475>) (Abgerufen am 01.04.2020).

69   *Franzius* in EUV/GRC/AEUV Art 4 EUV Rz 14.

ist die Etablierung einer Vermutung zugunsten mitgliedstaatlicher Kompetenz.[70] Das Achtungsgebot nationaler Identität greift diesen Ansatz im direkt nachfolgenden Absatz auf[71] und betont dessen Relevanz für diesen Bereich ausdrücklich: Das Prinzip der begrenzten Einzelermächtigung gilt unter Berücksichtigung der Vermutung mitgliedstaatlicher Kompetenz für das gesamte Recht der Mitgliedstaaten und muss daher a fortiori für deren nationale Identität gelten. Wenn die EU in jenen Bereichen nicht tätig werden darf, in denen ihr keine Kompetenzen eingeräumt wurden,[72] dann ist ein Tätigwerden in jenen Bereichen, die nach den verfassungsrechtlichen Vorschriften des betroffenen Mitgliedstaates einer Übertragung gänzlich entzogen sind[73], erst recht ausgeschlossen.

Dies muss mutatis mutandis auch für jene mitgliedstaatlichen Rechtsordnungen gelten, die zwar eine Kompetenzübertragung auf die EU für bestimmte Bereiche nicht gänzlich ausschließen, aber dafür besondere verfassungsrechtliche Voraussetzungen vorsehen und diese aber missachtet wurden.[74] Dieses Ergebnis deckt sich mit der Auslegung des Wortlauts, weil darin die zwingende Charakteristik des Achtungsgebotes sichtbar wird: Wenn die nationale Identität eines Mitgliedstaates von Unionsrecht berührt wird und diese aber nicht durch eine entsprechende Kompetenzübertragung geöffnet wurde, dann hat die EU bei Ausübung der wirksam übertragenen Kompetenzen darauf Bedacht zu nehmen.

---

70   *Guastaferro,* Yearbook of European Law 2012, 289.

71   Der Umstand, dass im 1. HS des Art Art 4 Abs 2 EUV die Achtung der Gleichheit der Mitgliedstaaten normiert ist, schadet dieser Beobachtung nicht.

72   Womit eine Kompetenz der Union nach dem Prinzip der begrenzten Einzelermächtigung erst gar nicht bestehen kann.

73   Ein Beispiel dafür ist etwa Deutschland: Der Verweis des Art 23 Abs 1 Satz 3 GG auf Art 79 Abs 3 GG etabliert die Verbindlichkeit der für den Verfassungsgesetzgeber geltenden materiellen Schranken des Art 79 Abs 3 GG auch für den Integrationsgesetzgeber: Über jene Bereiche, die dem verfassungsändernden Gesetzgeber entzogen sind, kann ebenso wenig der (einfache) Integrationsgesetzgeber disponieren, wenn er im Rahmen der Fortentwicklung des Primärrechts Hoheitsrechte auf die EU überträgt; statt vieler *Denninger,* Identität versus Integration? JZ 2010, 969 (971); *Kottmann/Wohlfahrt,* Der gespaltene Wächter? – Demokratie, Verfassungsidentität und Integrationsverantwortung im Lissabon-Urteil, ZaöRV 2009, 443 (464).

74   Ein Beispiel dafür ist etwa Österreich: Die österreichische Bundesverfassung hat nach der hA keine unabänderbaren Bereiche; so etwa *Wiederin,* Der Vorrang des Unionsrechts vor nationalem Recht, in Griller/Kahl/Kneihs/Obwexer (Hrsg), 20 Jahre Mitgliedschaft Österreichs (2015) 179 (189). Solange das Gesamtänderungsverfahren nach Art 44 Abs 3 B-VG beachtet wird, können beliebig Kompetenzübertragungen auf die EU stattfinden. Rechtsgrundlage dafür ist Art 50 Abs 4 B-VG; vgl idZ nur *Öhlinger/Potacs,* EU-Recht[6], 59.

Bei systematischer Auslegung fungiert Art 4 Abs 2 EUV als Kompetenz-ausübungsschranke für jene die jeweilige nationale Identität konstitu-ierenden mitgliedstaatlichen Bereiche. Die Voraussetzung eines Tätig-werdens der EU ist eine Übertragung einer entsprechenden Kompetenz durch die Mitgliedstaaten.[75] Daher ist Unionsrecht, das die nationale Identität eines Mitgliedstaates berührt, sorgfältig dahingehend zu prü-fen, ob der EU tatsächlich die angenommene Zuständigkeit wirksam übertragen wurde und sie diese nicht überschritten hat.[76] Anderenfalls liegt ein Verstoß insb gegen Art 4 Abs 2 EUV vor.

D.   Funktion nach dem Zweck

Die objektiv-teleologische Auslegung primärrechtlicher Normen hat im Unionsrecht grundsätzlich einen hohen Stellenwert,[77] leitete doch der EuGH zentrale Charakteristika der Unionsrechtsordnung – wie bspw den Anwendungsvorrang[78] – aus dem Zweck der Verträge ab. Dabei spielt die volle Wirksamkeit, der effet utile, zur Erreichung der mit den Verträgen verfolgten Zielen eine entscheidende Rolle.[79] Kodifiziert sind diese Ziele in Art 3 EUV. Sie geben damit den Aktionsradius der EU vor und binden so als limitierender Faktor deren Handeln an die definier-ten Ziele.[80] Art 3 EUV wirkt selbst nicht zuständigkeitsbegründend: Art 3 Abs 6 EUV bindet nämlich die Verfolgung der Ziele an jene Zuständig-keiten, die der EU durch die Verträge eingeräumt wurden. Eine von den bestehenden Kompetenzen unabhängige Zielverfolgung ist daher unzulässig.[81]

Unter Berücksichtigung der grundlegenden Bindung der EU bei der Verfolgung ihrer Ziele an die eingeräumten Zuständigkeiten besteht

---

75   Instruktiv zum Prinzip der begrenzten Einzelermächtigung *Dashwood,* The Rela-tionship between the Member States and the European Union/European Com-munity, CMLR 2004, 355 (356); ebenso *Pache* in Pechstein/Nowak/Häde (Hrsg), EUV/GRC/AEUV Band 1 Art 5 EUV Rz 17.

76   Ähnlich *Pache* in EUV/GRC/AEUV Art 5 Rz 12.

77   *Hager,* Rechtsmethoden in Europa (2009) 253; *Möllers,* Methodenlehre § 5 Rz 4.

78   EuGH 15.07.1994, 6/64 (Costa/ENEL): »Geist des Vertrages«.

79   Zur Errichtung des Binnenmarktes grundlegend EuGH 05.02.1963, 26/62 (van Gend en Loos).

80   *Müller-Graff* in Pechstein/Nowak/Häde (Hrsg), EUV/GRC/AEUV Band 1 Art 3 EUV Rz 1; ähnlich *Pechstein* in Streinz (Hrsg), EUV/AEUV³ Art 3 EUV Rz 2 (2018).

81   *Müller-Graff* in EUV/GRC/AEUV I Art 3 EUV Rz 2.

der Zweck des Art 4 Abs 2 EUV in der Präzisierung dieser Bindung dort, wo die nationale Identität der Mitgliedstaaten betroffen ist. Gem Art 3 Abs 6 EUV sind zur Erreichung der Ziele nur jene Handlungen zulässig, die in den der Union mit den Verträgen eingeräumten Kompetenzen Deckung finden. Art 4 Abs 2 EUV bewirkt daher die Betonung dieser bestehenden Bindung für die nationale Identität der Mitgliedstaaten.

E. Funktion nach dem historisch-subjektiven Willen des Normschöpfers

Mit der historisch-subjektiven Auslegung soll der Inhalt des tatsächlichen Willens des historischen Normschöpfers ermittelt und darüber Kenntnis erlangt werden, was zum Zeitpunkt der Erlassung mit der jeweiligen Regelung beabsichtigt wurde.[82] Normschöpfer des Primärrechts ist grundsätzlich[83] die Gesamtheit der Mitgliedstaaten,[84] die die vertraglichen Grundlagen der nunmehrigen EU nicht nur geschaffen, sondern laufend weiterentwickelt hat.

Die Relevanz dieser Auslegungsmethode für Unionsrecht wurde vielfach als nicht besonders hoch eingestuft.[85] Bei der Ermittlung der Bedeutung einer Vorschrift des Primärrechts ist sie aber nicht nur eine zulässige Erkenntnisquelle, sondern kann auch für die Ermittlung der Funktion des Art 4 Abs 2 EUV gewinnbringend angewendet werden. Eine einheitliche Begriffsdefinition der als Auslegungsmaterial heranzuziehenden Quellen ist dabei nicht auszumachen. Die in der

---

82   *Möllers,* Methodenlehre § 4 Rz 156; *Streinz* in Riesenhuber, Europäische Methodenlehre § 7 Rz 16; *Wendel,* Renaissance der historischen Auslegungsmethode im Europäischen Verfassungsrecht? ZaöRV 2008, 803 (809).

83   Selbst wenn im vereinfachten Vertragsänderungsverfahren nach Art 48 Abs 6 und Abs 7 EUV der Europäische Rat als Unionsorgan mit Beschluss die Änderung der Verträge beschließen kann, so wird ein solcher Beschluss aufgrund der Zusammensetzung des Europäischen Rates aus den Staats- und Regierungschefs, aus dem Präsidenten des Rates und dem Präsidenten der Kommission (Art 16 Abs 2 EUV) de facto auch von den Mitgliedstaaten gefasst.

84   *Leisner,* EuR 2007, 702.

85   So beispielsweise *Anweiler,* Die Auslegungsmethoden des Gerichtshofs der Europäischen Gemeinschaften (1997) 252 ff; *Buck,* Über die Auslegungsmethoden des Gerichtshofs der Europäischen Gemeinschaften (1998) 141; *Dederichs,* Die Methodik des Gerichtshofs der Europäischen Gemeinschaften, EuR 2004, 345 (358 f); *Schroeder,* Die Auslegung des EU-Rechts, JuS 2004, 180 (183); zu Recht aA *Leisner,* EuR 2007, 699.

Rechtsprechung vom EuGH austauschbar verwendeten Begriffe der »Materialien«[86] oder »Vorarbeiten«[87] bestätigen diese Annahme. Der folgenden Untersuchung wird der Begriff der Vorarbeiten zugrunde gelegt. Der EuGH anerkannte bereits früh die grundsätzliche Relevanz der historisch-subjektiven Auslegung iZm Primärrecht.[88] Unschädlich ist dabei, dass auf Basis der in dieser Rechtssache vorhandenen Vorarbeiten eine Ermittlung des übereinstimmenden Willens des Normschöpfers nicht möglich war. Klar ist, dass eine historisch-subjektive Auslegung nicht für jede Norm des Primärrechts Erkenntnisse liefern wird. Die Gründe dafür sind vielschichtig: zB die Inexistenz von einschlägigen Vorarbeiten oder ein eindeutiges Auslegungsergebnis der anderen Methoden, weshalb die Frage nach dem historisch-subjektiven Willens des Normschöpfers redundant wird.

Richtig ist, dass diese Auslegungsmethode aufgrund der für die Gründungsverträge verhängten 30-jährigen Sperrfrist mangels Zugang zu relevanten Vorarbeiten zunächst praktisch verhindert wurde. Aus dieser mangelnden Zugänglichkeit kann aber nicht die rechtliche Bedeutungslosigkeit der bestehenden Vorarbeiten abgeleitet werden.[89] Das Argument der mangelnden Zugänglichkeit verliert darüber hinaus dann seine Berechtigung, wenn die Vorarbeiten zu primärrechtlichen Normen veröffentlicht werden und somit eine Rekonstruktion des Willens des Normschöpfers auch faktisch möglich wird.

Das hat auch der EuGH erkannt: Bei der Auslegung von Primärrecht nach dem Inkrafttreten des Vertrags von Lissabon hat dieser explizit auf dessen Entstehungsgeschichte, Vorgängerregelungen und die Intention des Normschöpfers rekurriert.[90] In der Rechtssache Pringle stellte der EuGH bei der Auslegung von Art 125 AEUV ausdrücklich auf dessen – durch den Vertrag von Maastricht in das Primärrecht aufgenommene – Vorgängerbestimmungen ab.[91] Dieselbe Vorgehensweise

---

86   Bereits früh zum Primärecht EuGH 01.06.1960, 15/60 (Simon); aktuelle Beispiele dafür sind EuGH 06.02.2019, C-535/17 (NK) Rz 24; 17.10.2018, C-425/17 (Günter Hartmann Tabakvertrieb) Rz 31.

87   Jüngst EuGH 16.06.2015, C-62/14 (Gauweiler) Rz 100: »Aus den Vorarbeiten für den Maastrichter Vertrag ergibt sich, dass [...].«

88   Zur Auslegung eines Protokolls, das einen primärrechtlichen Rang einnimmt, zum EGKS-Vertrag: EuGH 16.12.1960, 6/60 (Humblet).

89   *Leisner,* EuR 2007, 696.

90   EuGH 27.11.2012, C-370/12 Rz 135-137; 03.10.2013, C-583/11P Rz 58 f.

91   EuGH 27.11.2012, C-370/12 Rz 134 f.

wurde auch in der Rechtssache Gauweiler für Art 123 AEUV gewählt.[92] Zusätzlich zog der EuGH in der Rechtssache Inuit (den nicht in Kraft getretenen) Art III-365 Abs 4 des Verfassungsvertrages heran, um den nunmehrigen Art 263 Abs 4 AEUV, der die erstgenannte Bestimmung wortgleich übernahm, auszulegen.[93]

Aufbauend auf die Zulässigkeit der historisch-subjektiven Auslegungsmethode für Primärrecht, liefert diese in concreto auch für das Achtungsgebot der nationalen Identität Ergebnisse. Anknüpfungspunkt ist der im gescheiterten Verfassungsvertrag enthaltene Art I-5[94] und die dazu im Europäischen Konvent entstandenen Vorarbeiten.[95] Über das detaillierte Mandat kommt diesen für den Vertrag von Lissabon und somit auch für Art 4 Abs 2 EUV maßgebliche Bedeutung zu.

Nach dem Scheitern des Verfassungsvertrags wurde die Reform des Primärrechts dennoch forciert. Dieser Reformprozess brachte wenig später erste Ergebnisse: Unter deutscher Ratspräsidentschaft nahm der Europäische Rat vom 21./22. Juni 2007 Schlussfolgerungen an, wonach die Einberufung einer Regierungskonferenz angeordnet wurde. Für deren Arbeit wurde dieser Regierungskonferenz ein als detailliertes Mandat bezeichneter Rahmen ihrer Arbeit vorgegeben. Die Besonderheit dieses Mandats lag darin, dass sowohl die Struktur als auch der Inhalt des von der Regierungskonferenz auszuarbeitenden neuen Vertragstextes klar vorgegeben wurde:[96] »Die Regierungskonferenz wird ihre Arbeit gemäß dem in Anlage I [...] enthaltenen Mandat durchführen. Der Europäische Rat ersucht den künftigen Vorsitz, gemäß dem Mandat einen

---

92   EuGH 16.06.2015, C-62/14 Rz 100.

93   EuGH 03.10.2013, C-583/11P Rz 59.

94   Art I-5 des gescheiterten Verfassungsvertrages wurde nahezu wortgleich in Art 4 Abs 2 EUV übernommen und lautete: »Die Union achtet die Gleichheit der Mitgliedstaaten vor der Verfassung sowie die nationale Identität der Mitgliedstaaten, die in deren grundlegender politischer und verfassungsrechtlicher Struktur einschließlich der regionalen und kommunalen Selbstverwaltung zum Ausdruck kommt. Sie achtet die grundlegenden Funktionen des Staates, insbesondere die Wahrung der territorialen Unversehrtheit, die Aufrechterhaltung der öffentlichen Ordnung und den Schutz der nationalen Sicherheit.«

95   Die von *Claes,* National Identity, Constitutional Identity, and Sovereignty in the EU, Netherlands Journal of Legal Philosophy 2016, 82 (85) zum Ausdruck gebrachten praktischen Probleme bei der Ermittlung des historisch-subjektiven Willens bestehen hier nicht, zumal die Vorarbeiten der Regierungskonferenz und deren Arbeitsgruppen auf die Intention der Normschöpfer – die Gesamtheit der Mitgliedstaaten – schließen lassen.

96   Vgl dazu *Mayer,* Die Rückkehr der Europäischen Verfassung? Ein Leitfaden zum Vertrag von Lissabon, ZaöRV 2007, 1141 (1146 f); ebenso *Wendel,* ZaöRV 2008, 811.

Vertragsentwurf zu erstellen und diesen Entwurf der Regierungskonferenz gleich zu Beginn ihrer Arbeiten zu unterbreiten [...].«[97] Das Mandat stellte somit die »ausschließliche Grundlage« und den »ausschließlichen Rahmen« für die Arbeit der Regierungskonferenz dar.[98]

Im Detail gab das Mandat Folgendes vor: Der von der Regierungskonferenz neu auszuarbeitende Vertragstext des EUV und des AEUV hat jene Neuerungen zu übernehmen, die auf das zur Ausarbeitung des Verfassungsvertrages eingesetzte Konvent aus dem Jahr 2004 zurückzuführen sind. Allfällige Abweichungen von diesen Änderungen sind in der Anlage I ausdrücklich als solche anzuführen.[99] Daraus folgt, dass im Sinne eines Regel-Ausnahme-Verhältnisses in den neuen Vertragstext grundsätzlich die Inhalte des vom Konvent 2004 ausgearbeiteten Verfassungsvertrages übernommen werden. Abweichendes gilt nur dann, wenn in der Anlage I zum detaillierten Mandat etwas anderes angeordnet wird.[100]

Sofern also eine Norm des auszuarbeitenden Vertragstextes nicht ausdrücklich in der Anlage I zum detaillierten Mandat genannt wird, wird diese samt deren Bedeutung aus dem Verfassungsvertrag übernommen. Daraus resultiert einerseits eine mittelbare Übernahme der Inhalte aus dem Verfassungsvertrag, die andererseits zur Folge hat, dass auch die Vorarbeiten des Konvents aus dem Jahr 2004 zur Auslegung jener Normen des EUV und AEUV herangezogen werden können, die durch das detaillierte Mandat nicht berührt wurden.[101]

In der Anlage I zum detaillierten Mandat wird Art 4 Abs 2 EUV nicht erwähnt. Somit wird die Vorgängerbestimmung des Art I-5 aus dem Verfassungsvertrag in ihrer Substanz inhaltlich unverändert in den Reformvertrag übergeleitet. Der nur minimal geänderte Wortlaut des Art 4 Abs 2 EUV in der Fassung der Vertrags von Lissabon bestätigt diese Annahme.[102]

---

97   Schlussfolgerungen des Vorsitzes der Tagung des Europäischen Rates in Brüssel am 21. und 22. Juni 2007, Ratsdokument 11177/07 (CONCL 2) Rz 11.
98   Anlage I zu den Schlussfolgerungen 15.
99   Anlage I zu den Schlussfolgerungen 16.
100 *Wendel*, ZaöRV 2008, 812.
101 *Wendel*, ZaöRV 2008, 812 f bezeichnet das detaillierte Mandat plastisch als »Scharnier« zwischen dem Verfassungsvertrag und den von der Regierungskonferenz 2007 auszuarbeitenden Reformverträgen.
102 Der in Art 4 Abs 2 EUV angehängte Zusatz »Die nationale Sicherheit fällt weiterhin in die alleinige Zuständigkeit der Mitgliedstaaten« hebt lediglich den Verbleib der Kompetenz zur Regelung der nationalen Sicherheit bei den Mitgliedstaaten erneut hervor und bedeutet keine Änderung der Substanz dieser Norm im Vergleich zur

Daraus folgt, dass auch die diesbezüglichen öffentlich zugänglichen[103] Materialen des Konvents zur Rekonstruktion des subjektiv-historischen Willens der Normschöpfer bei der Frage nach der Funktion des Art 4 Abs 2 EUV ausgewertet werden können. Die Vorarbeiten der Arbeitsgruppe V »Ergänzende Zuständigkeiten« bringen Ergebnisse.

Zunächst verwundert der Name der Arbeitsgruppe V »Ergänzende Zuständigkeiten«,[104] der einen engen Wirkungsbereich suggeriert. Doch bereits rasch nach der Konstituierung dieser Arbeitsgruppe zeichnete sich der weitere Kontext der zu bearbeitenden Themenkomplexe ab. Damit stand auch die eigentliche Stoßrichtung fest: Im Fokus stand die Limitierung unionsrechtlicher Kompetenzen in einer Weise, dass bei deren Ausübung bestimmte mitgliedstaatliche Bereiche nicht unrechtmäßigerweise berührt werden;[105] die Kompetenzverteilung hinsichtlich ergänzender Zuständigkeiten wurde nur am Rande behandelt. Eine zentrale Rolle nahm dabei die Verhinderung einer schleichenden Entstaatlichung und einer graduellen Auflösung der Nationalstaaten durch unilaterale Ausdehnung aufgrund der funktionalen Ausübung unionaler Kompetenzen ein.[106]

Um solchen Tendenzen wirksam vorzubeugen, mussten die der EU nicht wirksam übertragen und daher bei den Mitgliedstaaten verbliebenen Kompetenzen vor dem sog competence creep, wirksam geschützt werden.[107] Dazu wurden vier Lösungsmodelle präsentiert,[108] von denen das sog Unionsmodell übernommen wurde. Im Zentrum stand dabei die Identitätsklausel des Art 6 Abs 3 EUV in der Fassung des Vertrags von Maastricht.[109] Diese wurde durch die Beifügung von jene die

---

Art I-5 des Verfassungsvertrags; zum hervorhebenden Charakter dieses Zusatzes *Franzius* in EUV/GRC/AEUV Art 4 Rz 50.

103 Diese sind auf der offiziellen Website (<http://european-convention.europa.eu>) des Europäischen Konvents verfügbar (Abgerufen am 01.04.2020).

104 Vgl dazu CONV 75/02, Mandate of the working group on Complimentary Competences, 31 May 2002, Note from Mr. Henning Christophersen to the Convention 2.

105 *Guastaferro,* Yearbook of European Law 2012, 274.

106 *Pache,* Europäische und nationale Identität: Integration durch Verfassungsrecht? DVBl 2002, 1154 (1160); *Haratsch,* Nationalen Identität aus europarechtlicher Sicht, EuR 2016, 131 (133).

107 Dies ergibt sich aus Working Group V, Working Document 5, 2 f.

108 Erstmalig wurden diese verschiedenen Varianten in Working Group V, Working Document 5, 2 f dargelegt: das Gemeinschaftsmodell, das Unionsmodell, das Verfassungsmodell und das politische Modell.

109 Art F Abs 1 EUV (Maastricht) lautete: »Die Union achtet die nationale Identität der Mitgliedstaaten, deren Regierungssysteme auf demokratischen Grundsätzen

nationale Identität konstituierenden Bereichen präzisiert. Mit dieser Präzisierung sollte ein zusätzlicher Sicherheitsmechanismus zugunsten der Mitgliedstaaten geschaffen werden, mit dem die negativen Auswirkungen der funktionalen Ausübung von Kompetenzen der Union auf die internen Strukturen und nationalen Kompetenzen der Mitgliedstaaten hintangehalten werden. Es sollten jene Kompetenzausübungen ausgeschlossen sein, die negative Auswirkungen auf die nationale Identität hätten.[110]

Die kompetenzbeschränkende Funktion des Art 4 Abs 2 EUV ist damit in den Vorarbeiten klar erkennbar, zumal die EU bei der Ausübung ihrer Kompetenzen die (präzisierte) nationale Identität der Mitgliedstaaten zu achten hat.[111] Es handelt es sich damit gerade nicht um eine Ermächtigung der Mitgliedstaaten, die die Nichteinhaltung von Unionsrecht billigt. Es sollte eine justiziable Rechtsgrundlage geschaffen werden, auf deren Basis der EuGH die Überschreitung von Ermessensspielräumen durch Unionsorgane bei Auswirkungen auf die nationale Identität der Mitgliedstaaten sanktionieren kann.[112]

F.   Zwischenergebnis

Die kompetenzbeschränkende Funktion des Achtungsgebots nationaler Identität ergibt sich nach dem Wortlaut, der Systematik, dem Zweck und dem historisch-subjektiven Willen des Normschöpfers. Es handelt sich dabei um eine Begrenzung unionalen Handelns, mit der eine unionsrechtliche Grundlage geschaffen wurde, die als zusätzlicher Sicherheitsmechanismus die Bewahrung der nationalen Identität im unionsrechtlichen Kontext garantiert. Art 4 Abs 2 EUV leistet somit einen Beitrag in einem kleinen, aber für die Mitgliedstaaten besonders wichtigen, Bereich, um die fortwährende Akzeptanz und die darauf aufbauende Zusammenarbeit zur Bewältigung gesellschaftlicher Herausforderungen in der EU sicherzustellen.

---

beruhen.« Mit dem Vertrag von Amsterdam wurde der Zusatz »deren Regierungssysteme auf demokratischen Grundsätzen beruhen« gestrichen und die Bestimmung wurde in Art 6 (3) EUV (Amsterdam) verschoben.

110   Working Group V, Working Document 9, 15.
111   Working Group V, Final Report 10.
112   Working Group V, Final Report 11.

IV. Achtungsgebot

Ganz allgemein ist unter »Achtung« die Anerkennung als rechtlich relevantes Schutzgut zu verstehen.[113] Weitere Erkenntnis über die Ausgestaltung des Achtungsgebots gibt Art 4 Abs 2 EUV aber nicht. Die Bedeutung des Begriffs »achten« im Primärrecht kann nicht pauschal festgestellt werden.[114] Denn allein bei quantitativer Betrachtung spielt die Pflicht, etwas zu achten, keine maßgebliche Rolle: Sowohl im EUV[115] und als auch im AEUV[116] finden sich je nur drei Nachweise dafür. Auch bei qualitativer Betrachtung ist eine einheitliche Bedeutung nicht festzustellen, weil zu unterschiedliche Akteure und Rechtsbereiche betroffen sind.[117] Unklar ist daher zunächst, ob das Achtungsgebot entweder zur Berücksichtigung in einem Abwägungsprozess verpflichtet oder ob die nationale Identität abwägungsfest gegenüber entgegenstehenden Unionsinteressen ist. Es stellt sich daher die Frage, ob die Kompetenzbeschränkung durch das Achtungsgebot relativ oder absolut wirkt.

In einem ersten Schritt ist eine Auslegung des Achtungsgebots mit absoluter Schutzwürdigkeit abzulehnen.[118] Das Potential der kompetenzbeschränkenden Funktion des Art 4 Abs 2 EUV würde überspannt werden, wenn daraus eine Pflicht zur primärrechtlichen Anerkennung von verfassungsrechtlichen Vorbehalten von Mitgliedstaaten abgeleitet

---

113 *Hatje* in EU-Kommentar⁴ Art 4 Rz 20.
114 *Schill/Krenn* in Recht der EU Art 4 EUV Rz 43 nennen als sonstige Anwendungsbeispiele des Wortes »achten« im Unionsrecht ausschließlich Normen der GRC und leiten daher die Unzulässigkeit unverhältnismäßiger Eingriffe nach grundrechtlichem Vorbild ab.
115 Art 4 Abs 3, 5 Abs 3 und 24 Abs 3 EUV.
116 Art 236, 245 und 282 AEUV.
117 Beispielsweise *achten* die Mitgliedstaaten nach Art 245 AEUV die Unabhängigkeit der Kommissionsmitglieder und nach Art 282 AEUV *achten* sämtliche Organe und Einrichtungen der Union sowie die Regierungen der Mitgliedstaaten die Unabhängigkeit der EZB. Nach Art 4 Abs 3 EUV *achten* die Mitgliedstaaten und die Union sich gegenseitig bei der Erfüllung der sich aus den Verträgen ergebenden Aufgaben. Die nationalen Parlamente *achten* nach Art 5 Abs 3 UAbs 2 EUV die Einhaltung des Subsidiaritätsprinzips. Ebenso *achten* die Mitgliedstaaten das Handeln der Union im Bereich der Außen- und Sicherheitspolitik.
118 *von Bogdandy/Schill*, ZaöRV 2010, 725 f; *Franzius* in EUV/GRC/AEUV Art 4 EUV Rz 53; *Schill/Krenn* in Recht der EU Art 4 Rz 43; *Goldhammer*, JdÖR 2015, 125; *Puttler* in EUV/AEUV⁵ Art 4 EUV Rz 22; differenzierend, aber im Ergebnis ähnlich *Hatje* in EU-Kommentar⁴ Art 4 EUV Rz 18; ebenso *Haratsch*, EuR 2016, 140 ff.

werden würde.[119] Denn die verfassungsrechtlichen Vorbehalte können nur aufgrund ihrer Zugehörigkeit zur (unionsrechtlichen) nationalen Identität mittelbar Rechtswirkungen entfalten und genießen daher eine bloß relative Schutzwürdigkeit. Das Achtungsgebot der nationalen Identität operiert als unionsrechtlicher Mechanismus nach unionsrechtlichen Parametern[120]

Die Ausgestaltung dieser Relativität erfordert aber eine differenzierte Betrachtung. Nach der Rechtsprechung des EuGH[121] und Teilen des Schrifttums[122] ist die nationale Identität im Rahmen des Verhältnismäßigkeitsgrundsatzes mit den jeweils widersprechenden unionsrechtlichen Interessen abzuwägen. Die nationale Identität eines Mitgliedstaates wird dabei nur unter der Voraussetzung verletzt, dass der Eingriff unverhältnismäßig erfolgt. Die nationale Identität fungiert dabei grundsätzlich[123] als (legitimes) öffentliches Interesse für den Eingriff, der sodann auf dessen Geeignetheit, Erforderlichkeit und Verhältnismäßigkeit ieS geprüft wird. An dieser Auslegung ist zunächst zutreffend, dass die Achtung der nationalen Identität damit die jeweiligen zugrundeliegenden nationalen Normen unionsrechtlich einschränkt.[124]

Die Qualifikation der nationalen Identität ausschließlich als zu berücksichtigendes öffentliches Interesse wird deren kompetenzbeschränkender aber Funktion nicht gerecht. Denn die damit einhergehende faktische Gleichsetzung mit den übrigen geschriebenen oder ungeschriebenen Rechtfertigungsgründen im Unionsrecht, die potentiell eine Ausnahme vom Anwendungsvorrang des Unionsrechts ermöglichen, ist abzulehnen. Dabei ist es gerade nicht erforderlich, dass die betroffenen nationalen Normen Teil der grundlegenden politischen

---

119   So bereits *Schill/Krenn* in Recht der EU Art 4 Rz 43, die einen »prinzipiellen Vorrang bestimmter verfassungsrechtlicher Wertungen der Mitgliedstaaten« ablehnen.
120   *Haratsch,* EuR 2016, 141.
121   EuGH 22.12.2010, C-208/09 (Sayn-Wittgenstein) Rz 84 (öffentliche Ordnung); 16.12.2010, C-391/09 (Runevič-Vardyn und Wardyn) Rz 87 (Schutz der offiziellen Landessprache und der dafür geltenden Schreibregeln); C-438/14 (Bogendorff von Wolffersdorff) Rz 65 (öffentliche Ordnung).
122   *Schill/Krenn* in Recht der EU Art 4 Rz 43; *Franzius* in EUV/GRC/AEUV I Art 4 EUV Rz 53; *Goldhammer,* JdÖR 2015, 125; differenzierend *Stöger* in EUV/AEUV Art 4 EUV Rz 37, der von besonders hohen Rechtfertigungsanforderungen ausgeht.
123   Nur grundsätzlich deshalb, weil der EuGH in den Rechtssachen EuGH 12.06.2014, C-156/13 (Digibet); 21.12.2016, C-51/15 (Remondis) keine Verhältnismäßigkeitsprüfung durchführte, sondern die nationale Identität anderen unionsrechtlichen Voraussetzungen unterwarf.
124   *Haratsch,* EuR 2016, 141.

oder verfassungsmäßigen Strukturen sind. Diese können auch als einfaches Gesetzesrecht ausgestaltet sein. Die Stellung im Stufenbau der jeweiligen Rechtsordnung spielt dabei keine ausschlaggebende Rolle. Im Kontext der nationalen Identität ist diese normhierarchische Stellung in der betroffenen nationalen Rechtsordnung aber von entscheidender Bedeutung: Es wird eine Erheblichkeitsschwelle dahingehend etabliert, dass für die jeweilige Verfassung einschließlich des darauf aufbauenden politischen Systems eine strukturelle Relevanz bestehen muss. Daher ist die ausschließliche Anwendung des Verhältnismäßigkeitsgrundsatzes kritisch zu sehen.

Daraus kann aber nicht geschlossen werden, dass der Verhältnismäßigkeitsgrundsatz in diesem Kontext gänzlich seine Relevanz verliert. Denn die kompetenzbezogene Ausprägung des Verhältnismäßigkeitsgrundsatzes iSd Art 5 Abs 4 UAbs 1 EUV bleibt als Teil der sog Schrankentrias[125] unabhängig von der Betroffenheit der nationalen Identität auch neben Art 4 Abs 2 EUV zugunsten der Mitgliedstaaten[126] anwendbar.[127]

Darauf aufbauend ist das Achtungsgebot nationaler Identität gemäß seiner Funktion als Kompetenzausübungsschranke als selbstständige Ergänzung dieser Schrankentrias zu verstehen; aus der Schrankentrias wird somit ein Schrankenquartett. Die Selbständigkeit folgt aus den konzeptionellen Unterschieden zu den anderen genannten Kompetenzausübungsschranken: Das Prinzip der begrenzten Einzelermächtigung garantiert, dass die EU nur aufgrund der ihr eingeräumten Kompetenzen handelt.[128] Entscheidend ist dabei das Bestehen einer Kompetenz. Im Gegensatz dazu setzt das Achtungsgebot des Art 4 Abs 2 EUV aber das Bestehen einer unionalen Kompetenz voraus und überprüft die Achtung der nationalen Identität der Mitgliedstaaten bei deren Ausübung.

---

125   Diesen Begriff begründend *Merten,* Subsidiarität als Verfassungsprinzip, in Merten (Hrsg), Die Subsidiarität Europas (1993) 77 (78): dieser bestehet aus dem Prinzip der begrenzten Einzelermächtigung (Art 4 Abs 1, 5 Abs 1 und Abs 2 EUV), dem Subsidiaritätsprinzip (Art 5 Abs 3 EUV) und dem Verhältnismäßigkeitsgrundsatz (Art 5 Abs 4 EUV).

126   Zur die Kompetenzen der Mitgliedstaaten begünstigenden Wirkung des Verhältnismäßigkeitsgrundsatz *Streinz* in EUV/AEUV³ Art 5 Rz 44; *Schima* in Jaeger/Stöger (Hrsg), EUV/AEUV Art 5 Rz 71 (Stand 01.10.2018).

127   Grundlegend zur Funktion als Kompetenzausübungsschranke *Trstenjak/Beysen,* Das Prinzip der Verhältnismäßigkeit in der Unionsrechtsordnung, EuR 2012, 265 (266).

128   Anschaulich EuGH 06.07.1982, verb Rs 188/80 –190/80 (Frankreich ua/Kommission) Rz 6; statt vieler *Calliess* in EUV/AEUV⁵ Art 5 Rz 6.

Auch das Subsidiaritätsprinzip und der Verhältnismäßigkeitsgrundsatz gehen von dem Bestehen einer Kompetenz der EU aus und begrenzen deren Ausübung. Dies geschieht aber in einer allgemeinen Weise, die nicht geeignet ist, der besonderen Funktion des Art 4 Abs 2 EUV gerecht zu werden.

Denn das Subsidiaritätsprinzip greift zugunsten der Mitgliedstaaten nur bei der Ausübung geteilter Kompetenzen[129] und setzt einem Tätigwerden der EU Schranken, wenn die Mitgliedstaaten das beabsichtige Ziel selbst ausreichend verwirklichen können; damit also nicht überfordert wären.[130] Zusätzlich darf durch das Handeln der Union kein europäischer Mehrwert bestehen; dabei ist insbesondere die Frage nach einem Effizienzgewinn zu stellen.[131] Anhand dieser Prüfungsmaßstäbe ist erkennbar, dass das Subsidiaritätsprinzip schon dem Grunde nach ungeeignet ist, die nationale Identität zielgerichtet zu wahren.

Die EU wird auch durch die kompetenzbezogene Ausprägung des Verhältnismäßigkeitsgrundsatzes in ihrem Handeln eingeschränkt, indem diese weder inhaltlich noch formal über das zur Erreichung der Ziele der Verträge erforderliche Maß hinausgehen kann.[132] Auf Basis der Eignung, der Erforderlichkeit und der Verhältnismäßigkeit ieS ist zu gewährleisten, dass zugunsten der Mitgliedstaaten in kompetenzrechtlicher Sicht das mildeste Mittel gewählt wird.[133] Auch dabei fehlt die Fokussierung auf die nationale Identität der Mitgliedstaaten, weil der Verhältnismäßigkeitsgrundsatz ganz allgemein für das gesamte mitgliedstaatliche Recht gilt.

Diese konzeptionellen Unterschiede erfordern somit eine besondere Ausprägung der Relativität des Schutzes. So werden die entgegenstehenden Ziele der Mitgliedstaaten und der EU im Sinne der Konkordanz föderaler Spannungen[134] einem wechselseitig schonenden

---

129   Ausschließliche Kompetenzen sind davon ausdrücklich ausgeschlossen, weil sich bei diesen die Frage, ob die Mitgliedstaaten in diesen Bereich handeln hätten sollen, gar nicht erst stellt.

130   *Schima* in EUV/AEUV Art 5 Rz 33.

131   *Lienbacher* in EU-Kommentar[4] Art 5 Rz 25.

132   Diese kompetenzrechtliche Ausprägung hat eine andere Stoßrichtung als dessen Rolle bei der Beurteilung der Rechtmäßigkeit der Beschränkungen von Grundfreiheiten und Grundrechten; vgl dazu *Pache* in EUV/GRC/AEUV Art 5 Rz 135; *Calliess* in EUV/AEUV[5] Art 5 EUV Rz 54.

133   *Schima* in EUV/AEUV Art 5 Rz 71.

134   *Franzius* in EUV/GRC/AEUV I Art 4 Rz 60.

Ausgleich zugeführt[135]: Das mitgliedstaatliche Interesse an der Bewahrung der grundlegenden politischen und verfassungsmäßigen Strukturen als Gegengewicht zu erheblichen Kompetenzausweitungen der Union[136] steht dem Interesse der EU an der möglichst einheitlichen Anwendung des Unionsrechts gegenüber. Letztere soll nicht durch mitgliedstaatliche Vorbehalte zum Unionsrecht gefährdet werden.

Diese entgegengesetzten Interessen kann das Achtungsgebot der nationalen Identität aufgrund seiner kompetenzbeschränkenden Funktion miteinander vereinen. Die Mitgliedstaaten liefern dazu das normative Ausgangsmaterial: Sie entscheiden aufgrund ihres Beurteilungsspielraums autonom über die Zusammensetzung der grundlegenden politischen und verfassungsmäßigen Strukturen und bereiten diese im Konfliktfall dogmatisch nachprüfbar für die anschließende unionsrechtliche Würdigung auf. Da diesen nationalen Normen unionsrechtlich Achtung verschafft werden soll, muss der weitere Ausgleich unter unionsrechtlichen Gesichtspunkten erfolgen.

Hierbei stellt die Einschränkung auf mitgliedstaatliche Spezifika sicher, dass die einheitliche Anwendung des Unionsrechts in jenen Bereichen, in denen der Union von den Mitgliedstaaten rechtswirksam Kompetenzen eingeräumt wurden, nicht bedroht wird. Das Ziel ist die Bewahrung genuin mitgliedstaatlicher Besonderheiten im von Vereinheitlichung geprägten Unionrecht.

Darüber hinaus stellt die zwingende Vereinbarkeit mit den unionalen Werten des Art 2 EUV sicher, dass die nationale Identität nicht rechtsmissbräuchlich instrumentalisiert wird.[137] Mitgliedstaatliche Normen, die diesen Werten zuwiderlaufen, können nicht über Art 4 Abs 2 EUV Anspruch auf Achtung durch das Unionsrecht erheben.

Die Erfüllung dieser Voraussetzungen führt aufgrund des immanenten Austarierens entgegenstehender Interessen tatbestandmäßig zur Achtung der nationalen Identität; der zugrundeliegende Konflikt zwischen Unionsrecht und mitgliedstaatlichem Recht ist auf Basis der Art 4 Abs 2 EUV in diesen Fällen zugunsten Letzterem aufzulösen.[138] Die

---

135   *Stöger* in EUV/AEUV Art 4 EUV Rz 37 spricht in diesem Zusammenhang von einer Interessensabwägung.
136   *Puttler* in EUV/AEUV[5] Art 4 EUV Rz 22.
137   *von Bogdandy/Schill,* ZaöRV 2010, 715; *Franzius* in EUV/GRC/AEUV Art 4 EUV Rz 32; *Schill/Krenn* in Recht der EU Art 4 EUV Rz 20; *Wendel,* Permeabilität, 578.
138   *Puttler* in EUV/AEUV[5] Art 4 EUV Rz 22 lehnt zwar auch die Heranziehung des Verhältnismäßigkeitsgrundsatzes ab, geht aber im Ergebnis unzutreffend davon aus,

Relativität der Achtung nationaler Identität beinhaltet damit auch zwingende Elemente, weil das Ergebnis bei Vorliegen der Voraussetzungen vorgegeben wird: Sofern die dem Unionrecht widersprechende mitgliedstaatliche Norm die unionsrechtlichen Voraussetzungen erfüllt, wird deren Schutz absolut.[139] Dadurch wird die normspezifische Ausprägung der Relativität des Achtungsgebots nationaler Identität sichtbar, welche die kompetenzbeschränkende Funktion desselben widerspiegelt.

---

dass die nationale Identität auch ohne die Erfüllung weiterer unionsrechtlicher Voraussetzungen greift und somit absolute Schutzwürdigkeit genießt.

139   In diese Richtung auch *Hatje* in EU-Kommentar[4] Art 4 Rz 18, der aber den absoluten Schutz bereits bei Übereinstimmung mit den in Art 2 EUV normierten Werten als vorliegend erachtet.

Literaturverzeichnis

- *Anweiler Jochen,* Die Auslegungsmethoden des Gerichtshofs der Europäischen Gemeinschaften (1997)
- *von Bogdandy Armin,* Grundprinzipien, in von Bogdandy Amin/Bast Jürgen (Hrsg), Europäisches Verfassungsrecht² (2009) 13
- *von Bogdandy Armin/Bast Jürgen,* Die vertikale Kompetenzverteilung der Europäischen Union, EuGRZ 2001, 441
- *von Bogdandy Armin/Schill Stephan,* Die Achtung der nationalen Identität unter dem reformierten Unionsvertrag, ZaöRV 2010, 701
- *von Bogdandy Armin/Schill Stephan,* Overcoming Absolute Primacy: Respect for National Identity under the Lisbon Treaty, CMLR 2011, 1417
- *Buck Carsten,* Über die Auslegungsmethoden des Gerichtshofs der Europäischen Gemeinschaften (1998)
- *Bydlinski Franz,* Juristische Methodenlehre und Rechtsbegriff² (1991)
- *Calliess Christian* in Calliess Christian/Ruffert Matthias (Hrsg), EUV/AEUV⁵ Art 1 EUV (2016)
- *Claes Monica,* National Identity, Constitutional Identity, and Sovereignty in the EU, Netherlands Journal of Legal Philosophy 2016, 82
- *Dashwood Alan,* The Relationship between the Member States and the European Union/European Community, CMLR 2004, 355
- *Dederichs Mariele,* Die Methodik des Gerichtshofs der Europäischen Gemeinschaften, EuR 2004, 345
- *Denninger Erhard,* Identität versus Integration? JZ 2010, 969
- *Dobbs Mary,* Sovereignty, Article 4 (2) TEU and the Respect of National Identities: Swinging the Balance of Power in Favour of the Member States, Yearbook of European Law 2014, 298
- *Dossi Harald,* Die Verfassung der Europäischen Union – eine Analyse des Konventsentwurfs für den Verfassungsvertrag I, in Calliess/Isak (Hrsg), Der Konventsentwurf für eine EU-Verfassung im Kontext der Erweiterung (2004) 29
- *Epping Volker,* Die EU: Noch internationale Organisation oder schon Staat? in Brüning/Suerbaum (Hrsg), Die Vermessung der Staatlichkeit (2013) 13
- *Franzius Claudio* in Pechstein Matthias/Nowak Carsten/Häde Ulrich(Hrsg), Frankfurter Kommentar zu EUV, GRC und AEUV Band 1 Art 4 EUV (2017)
- *Goldhammer Matthias,* Die Achtung der nationalen Identität durch die Europäische Union, [deutsches] Jahrbuch des Öffentlichen Rechts 2015 (2015) 105
- *Hager Günter,* Rechtsmethoden in Europa (2009)

- *Haratsch Andreas,* Nationalen Identität aus europarechtlicher Sicht, EuR 2016, 131
- *Hatje Armin* in Becker Ulrich/Hatje Armin/Schoo Johann/Schwarze Jürgen(Hrsg), EU-Kommentar⁴ Art 4 EUV (2018)
- *Hellmann Vanessa,* Der Vertrag von Lissabon (2009)
- *Hobe Stephan,* Der offene Verfassungsstaat zwischen Souveränität und Interpendenz (1998)
- *Huber Peter Michael,* Maastricht – Ein Staatsstreich? (1993)
- *Huber-Kowald Andreas* in Jaeger Thomas/Stöger Karl (Hrsg), EUV/AEUV Art 55 EUV (Stand 01.05.2018)
- *Jaklic Klemen,* Constitutional Pluralism in the EU (2014)
- *Leisner Walter,* Die subjektiv-historische Auslegung des Gemeinschaftsrechts, EuR 2007, 689
- *Lengauer Alina* in Jaeger Thomas/Stöger Karl (Hrsg), EUV/AEUV Art 19 EUV (Stand 01.5.2018, rdb.at)
- *Lienbacher Georg* in Becker Ulrich/Hatje Armin/Schoo Johann/Schwarze Jürgen (Hrsg), EU-Kommentar⁴ Art 5 EUV (2018)
- *Kahl Wolfgang* in Calliess Christian/Ruffert Matthias (Hrsg) EUV/AEUV⁴ Art 4 (2011)
- *Kirchhof Paul,* Der deutsche Staat im Prozess der europäischen Integration, in Isensee/Kirchhof (Hrsg), Handbuch des Staatsrechts VII (1992) § 183
- *Kirchhof Paul,* Der europäische Staatenverbund, in von Bogdandy/Bast (Hrsg), Europäisches Verfassungsrecht² (2009) 1009
- *Kramer Ernst,* Juristische Methodenlehre⁵ (2016)
- *Kottmann Matthias/Wohlfahrt Christian,* Der gespaltene Wächter? – Demokratie, Verfassungsidentität und Integrationsverantwortung im Lissabon-Urteil, ZaöRV 2009, 443
- *Kumm Matthias,* Rethinking Constitutional Authority: On the Structure and Limits of Constitutional Pluralism, in Avbelj Matej/Komarek Jan (Hrsg), Constitutional Pluralism in the European Union and Beyond (2012) 39
- *Martens Sebastian,* Methodenlehre des Unionsrechts (2013)
- *Mayer Franz,* Die Rückkehr der Europäischen Verfassung? Ein Leitfaden zum Vertrag von Lissabon, ZaöRV 2007, 1141
- *Merten Detlef,* Subsidiarität als Verfassungsprinzip, in Merten Detlef (Hrsg), Die Subsidiarität Europas (1993) 77
- *Morlok Martin,* Die vier Auslegungsmethoden – was sonst? in Gabriel Gottfried/Gröschner Rolf (Hrsg), Subsumtion (2012) 179
- *Möllers Thomas,* Juristische Methodenlehre (2017)
- *Müller-Graff Peter-Christian* in Pechstein Matthias/Nowak Carsten/Häde Ulrich (Hrsg), EUV/GRC/AEUV Band 1 Art 3 EUV (2017)

▸ *Nettesheim Martin,* Kompetenzen, in von Bogdandy Armin/Bast Jürgen (Hrsg), Europäisches Verfassungsrecht[2] (2009) 389

▸ *Öhlinger Theodor,* Staatlichkeit zwischen Integration und Souveränität, in Griller Stefan/Kahl Arno/Kneihs Benjamin/Obwexer Walter (Hrsg), 20 Jahre Mitgliedschaft Österreichs (2015) 111

▸ *Öhlinger Theodor* in Korinek Karl/Holoubek Michael/Bezemek Christoph/Fuchs Claudia/Martin Andrea/Zellenberg Martin (Hrsg), Österreichisches Bundesverfassungsrecht, EU-Beitritts-BVG (12. ErgLfg 2016)

▸ *Öhlinger Theodor/Potacs Michael,* EU-Recht und staatliches Recht[6] (2017)

▸ *Pache Eckhard,* Europäische und nationale Identität: Integration durch Verfassungsrecht? DVBl 2002, 1154

▸ *Pache Eckhard* in Pechstein Matthias/Nowak Carsten/Häde Ulrich (Hrsg), EUV/GRC/AEUV Band 1 Art 5 EUV (2017)

▸ *Pechstein Matthias* in Streinz Rudolf (Hrsg), EUV/AEUV[3] Art 3 EUV (2018)

▸ *Pernice Ingolf,* Bestandsicherung der Verfassungen: Verfassungsrechtliche Mechanismen zur Wahrung der Verfassungsordnung, in Bieber Roland/Widmer Pierre (Hrsg), Der Europäische Verfassungsraum (1995) 225

▸ *Pernice Ingolf,* Der Europäische Verfassungsverbund auf dem Wege der Konsolidierung, JöR 2000, 205

▸ *Peters Anne,* Elemente einer Theorie der Verfassung Europas (2001)

▸ *Puttler Adelheid* in Calliess Christian/Ruffert Matthias (Hrsg), EUV/AEUV[5] Art 4 EUV Rz 8 (2016)

▸ *Savigny Friedrich,* System des heutigen Römischen Rechts I (1840)

▸ *Schiffauer Peter,* Zum Verfassungszustand der Europäischen Union nach Unterzeichnung des Vertrags von Lissabon, EuGRZ 2008, 1

▸ *Schill Stephan/Krenn Christoph* in Grabitz/Hilf/Nettesheim (Hrsg), Das Recht der Europäischen Union Art 4 EUV (66. Lfg 2018)

▸ *Schima Bernhard* in Jaeger Thomas/Stöger Karl (Hrsg), EUV/AEUV Art 5 (Stand 01.10.2018)

▸ *Schroeder Werner,* Die Auslegung des EU-Rechts, JuS 2004, 180

▸ *Stotz Rüdiger,* Die Rechtsprechung des EuGH, in Riesenhuber Karl (Hrsg), Europäische Methodenlehre[3] (2015) § 22

▸ *Stöger Karl* in Jaeger Thomas/Stöger Karl (Hrsg), EUV/AEUV Art 4 EUV Rz 8 (Stand 01.12.2012)

▸ *Streinz Rudolf,* Interpretation and Development of EU Primary Law, in Riesenhuber Karl (Hrsg), European Legal Methodology (2017) § 7

▸ *Streinz Rudolf* in Streinz Rudolf (Hrsg), EUV/AEUV[3] Art 5 (2018)

▸ *Trstenjak Verica/Beysen Erwin,* Das Prinzip der Verhältnismäßigkeit in der Unionsrechtsordnung, EuR 2012, 265

- ► *Wendel Mattias,* Renaissance der historischen Auslegungsmethode im Europäischen Verfassungsrecht? ZaöRV 2008, 803
- ► *Wendel Mattias,* Permeabilität im Verfassungsrecht (2011)
- ► *Wiederin Ewald,* Der Vorrang des Unionsrechts vor nationalem Recht, in Griller Stefan/Kahl Arno/Kneihs Benjamin/Obwexer Walter (Hrsg), 20 Jahre Mitgliedschaft Österreichs (2015) 179
- ► *Zippelius Reinhold,* Juristische Methodenlehre[11] (2012)

Antonia Wagner

Politische Willensbildung im Netz

I. Einleitung

Über das Internet und die Meinungsäußerungsfreiheit wird aktuell viel diskutiert. Etwa über die Frage ob es auf Grund der Verbreitungsmöglichkeiten im Internet eine »Neuvermessung«[1] dieses Grundrechts braucht, wie man der Problematik von »Fake News« begegnen könnte und wie ein wirksamer Persönlichkeitsschutz im Netz aussehen könnte. Der vorliegende Beitrag fokussiert auf einen Teilbereich dieser Thematik: Zu untersuchen ist die politische Willensbildung im Netz, die Herausforderungen, die Phänomene im Internet für die grundrechtlich geschützte Willensbildungsfreiheit bergen sowie ob und wie die Rechtsordnung dabei Vorkehrungen treffen kann. Von besonderem Interesse ist die Nutzung sozialer Netzwerke als Mittel des Wahlkampfes durch politische Parteien. Anhand konkreter Internetphänomene, insbesondere in sozialen Netzwerken, soll die Problematik der politischen Willensbildung und deren Herausforderungen an das Recht erörtert werden. Zu fragen ist dabei: Welche Folgen ergeben sich aus politischer Werbung bzw politischen Inhalten im Netz für die Freiheit der Meinungsbildung, wie sind diese im Hinblick auf die Wahlrechtsgrundsätze und die Betätigungsfreiheit politischer Parteien zu bewerten? Wie können staatliche Schutzpflichten im Bereich der Willensbildungsfreiheit im Netz aussehen?

---

[1] Siehe etwa *Berka,* The Free Speech Debate: Bedarf die Meinungsfreiheit einer Neuvermessung?, in Berka/Holoubek/Leitl-Staudinger (Hrsg), Meinungs- und Medienfreiheit in der digitalen Ära: Eine Neuvermessung der Kommunikationsfreiheit (2017) 1; *Bezemek,* Hate Speech, Shitstorm und Dschihad Online: Müssen die Grenzen der Meinungsfreiheit neu vermessen werden?, in Berka/Holoubek/Leitl-Staudinger, Meinungs- und Medienfreiheit, 43 (55); *Pöschl,* Neuvermessung der Meinungsfreiheit?, in Koziol (Hrsg), Tatsachenmitteilungen und Werturteile: Freiheit und Verantwortung (2018) 31.

Nach einer Einführung in den Themenkomplex Internet und Meinungsfreiheit werden die Orte der Meinungsbildung im Internet (II.) erläutert. Sodann werden zwei Phänomene analysiert, die für den politischen »Meinungskampf« und die politische Meinungsbildung relevant sind. Nach einem Überblick über die grundrechtlich geschützten Rechtspositionen (III.) wird das Spannungsfeld zwischen den Herausforderungen der Diskursregulierung im Internet und staatlichen Schutzpflichten anhand bestehender rechtlicher und politischer Strategien erläutert (IV.). Der Beitrag schließt mit einem rechtspolitischen Vorschlag und einem Fazit (V.).

II.   Politische Willensbildung im Netz

Das Internet hat in der heutigen Zeit einen nicht weniger kraftvollen Effekt als Printmedien.[2] Im Lichte seiner Zugänglichkeit sowie der Möglichkeit, ein großes Ausmaß von Informationen zu bewahren und zu kommunizieren, spielt das Internet eine wichtige Rolle beim Zugang der Bevölkerung zu Nachrichten und in der Verbreitung von Informationen.[3] In seiner Funktion ist es daher mit »traditionellen Medien« grundsätzlich vergleichbar.[4]

Für den EGMR stellt das Internet eine beispiellose Plattform dar, aus der sich Chancen, aber auch Risiken im Hinblick auf die gemäß Art 10 EMRK geschützte Meinungsäußerungsfreiheit ergeben.[5] Diese Risiken liegen vor allem in den Verbreitungs- und Wiedergabemöglichkeiten, die insbesondere in sozialen Netzwerken bestehen.[6] Durch deren

---

2   EGMR 22.4.2010, 404984/07 (Fatullayev vs Azerbaidjan) Rz 95.

3   EGMR 10.3.2009, 3002/03; 23676/03 (Times Newspapers Ltd (No 1 & 2) vs UK) Rz 27; siehe zur »Wirkmacht des Mediums« auch *Grabenwarter/Pabel,* Europäische Menschenrechtskonvention[6] § 23 Rz 55 (2016).

4   Siehe zur Verknüpfung von Medien und Demokratie grundlegend *Merli,* Medien und Demokratie, in Hofmann/Marko/Merli/Wiederin (Hrsg), Information, Medien und Demokratie: ein europäischer Rechtsvergleich (1997) 31; *Mayrhofer,* Google, Facebook und Co: Die Macht der Algorithmen aus grundrechtlicher Perspektive, in Berka/Holoubek/Leitl-Staudinger, Meinungs- und Medienfreiheit, 77 (82 f).

5   »unprecedented platform« EGMR 16.6.2015, 64569/09 (Delphi AS vs Estonia) Rz 110 mit Verweis auf das Urteil Times Newspapers.

6   Siehe auch VfSlg 20071/2016 für den Schluss, wonach die digitale Kommunikation über soziale Netzwerke anderen Kommunikationsformen auf Grund ihrer Verbreitungsmöglichkeiten überlegen ist.

Funktionsweise können im Internet geäußerte Meinungen verstärkt und Informationen multipliziert werden.[7] Dies stellt vor allem die Gesetzgebung, aber auch die Gerichtsbarkeit vor neue Herausforderungen, um wirksamen Grundrechtsschutz zu gewährleisten.[8]

A.   Orte der politischen Willensbildung im Internet

Das Internet selbst stellt weder ein Forum für den Meinungsaustausch dar, noch bietet es ein eigenes Ordnungssystem der verfügbaren Informationen an. Zur Darstellung der rechtlichen Herausforderungen sind daher zunächst die Orte der Willensbildung im Internet zu erläutern.

1.   Meinungsaustausch im Netz – Die Rolle sozialer Medien

Für den Meinungsaustausch sind vor allem die sozialen Medien relevant. Darunter versteht man Internettechnologien und -techniken, um Inhalte, Meinungen und Informationen auszutauschen, zu diskutieren und Beziehungen aufzubauen.[9] Die Kommunikation in sozialen Netzwerken kann mittels verschiedener Formate wie Text oder Bilder erfolgen. Die Interaktion geschieht hauptsächlich in mehrpersonalen Verhältnissen.[10] Ein zentrales Element sozialer Medien ist die Freigabe persönlicher Daten. Dabei sind verschiedene Kategorien zu unterscheiden. Die Teilnahme an sozialen Netzwerken erfordert zunächst eine Freigabe personenbezogener Daten, also die Erstellung eines Profils. In weiterer Folge werden Daten aber vor allem über die Netzaktivität gesammelt, etwa geographische oder zeit- und gerätbezogene Daten

---

7   [The internet] »magnifies the voice and multiplies the information within reach of everyone who has access to it«, siehe dazu den Bericht des Special Rapporteur Kaye, 22-5-2015, A/HRC/29/32, 11.

8   Vgl dazu nur das jüngste Urteil des EuGH, 3.10.2019, Rs C-18/18 (Glawischnig-Piesczek vs Facebook Ireland) zur Frage der Reichweite von Löschverpflichtungen.

9   Nach der Definition der Art 29 Datenschutzgruppe handelt es sich bei sozialen Medien um »(...) Kommunikationsplattformen im Online-Bereich, die es dem Einzelnen ermöglichen, sich Netzwerken von gleich gesinnten Nutzern anzuschließen bzw. solche zu schaffen.«, Art 29 Datenschutzgruppe, Stellungnahme 5/2009 zur Nutzung sozialer Online-Netzwerke <ec.europa.eu/justice/data-protection/article-29/documentation/opinion-recommendation/files/2009/wp163_de.pdf> (25.7.2019).

10   Die gebräuchlichste Bezeichnung für dieses Modell ist »many to many«.

sowie Daten über das allgemeine Nutzerinnenverhalten.[11] Die Verwertung dieser Daten begründet das Geschäftsmodell der sozialen Netzwerke. Die gesammelten personenbezogenen Daten haben somit die Funktion eines Entgelts.[12] Angesichts der Vielzahl an sozialen Medien ist darauf hinzuweisen, dass nicht alle sozialen Medien zum Zweck der politischen Willensbildung eingesetzt werden. In Österreich sind für die politische Willensbildung vor allem die »Klassiker« Twitter und Facebook relevant.[13] Die Bedeutung sozialer Netzwerke für die Meinungsbildung spiegelt sich auch der Entwicklung der Werbeformen wider, wobei Marketing in sozialen Netzwerken die wachstumsstärkste Werbeform ist.[14]

2.   Informationszugang – Suchmaschinen und die »Macht der Algorithmen«[15]

Maßgeblich für die Willensbildung im Netz ist weiters der Zugang zu Informationen. Erst Suchmaschinen ermöglichen das Auffinden von Informationen, die im Internet verfügbar sind.[16] Die Wahrscheinlichkeit, dass Nutzerinnen Informationen auch finden, hängt entscheidend

---

11   Eine besonders wichtige Kategorie von Daten sind die sog Metadaten. Dabei handelt es sich nicht um den Inhalt der Kommunikation (bspw der Text einer auf Facebook geposteten Nachricht), sondern um die damit in Zusammenhang stehenden Kommunikationsdaten, etwa von welchem Gerät aus die Kommunikation erfolgt, an wen sie adressiert ist, welche Webseiten besucht werden oder wann die Kommunikation erfolgt.

12   Art 29 *Datenschutzgruppe,* Stellungnahme <ec.europa.eu/justice/data-protection/article-29/documentation/opinion-recommendation/files/2009/wp163_de.pdf> (25.7.2019).

13   Die Marktdurchdringung für Facebook liegt aktuell etwa bei 47 %, knapp jede zweite Österreicherin nutzte Facebook, siehe *Statista,* Anzahl aktiver Nutzer von Facebook in Österreich von 2013 bis 2018 (in Millionen) <de.statista.com/statistik/daten/studie/296115/umfrage/facebook-nutzer-in-oesterreich/> (25.7.2019).

14   *Statista,* Entwicklung der Online-Werbeformate in Österreich im Jahr 2018 (im Vergleich zum Vorjahr) <de.statista.com/statistik/daten/studie/716890/umfrage/entwicklung-der-beliebtesten-online-werbeformate-am-desktop-pc-in-oesterreich/> (26.7.2019).

15   *Eisenberger,* Die Macht der Algorithmen, juridikum 2011/4, 517.

16   Vgl *Mayrhofer* in Berka/Holoubek/Leitl-Staudinger, Meinungs- und Medienfreiheit, 77 (79). Die weltweit bedeutsamste Suchmaschine ist Google, sie verfügt über einen weltweiten Markanteil von 80 %, siehe *Statista,* Marktanteile der meistgenutzten Suchmaschinen auf dem Desktop nach Page Views weltweit in ausgewählten Monaten von August 2015 bis Juni 2019 <de.statista.com/statistik/daten/studie/225953/umfrage/die-weltweit-meistgenutzten-suchmaschinen/> (25.7.2019).

vom Design des Algorithmus ab.[17] Mit einem »Marktplatz der Ideen«[18] hat diese Form der Willensbildung nur mehr wenig gemein, denn die eingesetzten Algorithmen zeichnen sich vor allem durch Intransparenz aus.[19]

Aufgrund ihrer Filterfunktion werden Algorithmen auch als »Informationsgatekeeper«[20] bezeichnet.[21] Denn durch den Einsatz von Algorithmen stehen Internetnutzerinnen einer immer stärker werdenden Personalisierung der ihnen angebotenen Inhalte gegenüber.[22] Diese Personalisierung kann sich dabei sowohl auf die gesuchten Inhalte, Nachrichten oder angezeigte Werbung beziehen. Eine besondere Rolle bei der Personalisierung der angezeigten Inhalte spielen »Cookies«. Dabei handelt es sich um Textdateien, die es Webservern ermöglichen den Computer und die Nutzerinnen wiederzuerkennen. Cookies speichern das Nutzerinnenverhalten bzw verfolgen die Nutzerin im Netz und legen so digitale Bewegungsprofile an. Diese ermöglichen neue Dimensionen der Personalisierung und können so zu einer »Destruktion der geteilten sozialen Erfahrungen«[23] führen. Die Folge davon sind

---

17 *Eisenberger,* juridikum 2011, 517 (517 f); *Gauß/Jürgen,* Suchmaschinen – eine Gefahr für den Informationszugang und die Informationsvielfalt?, Zeitschrift für Urheber- und Markenrecht 2007, 881; *Mayrhofer* in Berka/Holoubek/Leitl-Staudinger, Meinungs- und Medienfreiheit, 77 (79).

18 Das Bild des Marktplatzes iZm mit der Meinungsfreiheit wurde vom Richter des nordamerikanischen Supreme Courts, Oliver Wendel Holmes, geprägt, siehe dazu *Ho/Schauer,* Testing the Marketplace of Ideas, NYU Law Review 2015, 1160; siehe zum Bild des Internets als »marketplace of ideas« auch *Bezemek,* Freie Meinungsäußerung (2015) 135 f. Der Marktplatzthese zufolge setzt sich die Wahrheit im freien Wettbewerb der Meinungen durch, da sie die »belastbarste« ist. Diese und ähnliche mit der Verbreitung des Internets verknüpften Hoffnungen, etwa eine Stärkung der Demokratie wurden jedoch nicht erfüllt, siehe dazu auch *Pöschl* in Koziol, Tatsachenmitteilungen, 31 (33 f).

19 *Eisenberger,* juridikum 2011, 517 (518); *Mayrhofer* in Berka/Holoubek/Leitl-Staudinger, Meinungs- und Medienfreiheit, 77 (79 mwN).

20 *Eisenberger,* juridikum 2011, 517 (518); *Kettemann,* Thema: Recht und Macht im Internet – Vorwort, juridikum 2011, 457 (459).

21 Algorithmen können vielfältige Aufgaben übernehmen, in diesem Zusammenhang treten sie als »Such- und Selektionsalgorithmen« auf, *Mayrhofer* in Berka/Holoubek/Leitl-Staudinger, Meinungs- und Medienfreiheit, 77 (80).

22 Siehe schon grundlegend zur Gefahr des Öffentlichkeitsverlusts durch Personalisierung im Internet *Eisenberger,* juridikum 2011, 517; *Mayrhofer* in Berka/Holoubek/Leitl-Staudinger, Meinungs- und Medienfreiheit, 77 (78 f); vgl auch *Stark,* Don't be evil, in Stark/Dörr/Aufenanger (Hrsg), Die Googleisierung der Informationssuche (2014) 1.

23 *Kettemann,* juridikum 2011, 457 (459).

etwa Phänomene wie der »Confirmation Bias«[24] oder die Echokammer.[25] Dazu kommt die Problematik der »Medienbildung«, also der Frage ob Nutzerinnen in der Lage sind, Informationen selbst zu filtern und Werbung oder Falschnachrichten als solche zu erkennen.[26] Die Problematik lässt sich anhand des Beispiels einer Tageszeitung illustrieren: Will eine potentielle Wählerin überprüfen, mit welchen Inhalten eine politische Partei bei anderen Bevölkerungsgruppen wirbt, stehen ihr diese Informationen bspw durch den Kauf einer Zeitung zur Verfügung. Durch die Offenlegung der Blattlinie kann in etwa überprüft werden, welche politische Linie die Zeitung insgesamt verfolgt.[27] In den sozialen Medien ist es der Wählerin demgegenüber nicht möglich, nachzuvollziehen, welche Informationen andere Personen gezeigt bekommen. Denn welche Nachrichten und Werbungen eine Person zu sehen bekommt, wird von Algorithmen basierend auf dem eigenen Web-Nutzungsverhalten determiniert.

B.   Instrumente der politischen Willensbildung im Internet

Die bisherigen Ausführungen haben gezeigt, dass Internet nicht gleich Internet ist. Im Folgenden werden daher einige Instrumente näher vorgestellt, die innerhalb sozialer Medien verwendet werden, um Einfluss auf die politische Willensbildung der Internetnutzerinnen zu nehmen.

---

24   Dies beschreibt das Phänomen, dass Nutzerinnen dazu tendieren, sich in Communities mit dem gleichen Interesse aufzuhalten und dadurch voreingenommene Sichtweisen verstärkt werden. Siehe die Studie von *Del Vicario/Bessi/Zollo/Petroni*, The spreading of misinformation online, PNAS 2016, 554 (554).

25   Siehe dazu *Brodnig*, Das Internet ist kein egalitärer Raum <netzpolitik.org/2016/das-internet-ist-kein-egalitaerer-raum-ingrid-brodnig-ueber-hate-speech-und-wut-im-internet/> (26.7.2019).

26   *Europäische Kommission*, Aktionsplan gegen Desinformation <eeas.europa.eu/sites/eeas/files/aktionsplan_gegen_desinformation.pdf> (11.10.2019).

27   § 25 Abs 4 Mediengesetz, BGBl 314/1981 idF I 32/2018.

1.   Microtargeting auf Facebook als Instrument politischer Werbung

Durch die Fülle an persönlichen Daten, die Nutzerinnen im Internet hinterlassen, ist es Internetdienstleistungsunternehmen möglich, Werbetreibenden die Möglichkeit zu bieten, ihre Werbung an einen spezifischen Personenkreis zu richten.[28] Unter »Microtargeting« versteht man im Bereich des Marketings zielgerichtete Werbung in sozialen Netzwerken. Diese Zielgruppe kann anhand demographischer, religiöser oder politischer Daten generiert und selektiv angesprochen werden. Die Auftraggeberin kann auf Grund des Datenmaterials exakt festlegen, welcher Zielgruppe zB auf Facebook ein bestimmter Werbeinhalt angezeigt werden soll.

Politische Werbung an die Interessen potenzieller Wählerinnen anzupassen, ist für politische Parteien aus mehreren Gründen interessant. Microtargeting ermöglicht, politische Inhalte zielgerichtet zu vermitteln und so potenzielle Wählerinnen auf eine Weise anzusprechen, die deren soziodemographischem Profil am besten entspricht. Durch Microtargeting ist es somit auch möglich, in die »Filterblase«[29] einzudringen.[30] Dies kann genutzt werden, um Wählerinnen zu informieren oder aber auch um sie zu demoralisieren.[31] Microtargeting war etwa 2016 im US-amerikanischen Präsidentschaftswahlkampf ein maßgeblicher Faktor für den Ausgang der Wahlen.[32] Gleichzeitig birgt die Nutzung dieser

---

28   Durch Sammlung, Analyse und Auswertung des Verhaltens von Internetnutzerinnen (sog »Webtracking«, etwa durch die Verwendung von HTTPS-Cookies). Dies ist dann problematisch, wenn Nutzerinnen keine Möglichkeit haben, sich dieser Datenerfassung zu entziehen und dennoch den Internetdienst zu nutzen. Zur Kritik an diesen Instrumenten siehe etwa *Lohninger,* ePrivacy: Fordere deine EU-Abgeordneten auf, deine Kommunikation zu schützen! <epicenter.works/content/ep rivacy-fordere-deine-eu-abgeordneten-auf-deine-kommunikation-zu-schuetzen> (25.7.2019).

29   Darunter versteht man das Phänomen, wenn eine Person auf Grund der Algorithmen der Diensteanbieterinnen nur jene Informationen und Meinungen erreichen, die den eigenen Überzeugungen entsprechen.

30   *Dachwitz,* Wahlkampf in der Grauzone: Die Parteien, das Microtargeting und die Transparenz <netzpolitik.org/2017/wahlkampf-in-der-grauzone-die-parteien-das-microtargeting-und-die-transparenz/> (26.7.2019).

31   Etwa durch die Verbreitung von Nachrichten an die potenzielle Wählerinnengruppe politischer Opponenten.

32   Siehe dazu detailliert die Studie von Kreiss und McGregor zur Analyse, welche Rolle Technologiefirmen wie Facebook, Twitter, Microsoft und Google im Wahlkampf 2016 einnahmen, *Kreiss/McGregor,* Technology Firms Shape Political Communication:

Instrumente Gefahren: Denn die Werbung erreicht nur die ausgewählte Personengruppe, für alle anderen sind die Inhalte unsichtbar und auch nicht auffindbar. Damit wird es politisch werbenden Gruppierungen bzw Personen ermöglicht, thematisch diversifizierte Wahlkampfstrategien zu verfolgen, ohne dass dies etwa einer breiteren Öffentlichkeit bekannt wird.[33]

2.   Social Bots, Fake Accounts und Astroturfing

Ein Social Bot ist eine Software die darauf programmiert ist, selbstständig an Diskussionen in den sozialen Netzwerken teilzunehmen.[34] Der massenhafte Einsatz von Social Bots kann in online ausgetragenen Diskussionen maßgeblich deren Reichweite und Richtung bestimmen. Die Technologie ist hierbei bereits so ausgereift, dass es anderen Nutzerinnen extrem schwer fällt, zu beurteilen, ob sie sich gerade in eine Diskussion mit einer anderen Person oder einem Programm befinden.[35] Neben Bots können auch gefälschte Accounts maßgeblich zur politischen Willensbildung beitragen, dabei werden zum Zweck der Intransparenz oftmals Pseudonyme verwendet. Werden mehrere solcher Accounts auf einmal verwendet, spricht man etwa von »Sockenpuppen«.[36] Gefälschte Accounts und echte Accounts können bei koordiniertem Zusammenwirken maßgeblichen Einfluss auf die Willensbildung ausüben. Eine Studie zu der Funktionsweise von Social Bots etwa kam zu dem Schluss, dass diese vor allem versuchen, die Diskussion über emotionale Botschaften und den Diskussionsverlauf über polarisierende Nachrichten

---

The Work of Microsoft, Facebook, Twitter, and Google With Campaigns During the 2016 U.S. Presidential Cycle, Political Communication 2018/2, 155.

33   Vgl etwa die Facebook Kampagne »Women for Trump« des amtierenden Präsidenten Nordamerikas in der er sich entgegen der von ihm tatsächlich gesetzten bzw unterstützten Rechtsakte für strengere Waffengesetze bzw eine Ausweitung der Hintergrundüberprüfungen (»background checks«) einsetzt. Siehe die Werbesujets unter *popular info*, Trump's pink and purple pitch for women <popular.info/p/trumps-pink-and-purple-pitch-for> (11.10.2019).

34   Je nach Art des Programmes kann die Teilnahme bspw durch aktives »diskutieren« oder durch die Förderung der Verbreitung anderer Inhalte wie durch deren Verlinkung (»Teilen«) oder das »Liken« erfolgen.

35   Siehe dazu auch die Studie *Kušen/Strembeck*, Something draws near, I can feel it: An analysis of human and bot emotion-exchange motifs on Twitter, Online Social Networks and Media 2019, 1.

36   *Reuter*, Fake-News, Bots und Sockenpuppen – eine Begriffsklärung <netzpolitik.org/2016/fakenews-social-bots-sockenpuppen-begriffsklaerung/> (26.7.2019).

oder sogenannte »shifted emotions« zu beeinflussen.[37] Von Bedeutung für die politische Willensbildung kann aber auch ein System »künstlicher Relevanzzuweisung«[38] sein. Dieses Phänomen wird auch als »Astroturfing« bezeichnet, dies stellt ein Wortspiel zur sogenannten Graswurzelbewegung (engl grassroots movement) dar und beschreibt eine »Kunstrasenbewegung«, also das künstliche Nachahmen einer Bürgerinnenbewegung. Durch den Zukauf von Likes sowie der künstlichen Generierung von Nutzerinneninteraktion[39] wird somit vorgetäuscht, die Internetpräsenz der politisch werbenden bzw politisch aktiven Partei oder Person würde sehr viele Personen begeistern. Die Gefahr der Manipulation des Diskurses und dem damit einhergehenden Einfluss auf den Prozess der politischen Willensbildung wirft vor allem die Frage auf, wie diese Internetphänomene rechtlich einzuordnen sind.[40]

37 *Kušen/Strembeck,* Online Social Networks and Media 2019, 1 (17).
38 Siehe für die ausführliche Studie solcher Taktiken anhand der Twitterstrategie der AfD *Reuter,* Fälschen, züchten und verstärken: Fragwürdige Twitter-Tricks bei der AfD <netzpolitik.org/2019/faelschen-zuechten-und-verstaerken-fragwuerdige-twitter-tricks-bei-der-afd/> (26.7.2019).
39 ZB die »Follow4Follow-Taktik« oder die massenhafte Verbreitung eines geposteten Inhalts durch Social Bots. Ein gut dokumentierter Fall des »Astroturfing« war die politische Kampagne rund um Stuttgart 21. Als Gegenstück zu Demonstrationen von Gegnerinnen des Projekts wurde mittels falscher Profile und Blogs der Anschein einer Pro-Stuttgart 21-Bürgerinnenbewegung erweckt. Siehe dazu *Nebel,* Stuttgart 21: Mit PR-Agenturen gegen Demonstranten <metronaut.de/2010/09/stuttgart-21-mit-pr-agenturen-gegen-demonstranten/> (26.7.2019); in Nordamerika wird Astroturfing oftmals auch von Firmen eingesetzt um Einfluss auf politische Fragen zu nehmen, siehe etwa zum Effekt von Astroturfingbewegungen im Zusammenhang mit der Kohleindustrie *Henrie/Gilde,* An Examination of the Impact of Astroturfing on Nationalism: A Persuasion Knowledge Perspective, Social Sciences 2019, 38.
40 Siehe die rechtlichen Analysen zur Problematik von Social Bots von *Milker,* »Social-Bots« im Meinungskampf, Zeitschrift für Urheber und Medienrecht 2017, 216 sowie *Pöschl* in Koziol, Tatsachenmitteilungen, 31 (41) und *Steinbach,* Social Bots im Wahlkampf, Zeitschrift für Rechtspolitik 2017, 101.

III.   Geschützte Rechtspositionen im Internet – Herausforderungen an die Regulierung

Was ist nun die Verknüpfung zwischen den vorgestellten Netzphänomenen und den Rechten auf freie Willensbildung sowie dem freien Wahlrecht? Auch wenn die Anzahl von »Likes« nicht äquivalent zum tatsächlichen Wahlverhalten ist, kann ein gut geführter Online-Wahlkampf entscheidend zum Wahlerfolg bei demokratischen Wahlen beitragen. Die Auswirkungen von Phänomenen im Internet sind somit nicht mehr auf den virtuellen Raum beschränkt. Fraglich ist, wie die Instrumente der politischen Willensbildung im Netz grundrechtlich zu bewerten sind.

A.   1 Like 1 Stimme? – Politische Willensbildung im Netz und Wahlrecht

Das Wahlrecht zählt zu den politischen Grundrechten und verbürgt einen Anspruch auf Mitwirkung an der Staatswillensbildung.[41] Zur Grundrechtsausübung ist die Wahlberechtigte jedoch auf die Gewährleistungen des Staates angewiesen. Denn um ihre Stimme abgeben zu können muss die Kommunikationsfreiheit sowie ein System der freien und geheimen Stimmabgabe vorhanden sein.[42] Das Wahlrecht ist verfassungsrechtlich durch Art 26 B-VG und Art 3 1. ZP EMRK abgesichert sowie in Art 8 StGG verankert[43] und ein fundamentaler Bestandteil des demokratischen Prinzips der österreichischen Bundesverfassung.[44] Gleichsam sind die Prinzipien des Wahlrechts untrennbar mit dem demokratischen Grundgedanken verbunden.[45] Die Verbürgung des freien

---

41   *Strejcek,* in Merten/Papier/Schäffer/Baumgartner (Hrsg), Grundrechte in Österreich § 19 Politische Rechte Rz 1 (2009).

42   *Strejcek* in Merten/Papier/Schäffer/Baumgartner, Grundrechte § 19 Rz 1.

43   Bundes-Verfassungsgesetz (B-VG), BGBl 1/1930 idF I 57/2019; Europäische Menschenrechtskonvention, StF BGBl 2010/1958; Staatsgrundgesetz (StGG) StF RGBl 142/1867.

44   Vgl *Oberndorfer* in Korinek et al (Hrsg), Bundesverfassungsrecht Art 1 B-VG Rz 17 f (3. Lfg 2000).

45   *Oberndorfer* in Bundesverfassungsrecht Art 1 B-VG Rz 17.

Wahlrechts und damit das Verbot von Zwang schließen auch die Meinungsfreiheit, insbesondere die freie Wahlwerbung, die politische Informationsfreiheit und die Meinungsbildungsfreiheit mit ein. Die Möglichkeit der unbeeinflussten (aber informierten) Stimmabgabe stellt zudem eine Bedingung demokratischer Wahlen dar.[46] Zur Frage des Gehalts des freien Wahlrechtes erkannte der VfGH schon früh, dass die »Freiheit der politischen Willensbildung und Betätigung« und das Postulat der »Reinheit der Wahlen« maßgeblich sind, um dem Willen der Wählerinnenschaft zu entsprechen.[47] Dem Grundsatz des freien Wahlrechts entspricht nach der Judikatur des VfGH auch, dass die Wahlwerbung nicht sinnwidrig beschränkt und die Wählerin in der Freiheit ihrer Wahl nicht in rechtlicher oder faktischer Weise beeinträchtigt werden darf.[48]

B.   Meinungsbildungsfreiheit

Art 10 EMRK schützt das Recht, seine Meinung zu äußern, aber auch, Informationen und Ideen ohne behördliche Eingriffe und ohne Rücksicht auf Staatsgrenzen zu empfangen und weiterzugeben. Art 10 EMRK gleichlautend schützt auch Art 11 GRC[49] das Recht auf freie Meinungsäußerung. Politische Äußerungen im Netz fallen unter den Schutzbereich der Meinungsäußerungsfreiheit, und auch politische Werbung durch das Setzen von Werbeanzeigen an mittels Microtargeting festgelegte Personengruppen sowie die Vermittlung von politischen Inhalten über die eigene Facebookseite und auch das »Pushen« eigener Mitteilungen sind Mittel um die Meinung zu äußern und unterfallen daher grundsätzlich dem Schutzbereich.[50]

Fraglich ist, ob auch »Meinungsäußerungen« durch Social Bots bzw sonstige auf Algorithmen basierende selbstständige Teilnehmerinnen in sozialen Netzwerken vom Schutzbereich umfasst sind. Die bisherige

---

46   *Oberndorfer* in Bundesverfassungsrecht Art 1 B-VG Rz 18.
47   VfSlg 2037/1950.
48   So die ständige Rechtsprechung des VfGH, siehe VfSlg 13.839/1994, 14.371/1995, 17.418/2004, 19.107/2010, 19.820/2013; VfGH 25. 09. 2015, WI5/2015; 24. 2. 2016, WI9/2015, 1. 7. 2016, W I 11/2015.
49   Charta der Grundrechte der Europäischen Union (GRC), ABl 2012/326, 391.
50   Der Schutz der Meinungsfreiheit ist nicht auf bestimmte Ausdrucksmittel beschränkt, siehe *Öhlinger/Eberhard*, Verfassungsrecht[12] (2019) Rz 911 mwN.

Lehre ist der Meinung, dass die Äußerungen von Social Bots in sozialen Netzwerken vom Schutzbereich der Meinungsfreiheit umfasst sind. Als Äußernde geschützt ist diejenige, die den Algorithmus programmiert hat.[51] Vom Schutzbereich nicht mehr umfasst sollen laut *Pöschl* etwa diejenigen Äußerungen sein, die für die programmierende Person nicht mehr vorhersehbar sind.[52] Die praktische Durchsetzbarkeit einer solchen abgestuften Grundrechtsträgerinnenschaft ist fraglich, die Meinungsäußerungsfreiheit umfasst im Allgemeinen das Recht, die Modalitäten und das Medium der Äußerung selbst zu bestimmen und auch die anonyme Äußerung ist grundrechtlich geschützt.[53] Die Frage der Grundrechtsträgerinnenschaft bei Social Bots ist aber gleichzeitig auch die Frage, inwieweit Formen künstlicher Intelligenz Grundrechtsträgerinnenschaft zukommt, bzw wie weit die Verantwortlichkeit der Erschafferinnen künstlicher Intelligenz reicht. Dazu kommt die inhaltliche Problematik, dass auch unwahre Tatsachenbehauptungen vom Schutzbereich der Meinungsfreiheit umfasst sind.[54] Wird KI-Technologie[55] aber dazu benutzt, Falschnachrichten zu verbreiten, stellt sich auch die Frage nach der Anwendbarkeit der Missbrauchsklausel des Art 17 EMRK.[56]

---

51   Siehe etwa (für Deutschland) *Steinbach,* dieser Argumentationslinie folgend verwendet die Programmiererin den Bot als Sprachrohr um »eine in der Zukunft liegende Äußerung zu tätigen«, *Steinbach,* Zeitschrift für Rechtspolitik 2017, 101 (102); siehe auch *Milker,* Zeitschrift für Urheber und Medienrecht 2017, 216 (217).

52   *Pöschl* zieht den Vergleich zur formalgesetzlichen Delegation, siehe *Pöschl* in Koziol, Tatsachenmitteilungen, 31 (41).

53   *Steinbach,* Zeitschrift für Rechtspolitik 2017, 101 (102 f).

54   Siehe zur Analyse warum die Trennung zwischen Tatsachenbehauptung und Werturteil kontextabhängig ist *Gahleitner,* Wie meinen?, juridikum 2019, 122 (127). Anders etwa die bei Steinbach referenzierte deutsche Judikatur, *Steinbach,* Zeitschrift für Rechtspolitik 2017, 101 (103, FN 16 u 17).

55   KI ist die gängige Abkürzung für künstliche Intelligenz, gemeint sind damit lernende Maschinen, etwa Computersysteme.

56   Art 17 EMKR normiert, dass keine Bestimmung der Konvention in einer Weise ausgelegt werden darf, dass sie für einen Staat, eine Gruppe oder eine Person das Recht begründet, eine Tätigkeit auszuüben oder eine Handlung zu begehen, die auf die Abschaffung der in der vorliegenden Konvention festgelegten Rechte und Freiheiten oder auf weitergehende Beschränkungen dieser Rechte und Freiheiten als in der Konvention vorgesehen, hinzielt. Zu Art 17 EMRK in Zusammenhang mit der Hassrede *Struth,* Hassrede und Freiheit der Meinungsäußerung (2019) 140 ff; siehe auch *Pöschl* in Koziol, Tatsachenmitteilungen, 31 (46 ff).

Die Meinungsbildungsfreiheit oder auch »passive Informationsfreiheit«[57] als Unterfall schützt demgegenüber den inneren Vorgang vor der tatsächlichen Äußerung. Nach der Rechtsprechung des EGMR stellt es ein Recht der Öffentlichkeit dar, Informationen durch die Medien auch zu erhalten.[58] Maßgeblich ist, dass es von staatlicher Seite keine Indoktrinierung oder Ähnliches geben darf, welche den Bürgerinnen Meinungen aufzwängt. Zur Frage der Informationsfreiheit steht zudem fest, dass die Öffentlichkeit das Recht hat, »Zugang zu unparteiischer und genauer Information sowie zu einer Bandbreite von Meinungen und Kommentaren, die die Vielfalt politischer Anschauungen in einem Land widerspiegeln, zu erhalten.«[59]

Gezielte einseitige Berichterstattung und Beeinflussung in sozialen Netzwerken kann einen Eingriff in den Schutzbereich der Freiheit der Meinungsbildung darstellen.[60] Die Praxis des Microtargeting bzw der Beeinflussung von Diskussionen im Netz durch Social Bots und Astroturfing von Seiten politischer Parteien als Instrument der Wahlwerbung ist vor diesem Hintergrund problematisch. Das Internet ist für viele Menschen zur primären Ressource politischer Information geworden. Durch Microtargeting bzw Algorithmen wird Information selektiert, diese Selektion erfolgt jedoch niemals objektiv, denn jedem Algorithmus liegt eine Entscheidung zu Grunde.[61] Die Personifizierung politischer Werbung greift in den Schutzbereich ein, sich seine Meinung frei bilden zu können. So hat bereits *Eisenberger* festgehalten, dass »die zunehmende Personalisierung im Netz zu einem Verlust von Öffentlichkeit (führt)« und damit auch ein »konstitutives Element jeder Demokratie«[62] verloren geht.

---

57   *Pöschl* in Koziol, Tatsachenmitteilungen, 31 (57).
58   EGMR 26.4.1979, 6538/74 (Sunday Times); EGMR 24.11.1993, A/276 (Informationsverein Lentia.).
59   *Eberhard,* Meinungsvielfältige Angebote im privaten Sektor, in Berka/Grabenwarter/Holoubek (Hrsg), Meinungsvielfalt im Rundfunk und in den Online-Medien (2014) 77 (78); siehe auch *Grabenwarter/Pabel,* EMRK[6] § 23 Rz 6.
60   Vgl *Frowein/Peukert,* Europäische Menschenrechtskonvention[3] (2009) Rz 3.
61   Siehe grundlegend *Eisenberger,* juridikum 2011, 517.
62   *Eisenberger,* juridikum 2011, 518; *Mayrhofer* in Berka/Holoubek/Leitl-Staudinger, Meinungs- und Medienfreiheit, 77 (82); *Oberndorfer* in Bundesverfassungsrecht Art 1 B-VG Rz 28.

C.   Politische Betätigungsfreiheit

Politische Parteien sind die »eigentlichen Träger des passiven Wahl-rechts«[63] und auch Grundrechtsträgerinnen der Meinungsäußerungs-freiheit. Dabei ist die Werbung politischer Parteien von sonstiger kom-merzieller Werbung abzugrenzen, denn die Wahlwerbung stellt die Grundvoraussetzung für ein »sinnvolles Vertretungsverhältnis« dar und versetzt die Wählerinnen erst in die Lage, eine Wahlentscheidung zu tref-fen.[64] Die Mitwirkung an der politischen Willensbildung ist als Aufgabe politischer Parteien auch verfassungsrechtlich in § 1 Abs 3 ParteienG[65] normiert. Eine bestimmte Form der politischen Willensbildung ist al-lerdings nicht vorgesehen.[66] Nach der Rechtsprechung des VwGH stel-len die Öffentlichkeitsarbeit und Wahlwerbung einer politischen Partei eine »conditio sine qua non« für die Mitwirkung an der politischen Wil-lensbildung dar.[67] Die Funktion politischer Parteien ist von derartiger Bedeutung, dass diese ihr politisches Gedankengut allen Personen mit-teilen können sollen.[68] Zudem liegt, wie der VfGH auch in seiner jüngs-ten Entscheidung festgehalten hat, das gesetzgeberische Ziel, politische Parteien wegen ihrer Bedeutung für die demokratische Willensbildung zu fördern, im öffentlichen Interesse.[69] Die Betätigungsfreiheit ist jedoch nicht schrankenlos gewährleistet. Ein Beispiel ist die Beschränkung der Wahlwerbungskosten.[70] Aus dem Wortlaut der Bestimmung ergibt sich, dass politische Parteien nicht durch besondere, also nur für Parteien gültige Rechtsvorschriften beschränkt werden dürfen. Parteien sind aber

---

63   *G. Holzinger/K. Holzinger* in Korinek et al (Hrsg) Bundesverfassungsrecht Art 26 B-VG Rz 36 (13. Lfg 2017).

64   *Kassai,* Politische Werbung im Fernsehen, it-law.at v 21. 1. 2008, <it-law.at/wpcontent/ uploads/2014/09/kassai-080123-092630.pdf> (Zugriff 14. 11. 2017).

65   § 1 Parteiengesetz (ParteienG) BGBl I 56/2012 idF BGBl I 55/2019; siehe zum Kri-terium der »umfassenden Beeinflussung der staatlichen Willensbildung« *Wieser* in Korinek et al (Hrsg) Bundesverfassungsrecht §§ 1, 3 ParteienG Rz 27 f (15. LfG 2019).

66   So zählt nach der Rechtsprechung auch das Abhalten von Festen (VfGH 2. 11. 2017, G 39/2017) und die Begünstigung des Postzeitungsversandes bei unentgeltlichen Druckschriften (VfSlg 11.648/1988) zur politischen Betätigung, vgl auch *Wieser* in Bundesverfassungsrecht §§ 1, 3 ParteienG Rz 27 mwN.

67   VwSlg 6937 F/1994.

68   Vgl VfSlg 11.648/1988.

69   VfGH 2. 11. 2017, G 39/2017.

70   Siehe § 4 ParteienG, zur möglichen Verletzung der Betätigungsfreiheit durch § 4 PartG siehe *Zögernitz/Lenzhofer,* Politische Parteien – Recht und Finanzierung (2013) Rz 12 mwN.

dennoch an allgemeine Rechtsvorschriften gebunden. Eine Beschränkung allerdings, die nur Parteien treffen würde, wäre, selbst wenn sie unter Gleichheits-Gesichtspunkten gerechtfertigt wäre, nach herrschender Ansicht nicht zulässig.[71] Im Falle politischer Werbung stehen einander somit die grundrechtlich geschützten Positionen sowohl der Werbetreibenden als auch der Adressatinnen politischer Werbung in einem Spannungsverhältnis gegenüber.

D.   Die Freiheit der Wahl(werbung)

Unter den Begriff der Wahlwerbung fällt die Werbung sowohl von wahlwerbenden Parteien als auch Personen bei einer »konkreten Wahl«.[72] Explizit gesetzlich als Wahlwerbung genannt sind gem § 58 Abs 1 NRWO die Ansprache von Wählerinnen sowie die öffentliche Bekanntgabe von Wahlaufrufen oder Kandidatinnenlisten.[73] Die Freiheit der Wahlwerbung ergibt sich aus dem Prinzip des freien Wahlrechts gem Art 26 B-VG: Diese darf nicht sinnwidrig, also nicht »dem Gedanken einer demokratischen Wahl widerstrebend« beschränkt werden.[74] Die Freiheit der Wahlwerbung steht eng in Zusammenhang mit dem Grundsatz der freien Stimmabgabe. Zum einen stellt das eine die Gelingensbedingung des anderen dar, zum anderen ergibt sich aus dem Grundsatz des freien Wahlrechts das Recht auf eine unbeeinflusste Stimmabgabe und damit die Notwendigkeit, der Wahlwerbung Schranken zu setzen.[75] Die Freiheit der Wahlwerbung verpflichtet den Staat, sich gegenüber den wahlwerbenden Parteien neutral zu verhalten und jegliche unzulässige Beeinflussung zu unterlassen.[76] Gegen diesen Grundsatz verstoßen daher etwa Schriftstücke wahlwerbenden Inhalts, die eine »amtliche Gestaltung« aufweisen.[77]

---

71   *Wieser* in Bundesverfassungsrecht §§ 1,3 ParteienG Rz 51.
72   Siehe ausführlich *Hörtenhuber/Mayrhofer, Die Freiheit der Wahlwerbung*, in Adamovich/Funk/Holzinger/Frank, FS Holzinger, 383 (384 f).
73   Nationalratswahlordnung (NRWO) BGBl 471/1992 idF I 32/2018.
74   *G.Holzinger/K. Holzinger* in Bundesverfassungsrecht Art 26 B-VG Rz 65.
75   *Hörtenhuber/Mayrhofer* in FS Holzinger, 383 (387 f); *G.Holzinger/K. Holzinger* in Bundesverfassungsrecht Art 26 Rz 65.
76   *Hörtenhuber/Mayrhofer* in FS Holzinger, 383 (389); *Öhlinger/Eberhard*, Verfassungsrecht[12] Rz 370.
77   VfSlg 17.418/2004; *Hörtenhuber/Mayrhofer* in FS Holzinger, 383 (390).

Anders gelagert ist politische Einflussnahme durch andere (private Akteure). Zur Frage, wann ein Verbot politischer Werbung[78] privater Akteure die Meinungsäußerung verletzt, bezog der EGMR in der RS Animal Defenders International vs UK Stellung. Der EGMR erkannte, dass der Wahlprozess schutzbedürftig und das Risiko für pluralistische Debatten und den demokratischen Prozess während eines Wahlkampfes zwar hoch sei, der demokratische Prozess jedoch fließend wäre und ständig gefördert werden müsse.[79] Das generelle Verbot politischer Werbung im Fernsehen könne daher durch das legitime Interesse gerechtfertigt werden, den demokratischen Meinungsbildungsprozess vor einer Beeinflussung durch private (finanzstarke) Gruppierungen zu schützen.[80] Nach der Judikatur des VfGH zielt der Grundsatz der freien Wahlwerbung lediglich darauf ab, Wählerinnen vor staatlicher Beeinflussung zu schützen. Rein private Einflussnahmen auf das Wahl- und Stimmrecht sind für den VfGH in diesem Zusammenhang unerheblich.[81] Wie schon *Hörtenhuber* und *Mayrhofer* zutreffend ausgeführt haben, kommt es darauf an, wo die Grenze zwischen einer »staatlichen Beeinflussung« und einer »rein privaten Einflussnahme« zu ziehen ist.[82] Angesichts der Verknüpfung zwischen privaten und staatlichen Akteurinnen im Bereich der politischen Werbung im Internet ist diese Grenzziehung mitunter sehr schwierig und stellt daher auch die bisherige Judikatur des VfGH in Frage.[83]

---

78   Im Anlassfall wurde bezahlte politische Werbung im Rundfunk gesetzlich verboten.

79   EGMR 22.4.2013, 48876/08 (Animal Defenders International vs UK) Rz 111.

80   EGMR 22.4.2013, 48876/08, Rz 116; in die gegenteilige Richtung zielt etwa die Judikatur des Nordamerikanischen Surpreme Courts in Citizens United und McCutcheon et al v Federal Election Commission, siehe näher *Achenbach,* US Supreme Court zu Wahlkampfspenden: May Deep Pockets Rule!, <verfassungsblog.de/us-supreme-court-wahlkampfspenden-may-deep-pockets-rule/> (30.7.2019).

81   VfSlg 20.071/2016. Ob diese Judikatur angesichts der Bedeutung des Internets für die politische Willensbildung und dem damit einhergehenden Einfluss privater Akteure in Zukunft aufrechterhalten werden kann, bezweifelten schon *Mayrhofer* in Berka/Holoubek/Leitl-Staudinger, Meinungs- und Medienfreiheit, 77 (80) sowie *Pöschl* in Koziol, Tatsachenmitteilungen, 31 (53).

82   *Hörtenhuber/Mayrhofer* in FS Holzinger, 383 (401); *Mayrhofer* in Berka/Holoubek/Leitl-Staudinger, Meinungs- und Medienfreiheit, 77 (80).

83   So auch *Mayrhofer* in Berka/Holoubek/Leitl-Staudinger, Meinungs- und Medienfreiheit, 77 (80).

E. Diensteanbieterinnen und Drittwirkung –
Die Problematik der Diskursregulierung im Netz

Bei den Anbietern sozialer Netzwerke handelt es sich um nicht um staatliche Stellen, sondern private Akteure. Dies wirft für den Grundrechtsschutz sehr schwierige Fragen auf, insbesondere für die Frage der Ausgestaltung staatlicher Schutzpflichten und einer allfälligen Drittwirkung von Grundrechten.[84] Der Annahme einer unmittelbaren Drittwirkung steht der Einwand entgegen, die Nutzung von Diensten im Internet sei eine Frage der Vertragsfreiheit und liege daher im Verantwortungsbereich der Nutzerinnen. Die Betonung auf die Eigenverantwortung der Internetnutzerinnen ist ein Unikum und zeugt vielleicht von der Überforderung der Behörden und des Gesetzgebers, für Grundrechtsschutz im Internet zu sorgen.[85] Grundrechtliche Erwägungen sind zudem auch im Privatrecht von Bedeutung. Etwa bei der Auslegung des Begriffes der »guten Sitten« im Rahmen von Verträgen gem § 879 ABGB.[86] Die Problematik einer faktischen Monopolstellung, wie sie bspw für Facebook argumentiert werden könnte, würde nach der bisherigen Rechtsprechung in der Regel mit der Frage nach einem Kontrahierungszwang einhergehen.[87] Dies passt jedoch nicht für die gegenständlich diskutierte Problematik. Nicht der Zugang zu den sozialen Medien ist problematisch, sondern die Frage des »Wie« der Informations- und Medienauswahl und die Personalisierung des Empfangs von Informationen.

---

84 Siehe zur Problematik der Drittwirkung *Öhlinger/Eberhard,* Verfassungsrecht[12] Rz 371 ff.
85 Kritisch zu Ansätzen die die Freiwilligkeit der Datenfreigabe im Netz betonen *Kutscha,* Erster Teil, in Kutscha/Thomé (Hrsg), Grundrechtsschutz im Internet? (2013) 11 (48).
86 Vgl OGH 1 Ob 227/71; OGH 1 Ob 554/86; zur Problematik, wonach demnach jeder private Rechtsstreit als Grundrechtskonflikt rekonstruiert werden könnte, siehe *Stelzer,* Grundzüge des öffentlichen Rechts[4] (2019), 181 f.
87 Vgl OGH 1 Ob 227/71; OGH 1 Ob 554/86.

IV.   Staatliche Schutzpflichten? –
Ansätze der Diskursregulierung im Netz

Es ist der Frage nachzugehen, ob die vorgestellten grundrechtlichen Spannungsfelder staatliche Schutzpflichten auslösen und wenn ja, welche staatliche Handlung geboten wäre, um die Willensbildungsfreiheit im Internet zu sichern. Gerade im Bereich des Privatlebens sowie der Meinungsbildungsfreiheit ist die Frage nach einer staatlichen Schutzpflicht sehr komplex. Denn zunächst sind diese Grundrechte stark als Abwehrrechte ausgestaltet, der Staat soll tunlichst nicht in die Privatsphäre eingreifen und weder eine Bevormundung der Bürgerinnen noch eine Vorauswahl der sie erreichenden Informationen sind nicht zulässig. Unbestritten ist, dass das Recht auf freie Meinungsäußerung sowie die Informationsfreiheit nicht nur als Abwehrrechte konzipiert sind, sondern den Staat auch zum positiven Handeln verpflichten.[88] Im Hinblick auf die Schutzpflichten im Bereich der passiven Informationsfreiheit haben sowohl Nutzerinnen als auch die Öffentlichkeit das Recht, durch Medien unparteiliche und korrekte Informationen zu erhalten.[89] Ebenfalls umfasst ist das Recht auf Zugang zu einem »Spektrum von Meinungen und Kommentaren, die unter anderem die Vielfalt politischer Anschauungen in Österreich widerspiegeln«.[90]. Ebenso besteht eine staatliche Schutzverantwortung für seine Bürgerinnen gegenüber Privaten mit Monopolstellung (wie bspw Facebook und Google).[91] Staatliche Schutzpflichten umfassen daher auch die Rahmenbedingungen politischer Willensbildung im Netz und somit auch zumindest indirekt die Abwehr unzulässiger Beeinflussungen durch Private.[92] Gegenstand einer staatlichen Schutzpflicht könnte etwa sein, die Bedingungen für die digitale Selbstbestimmung so zu gestalten, dass diese

---

88   *Grabenwarter/Pabel,* EMRK[6] 459; *Mayrhofer* in Berka/Holoubek/Leitl-Staudinger, Meinungs- und Medienfreiheit, 77 (82).

89   EGMR 17.9.2009, 13.936/02 (Manole ua vs Moldova) Rz 99; siehe auch die unionsrechtliche Verankerung dieses Grundsatzes in Art 11 Abs 2 GRC, vgl dazu näher *Eberhard* in Berka/Grabenwarter/Holoubek, Meinungsvielfalt, 77 (81).

90   *Grabenwarter,* Meinungsvielfalt und Medienvielfalt als Verfassungsbegriffe, in Berka/Grabenwarter/Holoubek, Meinungsvielfalt, 33 (38 f).

91   *Kutscha* in Kutscha/Thomé, Grundrechtsschutz, 11 (48).

92   Diese Ansicht ist nach der Judikatur des VfGH in VfSlg 20.071/2016 gerade nicht gedeckt. Pöschl ist der Ansicht, eine staatliche Schutzpflicht könne erst »in sehr gravierenden Fällen« angenommen werden, *Pöschl* in Koziol, Tatsachenmitteilungen, 31 (53).

---

im Verhältnis zu einem mächtigen Anbieter eines sozialen Netzwerks von Privaten durchgesetzt werden können.[93]

A. Bestehende Regulierungen im Bereich politischer Willensbildung

Die bisherigen Ausführungen haben gezeigt, dass sich im Themenkomplex der politischen Willensbildung im Internet mehrere Grundrechtsberechtigte und damit eine Vielzahl an Rechtspositionen und Interessen gegenüberstehen. Ebenfalls wurde deutlich, dass den Staat zur Sicherung dieser grundrechtlich geschützten Positionen, insbesondere jenen der Internetnutzerinnen, Handlungspflichten treffen. Auf die Frage, wie der Staat hier regulierend ansetzen kann um seinen Schutzpflichten gerecht zu werden, lässt sich allerdings keine eindeutige Antwort geben.[94] Dies insbesondere, da Staaten im Hinblick auf die Ausgestaltung bzw Konkretisierung ihrer grundrechtlichen Schutzverpflichtung einen sehr weiten Gestaltungsspielraum haben.[95] Im Folgenden wird daher zunächst ein Überblick über einige bestehende Regulierungsansätze bzw Strategien gegeben, um die rechtlichen Herausforderungen an die gesetzgebenden Organe zu illustrieren.

1. Die einfachgesetzliche Rechtslage zu Werbung im Netz sowie politischer Werbung

Um möglichen Handlungsbedarf zu analysieren, wird zunächst ein Überblick über geltende gesetzliche Regelungen, die auch auf politische Willensbildung und insbesondere politische Werbung im Netz anwendbar sind, gegeben. Eine abschließende Darstellung sowie eine Analyse sind allerdings auf Grund der Vielzahl an nationalen sowie

---

93 Siehe zu dieser Argumentation analog zum »Recht auf informationelle Selbstbestimmung« gem der Judikatur des BverfGE, *Kutscha* in Kutscha/Thomé, Grundrechtsschutz, 11 (47).

94 Vgl etwa zur Komplexität der Berücksichtigung der Rechte aller Betroffenen im Netz sowie der unionsrechtlich gebotenen Grundrechtsabwägung die EuGH Urteile vom 24.9.2918, C-507/17 (Google LLC vs CNIL) Rz 60 f sowie 24.9.2019, C-136/17 (GC ao vs CNIL) Rz 76 ff.

95 Vgl zur Problematik der sich daraus ergebenden »Justiziabilität« *Öhlinger/Eberhard*, Verfassungsrecht[12] Rz 697.

unionsrechtlichen Regelungen in diesem Bereich nicht möglich. Es können daher lediglich Schlaglichter gesetzt werden. Existierende Regulierungen der Wahlwerbung konzentrieren sich vor allem auf zwei Bereiche: die Kennzeichnung politischer Werbung sowie Obergrenzen für Wahlkampfkosten.

a.   Medienrechtliche Regelungen

Bei politischer Werbung handelt es sich in der Regel um ideelle Werbung. Diese liegt gem § 2 Z 40 AMD-G[96] dann vor, wenn eine Äußerung zur Unterstützung einer Sache oder einer Idee, die gegen Entgelt oder eine ähnliche Gegenleistung verbreitet wird. Nach den Materialien zum AMD-G soll diese Definition ideeller Werbung explizit auch Werbung für politische Parteien umfassen.[97] Diese muss insbesondere den gleichen Anforderungen im Hinblick auf die Erkennbarkeit von redaktionellen Inhalten entsprechen.[98] Generell müssen gem § 26 MedienG Ankündigungen, Empfehlungen sowie sonstige Beiträge und Berichte, für deren Veröffentlichung ein Entgelt geleistet wird, in periodischen Medien als »Anzeige«, »entgeltliche Einschaltung« oder »Werbung« gekennzeichnet sein, es sei denn, dass Zweifel über die Entgeltlichkeit durch Gestaltung oder Anordnung ausgeschlossen werden können.[99] Facebook und Twitter stellen Dienste der Informationsgesellschaft iSd § 3 Z 1 ECG dar.[100] Als solche sind sie verpflichtet, kommerzielle Werbung gem § 6 Abs 1 klar als solche zu bezeichnen. Medienrechtlich stellt sich die Situation etwas komplizierter dar. Fraglich ist etwa, ob soziale Medien eigene Inhalte anbieten und daher Medieninhaberinnen gem § 1 Abs 2 Z 8 MedienG sind.[101] Nach der Judikatur des OGH ist Medieninhaberin einer Facebook-Seite, wer die Möglichkeit hat, Kommentare zu administrieren – also diese zu löschen, zu sperren oder unsichtbar zu machen. Dies ist in der Regel die Administratorin bzw

---

96   Audiovisuelle Mediendienste Gesetz (AMD-G) BGBl I 84/2001 idF I 86/2015.
97   ErläutRV 611 BlgNR 26. GP.
98   § 43 Abs 1 AMD-G.
99   Mediengesetz (MedienG) BGBl 314/1981 idF I 32/2018.
100   E-Commerce-Gesetz (ECG) BGBl I 152/2001 idF I 34/2015.
101   Siehe zur Bejahung der Frage ob Suchmaschinen durch die »Autovervollständigen«-Funktion bereits eigene Inhalte anbieten, OGH 30. 3. 2016, 6 Ob 26/16s (Rz 3.1 mit Verweisen auf die umfangreiche deutsche Judikatur und Literatur in diesem Zusammenhang).

die Profilinhaberin.[102] Die medienrechtliche Sorgfaltspflicht ist jedoch nach Ansicht des OGH abgestuft zu bewerten, je nachdem ob es sich um eine professionelle Betreiberin oder eine Privatperson handelt.[103] Der Frage der politischen Werbung ist damit allerdings nicht gedient, da diese in der Regel nicht auf der »eigenen Seite« und somit dem Medium der Werbetreibenden erfolgt, sondern in den persönlichen Feed der Nutzerin eingespeist wird.

b.   Politische Werbung – Regelungen des Parteiengesetzes

Durch das Parteiengesetz werden den Parteien Schranken betreffend die Wahlwerbungskosten auferlegt. Gemäß § 4 PartG darf jede politische Partei für die Wahlwerbung zwischen dem Stichtag der Wahl und dem Wahltag zu einem allgemeinen Vertretungskörper oder dem Europäischen Parlament maximal 7 Millionen EUR aufwenden.[104] In diese Summe sind auch die Kosten für einzelne wahlwerbende Personen miteinzubeziehen, wobei pro wahlwerbender Person ein Freibetrag iHv EUR 15.000,– vorgesehen ist. Inserate in audiovisuellen Medien, wozu auch soziale Netzwerke zählen, sowie die Kosten des »Internet-Werbeauftritts« sind von dieser Beschränkung explizit mitumfasst.[105] Für den Fall der Überschreitung dieses Höchstbetrages sind Geldbußen vorgesehen.[106] Außerhalb des Wahlkampfes bestehen für politische Werbung keine Höchstgrenzen. Allerdings hat jede politische Partei über die Art ihrer Einnahmen und Ausgaben jährlich einen Rechenschaftsbericht zu veröffentlichen.[107]

---

102   15 Os 14/15w; 15 Os 15/15t; 6 Ob 204/17v; 15 Os 26/18i.
103   15 Os 14/15w.
104   § 4 Parteiengesetz (PartG) BGBl I 56/2012 idF I 55/2019.
105   § 4 Abs 3 Z 5 und 8 PartG.
106   Gem § 10 Abs 8 PartG ist die Höhe der Geldbuße nach der Höhe der Übertretung gestaffelt. ZB führt eine Überschreitung um 10 % zu einer Buße bis zu 15 % des überschrittenen Betrages. Die Überschreitungsgrenzen wurden durch die Reform BGBl I 2019/55 erheblich gesenkt.
107   Die Nichtabgabe des Rechenschaftsberichts ist nicht sanktionsbewehrt, lediglich die falsche bzw unrichtige (s § 10 Abs 6 PartG). Für den VfGH ist dieses Vorgehen im Hinblick auf den Gleichheitssatz unbedenklich, da es im rechtspolitischen Gestaltungsspielraum des Gesetzgebers liege, von der Sanktionierung rechtswidrigen Verhaltens abzusehen, siehe VfSlg 20134/2017.

c.   Strafgesetzliche Regelungen

Das StGB enthält einen eigenen Abschnitt zur Sanktionierung strafbarer Handlungen bei Wahlen und Volksabstimmungen.[108] Gem § 263 StGB ist strafbar, wenn versucht wird, andere Personen durch Täuschung über Tatsachen zu einer irrigen Stimmabgabe zu verleiten.[109] Ebenso ist das öffentliche Verbreiten falscher Nachrichten über einen Umstand, der geeignet ist, Wahl- oder Stimmberechtigte von der Stimmabgabe abzuhalten oder zu Ausübung des Stimm- und Wahlrechts in einen bestimmten Sinn zu veranlassen und dies zu einem Zeitpunkt, als eine Gegenäußerung nicht mehr wirksam verbreitet werden kann, strafbar gem § 264 StGB. Der Tatbestand des Verbreitens falscher oder beunruhigender Gerüchte im Vorfeld einer Wahl wurde 2015 aufgehoben, da es sich um de facto totes Recht gehandelt hatte.[110] Diese Bestimmungen stellen somit Beispiele dar, wie der Gesetzgeber seiner Schutzpflicht gegenüber einer möglichen Einschränkung des freien Wahlrechts sowohl von wahlwerbenden Parteien als auch von Privatpersonen nachkommen kann.

B.   Neue rechtliche Strategien

Ein wichtiger Teil der Diskussion rund um die Regulierung der Meinungsäußerung im Netz dreht sich um die Problematik der Desinformation, die mit dem Schlagwort »fake news« zusammengefasst wird. Den Einfluss, den Fake News auf die Wahlentscheidung haben können, wurde etwa im Rahmen der Präsidentschaftswahl in den Vereinigten Staaten 2016[111] oder anhand der Kampagnen rund um den Brexit

---

108   Siehe dazu ausführlich *Lewisch,* Meinungsfreiheit – Hassrede – Moderne Informationstechnologien: Das Strafrecht vor neuen Herausforderungen, in Koziol (Hrsg), Tatsachenmitteilungen und Werturteile: Freiheit und Verantwortung (2018) 81 (89 f).

109   Strafgesetzbuch (StGB) BGBl 60/1974 idF I 70/2018.

110   § 308 StGB, aufgehoben durch BGBl I 2015/112, siehe näher *Hörtenhuber/Mayrhofer* in FS Holzinger, 383 (402).

111   Zur Verwendung von Nutzerinnenprofilen im US-Amerikanischen Wahlkampf siehe die Aufarbeitung des »Cambridge Analytica-Skandals«, *Cadwalladr/Graham-Harrison,* Revealed: 50 million Facebook profiles harvested for Cambridge Analytica in major data breach, theguardian.com, 17.3.2018 <theguardian.com/news/2018/mar/17/cambridge-analytica-facebook-influence-us-election> (31.7.2019).

sichtbar.[112] Fake News ist seitdem als politischer Kampfbegriff im Diskurs verankert. Das Verbreiten von Fake News oder im neuen Terminus der EU »Desinformation«[113] kann maßgeblichen Einfluss auf die politische Willensbildung haben. Die Suche nach der Wahrheit im Netz geht mit dem Versuch einher, die Verbreitung von Falschnachrichten zu unterbinden. Auch hier zeigt sich das Spannungsverhältnis zwischen der Pflicht einzelner Staaten, zwar die Informationsfreiheit der Bürgerinnen zu gewährleisten, aber nicht unverhältnismäßig in die grundrechtlich geschützten Positionen der Meinungsäußernden einzugreifen. Im Bereich der sozialen Netzwerke gewinnt diese Problematik noch eine weitere Facette, indem der Staat zur Erfüllung seiner Schutzpflicht auf die Mitwirkung der Diensteanbieterinnen angewiesen ist. Ordnet der Staat die Löschung an, so handelt es sich um Zensur und greift unter Umständen in grundrechtlich geschützte Positionen der Diensteanbieterinnen, etwa in deren Rechte auf Eigentum, Erwerbsfreiheit oder Gleichbehandlung ein.[114]

1.   Löschpflichten und Haftung für Seiteninhalte

Regulierungsansätze, die versuchen, der Problematik von Desinformation und Hassrede im Internet rechtlich zu begegnen, drehen sich in der Regel um Löschpflichten bzw die Haftung für Seiteninhalte. In der Rs Delphi kam der EGMR etwa zu dem Schluss, dass eine Haftung der Betreiberinnen von Internetportalen für auf ihren Seiten gepostete Inhalte keine Verletzung des Rechts auf freie Meinungsäußerung begründe.[115] Nach Ansicht der österreichischen Gerichte ist die Betreiberin einer Facebook-Seite Hostproviderin im Sinne des § 16 ECG und trifft sie

---

112   Siehe etwa den erfolglosen Versuch, Boris Johnson wegen Lügen im Rahmen dieser Kampagne zur Verantwortung zu ziehen, *Krull,* Uk Court: Boris Johnson has no case to answer over »Brexit fake news« <ecpmf.eu/news/threats/uk-court-boris-johnson-has-no-case-to-answer-over-brexit-fake-news> (30.7.2019). Zum Einfluss von sozialen Netzwerken im Rahmen von Brexit siehe die Studie *Hänska/Bauchowitz,* Tweeting for Brexit: How social media influenced the referendum, in Mair/Clark/Snoddy/Tait (Hrsg), Brexit, Trump and the media (2017) 31 (32).

113   Da der Begriff »Fake News« irreführend sei, wurde in dem 2018 erschienenen Bericht des Expertinnengruppe der EU-Kommission vorgeschlagen, den Begriff der Desinformation zu verwenden, siehe *Europäische Kommission,* A multi-dimensional approach to disinformation <ec.europa.eu/newsroom/dae/document.cfm?doc_id=50271> (25.7.2019).

114   Siehe dazu näher *Pöschl* in Koziol, Tatsachenmitteilungen, 31 (56).

115   EGMR 16.6.2015, 64569/09.

eine allfällige Pflicht zur Entfernung sowie die Haftung für widerrechtliche Inhalte.[116] Die Betreiberin ist auch Medieninhaberin iSd § 6 Abs 1 MedienG.

Löschpflichten – ob vorgelagert oder nachgelagert[117] – sind auch unionsrechtlich ein Thema. Gemäß Art 15 der E-Commerce RL[118] dürfen die Mitgliedsstaaten Dienstanbietern keine allgemeine Überwachungspflicht auferlegen. In diesem Zusammenhang besteht – insbesondere im Hinblick auf die Reichweite der Löschpflichten – noch eine Fülle an ungeklärten Fragen. In einem Vorabentscheidungsersuchen wollte der OGH vom EuGH wissen, ob die Regelung auch der Verpflichtung eines Hostproviders entgegensteht, nicht nur eine für rechtswidrig erkannte Information iSd Art 14 Abs 1 lit a der E-Commerce RL zu entfernen, sondern auch andere wort- bzw sinngleiche Informationen, unter Umständen sogar eine Verpflichtung zur »weltweiten« Entfernung.[119] Ebenfalls wollte der OGH wissen, ob man Facebook auch dazu verpflichten könne, sinngleiche Informationen in Zukunft zu verhindern. Mit Urteil vom 3.10.2019 kam der EuGH zu dem Schluss, dass das Unionsrecht einer gerichtlichen Anordnung, dass ein Hosting-Anbieter einen zuvor für rechtswidrig erklärten Kommentar sowie wort- und sinngleiche Äußerungen zu entfernen oder den Zugang zu ihm zu sperren hat, nicht entgegensteht.[120] Auch eine Anordnung zur weltweiten Löschung ist unter Berücksichtigung des geltenden internationalen Rechts zulässig.[121] Dieses Urteil ist zwar im Hinblick auf den Schutz der Persönlichkeitsrechte gem Art 8 EMRK zu begrüßen, birgt aber auch, vor allem im Hinblick auf die Frage wie die Umsetzung derartiger Rechte gestaltet sein soll, einige Probleme.[122]

---

116   Siehe exemplarisch OGH 6 Ob 244/16z, 6 ob 178/04a.
117   Siehe dazu 15 Os 14/15w.
118   Richtlinie 2000/31/EG des Europäischen Parlaments und des Rates vom 8. Juni 2000 über bestimmte rechtliche Aspekte der Dienste der Informationsgesellschaft, insbesondere des elektronischen Geschäftsverkehrs, im Binnenmarkt (E-Commerce RL), ABl 2000/178.
119   OGH, 25.10.2017, 6 Ob 116/17b.
120   EuGH, 3.10.2019, C-18/18 Rz 53.
121   EuGH, 3.10.2019, C-18/18 Rz 53.
122   Vgl dazu *Kettemann*, Welche Regeln, welches Recht? <verfassungsblog.de/welche-regeln-welches-recht/> (11.10.2019).

2.   Rechtsdurchsetzung und Klarnamenpflicht

Ein weiterer Rechtsbereich, dem vor allem in Zusammenhang mit dem Phänomen der Hassrede viel Beachtung geschenkt wird, ist die Problematik der Rechtsdurchsetzung im Netz. Ein rechtlich neuartiger Vorstoß in diesem Zusammenhang war etwa das 2018 in Kraft getretene deutsche Netzwerkdurchsetzungsgesetz.[123] Dieses sieht weitreichende strafbewehrte Verpflichtungen von Internetdiensteanbieterinnen vor, strafbare Inhalte innerhalb einer bestimmten Frist zu löschen. Kritisiert wurde dieses Gesetz insbesondere im Hinblick auf die Vereinbarkeit mit der Meinungs- und Informationsfreiheit.[124] Die von der Bundesregierung geplante Einführung der Klarnamenpflicht war in Österreich heftig umstritten, da die praktische Umsetzung auch eine Registrierung von Nutzerinnen vorgesehen hätte.[125] Ein Auskunftsbegehren in gewissen Fällen ist nach der geltenden Rechtslage bereits vorgesehen.[126] Die geplante Einführung einer Klarnamenpflicht in Zusammenhang mit umfassenden Speicherpflichten von Nutzerinnendaten wäre kaum mit dem Grundrecht auf Datenschutz sowie dem sich aus Art 8 EMRK ergebenden Recht auf Achtung der Privatsphäre zu vereinen.[127] Diskutiert

---

123   Netzwerkdurchsetzungsgesetz (NetzDG) v 1.9.2017, BGBl I S 3352.

124   *Hong,* Das NetzDG und die Vermutung für die Freiheit der Rede <verfassungsblog. de/das-netzdg-und-die-vermutung-fuer-die-freiheit-der-rede/> (11.10.2019); *Peukert,* Put it back: Ein Vorschlag für ein NetzDG, das die Meinungsfreiheit wahrt <verfassungsblog.de/put-it-back-ein-vorschlag-fuer-ein-netzdg-das-die-meinungs-freiheit-wahrt/> (11.10.2019); vgl dazu auch *Pöschl,* »eine staatliche angeordnete Löschung bleibt auch staatlich, wenn ein Privater sie durchführt«, *Pöschl* in Koziol, Tatsachenmitteilungen, 31 (56).

125   Siehe den Entwurf des Bundesgesetzes über Sorgfalt und Verantwortung im Netz, 134/ME 26. GP Befürchtet wurde das Eintreten eine »Chilling-Effekts« im Fall des Inkrafttretens dieses Gesetzes.

126   Gemäß § 18 Abs 4 ECG haben die in § 16 ECG genannten Diensteanbieter den Namen und die Adresse eines Nutzers ihres Dienstes, mit dem sie Vereinbarungen über die Speicherung von Informationen abgeschlossen haben, auf Verlangen dritten Personen zu übermitteln, sofern diese ein überwiegendes rechtliches Interesse an der Feststellung der Identität eines Nutzers und eines bestimmten rechtswidrigen Sachverhalts besitzen sowie überdies glaubhaft zu machen, dass die Kenntnis dieser Informationen eine wesentliche Voraussetzung für die Rechtsverfolgung bildet.

127   Nutzerinnendaten (etwa Name und Adresse) ermöglichen die Identifikation und sind als Teil des Privatlebens vom Schutzbereich des Art 8 EMRK umfasst: Durch die Aufnahme und Speicherung durch Dritte wird in den Schutzbereich eingegriffen. Problematisch wurde die Verhältnismäßigkeit gesehen, insbesondere das vom EGMR aufgestellte Erfordernis eines »pressing social need«, siehe dazu ausführlich

wird fallweise auch eine Offenlegungspflicht von Algorithmen. Zu dieser Forderung tritt die Problematik hinzu, dass die Gestaltung eines Algorithmus' zu den Geschäftsgeheimnissen von Diensteanbieterinnen zu zählen ist.[128]

3.   Vielfaltsgebote im Netz

Angesichts der Tatsache, dass politische Werbung und ausgewogene Berichterstattung im Internet anders als etwa politische Werbung im Radio oder Fernsehen kaum reguliert werden,[129] wird fallweise diskutiert, auch Diensteanbieterinnen einem entsprechenden Vielfaltsgebot zu unterwerfen.[130] Wie die rechtliche Umsetzbarkeit einer solchen Bestimmung aussehen könnte, ist noch unklar.[131]

C.   Technische und politische Strategien

Der Gefahr einer Wahlbeeinflussung die durch Phänomene politischer Meinungsbildung im Netz ausgehen kann, wurde von Seiten der Europäischen Union im Zuge der Europawahl 2019 große Beachtung geschenkt. Vor allem die Angst der Beeinflussung der Wahl durch Fake News führte im Vorfeld der Wahl zu einem Aktionsplan der EU.[132] Die im Zuge der Europawahl eingeführten Transparenzmaßnahmen zeigen, dass politischer Druck gerade im Spannungsfeld zwischen Meinungsfreiheit

---

etwa die Stellungnahme zum geplanten Gesetz von epicenter.works, 76/SN-134/ME 26. GP – Stellungnahme zu Entwurf. Auch im Bereich der Klarnamenpflicht kann es zu Grundrechtskollisionen kommen, der EGMR entschied etwa, dass sich aus Art 8 EMRK keine solche Verpflichtung ergibt, siehe EGMR 24.11.2015, 72966/13 (Kucharczyk vs Polan) Rz 40.

128   *Paal/Hennemann,* Meinungsvielfalt im Internet, Zeitschrift für Rechtspolitik 2017, 76 (77).

129   *Pöschl,* Meinungsvielfalt im öffentlich-rechtlichen Rundfunk, in Berka/Grabenwarter/ Holoubek, Meinungsvielfalt, 47 (47 ff).

130   *Pöschl* in Koziol, Tatsachenmitteilungen, 31 (59 mwN).

131   Vielfaltsgebote sind in den einzelnen Rechtsgrundlagen normiert, etwa in § 1 ORF-Gesetz BGBl 379/1984 idF BGBl I 61/2018; § 6 Privatradiogesetz, BGBl I 20/2001 idF BGBl I 86/2015 oder in § 41 AMD-G. Analog zu diesen Systemen wäre etwa ein eigenes nationales »Facebookgesetz« denkbar. Siehe ausführlich zu den Vielfaltsgeboten im Privaten Sektor *Eberhard* in Berka/Grabenwarter/Holoubek, Meinungsvielfalt, 77.

132   *Europäische Kommission,* Aktionsplan <eeas.europa.eu/sites/eeas/files/aktionsplan _gegen_desinformation.pdf> (11.10.2019).

im Internet und Gefahren für die politische Willensbildung ein probates Mittel ist, um Diensteanbieterinnen im Netz zu Handlungen zu bewegen. So wurden im Vorfeld der Europawahl Facebook, Google und Twitter dazu aufgefordert, monatlich über Maßnahmen zur Verbesserung der Kontrolle von Anzeigenplatzierungen, zur Gewährleistung der Transparenz politischer und themenbezogener Werbung sowie zur Bekämpfung von »fake accounts« und missbräuchlich verwendeten Social Bots zu berichten. Google und Facebook reagierten mit der Schaffung von Transparenzdatenbanken.[133] Twitter verbietet seit Februar 2018 die automatische Verbreitung von inhaltlich identischen oder ähnlichen Postings bzw das massenhafte Liken und Retweeten über mehrere Accounts (sog Scraping). Ebenso ist es verboten, die Dienste zu nutzen um veränderte oder irreführende Informationen oder solche unter Angabe falscher Quellen zu verbreiten.[134] Facebook sieht in seinen Nutzungsbedingungen etwa ein Verbot rechtswidriger oder irreführender Nutzung vor, sowie die Verwendung automatisierter Methoden, um auf Daten zuzugreifen.[135] Ein neuartiger Vorstoß zum Schutz der Grundrechte ist das neu eingerichtete »Facebook Oversight Board«. Damit richtet Facebook ein eigenes »Höchstgericht« ein, welches eine Beschwerdeinstanz für auf Facebook gepostete Inhalte darstellt.[136] All diesen Strategien ist gemein, dass sie nicht auf Basis rechtlicher Verpflichtungen gesetzt wurden, sondern von den Intermediären primär auf Grund politischen Drucks von Seiten der europäischen Staaten bzw der Europäischen Union und ihren Akteurinnen eingerichtet wurden. Dies zeigt, dass Veränderungen der Struktur der Meinungsäußerung im Netz sehr

---

133 Google richtete eine einmalige Transparenzdatenbank im Vorfeld der Wahlen zum Europaparlament ein, diese ist unter <https://transparencyreport.google.com/political-ads/region/EU> (11.10.2019) abrufbar. Facebook etwa hat eine Werbebibliothek eingerichtet, politische Werbung auf Facebook muss einen Hinweis des Werbetreibenden enthalten und den Namen der Person oder der Organisation angeben, die für die Anzeige bezahlt hat. Für Werbetreibende sieht Facebook einen Authentifizierungsprozess vor. Facebook hat zudem ein System eingerichtet, wonach politische Werbung, die nicht als solche gekennzeichnet ist und ohne Disclaimer erfolgt, entfernt wird.

134 *Twitter,* Allgemeine Geschäftsbedingungen <twitter.com/de/tos> (31.7.2019) Am 30.11.2019 machte der CEO von Twitter zudem kund, dass bezahlte politische Werbung auf Twitter in Zukunft gänzlich untersagt wird.

135 *Facebook,* Nutzungsbedingungen <facebook.com/legal/terms> (31.7.2019).

136 Siehe dazu ausführlich *Weinzierl,* Difficult Times Ahead for the Facebook »Supreme Court« <verfassungsblog.de/difficult-times-ahead-for-the-facebook-supreme-court/> (11.10.2019).

wohl umsetzbar und möglich sind, fehlen allerdings verbindliche rechtliche Grundlagen, bleiben diese Veränderungen letztlich vom guten Willen der Diensteanbieterinnen abhängig.

D.   Schutz der Meinungsbildungsfreiheit durch Datenschutz?

Die aufgezeigten rechtlichen und politischen Strategien legen die Spannungsfelder offen. Reguliert der Staat den Diskurs um seine Bürgerinnen zu schützen, etwa durch Verpflichtungen für Intermediäre zu bestimmten Handlungen, greift er dadurch in die grundrechtlichen geschützten Positionen sowohl der Diensteanbieterinnen als auch der meinungsäußernden Personen ein. Entzieht sich der Staat und vertraut auf die Regulierung durch die Diensteanbieterinnen selbst, stehen Internetnutzerinnen der Macht der Diensteanbieterinnen und deren Einfluss auf die Meinungsbildungs- und Informationsfreiheit schutzlos gegenüber. Auch wenn den Staat die Verpflichtung trifft, Pluralität von Informationen für seine Bürgerinnen zu gewährleisten,[137] und diese Verpflichtung auf Grund der Medienneutralität der Meinungsfreiheit auch im Internet besteht,[138] kann er auf Grund der Personalisierung im Internet ein vielfältiges Informationsangebot kaum gewährleisten, ohne eine inhaltliche Einflussnahme und somit eine Informationsvorauswahl zu treffen. Rechtliche Strategien müssten sich daher auf die Handlungsfreiheit der Nutzerinnen, etwa durch ein Recht auf E-privacy sowie den Ausbau der Transparenzverpflichtungen politischer Werbung beziehen. Die Forderung nach einem »Vielfaltsgebot für Intermediäre«[139] geht daher ins Leere. Eine rechtliche Verpflichtung der Anbieter sozialer Netzwerke, eine Vorauswahl des Informationsangebots der Nutzerinnen zu treffen, bedeutet eine vorgelagerte und an gewinnorientierte Dritte ausgelagerte Inhaltskontrolle, und ist aus grundrechtlicher Sicht bedenklich.

---

137   Diese Verpflichtung ist medienneutral, siehe *Grabenwarter/Pabel,* EMRK[6] § 23 Rz 55. Ausdrücklich ist diese Verpflichtung nun auch in Art 11 Abs 2 GRC festgeschrieben.

138   Siehe näher *Mayrhofer* in Berka/Holoubek/Leitl-Staudinger, Meinungs- und Medienfreiheit, 77 (81 f); *Pöschl* in Koziol, Tatsachenmitteilungen, 31 (58).

139   Siehe *Pöschl* in Koziol, Tatsachenmitteilungen, 31 (58 mwN).

Ein Lösungsansatz liegt im Datenschutz. Nutzerinnendaten sind der Grundstein beinahe jedes Geschäftsmodells im Internet. Bestimmten Anbieterinnen im Internet kommt dabei eine faktische Monopolstellung zu, ein Rückgriff auf die Vertragsfreiheit der einzelnen Personen, also die Freiheit sich dem Angebot zu entziehen, kommt dabei zu kurz. Es ist jedoch Aufgabe des Staates, die Nutzung des Internets für Privatpersonen sicher zu gestalten. Ein maßgeblicher Schritt in Richtung Datenschutz wurde mit dem Inkrafttreten der DSGVO gesetzt.[140] Um auf das Beispiel des Microtargeting zurückzukommen: Die Attraktivität von Microtargeting hängt maßgeblich mit der Summe an Daten zusammen, die Nutzerinnen im Netz hinterlassen. Mit der DSGVO wurde der unionsweit gültige Grundsatz verankert, dass Nutzerinnen grundsätzlich ihre Zustimmung zur Datenverarbeitung geben müssen.[141] Der Fokus hat dem Konzept der DSGVO zufolge auf Freiwilligkeit zu liegen – in der Praxis sind die entsprechenden Einwilligungen jedoch in der Regel nach dem Konzept »Friss oder stirb«[142] konzipiert. Die Akzeptanz derartiger Regelungen in der Rechtsprechung[143] schwächt jedoch die Wirksamkeit dieses Rechts. Wie bereits ausgeführt, kommt Nutzerinnen im Internet oftmals keine echte Handlungsfreiheit zu.[144] Nutzerinnen werden zwar über das Tracking durch Cookies informiert, ihnen steht jedoch keine echte Widerspruchsmöglichkeit zu. In diesem Aspekt besteht der Bedarf nach rechtlichen Rahmenbedingungen. Der Vorschlag einer E-Privacy Verordnung ist als lex specialis zur DSGVO gedacht und würde diese vor allem in Fragen der Erstellung von personalisierten Nutzerinnenprofilen und dem Webtracking überlagern.[145] Die geplante E-Privacy-VO würde die Nutzerinnenrechte wesentlich stärken, indem sie stärker Opt-in Erfordernisse für das Webtracking vorsieht und die

---

140 Datenschutzgrundverordnung VO 2016/679/EP (DSGVO), ABl 2016/119, 1.

141 Art 7 DSGVO.

142 Max Schrems, zitiert nach *derstandard.at,* <derstandard.at/story/2000080387748> (31.7.2019).

143 Vgl etwa die DSB-Entscheidung zur Cookie Policy von derstandard.at, DSB 3011 2018, DSBD 122.931/0003-DSB/2018.

144 Siehe die Ausführungen unter G.

145 Siehe den Entwurf der *Europäischen Kommission* über eine Verordnung des Europäischen Parlaments und des Rates über die Achtung des Privatlebens und den Schutz personenbezogener Daten in der elektronischen Kommunikation und zur Aufhebung der Richtlinie 2002/58/EG (E-Privacy Verordnung), abrufbar unter <https://eur-lex.europa.eu/legal-content/DE/TXT/PDF/?uri=CELEX:52017PC0010> (19.11.2019).

Verwendung von Cookies einschränkt.[146] Insbesondere Art 10 der E-Privacy-VO hätte vorgesehen, dass Diensteanbieterinneninnen Nutzerinnen die Möglichkeit einer »Do not track« Option anbieten müssen. Von Netzaktivistinnen wird die Einführung eines Rechts auf ePrivacy schon lange gefordert, ein Inkrafttreten dieser VO ist allerdings nicht absehbar.[147] Die Bestimmung wurde vor allem von den Diensteanbieterinnen heftig kritisiert und unter dem österreichischen Ratsvorsitz wurde der Entwurf nicht weitergebracht und sogar versucht, die Kernbestimmung des Art 10 zu streichen.[148]

V. Fazit

Der Beitrag hat gezeigt, dass politische Willensbildung vermehrt im Internet stattfindet und soziale Netzwerke sowie Algorithmen einen maßgeblichen Einfluss auf die Willensbildung von Personen haben können. Die Frage nach den Herausforderungen an die Meinungsfreiheit stellt sich dabei nicht aufgrund einer inhaltlichen Veränderung des politischen Diskurses im Netz, sondern aufgrund der Wirkungen, die Meinungsäußerungen im Internet haben können. Anhand von Phänomenen wie dem Einsatz von Microtargeting oder dem Einfluss von Social Bots wurde dargestellt, dass der »Verlust der Öffentlichkeit im Netz« den politischen Willensbildungsprozess manipulieren kann. Aus grundrechtlicher Sicht war zu fragen, welche Folgen dies für die politische Willensbildung haben kann. Sowohl die Adressatinnen politischer Werbung als auch die Absenderinnen sind grundrechtlich geschützt. Ein Augenmerk wurde daher auf die Vielzahl der betroffenen Rechtspositionen und die sich daraus ergebenden Implikationen gelegt. Als

---

146   *Remmertz*, Aktuelle Entwicklungen im Social Media-Recht, MultiMedia und Recht 2018/8, 507 (508). Die Eckpunkte der Verordnung wären ein intensivierter Schutz der Privatsphäre durch Fokus auch auf den Schutz der Metadaten, die Verankerung, dass keine Datenverarbeitung ohne Einverständnis erfolgen dar, eine echte Wahl im Umgang mit Cookies, Stärkung der Verpflichtungen zu Privacy by Default sowie eine Verbesserung der Rechtsdurchsetzungsmöglichkeiten.

147   *Lohninger*, <epicenter.works/content/eprivacy-fordere-deine-eu-abgeordneten-auf-deine-kommunikation-zu-schuetzen> (25.7.2019).

148   Siehe den Vorschlag des Europäischen Rats vom 10.7.2018, 10975/18. Dazu ausführlich *Dachwitz*, <netzpolitik.org/2017/wahlkampf-in-der-grauzone-die-parteien-das-microtargeting-und-die-transparenz/> (26.7.2019).

Grundrechtsberechtigte stehen politische Parteien und Private grundsätzlich nebeneinander. Besteht aber die Gefahr der politischen Einflussnahme durch Private auf die Freiheit des Wahlrechts, ist die Frage nach allfälligen Schutzpflichten des Staates zu stellen. Der Staat hat aber möglicherweise keine Handhabe dazu, den die Diensteanbieterinnen zu grundrechtskonformem Handeln zu verleiten. Hier befindet sich wiederum der Staat in einem Spannungsfeld zwischen unzulässiger Zensur und gebotener Schutzpflicht. Die Meinungsfreiheit schützt vielfältig, gerade deswegen können aus ihr auch keine Lösungsansätze herausgearbeitet werden. Ein Lösungsansatz liegt allerdings im Datenschutz. Wirksamer Datenschutz im Netz stellt die Grundvoraussetzung dar, um Internetnutzerinnen nicht zum Spielball wirtschaftlicher Interessen im Netz zu machen und informierte politische Willensbildung im Netz zu gewährleisten. Angesicht der Bedeutung des Internets für die politische Willensbildung darf der Staat seine Schutzpflichten nicht an Diensteanbieterinnen überwälzen, sondern steht selbst in der Pflicht. Datenschutz und die Freiheit der Willensbildung sind eng miteinander verknüpft. Angesichts der grundrechtlichen Dimension und den Auswirkungen, die Tracking und Targeting auf die politische Willensbildung im Netz haben, vernachlässigt die Zurückhaltung, für wirksamen Datenschutz im Netz zu sorgen, die staatlichen Schutzpflichten.

➢

Literaturverzeichnis

- *Berka Walter,* The Free Speech Debate: Bedarf die Meinungsfreiheit einer Neuvermessung?, in Walter Berka/Michael Holoubek/Barbara Leitl-Staudinger (Hrsg), Meinungs- und Medienfreiheit in der digitalen Ära: Eine Neuvermessung der Kommunikationsfreiheit (2017) 1

- *Berka Walter/Grabenwarter Christoph/Holoubek Michael* (Hrsg), Meinungsvielfalt im Rundfunk und in den Online-Medien (2014)

- *Berka Walter/Holoubek Michael/Leitl-Staudinger Barbara* (Hrsg), Meinungs- und Medienfreiheit in der digitalen Ära: Eine Neuvermessung der Kommunikationsfreiheit (2017)

- *Bezemek Christoph,* Freie Meinungsäußerung, Wien, Wirtschaftsuniv, Habil-Schr (Verlag Österreich 2015)

- *Bezemek Christoph,* Hate Speech, Shitstorm und Dschihad Online: Müssen die Grenzen der Meinungsfreiheit neu vermessen werden?, in Walter Berka/Michael Holoubek/Barbara Leitl-Staudinger (Hrsg), Meinungs- und Medienfreiheit in der digitalen Ära: Eine Neuvermessung der Kommunikationsfreiheit (2017) 55

- *Del Vicario Michela/Bessi Allessandro/Zollo Fabiana/Petroni ea,* The spreading of misinformation online, PNAS 2016/3, 554

- *Eberhard Harald,* Meinungsvielfältige Angebote im privaten Sektor, in Walter Berka/Christoph Grabenwarter/Michael Holoubek (Hrsg), Meinungsvielfalt im Rundfunk und in den Online-Medien (2014) 77

- *Eisenberger Iris,* Die Macht der Algorithmen, juridikum 2011, 517

- *Frowein Jochen/Peukert Wolfgang,* Europäische Menschenrechtskonvention[3] (Engel 2009)

- *Gahleitner Lukas,* Wie meinen?, juridikum 2019, 122

- *Gauß Nicolas/Jürgen Kühling,* Suchmaschinen – eine Gefahr für den Informationszugang und die Informationsvielfalt?, Zeitschrift für Urheber- und Markenrecht 2007, 881

- *Grabenwarter Christoph,* Meinungsvielfalt und Medienvielfalt als Verfassungsbegriffe, in Walter Berka/Christoph Grabenwarter/Michael Holoubek (Hrsg), Meinungsvielfalt im Rundfunk und in den Online-Medien (2014) 33

- *Grabenwarter Christoph/Pabel Katharina,* Europäische Menschenrechtskonvention[6] (CH Beck 2016)

- *Hänska Max/Bauchowitz Stefan,* Tweeting for Brexit: How social media influenced the referendum, in John Mair/Tor Clark/Raymond Snoddy/Richard Tait (Hrsg), Brexit, Trump and the media (2017) 31

▸ *Henrie Kenneth/Gilde Christian,* An Examination of the Impact of Astroturfing on Nationalism: A Persuasion Knowledge Perspective, Social Sciences 2019, 38

▸ *Ho Daniel E./Schauer Frederick,* Testing the Marketplace of Ideas, NYU Law Review 2015, 1160

▸ *Holzinger Gerhard/Holzinger Kerstin* in Korinek et al (Hrsg), Bundesverfassungsrecht Art 26 B-VG (Verlag Österreich 13. Lfg 2017)

▸ *Hörtenhuber Helmut/Mayrhofer Michael,* Die Freiheit der Wahlwerbung, in Ludwig Adamovich/Bernd-Christian Funk/Kerstin Holzinger/Stefan Leo Frank (Hrsg), Festschrift für Gerhard Holzinger (2017) 383

▸ *Kettemann Matthias C.,* Thema: Recht und Macht im Internet – Vorwort, juridikum 2011, 457

▸ *Kreiss Daniel/McGregor Shannon,* Technology Firms Shape Political Communication: The Work of Microsoft, Facebook, Twitter, and Google With Campaigns During the 2016 U.S. Presidential Cycle, Political Communication 2018, 155

▸ *Kušen Ema/Strembeck Mark,* Something draws near, I can feel it: An analysis of human and bot emotion-exchange motifs on Twitter, Online Social Networks and Media 2019, 1

▸ *Kutscha Martin,* Erster Teil, in Martin Kutscha/Sarah Thomé (Hrsg), Grundrechtsschutz im Internet? (2013) 11

▸ *Lewisch Peter,* Meinungsfreiheit – Hassrede – Moderne Informationstechnologien: Das Strafrecht vor neuen Herausforderungen, in Helmut Koziol (Hrsg), Tatsachenmitteilungen und Werturteile: Freiheit und Verantwortung (2018) 81

▸ *Mayrhofer Michael,* Google, Facebook und Co: Die Macht der Algorithmen aus grundrechtlicher Perspektive, in Walter Berka/Michael Holoubek/Barbara Leitl-Staudinger (Hrsg), Meinungs- und Medienfreiheit in der digitalen Ära: Eine Neuvermessung der Kommunikationsfreiheit (2017) 77

▸ *Merli Franz,* Medien und Demokratie, in Rainer Hofmann/Joseph Marko/Franz Merli/Ewald Wiederin (Hrsg), Information, Medien und Demokratie: ein europäischer Rechtsvergleich (1997) 31

▸ *Milker Jens,* »Social-Bots« im Meinungskampf, Zeitschrift für Urheber und Medienrecht 2017/3, 216

▸ *Oberndorfer Peter* in Korinek et al (Hrsg), Bundesverfassungsrecht B-VG (Verlag Österreich 3. Lfg 2000)

▸ *Öhlinger Theo/Eberhard Harald,* Verfassungsrecht[12] (Facultas 2019)

▸ *Paal Boris P./Hennemann Moritz,* Meinungsvielfalt im Internet, Zeitschrift für Rechtspolitik 2017, 76

▸ *Pöschl Magdalena,* Meinungsvielfalt im öffentlich-rechtlichen Rundfunk, in Walter Berka/Christoph Grabenwarter/Michael Holoubek (Hrsg), Meinungsvielfalt im Rundfunk und in den Online-Medien (2014) 47

- *Pöschl Magdalena,* Neuvermessung der Meinungsfreiheit?, in Helmut Koziol (Hrsg), Tatsachenmitteilungen und Werturteile: Freiheit und Verantwortung (Jan Sramek Verlag 2018) 31

- *Remmertz Frank R.,* Aktuelle Entwicklungen im Social Media-Recht, MultiMedia und Recht 2018, 507

- *Stark Birgit,* Don't be evil, in Birgit Stark/Dieter Dörr/Stefan Aufenanger (Hrsg), Die Googleisierung der Informationssuche (2014) 1

- *Steinbach Armin,* Social Bots im Wahlkampf, Zeitschrift für Rechtspolitik 2017, 101

- *Strejcek Gerhard,* § 19 Politische Rechte, in Detlef Merten/Hans-Jürgen Papier/Heinz Schäffer/Gerhard Baumgartner (Hrsg), Grundrechte in Österreich (2009)

- *Struth Anna Katharina,* Hassrede und Freiheit der Meinungsäußerung (Springer 2019)

- *Wieser Bernd* in Korinek et al (Hrsg), Bundesverfassungsrecht §§1, 3 3 ParteienG (Verlag Österreich 15. Lfg 2019)

- *Zögernitz Werner/Lenzhofer Stephan,* Politische Parteien – Recht und Finanzierung (Facultas 2013)

Onlinequellen

- *Achenbach Jelena von,* US Supreme Court zu Wahlkampfspenden: May Deep Pockets Rule!, <verfassungsblog.de> <verfassungsblog.de/us-supreme-court-wahlkampfspenden-may-deep-pockets-rule/> (30.7.2019)

- *Art 29 Datenschutzgruppe,* Stellungnahme 5/2009 zur Nutzung sozialer Online-Netzwerke <ec.europa.eu/justice/data-protection/article-29/documentation/opinion-recommendation/files/2009/wp163_de.pdf> (25.7.2019)

- *Brodning Ingrid,* Das Internet ist kein egalitärer Raum <netzpolitik.org/2016/das-internet-ist-kein-egalitaerer-raum-ingrid-brodnig-ueber-hate-speech-und-wut-im-internet/> (26.7.2019)

- *Cadwalladr Carole/Graham-Harrison Emma,* Revealed: 50 million Facebook profiles harvested for Cambridge Analytica in major data breach, the guardian.com, 17.3.2018 <theguardian.com/news/2018/mar/17/cambridge-analytica-facebook-influence-us-election> (31.7.2019)

- *Dachwitz Ingo,* Wahlkampf in der Grauzone: Die Parteien, das Microtargeting und die Transparenz <netzpolitik.org/2017/wahlkampf-in-der-grauzone-die-parteien-das-microtargeting-und-die-transparenz/> (26.7.2019)

- *Europäische Kommission,* A multi-dimensional approach to disinformation <ec.europa.eu/newsroom/dae/document.cfm?doc_id=50271> (25.7.2019)

- *Europäische Kommission,* Aktionsplan gegen Desinformation <eeas.europa.eu/sites/eeas/files/aktionsplan_gegen_desinformation.pdf> (11.10.2019)

- *Facebook,* Nutzungsbedingungen <facebook.com/legal/terms> (31.7.2019)

- *Hong Mathias,* Das NetzDG und die Vermutung für die Freiheit der Rede <verfassungsblog.de/das-netzdg-und-die-vermutung-fuer-die-freiheit-der-rede/> (11.10.2019)

- *Kettemann Matthias C.,* Welche Regeln, welches Recht? <verfassungsblog.de/welche-regeln-welches-recht/> (11.10.2019)

- *Krull Frederic,* Uk Court: Boris Johnson has no case to answer over ›Brexit fake news‹ <ecpmf.eu/news/threats/uk-court-boris-johnson-has-no-case-to-answer-over-brexit-fake-news> (30.7.2019)

- *Lohninger Thomas,* ePrivacy: Fordere deine EU-Abgeordneten auf, deine Kommunikation zu schützen! <epicenter.works/content/eprivacy-fordere-deine-eu-abgeordneten-auf-deine-kommunikation-zu-schuetzen> (25.7.2019)

- *Nebel John F.,* Stuttgart 21: Mit PR-Agenturen gegen Demonstranten <metronaut.de/2010/09/stuttgart-21-mit-pr-agenturen-gegen-demonstranten/> (26.7.2019)

- *Peukert Alexander,* Put it back: Ein Vorschlag für ein NetzDG, das die Meinungsfreiheit wahrt <verfassungsblog.de/put-it-back-ein-vorschlag-fuer-ein-netzdg-das-die-meinungsfreiheit-wahrt/> (11.10.2019)

- *popular info,* Trump's pink and purple pitch for women <popular.info/p/trumps-pink-and-purple-pitch-for> (11.10.2019)

- *Reuter Markus,* Fake-News, Bots und Sockenpuppen – eine Begriffsklärung <netzpolitik.org/2016/fakenews-social-bots-sockenpuppen-begriffsklaerung/> (26.7.2019)

- *Reuter Markus,* Fälschen, züchten und verstärken: Fragwürdige Twitter-Tricks bei der AfD <netzpolitik.org/2019/faelschen-zuechten-und-verstaerken-fragwuerdige-twitter-tricks-bei-der-afd/> (26.7.2019)

- *Statista,* Entwicklung der Online-Werbeformate in Österreich im Jahr 2018 (im Vergleich zum Vorjahr) <de.statista.com/statistik/daten/studie/716890/umfrage/entwicklung-der-beliebtesten-online-werbeformate-am-desktop-pc-in-oesterreich/> (26.7.2019)

- *Statista,* Anzahl aktiver Nutzer von Facebook in Österreich von 2013 bis 2018 (in Millionen) <de.statista.com/statistik/daten/studie/296115/umfrage/facebook-nutzer-in-oesterreich/> (25.7.2019)

- *Statista,* Marktanteile der meistgenutzten Suchmaschinen auf dem Desktop nach Page Views weltweit in ausgewählten Monaten von August 2015 bis Juni 2019 <de.statista.com/statistik/daten/studie/225953/umfrage/die-weltweit-meistgenutzten-suchmaschinen/> (25.7.2019)

- *Twitter,* Allgemeine Geschäftsbedingungen <twitter.com/de/tos> (31.7.2019)

- ▶ *Weinzierl Quirin,* Difficult Times Ahead for the Facebook »Supreme Court« <verfassungsblog.de/difficult-times-ahead-for-the-facebook-supreme-court/> (10.7.2019)

Lukas B. Wieser*

Social Media im demokratischen Verfassungsstaat

Warum wir öffentlich-rechtliche soziale Medien brauchen

I. Einleitung

Als zentraler Bestandteil des »ehelichen Gebrauchsvermögens« war sie ein wesentlicher Schauplatz im »Rosenkrieg«[1] *Heinz-Christian Straches* mit der FPÖ[2]: die *Facebook*-Seite *HC Strache*[3]. Diese hatte sich im Laufe der politischen Karriere *Straches* zu einem maßgeblichen Publikationsorgan in der österr Innenpolitik entwickelt; im Zeitpunkt der Deaktivierung folgten – trotz Rücklauf – immerhin noch rund 780.000 UserInnen der *Facebook*-Seite.[4] Der Vergleich der *Followerzahl* mit den ca 6,4 Mio Wahlberechtigten zur Nationalratswahl 2019 macht die politische Bedeutung

---

* Dank gilt *Konrad Lachmayer* für Diskussion und kritische Reflexion sowie *Antonia Müllegger* für Diskussion und Literaturhinweise.

1 Das (vorläufige) Ende der Trennung der FPÖ von *Strache* dürfte dessen Parteiausschluss am 13. 12. 2019 gewesen sein. Vgl *Der Standard Online* v 13. 12. 2019, Verbale Attacken und Schuldzuweisungen zwischen Strache und Nepp <derstandard.at/story/2000112254089/strache-aus-fpoe-ausgeschlossen?ref=rec> (abgerufen am 14. 12. 2019).

2 Freiheitliche Partei Österreichs.

3 Die *Facebook*-Seite *HC Strache* wurde von der FPÖ Ende Oktober 2019 schlussendlich deaktiviert. Siehe nur *Salzburger Nachrichten Online* v 19. 10. 2019, HC offline – FPÖ hat Facebook-Seite der Straches stillgelegt <sn.at/politik/innenpolitik/hc-offline-fpoe-hat-facebook-seiten-der-straches-stillgelegt-77895892> (abgerufen am 17. 11. 2019).

4 Vgl *Die Presse Online* v 21. 10. 2019, Strache versichert: »Ich komme nicht nur auf Facebook wieder« <diepresse.com/5708781/strache-versichert-ich-komme-nicht-nur-auf-facebook-wieder> (abgerufen am 17. 11. 2019).

des *Facebook*-Accounts deutlich; die österr Medienlandschaft bezeichnete sie daher zutreffend als »*Propagandaschlachtschiff*«.[5]

Die Episode soll anekdotisch veranschaulichen, was die Aufschlüsselung der Werbeausgaben im Nationalratswahlkamp 2019 belegt:[6] Social Media-Plattformen sind aus der politischen Kommunikation nicht mehr wegzudenken. Damit rücken *Facebook, Instagram, Snapchat* und *YouTube*[7] nicht nur in den Fokus der Politikwissenschaften, sondern auch jenen der Staats- und Verfassungstheorie[8] und schlussendlich der Verfassungsdogmatik. Denn den genannten rechtswissenschaftlichen Disziplinen ist gemein, dass sie – wie auch die Politikwissenschaften – ein grundlegendes Interesse an der Dynamik politischer Kommunikation haben.

---

5   Siehe *Der Standard Online* v 11.10.2019, Streit um Straches Facebook-Seite: »Propagandaschlachtschiff« verwaist <derstandard.at/story/2000109764744/streit-um-straches-facebook-seite-propagandaschlachtschiff-verwaist> (abgerufen am 17.11.2019).

6   Den 9 Mio Euro, die von den Parteien in »klassische Werbung« investiert wurden, stehen 2,5 Mio Euro Ausgaben für politische Anzeigen auf *Facebook* gegenüber. Vgl *Wiener Zeitung Online* v 24.10.2019, Werbeausgaben niedriger, SPÖ gab am meisten aus <wienerzeitung.at/nachrichten/politik/oesterreich/2035212-Werbeausgaben-der-Parteien-gesunken-SPOe-gab-am-meisten-aus.html> sowie *Die Presse Online* v 24.9.2019, Facebook verdient 2,5 Millionen Euro an Nationalratswahl <diepresse.com/5695039/facebook-verdient-25-millionen-euro-an-nationalratswahl> (alle abgerufen am 17.11.2019).

7   Diese stellen Ende 2019 die meistgenutzten Social Media-Plattformen dar. Für Österreich siehe etwa den Jugend-Internet-Monitor 2019 von *Saferinternet* <saferinternet.at/services/jugend-internet-monitor/> sowie für Österreich und Deutschland den Digital News Report 2019 des *Reuters Institute,* 70, 86 <reutersinstitute.politics.ox.ac.uk/sites/default/files/inline-files/DNR_2019_FINAL.pdf>; für die Schweiz siehe *Tages-Anzeiger* v 25.1.2019, Facebook, Whatsapp & Co – die Lieblinge der Schweizer <tagesanzeiger.ch/sonntagszeitung/digitaler-rueckzug-ins-private/story/26081168> (alle abgerufen am 30.1.2020). Wenngleich *WhatsApp* teilweise ebenfalls als eine der meistgenutzten Social Media-Plattformen genannt wird, klammert die Analyse *WhatsApp* aufgrund dessen Funktionsweise aus. Denn *WhatsApp* dient nicht wie *Facebook, Instagram, Twitter* oder *YouTube* primär der Kommunikation an ein Publikum *(Broadcasting),* sondern dem Übermitteln von individuellen Nachrichten *(Messaging).*

8   Auf eine Abgrenzung der Disziplinen wird für die Analyse bewusst verzichtet. Dies nicht nur, da das verwobene Verhältnis der Staats- mit der Verfassungstheorie im Einzelnen oftmals kaum aufzulösen ist, sondern auch, da sowohl Staats- als auch Verfassungstheorie auf die »Unterstützung« der Politik-, Geschichts- oder Wirtschaftswissenschaften als Hilfsdisziplinen angewiesen sind. Einer eindeutig disziplinären Zuordnung ist der Untersuchungsgegenstand »Social Media-Plattformen in der liberalen Demokratie« damit ohnedies nicht zugänglich. Vgl idZ *Gamper,* Staat und Verfassung[4] (2018) 21ff; *Vesting,* Staatstheorie (2018) Rz 16ff.

Die Relevanz für die Verfassungsdogmatik ergibt sich etwa daraus, dass der österr Bundesverfassung das liberale Prinzip als Baugesetz zugrunde liegt.[9] Darüber hinaus stehen die verfassungsrechtlichen Institutionen wie das Legalitätsprinzip, das Rechtsschutzsystem oder die Grundrechte, die das rechtsstaatliche Grundprinzip formen, allesamt in der Tradition »*der politischen Ideenwelt des Liberalismus*«.[10] Da im Rahmen der verfassungskonformen Interpretation »*Bundes- und Landesverfassungsrecht und darüber hinaus das gesamte Recht im Lichte dieser Prinzipien auszulegen sind*«,[11] fließt der politische Liberalismus in die Verfassungs- und Rechtsordnung ein. Liberalismus fußt jedoch auf konkreten Vorstellungen hinsichtlich der Bedingungen kollektiver und individueller Kommunikation – mit der freien Presse und dem kritisch räsonierenden Publikum seien nur zwei genannt. Den Zusammenhang zwischen der Interpretation des Verfassungsrechts und der Dynamik öffentlicher Kommunikation zeigt auch das VfGH-Erkenntnis zur Bundespräsidentenstichwahl 2016 (VfSlg 20.071/2016). Insbes die Ausführungen zu den »*heutigen Kommunikationsmöglichkeiten*« verdeutlichen die Relevanz, die der Kommunikation in sozialen Netzwerken für das Verfassungsrecht zukommt.[12]

Die Dynamiken und Kommunikationsprozesse der sozialen Medien interessieren folglich nicht nur die Staats- und Verfassungstheorie, sondern auch die Verfassungsdogmatik. Dieser Befund bildet den Ausgangspunkt für die nachfolgende staats- und verfassungstheoretische sowie verfassungsrechtliche Verortung von Social Media-Plattformen und ihrer Funktionsweise.

---

9   Siehe *Mayer/Kucsko-Stadlmayer/Stöger*, Bundesverfassungsrecht[11] (2015) Rz 164; *Öhlinger/Eberhard*, Verfassungsrecht[12] (2019) Rz 76; aA *Berka*, Verfassungsrecht[7] (2018) Rz 115, der die liberale Stoßrichtung der Bundesverfassung im rechtsstaatlichen Prinzip aufgehen lässt.

10   *Berka*, Verfassungsrecht[7] Rz 176.

11   *Öhlinger/Eberhard*, Verfassungsrecht[12] Rz 79; vgl auch *Mayer/Kucsko-Stadlmayer/ Stöger*, Bundesverfassungsrecht[11] Rz 146; kritisch zur verfassungskonformen Auslegung als Interpretationsmethode in Österreich *Gamper*, Verfassungsgerichtsbarkeit und Gewaltenverbindung (2016) 150 ff.

12   VfSlg 20.071/2016, Rz 530.

II.   Der ORF und *Facebook*

A.   VfSlg 19.768/2013 und 19.854/2014

1.   Der Verbotskatalog des § 4f Abs 2 ORF-G

Die Analyse kann sodann unmittelbar an zwei rezente Entscheidungen des österr Verfassungsgerichtshofs anknüpfen: die Rede ist von »ORF/*Facebook* I« (VfSlg 19.768/2013[13]) und »ORF/*Facebook* II« (VfSlg 19.854/2014).[14] Beide Judikate nahmen ihren Ausgang in der Bestimmung des § 4f Abs 2 ORF-G, die dem ORF[15] die Bereitstellung gewisser Online-Angebote untersagt.

Die Bestimmung des § 4f ORF-G – die gemeinsam mit § 4e ORF-G die Bereitstellung der Online-Angebote des ORF regelt – wurde mit der Novelle BGBl I 50/2010 in das ORF-G eingefügt; Anlass war ein Beihilfenverfahren der Europäischen Kommission, das die staatliche Finanzierung des ORF betraf.[16] Dieses Verfahren hatte zur Folge, dass der öffentlich-rechtliche Auftrag des ORF ua im Hinblick auf Online-Dienste genau definiert werden musste. Die Definition erfolgte nicht nur positiv (§§ 4e und 4f Abs 1 ORF-G), sondern auch negativ mittels Aufzählung bestimmter Online-Angebote in § 4f Abs 2 ORF-G, die keinesfalls im Rahmen des öffentlich-rechtlichen Auftrags erbracht werden dürfen.

Ein Tatbestand dieser Negativliste (Z 25)[17] enthielt dabei nicht nur das Verbot an den ORF, »*soziale Netzwerke [bereitzustellen]*«, sondern untersagte diesem darüber hinaus »*Verlinkungen zu [sozialen Netzwerken vorzunehmen] und sonstige Kooperationen mit diesen [zu unterhalten]*«. Dieses umfassende Social Media-Verbot für den ORF war nicht zuletzt

---

13   VfSlg 19.768/2013 = MR 2013, 244 *(Korn)*.

14   Die Betitelungen »ORF/*Facebook* I« und »ORF/*Facebook* II« entstammen – soweit ersichtlich – dem Beitrag von *Kassai,* Der ORF auf Facebook – Anmerkung zu den Erkenntnissen des Verfassungsgerichtshofs »ORF/Facebook I« und »ORF/Facebook II«, MR 2014, 215.

15   Österreichischer Rundfunk.

16   Vgl das Schreiben der Europäischen Kommission an Österreich v 28.10.2009, mit dem das Verfahren eingestellt wurde <ec.europa.eu/competition/state_aid/ca ses/223847/223847_1016418_150_2.pdf> (abgerufen am 27.11.2019); vgl auch *Truppe,* Das ORF-Facebook-Verbot: Entstehung, Rechtsprechung und Ausblick, in Baumgartner (Hrsg), Öffentliches Recht. Jahrbuch 2014 (2014) 181 (184); *Kassai,* Der Online-Auftrag des Österreichischen Rundfunks: Wettbewerb versus Meinungsäußerungsfreiheit 2.0, in Paulus (Hrsg), Regulierungsrecht. Jahrbuch 2018 (2019) 271 (272 f).

17   § 4f Abs 2 Z 25 ORF-G idF BGBl I 50/2010.

deshalb bemerkenswert, da es aus unionsrechtlicher Sicht nicht geboten gewesen wäre.[18]

2.   »ORF/*Facebook* I« (VfSlg 19.768/2013)

Gestützt auf den Verbotstatbestand des § 4f Abs 2 Z 25 ORF-G idF
BGBl I 50/2010 erließ die KommAustria im Jahr 2012 sodann einen Fest-
stellungsbescheid, wonach der ORF durch die Bereitstellung von 39 *Facebook*-Auftritten gegen das ORF-G verstoßen habe.[19] Da die gegen diesen Bescheid erhobene Berufung vom Bundeskommunikationssenat
(BKS) abgewiesen wurde, wandte sich der ORF an den VfGH. Dieser
nahm das Beschwerdeverfahren zum Anlass, § 4f Abs 2 Z 25 ORF-G idF
BGBl I 50/2010 auf dessen Verfassungsmäßigkeit zu überprüfen.

Im Ergebnis stellte der VfGH fest, dass ein vollständiges Social Media-Verbot für den ORF teilweise verfassungswidrig sei. Denn eine Bestimmung, die dem ORF nicht nur den Betrieb eines eigenen sozialen
Netzwerks, sondern darüber hinaus auch Verlinkungen und sonstige
Kooperationen untersage, müsse als Verletzung des Grundrechts auf
Meinungsäußerungs- und Rundfunkfreiheit gem Art 10 EMRK qualifiziert werden. Ein solches Verbot sei im Hinblick auf das Regelungsziel
der Norm – Wettbewerbsverzerrungen zu vermeiden – nicht notwendig
und daher unverhältnismäßig.[20]

Der VfGH betonte jedoch im Erkenntnis, dass es sachlich gerechtfertigt sei und dem Verhältnismäßigkeitsgrundsatz entspreche, dem
ORF das Betreiben eines eigenen sozialen Netzwerks zu untersagen.[21]
Ein solches Verbot liege im rechtspolitischen Gestaltungsspielraum des
Gesetzgebers.[22] Daher sei § 4f Abs 2 Z 25 ORF-G idF BGBl I 50/2010 nicht
zur Gänze, sondern nur im Hinblick auf die Wortfolge »*sowie Verlinkungen zu und sonstige Kooperationen mit diesen, ausgenommen im Zusammenhang mit der eigenen tagesaktuellen Online-Überblicksberichterstat-
tung*« aufzuheben.

---

18   So auch *Truppe* in Baumgartner 181 (185 f); *Kassai* in Paulus 271 (274 f); Schreiben
      der Europäischen Kommission an Österreich v 28.10.2009, mit dem das Verfahren
      eingestellt wurde, Rz 189, siehe FN 16.
19   KommAustria 25.1.2012, KOA 11.260/11-018.
20   VfSlg 19.768/2013, Rz 13 ff.
21   VfSlg 19.768/2013, Rz 16.
22   VfSlg 19.768/2013, Rz 16.

3. »ORF/*Facebook* II« (VfSlg 19.854/2014)

Ausgehend von der teilweisen Verfassungswidrigkeit des § 4f Abs 2 Z 25 ORF-G idF BGBl I 50/2010 behob der VfGH sodann auch den Bescheid im Anlassfall. Im zweiten Rechtsgang qualifizierte der BKS das *Facebook*-Angebot des ORF jedoch neuerlich als rechtswidrig; dies obgleich der Verbotstatbestand des § 4f Abs 2 Z 25 ORF-G dem ORF nunmehr lediglich untersagte, »*soziale Netzwerke*« bereitzustellen. Der BKS stützte sich in seiner Entscheidung auf § 4f Abs 2 Z 23 ORF-G, der dem ORF das Bereitstellen von »*Foren, Chats und sonstige[n] Angebote[n] zur Veröffentlichung von Inhalten durch Nutzer*« verbietet. Da UserInnen auf den *Facebook*-Seiten des ORF Kommentare hinterlassen könnten, seien diese als Foren zu qualifizieren. Der ORF rief wiederum den VfGH an.

In der daraufhin ergehenden Entscheidung VfSlg 19.854/2014 stellte der VfGH neuerlich eine Verletzung des ORF im Recht auf Meinungsäußerungs- und Rundfunkfreiheit gem Art 10 EMRK fest. Der BKS habe durch die Subsumtion der *Facebook*-Auftritte unter den Verbotstatbestand der Bereitstellung von Foren diesem einen verfassungswidrigen – weil gegen Art 10 EMRK verstoßenden – Inhalt unterstellt.[23] Denn bei Berücksichtigung des § 4f Abs 2 Z 25 ORF-G in der durch VfSlg 19.768/2013 bereinigten Fassung ergebe sich, dass der ORF entsprechende Seiten in sozialen Medien betreiben dürfe, da sich ein vollständiges Social Media-Verbot zum Schutz privater Mitbewerber vor Wettbewerbsverzerrungen als nicht notwendig erweise.[24] Die *Facebook*-Auftritte des ORF dürften daher keinesfalls als verbotene Foren iS des § 4f Abs 2 Z 23 ORF-G qualifiziert werden.[25] Damit war gleichzeitig auch klargestellt, dass der Verbotskatalog des § 4f Abs 2 ORF-G der Nutzung von sozialen Netzwerken zur Kommunikation des ORF mit seinen HörerInnen und SeherInnen nicht entgegensteht, der Betrieb entsprechender ORF-Seiten auf *Facebook*[26], *Instagram*[27] oder *Twitter*[28] daher zulässig ist.[29]

---

23 VfSlg 19.854/2014, Rz 70 f.
24 VfSlg 19.854/2014, Rz 68.
25 VfSlg 19.854/2014, Rz 67 ff.
26 Siehe die *Facebook*-Seite des ORF <facebook.com/ORF/> (abgerufen am 13.12.2019).
27 Siehe die *Instagram*-Seite des ORF <instagram.com/orf/> (abgerufen am 13.12.2019).
28 Siehe die *Twitter*-Seite des ORF <twitter.com/ORF> (abgerufen am 11.2.2020).
29 *Truppe* in Baumgartner 181 (203).

B.   Vollständiges Social Media-Verbot unsachlich?

Wenngleich dem VfGH insoweit gefolgt werden kann, dass es eines vollständigen Social Media-Verbots für den ORF im Hinblick auf den Schutz privater Mitbewerber am Rundfunkmarkt nicht bedürfe,[30] verbleibt der Eindruck, dass die Debatte mit der Fokussierung auf die Wettbewerbsbedingungen am eigentlichen Thema vorbeigeht.[31] Denn vielmehr wäre die Frage zu stellen, ob eine Präsenz des ORF auf *Facebook* mit seiner Rolle als öffentlich-rechtlicher Rundfunk vereinbar ist.

Als öffentlich-rechtlicher Rundfunk muss der ORF die Bereitstellung von Informationen bzw die Sendungsgestaltung ua an den Prinzipien der Objektivität, Pluralität und Ausgewogenheit ausrichten.[32] Diese Grundsätze ziehen sich durch das gesamte ORF-G; vom öffentlich-rechtlichen Kernauftrag (§ 4 ORF-G) über die inhaltlichen Anforderungen an die Programmgestaltung (§ 10 ORF-G) bis hin zur binnenpluralistischen Ausgestaltung der Organisationsstruktur (§ 19ff ORF-G) ist der ORF als pluralistisches, objektives und unabhängiges Medium konzipiert.

Den durch das ORF-G festgelegten inhaltlichen Grundsätzen unterliegt der ORF sodann auch bei der Nutzung sozialer Medien.[33] Diese sehen jedoch Anforderungen vor, die – wie etwa die Programmgrundsätze der umfassenden Information, der deutlichen Trennung von Nachricht und Kommentar oder der Objektivität (§ 10 Abs 5 ORF-G)[34] – aufgrund der Dynamik des Kommunikationsraums Social Media einerseits nur schwierig umzusetzen sind;[35] andererseits liegt ihre Erfüllung teilweise außerhalb des Einflusses des ORF, da externe Faktoren – wie die algo-

---

30   VfSlg 19.768/2013, Rz 13 f.

31   Dies im Hinblick auf VfSlg 19.768/2013 und 19.854/2014 andeutend *Grabenwarter,* Meinungsvielfalt und Medienvielfalt als Verfassungsbegriffe, in Berka/Grabenwarter/Holoubek (Hrsg), Meinungsvielfalt im Rundfunk und in den Online-Medien (2014) 33 (46); so wohl auch *Kassai,* MR 2014, 215 (218).

32   Vgl *Holoubek/Gärner/Grafl,* Recht der Massenmedien, in Holoubek/Potacs (Hrsg), Öffentliches Wirtschaftsrecht I⁴ (2019) 1351 (1401 ff).

33   *Truppe* in Baumgartner 181 (204).

34   § 10 Abs 5 ORF-G: »*Die Information hat umfassend, unabhängig, unparteilich und objektiv zu sein. Alle Nachrichten und Berichte sind sorgfältig auf Wahrheit und Herkunft zu prüfen, Nachricht und Kommentar deutlich voneinander zu trennen*«.

35   Siehe dazu unter VI.

rithmische Zusammensetzung des *News Feed* – bspw über den Kontext[36] der Informationsübermittlung bestimmen.[37]

Die Anforderungen an öffentlich-rechtliche Medien in der liberalen Demokratie stehen daher in einem Spannungsverhältnis zur Funktionsweise von kommerziellen Social Media-Plattformen. Im Rahmen dieses Beitrages wird gezeigt, dass das Konzept des öffentlich-rechtlichen Mediums mit der Kommunikationsstruktur bestehender Social Media-Plattformen nicht vereinbar ist. Denn ersteres dient Grundvoraussetzungen der liberalen Demokratie; zweiteres folgt einer ökonomischen Akkumulationslogik, die ebendiese Grundvoraussetzungen gefährdet.

III.   (Öffentlich-rechtliche) Medien und liberale Demokratie

Die liberale Demokratie ist ohne lebendige Medienlandschaft nicht denkbar; dies bedarf im gegebenen Kontext keiner weiteren Erläuterung.[38] Als maßgeblicher Garant der für die liberale Demokratie erforderlichen Medienleistungen fungiert seit der ersten Hälfte des 20. Jh der öffentlich-rechtliche Rundfunk.[39] Die öffentlich-rechtliche Organisation des Rundfunks dient dabei der Sicherstellung einer objektiven und unabhängigen Berichterstattung; sie ist als Antwort auf die fehlenden Konkurrenzbedingungen eines privaten Rundfunkmarkts – und damit

---

36   Mit dem Verlust der Kontexthoheit ist der Problemkreis des *Context Collapse* angesprochen. Wenngleich *Context Collapse* vorrangig Individuen in der Gestaltung ihrer Onlineidentität betrifft, ist zu berücksichtigen, dass auch Medien ihre Inhalte mit Blick auf ein spezifisches, angenommenes Publikum *(Broadcast Audience)* aufbereiten. Da diese Medien auf Social Media-Plattformen die Distributionshoheit an die Plattformen übertragen, kommt es auch für Zeitungen, Fernsehsender oder Radiostationen zum *Context Collapse:* Ihnen ist letztlich nicht mehr bekannt, in welchem Zusammenhang und unter welchen Umständen welche Personen ihre Inhalte wahrgenommen haben. Vgl idZ *Marwick/boyd,* I tweet honestly, I tweet passionately: Twitter users, context collapse, and the imagined audience, New Media & Society 2011, 114 (128 ff).

37   Siehe dazu unter VI.C.

38   Siehe nur EGMR 8. 7. 1986, 9815/82 (Lingens gg Österreich) Rz 42.

39   Vgl *Habermas,* Strukturwandel der Öffentlichkeit[15] (2018) 282 f.

auf die unzureichende Erbringung der erforderlichen Medienleistungen durch Private – zu verstehen.[40]

Dass der öffentlich-rechtliche Rundfunk die ihm zugedachte Aufgabe auch ordnungsgemäß erfüllt, sichert eine Vielzahl an (verfassungs-)gesetzlichen Vorgaben, die sowohl die Organisation[41] als auch die inhaltliche Ausgestaltung des Programmes betreffen. Die für Österreich maßgeblichen Bestimmungen finden sich insbes im ORF-G[42], das in § 1 ORF-G auch den ORF als öffentlich-rechtlichen Rundfunk einrichtet. § 4 ORF-G definiert etwa den öffentlich-rechtlichen Kernauftrag, wonach der ORF ua für »*die umfassende Information der Allgemeinheit über alle wichtigen politischen, sozialen, wirtschaftlichen, kulturellen und sportlichen Fragen*« (§ 4 Abs 1 Z 1 ORF-G) zu sorgen hat. Als Bestandteile des öffentlich-rechtlichen Kernauftrags enthält § 4 ORF-G des Weiteren die »*Förderung des Verständnisses für alle Fragen des demokratischen Zusammenlebens*« (§ 4 Abs 1 Z 2 ORF-G); der die inhaltlichen Programmgrundsätze festlegende § 10 Abs 4 ORF-G verpflichtet den ORF zu einer Programmgestaltung, die durch »*umfassende Information [...] zur freien individuellen und öffentlichen Meinungsbildung im Dienste des mündigen Bürgers und damit zum demokratischen Diskurs*« beitragen soll. Die Vorgaben, die das ORF-G dem ORF macht, sind folglich nicht Selbstzweck. Sie dienen essenziellen Voraussetzungen der liberalen Demokratie: dem Pluralismus, der öffentlichen Debatte, der Autonomie/Willensfreiheit der WählerInnen sowie der Förderung der demokratischen Grundhaltung der Bevölkerung.

Doch nicht nur der öffentlich-rechtliche Rundfunk ist von fundamentaler Bedeutung für die liberale Demokratie; vielmehr kommt den Massenmedien insgesamt eine herausragende Stellung zu.[43] Diese spiegelt sich für den privaten Rundfunk auch in der österr Bundesverfassung – präziser im BVG Rundfunk[44] – wider: Das BVG Rundfunk überträgt zwar in Art 1 Abs 2 leg cit die Erlassung der »*näheren Bestimmungen*

---

40   *Holoubek/Gärner/Grafl* in Holoubek/Potacs I[4] 1351 (1399 f).

41   Vgl für Österreich §§ 19–30 ORF-G.

42   Bundesgesetz über den Österreichischen Rundfunk (ORF-Gesetz, ORF-G), BGBl 379/1984 idF BGBl I 61/2018.

43   Siehe idZ die Untersuchung *Habermas'* zur Öffentlichkeit in der sozialstaatlichen Massendemokratie, dessen Analyse die zentrale Stellung der Massenmedien in der Konstitution einer kritischen Öffentlichkeit aufzeigt. (Strukturwandel[15] 357 f).

44   Bundesverfassungsgesetz vom 10. Juli 1974 über die Sicherung der Unabhängigkeit des Rundfunks, BGBl 396/1974.

für den Rundfunk und seine Organisation« dem einfachen Bundesgesetzgeber; gleichzeitig verpflichtet es diesen jedoch Bestimmungen vorzusehen, die *»die Objektivität und Unparteilichkeit der Berichterstattung, die Berücksichtigung der Meinungsvielfalt, die Ausgewogenheit der Programme sowie die Unabhängigkeit«* der mit der *»Besorgung«* des Rundfunks betrauten Personen gewährleisten. Und auch die Presse bindet die liberale Demokratie in spezifischer Weise in ihr Konzept ein. Zum einen fördert sie – wie etwa im Rahmen des PresseFG 2004[45] – die private Presse[46] durch finanzielle Zuschüsse und sonstige Privilegien[47]; zum anderen sieht sie medienrechtlich Verpflichtungen vor, die etwa eine Veröffentlichung der Blattlinie[48] oder die Kenntlichmachung entgeltlicher Einschaltungen[49] betreffen.

Insgesamt zeigt sich somit ein Wechselspiel, das zwischen der liberalen Demokratie und den in ihr tätigen Medien besteht. Die liberale Demokratie eröffnet den Medien einen Raum der Freiheit und bezieht umgekehrt Medienleistungen, die sie für ihre Existenz benötigt. Die Qualität der Medienleistungen stellt sie dabei durch das Medienrecht sicher;[50] die in einem ersten Schritt in den Raum der grundrechtlich gesicherten Kommunikationsfreiheiten entlassenen Medien werden somit in einem zweiten Schritt zur Qualitätssicherung wieder rückgebunden. Solcherart konstituierte (freie) Medien sichern die liberale Demokratie vor illiberalen und antidemokratischen Kräften; als *»Gegenleistung«* dürfen sie sich innerhalb der verfassungs- und medienrechtlichen Schranken frei entfalten.

---

45   Bundesgesetz über die Förderung der Presse (Presseförderungsgesetz 2004 – PresseFG 2004), BGBl I 136/2003 idF BGBl I 32/2018.
46   Die finanzielle Förderung des privaten Rundfunks erfolgt mittels des Privatrundfunkfonds (siehe § 30 KommAustria-Gesetz).
47   Wie etwa den Schutz des Redaktionsgeheimnisses gem § 31 MedienG.
48   § 25 Abs 4 MedienG.
49   § 26 MedienG.
50   Vgl *Pöschl*, Neuvermessung der Meinungsfreiheit?, in Koziol (Hrsg), Tatsachenmitteilungen und Werturteile: Freiheit und Verantwortung (2018) 31 (38).

IV.   Intermediär, Kommunikations-
infrastruktur und Medium

In das Wechselspiel, das zwischen der liberalen Demokratie und den (öffentlich-rechtlichen sowie privaten) Medien besteht, tritt nunmehr die kommerzielle Social Media-Plattform. Ihr systembrechendes Potenzial folgt dabei nicht zuletzt aus dem Umstand, dass sie sich einer Einordnung nach herkömmlichen Kategorien entzieht. *Gamper* qualifiziert sie zutreffend als »*intermediäre Gewalt*« und weist darauf hin, dass soziale Medien im Vergleich zu den bisherigen Formen der massenmedialen intermediären Gewalten ein »*Novum*« darstellen.[51] *Koukal* behandelt *Facebook* als Medieninhaber iSd § 1 Abs 1 Z 8 MedienG, da im Rahmen des *Facebook News Feed* eine inhaltliche Gestaltung der übermittelten Informationen durch das Unternehmen erfolge.[52]

Damit sind Social Media-Plattformen staatstheoretisch jedenfalls als *Intermediäre,* wie auch sonstige Massenmedien, zu qualifizieren.[53] Darüber hinaus unterscheiden sie sich jedoch von den klassischen *Intermediären* (arg: »*Novum*«[54]), da sie zusätzlich auch Kommunikationsinfrastruktur darstellen, in deren Rahmen ein internationales Publikum aus BürgerInnen, (Sub)Intermediären[55] und staatlichen Stellen um Aufmerksamkeit und Reichweite konkurriert. Social Media-Plattformen können folglich weder lediglich als Medien, noch ausschließlich als Kommunikationsinfrastruktur behandelt werden. Denn wie Medien treffen sie – wenngleich algorithmisch – Selektionsentscheidungen bei der Informationsübermittlung. Die den UserInnen angezeigten Inhalte stammen aber großteils von Dritten, die die Plattformen als Kommunikationsinfrastruktur nutzen.

Es sind diese unterschiedlichen Facetten der Social Media-Plattformen, die sie für klassische Ansätze des Medienrechts kaum fassbar machen. So hat etwa das Regelungskonzept des MedienG[56] vorrangig die Person des/der JournalistIn oder das Medienhaus vor Augen,

---

51   *Gamper,* Staat und Verfassung[4] 135 f.
52   *Koukal* in Berka et al (Hrsg), Mediengesetz Praxiskommentar[4] § 1 MedienG Rz 30i (2019).
53   Vgl *Gamper,* Staat und Verfassung[4] 135 f.
54   *Gamper,* Staat und Verfassung[4] 135 f.
55   (Medien)Unternehmen, Lobbygroups, Personen des öffentlichen Lebens.
56   Bundesgesetz vom 12. Juni 1981 über die Presse und andere publizistische Medien (Mediengesetz – MedienG), BGBl 314/1981 idF BGBl I 32/2018.

wie bereits die §§ 2–4 MedienG[57] verdeutlichen. Diesen JournalistInnen (oder Zeitungsverlagen, Rundfunkbetreibern), wie auch sonstigen UserInnen, wird auf Social Media-Plattformen jedoch die Verbreitungs-, Präsentations- und Kontexthoheit entzogen. Damit verbunden ist eine Spaltung des medienrechtlichen Zurechnungssubjekts; die für die Wirkungsweise von Medien zentrale Frage der Verbreitung tritt aus dem Blickfeld des Medienrechts, in die Sphäre der bloßen technischen Umsetzung der Distribution.

Die technische Umsetzung der Distribution in sozialen Netzwerken verhält sich zur inhaltlichen Ausrichtung jedoch nicht neutral. Denn die von Social Media-Plattformen getroffenen Selektionsentscheidungen beruhen auf besonderen ökonomischen Erwägungen.[58] Dass derartige Entscheidungen nie apolitisch sind, zeigte sich nicht zuletzt im Rahmen der Debatte um die inhaltliche Überprüfung politischer Werbung durch *Facebook*. Die Entscheidung, politische Werbung keinen *Fact Checks* zu unterziehen,[59] ist zweifellos politisch, verschreibt sie sich doch – zumindest oberflächlich – einer Form des Libertarismus; schlussendlich ist die gesamte Kommunikation auf Social Media-Plattformen wie *Facebook* von den in *Silicon Valley* vorherrschenden Tendenzen des Libertarismus und Neoliberalismus iS eines von staatlichem Einfluss befreiten Internets durchdrungen.[60]

Diese politische Ausrichtung der Distributionskanäle umhüllt alle in die Kommunikationsräume der Social Media-Plattformen eingespeisten Inhalte. Damit unterscheiden sich Social Media-Plattformen klar von sonstiger medialer Distributionsinfrastruktur – weder ZeitungszustellerInnen noch Radiogeräte vermögen das Übermittelte inhaltlich zu beeinflussen.

---

57   Überzeugungsschutz (§ 2), Schutz namentlich gezeichneter Beiträge (§ 3), Kein Veröffentlichungszwang (§ 4).

58   Siehe dazu sogleich unter V.

59   Vgl *New York Times Online* v 22.11.2019, Why Everyone is Angry at Facebook Over Its Political Ads Policy <nytimes.com/2019/11/22/technology/campaigns-pressure-facebook-political-ads.html> (abgerufen am 24.11.2019).

60   Vgl zur Ideologie von *Silicon Valley* nur *Barbrook/Cameron,* The Californian Ideology, Science as Culture 1996, 44 (63 ff); siehe auch *Dyson et al,* Cyberspace and the American Dream: A Magna Carta for the Knowledge Age (1994) <pff.org/issues-pubs/futureinsights/fi1.2magnacarta.html> (abgerufen am 24.11.2019).

V.   Das Geschäftsmodell der kommerziellen Social Media-Plattform

A.   Notwendige Interdisziplinarität

Isoliert betrachtet müsste die Abspaltung der Verbreitungshoheit von der inhaltlichen Urheberschaft noch keine zwingend negativen Konsequenzen für die liberale Demokratie zeitigen. Denn wenngleich die Selektionsalgorithmen der Plattformen ihren eigenen »Gesetzen« folgen, wäre dies unproblematisch, insoweit *Facebook* oder *Google* mit ihnen etwa eine möglichst weitgehende Förderung der objektiven und umfassenden Information, der demokratischen Grundwerte sowie des Meinungspluralismus beabsichtigen würden.

Negative Konsequenzen für die liberale Demokratie ergeben sich erst, wenn man die konkrete Funktionsweise von Social Media-Plattformen wie *Facebook, Instagram, Snapchat* und *YouTube* in den Blick nimmt. Da diese maßgeblich auf das zugrundeliegende Geschäftsmodell zurückgeht, bedarf die gegenständliche Untersuchung der Heranziehung von Erkenntnissen anderer Disziplinen, insbes der Ökonomie. Denn ohne Berücksichtigung des zugrundeliegenden Geschäftsmodells kann die Entwicklung adäquater regulativer Ansätze für die Herausforderungen, die kommerzielle Social Media-Plattformen der liberalen Demokratie bereiten, nicht gelingen.[61] Wie so oft muss die staats- und verfassungstheoretische Abhandlung, notwendigerweise auf *»Kontakt und Austausch mit anderen (benachbarten) Disziplinen angewiesen«,*[62] somit in fremden Gewässern fischen.

---

61   Siehe *Zuboff,* The Age of Surveillance Capitalism (2019) 194: »*In the absence of a clear-minded appreciation of this new logic of accumulation, every attempt at understanding, predicting, regulating, or prohibiting the activities [...] will fall short«.*

62   *Vesting,* Staatstheorie Rz 16 ff; *Gamper,* Staat und Verfassung⁴ 26; siehe auch *Waldron,* Legal and Political Philosophy, in Coleman/Shapiro (Hrsg), The Oxford Handbook of Jurisprudence and Philosophy of Law (2002) 352 (354): »*Unless the legal scholar understands the relation between legal doctrines and institutions [...] and the wider political context [...], his understanding of law [...] will be inconclusive or impoverished [...]«.*

B.   Das Geschäftsmodell

1.   Verkauf personalisierter Werbung

Social Media-Plattformen wie *Facebook*[63], *Instagram*[64], *Snapchat*[65] und *YouTube*[66] verdienen ihr Geld mit personalisierter Werbung.[67] Bspw erzielte *Facebook* 2018 98,5 % seiner Einnahmen aus dem Verkauf von Werbemöglichkeiten.[68] Unter personalisierter Werbung *(Targeted Advertising)* ist das gezielte »Ansprechen« individueller UserInnen zu verstehen, denen für sie relevante Werbeinhalte zu Zeiten angezeigt werden, in denen sie wahrscheinlich mit diesen interagieren.[69] *Siegert/Brecheis* heben hervor, dass Personalisierung zwar bereits in der traditionellen Direktwerbung[70] zum Einsatz gekommen sei, aber durch die Digitalisierung in »*eine neue Dimension*« vordringen könne und die Erstellung von »*scharfe[n] und aussagekräftige[n] Konsumentenprofile[n]*« ermögliche.[71] Diese Konsumentenprofile könnten sodann als Grundlage für »*hochindividuelle, personalisierte Werbung*« herangezogen werden.[72] Solcherart personalisierte Werbung ist für werbende Unternehmen im Hinblick auf ihren finanziellen Einsatz überaus effizient, weshalb sich ihr Verkauf als äußerst lukrativ gestaltet.[73]

2.   Verbesserung der Personalisierung

Da personalisierte Werbung somit auf präzisen Konsumentenprofilen aufbaut, die auf der Grundlage von Datensätzen generiert werden, ist

---

63   Siehe *Facebook* for Business <facebook.com/business/ads> (abgerufen am 7.12.2019).
64   Siehe *Instagram* Business <business.instagram.com/advertising/> (abgerufen am 7.12.2019).
65   Siehe *Snapchat* for Business <forbusiness.snapchat.com/advertising#targeting> (abgerufen am 2.11.2019).
66   Siehe *YouTube* Advertising <youtube.com/intl/en-GB/ads/> (abgerufen am 7.12.2019).
67   Vgl nur *Vaidhyanathan*, Antisocial Media (2018) 80 ff; *Zuboff*, Surveillance Capitalism 160 ff; *Fuchs*, Soziale Medien und Kritische Theorie (2019) 271 ff.
68   Siehe *Facebook* Sec Filings, Form 10-K für 2018, 44 <investor.fb.com/financials/sec-filings-details/default.aspx?FilingId=13183451> (abgerufen am 5.12.2019).
69   Vgl *Vaidhyanathan*, Antisocial Media 80 ff.
70   Etwa als Brief oder Prospekt.
71   *Siegert/Brecheis*, Werbung in der Medien- und Informationsgesellschaft[3] (2017) 243.
72   *Siegert/Brecheis*, Werbung[3] 243.
73   *Zuboff*, Surveillance Capitalism 166 ff: *Zuboff* spricht diesbezüglich vom »Siren Song« erzielbarer Renditen.

sie umso effektiver, je mehr Daten zur Verfügung stehen. Wie *Zuboff* hervorhebt, ist dabei kein Datum zu trivial, um von Interesse zu sein: »*Facebook ›likes‹, Google searches, emails, texts, photos, songs and videos, location, communication patterns, networks, purchases, movements, every click, misspelled word, page view, and more.*«[74]

Damit kann jegliches UserInnenverhalten auf Social Media-Plattformen zur Verbesserung der Personalisierungsalgorithmen – und somit zu einer Umsatzsteigerung – beitragen. Plattformen wie *Facebook* haben daher ein maßgebliches Interesse daran, dass ihre UserInnen viel Zeit auf der Plattform verbringen und mit Inhalten interagieren.[75] Darüber hinaus steigert eine erhöhte Verweildauer auch den wirtschaftlichen Wert der personalisierten Werbemöglichkeit.[76]

3.   Interaktionsanreize

Social Media-Plattformen zeichnen sich daher nicht zufällig durch ein hohes Suchtpotenzial aus;[77] ihr Design zielt darauf ab, UserInnen zu einer möglichst langen, möglichst intensiven Interaktion zu motivieren, um die größtmögliche Menge an UserInnendaten zu generieren.[78] Zu diesem Zweck begünstigen Social Media-Plattformen eine inhaltliche Aufbereitung, die einen niederschwelligen Zugang zu Informationen ermöglicht, um so Hürden der Interaktion abzubauen. Dies führt zu einer Verdrängung von Text- durch Bildinhalte – der Großteil der auf Social Media-Plattformen konsumierten Inhalte besteht aus mit Schlagwörtern und Emojis versehenen Fotos oder grafischen Darstellungen.[79] Zur Sicherstellung möglichst intensiver Interaktion fördern die

---

74   *Zuboff,* Big other: surveillance capitalism and the prospects of an information civilization, Journal of Information Technology 2015, 75 (79); vgl auch *Vaidhyanathan,* Antisocial Media 58.

75   *Vaidhyanathan,* Antisocial Media 89 f: »*The longer you are on Facebook, the more you engage with items on Facebook, and the more you teach Facebook [...]*«.

76   *Fuchs,* Soziale Medien 204.

77   *Zuboff,* Surveillance Capitalism 449 ff.

78   *Vaidhyanathan,* Antisocial Media 37; *The Guardian Online* v 23.1.2018, »Never get high on your own supply« – why social media bosses don't use social media <the guardian.com/media/2018/jan/23/never-get-high-on-your-own-supply-why-social-media-bosses-dont-use-social-media> (abgerufen am 7.12.2019).

79   Vgl *Vaidhyanathan,* Antisocial Media 43; *Brandmayr et al,* Das Politische in sozialen Medien am Beispiel Facebook: Herausforderungen für eine politische Bildung, SWS-Rundschau 2018, 328 (344).

Plattformen darüber hinaus die Verstärkung bestehender Emotionen,[80] etwa dadurch, dass Inhalte, die starke affektive Reaktionen auslösen, vermehrt verbreitet werden.[81]

4.   Ökonomisierung der Medieninhalte

Die Simplifizierung und Emotionalisierung von Inhalten auf Social Media-Plattformen ist dabei nicht weiter überraschend. Sie stellt sich vielmehr als die charakteristische Folge der Ökonomisierung von Medieninhalten dar.[82] Da Social Media-Plattformen ausschließlich der Logik der personalisierten Werbung folgen, sind ihre Kommunikationsräume durchgängig ökonomisiert. Die Kommunikationsbedingungen auf kommerziellen Social Media-Plattformen folgen somit nicht einer liberal demokratischen Logik, sondern der Logik der Datenmaximierung zur Gewinnsteigerung.

Die Kommerzialisierung der Kommunikationsbedingungen – und ihre Aufrechterhaltung – ist schlussendlich zwingend: *Facebook (Facebook, Instagram)* und *Google (YouTube)* sind als börsennotierte Unternehmen zu gewinnorientiertem Handeln verpflichtet. Da sie am Markt für personalisierte Werbung mit anderen MarktteilnehmerInnen konkurrieren, sind sie zur stetigen Verbesserung der Personalisierungsalgorithmen (und damit zur Steigerung der UserInneninteraktion) angehalten.[83] Damit ist den Plattformen ein Abgehen vom zugrundeliegenden Geschäftsmodell aus liberal demokratischen Erwägungen nicht möglich: Die Loyalitäten der Plattform gelten schließlich den AktionärInnen und nicht der demokratischen Öffentlichkeit.[84]

---

[80]   Siehe *Mauri et al,* Why Is Facebook So Successful? Psychophysiological Measures Describe a Core Flow State While Using Facebook, Cyberpsychology, Behavior, and Social Networking 2011, 723 (730).

[81]   *Vaidhyanathan,* Antisocial Media 5.

[82]   Vgl *Habermas,* Strukturwandel[15] 254.

[83]   Vgl *Zuboff,* Surveillance Capitalism 158 ff.

[84]   *The New Yorker Online* v 24.10.2019, The Problem of Political Advertising on Social Media <newyorker.com/tech/annals-of-technology/the-problem-of-political-advertising-on-social-media> (abgerufen am 27.10.2019).

VI.   Social Media-Plattformen als Gefahr für die liberale Demokratie

A.   Imagewandel

Die Auffassung, dass kommerzielle Social Media-Plattformen eine Gefahr für die liberale Demokratie darstellen, verbreitet sich indessen stetig.[85] Damit verbunden ist ein Wandel des Images, das Social Media-Plattformen wie *Facebook* in der öffentlichen Wahrnehmung zukommt.[86] Wurden den Plattformen vor Kurzem noch durchwegs positive Auswirkungen für demokratische Partizipation und öffentliche Debatte zugeschrieben,[87] so hat sich diese Einschätzung in letzter Zeit umgekehrt.[88] Dies zeigt sich nicht zuletzt auch im Kontext der europäischen Institutionen: War die Mitteilung der Kommission »*Online-Plattformen im digitalen Binnenmarkt*«[89] aus dem Jahr 2016 von Plattform-Optimismus und Selbstregulierungsansätzen durchzogen, plant die Kommission *Von der Leyen* die Etablierung einer regulierungsbehördlichen Aufsicht für Online-Plattformen.[90]

---

85   Als Nachweis sei nur auf folgende Zeitungsartikel der ersten Dezemberwoche 2019 (2.–8.12.2019) verwiesen: *The Guardian Online* v 5.12.2019, Breaking up social media giants an option to deal with misinformation, Labor says <theguardian.com/world/2019/dec/06/breaking-up-social-media-giants-an-option-to-deal-with-misinformation-labor-says>; *The Boston Globe Online* v 3.12.2019, Save democracy. Unfriend Facebook <bostonglobe.com/2019/12/03/opinion/save-democracy-unfriend-facebook/> (alle abgerufen am 21.3.2020).

86   Vgl idZ *Pöschl* in Koziol 31 (33).

87   So noch die Mitteilung der Kommission – Online-Plattformen im digitalen Binnenmarkt, COM (2016) 288 final, 3: »*Online-Plattformen bieten die Möglichkeit der stärkeren Einbeziehung von Bürgerinnen und Bürgern in Gesellschaft und Demokratie*«; aA bereits 2011 *I. Eisenberger,* Die Macht der Algorithmen, juridikum 2011, 517 (520 f).

88   *Berka* spricht im Hinblick auf die der globalen Vernetzung zugeschriebenen Verständigungseffekte von einer Illusion (The Free Speech Debate: Bedarf die Meinungsfreiheit einer Neuvermessung?, in Berka/Holoubek/Leitl-Staudinger [Hrsg], Meinungs- und Medienfreiheit in der digitalen Ära: Eine Neuvermessung der Kommunikationsfreiheit [2017] 1 [11]).

89   Siehe FN 87.

90   Siehe *netzpolitik.org* v 15.7.2019, EU-Kommission erwägt neues Gesetz für Plattformen <netzpolitik.org/2019/geleaktes-arbeitspapier-eu-kommission-erwaegt-neues-gesetz-fuer-plattformen/> (abgerufen am 29.10.2019).

B. Multidimensionales Gefahrenpotenzial

In weiterer Folge sind nunmehr schlaglichtartig Problemstellungen zu beleuchten, die aus der Funktionsweise kommerzieller Social Media-Plattformen für die liberale Demokratie entstehen. Dabei erfolgt eine Fokussierung auf die Themenkreise der öffentlichen Meinung (C.), des Pluralismus (D.) sowie der Autonomie/Willensfreiheit der WählerInnen (E.), die allesamt Voraussetzungen der liberalen Demokratie darstellen. Bereits an dieser Stelle sei betont, dass sich die Social Media-Plattformen inhärenten Gefährdungspotenziale längst realisiert haben *(Cambridge Analytica*-Skandal, BREXIT).

Es wird sich zeigen, dass die Herausforderungen, die von kommerziellen Social Media-Plattformen ausgehen, nicht trennscharf jeweils einem Themenkreis zuordenbar sind. So stellen die durch soziale Medien verstärkten Tendenzen tribalistischen Denkens[91] eine Gefahr sowohl für die öffentliche Debatte,[92] als auch für die Akzeptanz der liberalen Demokratie dar.[93] *Filter Bubbles* zerstören die öffentliche Debatte[94] und beeinträchtigen darüber hinaus die Willensfreiheit der WählerInnen, da sie deren umfassende Information als Grundlage für die Ausübung politischer Teilhaberechte verhindern.[95] Trotz dieses Befunds wird aus systematischen Gründen dennoch der Versuch einer Zuordnung unternommen.

---

91 *Vaidhyanathan*, Antisocial Media 50 f; *Ebner*, Radikalisierungsmaschinen (2019) 279.

92 Vgl *Fukuyama*, Identität (2019) 143: »*[...][D]ie Bevorzugung der Identität kollidiert mit der Notwendigkeit eines durchdachten Austauschs: Gelebte Erfahrung wird unter emotionalen Gesichtspunkten bewertet statt unter rationalen*«.

93 *Fukuyama*, Identität 149: »*Liberale Demokratien haben gute Gründe dafür, sich nicht um eine Reihe unablässig wuchernder Identitätsgruppen zu organisieren, die für Außenstehende unzugänglich sind. Die Identitätspolitik entwickelt die Dynamik, immer wieder den gleichen Prozess anzukurbeln, da die verschiedenen Gruppen einander als bedrohlich betrachten*«.

94 *I. Eisenberger*, juridikum 2011, 517 (520 f).

95 Siehe zur Bedeutung der grundrechtlich geschützten Kommunikations- und Informationsfreiheit bspw *Holoubek*, Kommunikationsfreiheit, in Merten/Papier/Kucsko-Stadlmayer (Hrsg), Handbuch der Grundrechte VII/1² (2014) Rz 57.

C.   Gefahr für die öffentliche Meinung

1.   Hyperfragmentierung

Als Ausgangspunkt einer Analyse des Gefährdungspotenzials von Social Media-Plattformen für die öffentliche Meinung der liberalen Demokratie kann das Phänomen der *Filterblase* bzw *Echokammer*[96] dienen. Dieses ist unmittelbare Folge des Geschäftsmodells: Da die Plattformen ein Interesse an einer intensiven und langen Interaktion der UserInnen haben, werden ihnen personalisiert die für sie relevantesten Inhalte angezeigt.

Die Fragmentierung der kritischen Öffentlichkeit in Filterblasen oder Echokammern stellt eine Gefahr für die liberale Demokratie dar. Dieser Befund liegt auf der Hand, bedeutet Debatte schließlich *»lebhafte Diskussion, Auseinandersetzung, Streitgespräch«*[97]; eine Diskussion kann es im Kontext gleichlaufender Auffassungen und Überzeugungen jedoch nicht geben. Da in Filterblasen oder Teilöffentlichkeiten eine Konfrontation mit konträren Meinungen großteils unterbleibt,[98] werden öffentliche Debatten iS des staatstheoretischen Konzepts der liberalen Demokratie weitestgehend unterbunden.[99]

Aus diesem Grund sieht bspw das ORF-G an verschiedenen Stellen die Verpflichtung zur *»umfassende[n] Information«*[100] vor und verlangt vom ORF die Bereitstellung eines *»differenzierte[n] Gesamtprogramm[es]«*, das *»sich an der Vielfalt der Interessen aller Hörer und Seher zu orientieren«* hat, wobei *»[d]ie Anteile am Gesamtprogramm [...] in einem angemessenen Verhältnis zueinander [...] stehen«* müssen.[101] Das ORF-G versucht damit, einer Fragmentierung in Teilöffentlichkeiten entgegenzuwirken. Dies zeigt sich im Kontext des Programmgrundsatzes des § 10 Abs 4 ORF-G deutlich, da *»[d]ie umfassende Information [...] zum*

---

96 Eine Begriffsbestimmung derselben erfolgt angesichts der Ubiquität ihrer Thematisierung nicht.

97 »Debatte« auf *Duden online* <duden.de/node/30747/revision/30776> (abgerufen am 29.10.2019).

98 Vgl *Holznagel*, Neue Herausforderung für die demokratische Öffentlichkeit und die Perspektiven für das Medienrecht, in Berka/Holoubek/Leitl-Staudinger (Hrsg), Meinungs- und Medienfreiheit in der digitalen Ära: Eine Neuvermessung der Kommunikationsfreiheit (2017) 15 (37).

99 *Berka* in Berka/Holoubek/Leitl-Staudinger 1 (11) spricht in diesem Zusammenhang vom *»Verlust der kritischen, diskursiven Kraft der freien Rede«*.

100 Vgl §§ 4 Abs 1 Z 1 und 10 Abs 4 ORF-G.

101 § 4 Abs 2 ORF-G.

demokratischen Diskurs der Allgemeinheit beitragen« soll, womit die Inklusion aller Seher- und HörerInnen in eine umfassende Öffentlichkeit
intendiert ist.

Die kritische Öffentlichkeit ist jedoch nicht erst seit dem Aufkom-
men von Social Media-Plattformen in Teilöffentlichkeiten[102] fragmen-
tiert. Die in *Filter Bubbles* erfolgende Fragmentierung zeichnet sich jedoch durch zwei Charakteristika aus, die sie als *Hyperfragmentierung*
erscheinen lassen. Zum einen führen die Prozesse einer inhaltlichen
Personalisierung zu einer ungleich kleinteiligeren Fragmentierung,
als es für die prä-digitale Öffentlichkeit möglich gewesen wäre. Auf
die Gefahr, die von algorithmischer Personalisierung für die öffentliche Debatte ausgeht, hat etwa *I. Eisenberger* hingewiesen.[103] Zum anderen ermöglicht zielgerichtete Kommunikation den UrheberInnen
von Inhalten eine »*gezielte Fremdfragmentierung*«: Personalisierte Werbung erlaubt es, verschiedene Adressatenkreise gezielt unterschiedlichen Botschaften auszusetzen; dies erzeugt »*unterschiedliche Wirklichkeiten*«.[104]

Damit unterscheidet sich die Fragmentierung der Öffentlichkeit
auf Social Media-Plattformen von der prä-digitalen Fragmentierung[105]
dahingehend, dass sich erstere im Vergleich zu zweiterer durch eine
erhebliche Verstärkung auszeichnet. Darüber hinaus führt ihre globale Dimension zu einer Verstärkung radikaler Tendenzen; »*vernetzte
Kommunikationsräume erzeugen für Teilnehmer eine gefährliche Nähe des
Gruppengeistes*«.[106] Die rechtsextreme Gesinnung, der im Offline-Be-
kanntenkreis eine gewisse Mäßigung zuteil wurde, kann sich in der
rechtsextremen Teilöffentlichkeit hemmungslos entfalten.[107]

---

102 *Hanschmann,* Der Begriff der Homogenität in der Verfassungslehre und Europarechtswissenschaft (2008) 223.
103 *I. Eisenberger,* juridikum 2011, 517 (520 f).
104 *Merli,* Grenzen der Staatsinformation und staatlicher Propaganda, in Berka/Holou-
bek/Leitl-Staudinger (Hrsg), Elektronische Medien im »postfaktischen« Zeitalter
(2019) 107 (119).
105 Vgl etwa *Habermas,* Strukturwandel[15] 316, im Hinblick auf die politischen Diskussionen der Privatpersonen.
106 *Di Fabio,* Öffentlichkeit, in Kube et al (Hrsg), Leitgedanken des Rechts – FS Kirchhof I (2013) Rz 17; so auch *Ebner,* The Rage (2017) 127 ff.
107 Vgl *Pöschl* in Koziol 31 (34).

2.   Kommerzialisierung

Darüber hinaus folgt das Kommunikationsumfeld auf Social Media-Plattformen aufgrund ihrer Gewinnorientierung der Logik von Werbung, Konsum und Unterhaltung.[108] Damit geht eine Emotionalisierung[109] und Simplifizierung der Kommunikation einher; Folge der Durchdringung aller Inhalte von ökonomischen Imperativen ist der Wandel auch von Nachrichten in Unterhaltung.[110]

Dies ist für die liberale Demokratie aus zwei Gründen problematisch: Erstens legen kognitionswissenschaftliche Untersuchungen nahe, dass man in einem kommerzialisierten Umfeld individualistischer und weniger kooperativ agiert.[111] Damit erscheinen soziale Medien als zumindest teilweise ungeeignet, die für die öffentliche Meinung der liberalen Demokratie erforderlichen Kommunikationsbedingungen zu schaffen.[112] Zweitens verhindert die Simplifizierung, dass es zu einer vertieften inhaltlichen Auseinandersetzung kommt. *Kahneman* hebt hervor, dass etwa die Wahrnehmung von Reklametafeln und einfachen Sätzen durch kognitive Aktivitäten erfolgt, die sich durch Intuition, Emotion und Bestätigungsfehler *(Confirmation Bias)* unter Ausschluss von sachlicher Deliberation kennzeichnen.[113]

Die inhaltliche Simplifizierung und Emotionalisierung werden dabei selbst für »traditionelle« Medien notwendig, die ihre Inhalte auf Social Media-Plattformen verbreiten. Wollen sie im Kommunikationsumfeld der Plattformen bestehen, müssen sie Inhalte entsprechend präsentieren oder riskieren, an Reichweite und Bedeutung zu verlieren.[114] Da die Struktur kommerzieller Social Media-Plattformen reichweitenstarke UserInnen exponentiell belohnt,[115] werden diese Effekte noch verstärkt.

---

108   *Fuchs,* Soziale Medien 149.
109   Vgl zur Emotionalisierung auch *Merli,* der diese jedoch aus dem Blickwinkel einer *»geänderten allgemeinen Kommunikationskultur«* sieht (in Berka/Holoubek/Leitl-Staudinger 107 [118]); die hier vertretene These sieht die Ursachen der Emotionalisierung im Kontext sozialer Medien maßgeblich im Geschäftsmodell begründet.
110   *Habermas,* Strukturwandel[15] 254.
111   *Kahneman,* Thinking, Fast and Slow (2012) 55 f.
112   Vgl idZ auch *Habermas,* Strukturwandel[15] 46.
113   *Kahneman,* Thinking 21.
114   *Vaidhyanathan,* Antisocial Media 8 f: *»Editors and publishers spend much of their working days trying to design their content to take flight on Facebook«.*
115   Siehe dazu unter VI.D.

Die Problematik der Kommerzialisierung der Medieninhalte spiegelt sich im Übrigen auch im österr Medienrecht wider, das verschiedentlich versucht, einen ökonomischen Einfluss auf Medieninhalte zu verhindern.[116] Als Beispiele können die Verpflichtung zur *»Kennzeichnung entgeltlicher Veröffentlichungen«* in periodischen Medien gem § 26 MedienG, das Verbot des § 19 Abs 4 lit c PrR-G[117], wonach *»Werbetreibende [...] keinen redaktionellen Einfluss auf den Programminhalt ausüben«* dürfen oder § 32 Abs 2 AMD-G[118] genannt werden.

3.   Fake News

Schlussendlich stellt auch die Verbreitung von Falschnachrichten oder *Fake News* auf Social Media-Plattformen eine Gefahr für die öffentliche Meinung in der liberalen Demokratie dar.[119] Die Gefährdung geht dabei nicht von der grundsätzlichen Existenz von *Fake News* aus – Falschinformation (im politischen Kontext) gab es auch vor *Facebook.*[120] Sie ist vielmehr Folge der Verbreitungsmechanismen von Massenmedien, weshalb etwa das österr Medienrecht auch private Rundfunkanbieter oder Zeitungen auf Grundsätze der Objektivität und journalistischen Sorgfalt verpflichtet. Gem § 41 Abs 1 AMD-G haben *»Fernsehprogramme [...] den Grundsätzen der Objektivität und Meinungsvielfalt zu entsprechen«*; das PrR-G sieht eine entsprechende Verpflichtung in § 16 Abs 1 leg cit[121] vor.[122] Das MedienG gewährt bei Einhaltung der *journalistischen Sorgfalt*

---

116   Siehe dazu auch unter VII.B.

117   Bundesgesetz, mit dem Bestimmungen für privaten Hörfunk erlassen werden (Privatradiogesetz – PrR-G), BGBl I 20/2001 idF BGBl I 86/2015.

118   Bundesgesetz über audiovisuelle Mediendienste (Audiovisuelle Mediendienste-Gesetz – AMD-G), BGBl I 84/2001 idF BGBl I 86/2015. § 32 Abs 2 AMD-G: *»Audiovisuelle kommerzielle Kommunikation darf nicht die redaktionelle Unabhängigkeit des Mediendiensteanbieters beeinträchtigen«.*

119   *Palmstorfer,* Die öffentliche Aufgabe der Massenmedien: Demokratiepolitische Aspekte, in Berka/Grabenwarter/Holoubek (Hrsg), Qualitätssicherung im Rundfunk und in den Online-Medien (2015) 41 (52): Eine objektive Berichterstattung ist notwendig, damit Massenmedien ihre Aufgabe für den demokratischen Prozess erfüllen können.

120   *Bernal,* Fakebook: why Facebook makes the fake news problem inevitable, Northern Ireland Legal Quarterly 2018, 513 (513).

121   § 16 Abs 1 PrR-G: *»Die auf Grund dieses Bundesgesetzes veranstalteten Programme haben den Grundsätzen der Objektivität und Meinungsvielfalt zu entsprechen«.*

122   Vgl *Palmstorfer* in Berka/Grabenwarter/Holoubek 41 (52).

zwar unterschiedliche journalistische Privilegien,[123] verpflichtet damit umgekehrt aber auch zur Einhaltung dieses Sorgfaltsstandards.

Das Gefährdungspotenzial, das von Falschmeldungen in Massenmedien ausgeht, spitzt sich im Kommunikationsraum sozialer Medien jedoch zu; das Geschäftsmodell kommerzieller Social Media-Plattformen treibt *Fake News* an die Oberfläche der öffentlichen Debatte.[124] Umso problematischer ist, dass sich bspw *Facebook* nicht explizit für die Eindämmung von politischer Falschinformation ausspricht. Bei einer Anhörung im US-Repräsentantenhaus unterließ es *Zuckerberg,* auf die Frage der Demokratin *Ocasio-Cortez* zu antworten, ob *Facebook* offensichtliche Falschinformation im politischen Kontext löschen würde.[125] Als Reaktion auf diese Äußerungen *Zuckerbergs* veröffentlichten *Facebook*-MitarbeiterInnen einen offenen Brief, in welchem sie das Unterlassen der Tatsachenkontrolle im politischen Kontext stark kritisierten.[126] In weiterer Folge hielt *Facebook* explizit daran fest, dass es politische Werbung keinen *Fact Checks* unterziehen werde.[127]

D.   Gefahr für Pluralismus

Die liberale Demokratie ist mit dem Prinzip des Pluralismus untrennbar verwoben.[128] Diese Notwendigkeit einer pluralistischen

---

123   Bspw § 29 MedienG.

124   *Bernal,* Northern Ireland Legal Quarterly 2018, 513 (514).

125   *The Guardian Online* v 23.10.2019, Ocasio-Cortez stumps Zuckerberg with questions on far right and Cambridge Analytica <theguardian.com/technology/2019/oct/23/mark-zuckerberg-alexandria-ocasio-cortez-facebook-cambridge-analytica> (abgerufen am 24.10.2019); siehe auch *Spiegel Online* v 24.10.2019, Zuckerberg und Peitsche. Facebook-Chef vor dem US-Kongress <spiegel.de/wirtschaft/unternehmen/facebook-chef-mark-zuckerberg-vor-kongress-zuckerberg-und-peitsche-a-1293054.html> (abgerufen am 27.10.2019).

126   »*Misinformation affects us all. Our current policies on fact checking people in political office, or those running for office, are a threat to what FB stands for. We strongly object to this policy as it stands.*« Der offene Brief der *Facebook*-MitarbeiterInnen ist auf der Website der *New York Times* unter <nytimes.com/2019/10/28/technology/facebook-mark-zuckerberg-letter.html> abrufbar (abgerufen am 29.10.2019).

127   Vgl *New York Times Online* v 22.11.2019, Why Everyone Is Angry at Facebook Over Its Political Ads Policy <nytimes.com/2019/11/22/technology/campaigns-pressure-facebook-political-ads.html> (abgerufen am 26.11.2019).

128   Dies bringt etwa der EGMR im Zusammenhang mit seiner stRsp zur Freiheit der Meinungsäußerung zum Ausdruck: »*Such are the demands of that pluralism, tolerance and broadmindedness without which there is no ›democratic society‹.*« 7.12.1976,

Gesellschaftsordnung für den Verfassungsstaat begleitet dessen Theorie seit Anbeginn; so betont bereits *Madison* in den *Federalist Papers:* Es ist die Vielzahl an Interessen und Weltanschauungen, die eine Tyrannei der Mehrheit verhindert.[129]

Da ein Pluralismus der Meinungen und eine pluralistische Medienlandschaft für den Fortbestand der liberalen Demokratie existenziell sind, sichert das österr Medienrecht den Pluralismus der Medien verschiedentlich ab. Dies ist dabei für den Rundfunk auch verfassungsrechtlich geboten: Gem Art 1 Abs 2 BVG Rundfunk müssen die den Rundfunk und dessen Organisation regelnden Bundesgesetze *»die Berücksichtigung der Meinungsvielfalt«* gewährleisten.

In Entsprechung dieser verfassungsrechtlichen Vorgaben verpflichtet sodann das ORF-G den ORF als öffentlich-rechtliches Medium verschiedentlich zur pluralistischen Organisation und Programmgestaltung. So konstituiert etwa § 28 ORF-G das Organ des Publikumsrats iS des Pluralismus der gesellschaftlichen Ordnung; § 10 Abs 6 ORF-G verlangt eine angemessene Berücksichtigung der *»Vielfalt der im öffentlichen Leben vertretenen Meinungen«* bei der Programmgestaltung. § 9 Abs 1 PrR-G sichert den Pluralismus für den Markt der Privatradios territorial ab, da *»[e]ine Person oder Personengesellschaft«* dann nicht *»Inhaber mehrerer Zulassungen für analogen terrestrischen Hörfunk sein«* kann, wenn sich *»die von den Zulassungen umfassten Versorgungsgebiete«* überschneiden. § 41 Abs 1 AMD-G legt in Entsprechung des BVG Rundfunk für Fernsehprogramme die Meinungsvielfalt als Programmgrundsatz fest.

Die Kommunikationsräume der kommerziellen Social Media-Plattformen, die antipluralistisch strukturiert sind,[130] stellen damit auch unter dem Gesichtspunkt des Pluralismus eine Gefahr für die liberale Demokratie dar. Da es für Social Media-Plattformen ökonomisch sinnvoll ist, interaktionsstarke Inhalte zu fördern und ökonomisch kontra-produktiv wäre, interaktionsschwache Inhalte zu verbreiten, kommt der Großteil der Aufmerksamkeit auf kommerziellen Social Media-Plattformen

---

5493/72 (Handyside gg Vereinigtes Königreich) Rz 49; 8.7.1986, 9815/82 (Lingens gg Österreich) Rz 41; 8.7.1999, 26682/95 (Sürek gg Türkei) Rz 58; 29.3.2005, 72713/01 (Ukrainische Mediengruppe gg Ukraine) Rz 40.

129   *Madison*, Federalist Ten, in Pole (Hrsg), The Federalist (2005) 48 (insbes Zeilen 188–200).

130   Siehe *Pöschl* in Koziol 31 (34): Anders als *»traditionelle Medien«* ist den Intermediären des Internets nicht daran gelegen, Meinungsvielfalt zu vermitteln.

»*Großunternehmen, Prominente[n] und bekannte[n] politische[n] Akteure[n]*« zu.[131]

Unmittelbar zeigt dies etwa ein Blick auf die *Like*-Zahlen der *Facebook*-Profile der SpitzenkandidatInnen zur österr Nationalratswahl 2019: Während *Sebastian Kurz*[132] (ÖVP) 801.000 UserInnen auf *Facebook liken,* liegen die SpitzenkandidatInnen der SPÖ, FPÖ und Grünen *(Pamela Rendi-Wagner*[133] [103.000 *Likes], Norbert Hofer*[134] [338.000 *Likes]* und *Werner Kogler*[135] [27.000 *Likes])* in einem Ausmaß hinter *Kurz* zurück, das das Ergebnis der Nationalratswahl 2019[136] nicht widerspiegelt.

Wenngleich man nun einwenden könnte, *Kurz* und *Hofer* hätten mehr Geld für *Facebook*-Werbung ausgegeben oder bessere Social Media-Kampagnen durchgeführt, zeigt ein Ausschnitt der KandidatInnen für die US-Präsidentschaftswahl 2020[137] ein sehr ähnliches Bild: Während 66,1 Mio Profile *Donald Trump* auf *Twitter*[138] folgen, bleiben die weiteren Kandidaten der Republikaner *Mark Sanford* (24.500 sowie 12.800 *Follower)*[139]*, Joe Walsh* (227.000 sowie 1.645 *Follower)*[140] und *William Weld* (88.700 *Follower)*[141] deutlich auf der Strecke. Und auch die Profile der demokratischen KandidatInnen *Joe Biden* (3,91 Mio sowie

---

131 *Fuchs,* Soziale Medien 120; vgl auch *Pöschl* in Koziol 31 (36).

132 *Facebook*-Profil von *Sebastian Kurz* <facebook.com/sebastiankurz.at/> (abgerufen am 8.12.2019).

133 *Facebook*-Profil von *Pamela Rendi-Wagner* <facebook.com/pamela.rendi.wagner/> (abgerufen am 8.12.2019).

134 *Facebook*-Profil von *Norbert Hofer* <facebook.com/norberthofer2019/> (abgerufen am 8.12.2019).

135 *Facebook*-Profil von *Werner Kogler* <facebook.com/wernerkogler/> (abgerufen am 8.12.2019).

136 ÖVP 37,5 %, SPÖ 21,2 %, FPÖ 16,2 %, GRÜNE 13,9 %. Siehe die Website des österr Innenministeriums zur Nationalratswahl 2019 <bmi.gv.at/412/Nationalratswahlen/Nationalratswahl_2019/> (abgerufen am 8.12.2019).

137 Vgl *New York Times Online* v 20.9.2019, Who's Running for President in 2020? <nytimes.com/interactive/2019/us/politics/2020-presidential-candidates.html> (abgerufen am 23.10.2019).

138 *Twitter*-Account von *Donald J. Trump* <twitter.com/realDonaldTrump> (abgerufen am 23.10.2019).

139 *Twitter*-Accounts von *Mark Sanford* <twitter.com/MarkSanford> (24.500 *Follower)* sowie der stillgelegte Account <twitter.com/RepSanfordSC> (12.800 *Follower)* (alle abgerufen am 23.10.2019).

140 *Twitter*-Accounts von *Joe Walsh* <twitter.com/WalshFreedom> (227.000 *Follower)* sowie der stillgelegte Account <twitter.com/Rep_JoeWalsh> (1.645 *Follower)* (alle abgerufen am 23.10.2019).

141 *Twitter*-Account von *Gov. Bill Weld* <twitter.com/GovBillWeld> (abgerufen am 23.10.2019).

2,59 Mio *Follower)*[142], *Bernie Sanders* (9,86 Mio sowie 8,73 Mio *Follower)*[143] und *Elizabeth Warren* (5,45 Mio und 3,41 Mio *Follower)*[144] weisen eine deutlich geringere *Followerzahl* auf, wobei zumindest *Sanders* insgesamt über mehr als 10 Mio *Follower* verfügt.

Damit ist den Social Media-Auftritten von *Hofer, Kurz* und *Trump* gemein, dass ihre Reichweite in sozialen Netzwerken über das hinausgeht, was ihnen im Hinblick auf ihre politische Relevanz (gemessen an Wahlergebnissen) zukommen dürfte. Dies ist Folge der *Winner-Takes-All*-Dynamik von Social Media-Plattformen wie *Facebook,* die interaktionsstarke Inhalte überdurchschnittlich fördern und Reichweitenstärke mit exponentiellem Reichweitenwachstum belohnen. Kommerzielle Social Media-Plattformen stellen damit eine Herausforderung für den Pluralismus der liberalen Demokratie dar.

E.   Gefahr für die Autonomie/Willensfreiheit der WählerInnen

Schließlich sind die von Social Media-Plattformen angebotenen Werbemöglichkeiten, die es erlauben, empfängliche UserInnen direkt anzusprechen, im Wesentlichen nichts anderes als verkaufte Manipulationsmöglichkeiten. Dieses – auch im politischen Kontext bereits nachweislich konkretisierte[145] – Manipulationspotenzial nagt an den Grundpfeilern der liberalen Demokratie. Denn die Demokratie beruht auf der Selbstherrschaft des Volkes als Gemeinschaft der WählerInnen;

---

142   *Twitter*-Accounts von *Joe Biden* <twitter.com/JoeBiden> (3,91 Mio *Follower)* sowie der stillgelegte Account <twitter.com/VP44> (2,59 Mio *Follower)* (alle abgerufen am 23.10.2019).

143   *Twitter*-Accounts von *Bernie Sanders* <twitter.com/BernieSanders> (9,86 Mio *Follower)* und <twitter.com/SenSanders> (8,73 Mio *Follower)* (alle abgerufen am 23.10.2019).

144   *Twitter*-Accounts von *Elizabeth Warren* <twitter.com/SenWarren> (5,45 Mio *Follower)* und <twitter.com/ewarren> (3,41 Mio *Follower)* (alle abgerufen am 23.10.2019).

145   Nach Beispielen muss man nicht lange suchen – der *Cambridge Analytica*-Skandal sowie die Manipulationen im Zusammenhang mit dem BREXIT-Referendum sind fixer Bestandteil des nachweisfreien Allgemeinwissens. Siehe dennoch *Süddeutsche Zeitung Online* v 21.3.2018, Die schmierigen Geschäfte von Cambridge Analytica <sueddeutsche.de/politik/datenmissbrauch-bei-facebook-die-schmierigen-geschaefte-von-cambridge-analytica-1.3915057> (abgerufen am 14.11.2019).

das Volk übt »*die politische Herrschaftsgewalt [...] selbst aus*«; es hat sie »*aktuell inne[...] und [...] soll [sie innehaben]*«.[146]

Die Selbstherrschaft verwirklicht sich im demokratischen Verfassungsstaat durch die grundrechtlich abgesicherte Teilnahme an periodisch wiederkehrenden Wahlen.[147] Dabei haben demokratische Wahlen qualitativen Anforderungen zu genügen, die sich in den allgemeinen Wahlrechtsgrundsätzen (vgl Art 26 Abs 1 B-VG) widerspiegeln.[148] So müssen demokratische Wahlen unter anderem *frei* sein – der »*wahre Wille der Wählerschaft*« soll darin zum Ausdruck kommen.[149] Es liegt auf der Hand, dass eine Wahlentscheidung, die aufgrund manipulativer Beeinflussung durch Dritte getroffen wurde, kaum als *freie* Ausübung des Stimmrechts gedeutet werden kann.

Die österr Rechtsordnung trägt der Freiheit der Wahl dadurch Rechnung, dass sie im 18. Abschnitt des StGB (§§ 261–268 StGB) ua Wahlbehinderungen, Täuschungen und Bestechungen sowie die Verbreitung falscher Nachrichten bei einer Wahl unter Strafe stellt.[150] Darüber hinaus legen die Wahlordnungen des Bundes[151] und der Länder[152] Verbotszonen um Wahllokale fest, in denen Wahlwerbung am Wahltag untersagt ist. In diesem Zusammenhang muss jedoch berücksichtigt werden, dass der VfGH im rezenten Erkenntnis zur Bundespräsidentenstichwahl 2016 (VfSlg 20.071/2016) feststellte, dass »*der Grundsatz der Freiheit der Wahl die Wähler lediglich vor staatlicher Beeinflussung schützen soll*«.[153] Damit ist letztlich nicht geklärt, ob die Unterlassung staatlicher Schutzmaßnahmen gegen Manipulation von Privaten eine Verletzung der Freiheit der Wahl bewirkt.[154]

---

146   *Böckenförde,* Demokratie als Verfassungsprinzip, in Isensee/Kirchhof (Hrsg), Handbuch des Staatsrechts II³ (2004) Rz 8.

147   Vgl *Strejcek,* Politische Rechte, in Merten/Papier/Kucsko-Stadlmayer (Hrsg), Handbuch der Grundrechte VII/1² (2014) Rz 1.

148   Siehe zu den Wahlrechtsgrundsätzen für Österreich *G. Holzinger/K. Holzinger* in Korinek/Holoubek et al (Hrsg), Kommentar zum Bundesverfassungsrecht Art 26 B-VG Rz 38 ff (13. Lfg 2017).

149   VfSlg 2037/1950; 13.966/1994.

150   Vgl *Pöschl* in Koziol 31 (53).

151   § 58 Nationalrats-Wahlordnung 1992.

152   Vgl bspw § 56 NÖ Landtagswahlordnung 1992; § 52 stmk Landtags-Wahlordnung 2004.

153   VfSlg 20.071/2016, Rz 525.

154   Vgl *Pöschl* in Koziol 31 (53).

Dass mit personalisierten Werbemöglichkeiten Gefahren für die freie Bildung des WählerInnenwillens verbunden sind, ist indes auch *Facebook* längst bekannt: Im Oktober 2019 forderten *Facebook*-MitarbeiterInnen in einem offenen Brief an die Unternehmensführung die Beschränkung von *Mikrotargeting* im Kontext politischer Werbung.[155]

F.   Zwischenresümee

Insgesamt zeigt sich, dass kommerzielle Social Media-Plattformen eine erhebliche Gefahr für die liberale Demokratie darstellen, da sie deren wesentliche Voraussetzungen wie die öffentliche Meinung, den Pluralismus oder die Autonomie/Willensfreiheit der WählerInnen unterminieren. Die in ihren Kommunikationsräumen vollzogene inhaltliche Personalisierung führt zu einer *Hyperfragmentierung* der Öffentlichkeit; aufgrund der Ausgestaltung der Selektionsalgorithmen zirkulieren in diesen fragmentierten Teilöffentlichkeiten sodann kommerzialisierte, emotionalisierte und simplifizierte Inhalte, die sich in einem substanziellen Ausmaß auch aus Falschnachrichten zusammensetzen. Unter diesen Voraussetzungen kann sich eine liberal demokratische Öffentlichkeit nicht konstituieren.[156] Entsprechende medienrechtliche Sicherungen haben den bestehenden Gefährdungspotenzialen im Wesentlichen nichts zu entgegnen.

Während das Medienrecht umfassende Mechanismen vorsieht, um eine pluralistische Medienorganisation und inhaltliche Ausgestaltung zu gewährleisten, sind den antipluralistischen Dynamiken von kommerziellen Social Media-Plattformen kaum Grenzen gesetzt. Da kommerzielle Social Media-Plattformen ein maßgebliches wirtschaftliches Interesse an der Verbreitung interaktionsstarker Inhalte haben, werden diese von den zugrundeliegenden Algorithmen exponentiell bevorzugt; interaktionsschwache Inhalte bleiben auf der Strecke. Dass eine derartige Verdrängung von Randmeinungen antipluralistisch ist, liegt auf der Hand. Damit gefährden Social Media-Plattformen die für die liberale Demokratie wesentliche Vielfalt der gesellschaftlich zirkulierenden Meinungen.

---

155   Siehe FN 126.
156   Vgl idZ *Pöschl* in Koziol 31 (36).

Und letztlich erlaubt die gezielte Adressierung, die durch den Kauf von personalisierten Werbeflächen ermöglicht wird, eine Beeinflussung und Manipulation von WählerInnen; kommerzielle Social Media-Plattformen unterminieren damit die Grundsätze liberal demokratischer Wahlverfahren. Die qualitative Neuartigkeit der Manipulationsmöglichkeiten überfordert die Mechanismen, die die Rechtsordnung zum Schutz der freien Willensbildung etabliert. Denn eine Verbotszone um das Wahllokal kann den Empfang von *Push Notifications* in der Wahlkabine nicht verhindern und die Strafdrohungen der §§ 261ff StGB erscheinen angesichts des Umstandes, dass ein manipuliertes Referendum zum Austritt des Vereinigten Königreichs aus der EU führte,[157] weitestgehend zahnlos.

VII.   Social Media-Plattformen als Civil Society Tool

A.   Social Media unter illiberalen Regimen

Aber was ist mit Hongkong oder Chile?[158] Können sich Social Media-Plattformen nicht für *Civil Society*-AktivistInnen, wie etwa Menschenrechtsgruppen, als ein wichtiges Werkzeug im Kampf gegen illiberale oder autoritäre Regime erweisen? Diese These legt zum einen das landläufige Bild von gesellschaftlichen Aufständen des letzten Jahrzehnts (vor allem im Kontext des »Arabischen Frühlings«) als »*Facebook*-Revolutionen«,[159] und zum anderen die aktivistische Menschenrechtsliteratur

---

157   Vgl *Süddeutsche Zeitung Online* v 26.3.2018, Cambridge Analytica soll indirekt das Brexit-Votum beeinflusst haben <sueddeutsche.de/politik/grossbritannien-cambridge-analytica-soll-indirekt-das-brexit-votum-beeinflusst-haben-1.3921708> (abgerufen am 22.12.2019).

158   Siehe nur *Washington Post Online* v 28.10.2019, From Hong Kong to Chile, 2019 is the year of the street protester. But why? <washingtonpost.com/opinions/global-opinions/from-hong-kong-to-chile-2019-is-the-year-of-the-street-protester-but-why/2019/10/27/9f79f4c6-f667-11e9-8cf0-4cc99f74d127_story.html> (abgerufen am 26.11.2019); auch der »Arabische Frühling« wird als Argument für die – zumindest kurzfristige – demokratisierende Wirkung von Social Media-Plattformen gerne ins Treffen geführt. Hinsichtlich ihrer Bedeutung für den arabischen Frühling werden aber auch Zweifel geäußert. Vgl *Fuchs,* Soziale Medien 156 ff.

159   Vgl nur *The Atlantic Online* v 3.9.2011, So, Was Facebook Responsible for the Arab Spring After All? <theatlantic.com/technology/archive/2011/09/so-was-facebook-responsible-for-the-arab-spring-after-all/244314/> (abgerufen am 21.3.2020); *Hofheinz,* Nextopia? Beyond Revolution 2.0, Oriente Moderno 2011, 23 (23ff).

nahe. So belegen *Case Studies* etwa den Einsatz von *Facebook*-Kampagnen in Ungarn als Reaktion auf Repressalien der Regierung gegen Menschenrechts-NGOs;[160] in Indonesien lancierten AktivistInnen eine Anti-Korruptions-Initiative erfolgreich über *Facebook*.[161]

Wenngleich eine eingehende Untersuchung der Demokratisierungspotenziale von Social Media-Plattformen an dieser Stelle nicht erfolgen kann, ist zumindest festzustellen, dass in konkreten Einzelfällen demokratische und liberale Grundwerte mittels Social Media-Kampagnen gefördert wurden. Dennoch sei bereits in diesem Zusammenhang betont, dass Social Media-Plattformen wie *Facebook* keinesfalls nur demokratieaffinen, liberalen AktivistInnen als *Civil Society Tool* zur Verfügung stehen. Vielmehr bieten sie auch autoritären Regimen einen umfangreichen Werkzeugkasten, um DissidentInnen zu schikanieren oder infiltrieren.[162]

B.   Social Media nach dem Umsturz

Trotz der positiven Wirkungen, die Social Media-Plattformen im Kampf für Demokratie oder Grund- und Menschenrechte entfalten können, sind sie aus verfassungstheoretischer Perspektive als *Civil Society*-Werkzeug in der einmal hergestellten liberalen Demokratie grundsätzlich nicht geeignet. Denn das im Kontext illiberaler oder totalitärer Systeme durchaus existente Demokratisierungspotenzial muss in der liberalen Demokratie sodann in das aufgezeigte Gefährdungspotenzial umschlagen. *Bernal* bringt das janusköpfige Verhältnis von Social Media-Plattformen zur liberalen Demokratie im Zusammenhang mit *Fake News*[163] zum Ausdruck. Diese seien im Kontext von Plattformen wie *Facebook* unvermeidbar.[164] Es stelle sich die Frage, ob der Nutzen, den soziale Medien

---

160   *Kapronczay/Kertész*, The Crackdown on NGOs as an Opportunity to Reinforce Human Rights Values: A Hungarian Case Study, in Rodríguez-Garavito/Gomez (Hrsg), Rising to the Populist Challenge – A New Playbook for Human Rights Actors (2018) 57 (60 ff).

161   Vgl *Lim*, Many Clicks but Little Sticks: Social Media Activism in Indonesia, Journal of Contemporary Asia 2013, 636 (636 f).

162   *Vaidhyanathan*, Antisocial Media 61 f.

163   Siehe zu *Fake News* als Herausforderung für die öffentliche Meinung bereits unter VI.C.3.

164   *Bernal*, Northern Ireland Legal Quarterly 2018, 513 (530).

für die Meinungsfreiheit erbrächten, die einhergehenden Kosten recht-fertige.[165]

Die angesprochenen, durch *Fake News* verursachten »Kosten« kön-nen illiberalen Systemen aber nicht entstehen, da die »gesellschaft-liche« Kommunikation in ihnen ohnedies durch staatliche Falschin-formationen korrumpiert ist.[166] Die negativen Wirkungen von Social Media-Plattformen gehen daher außerhalb der liberalen Demokratie ins Leere, während die demokratisierenden Potenziale zur Geltung kommen. Sobald die liberale Demokratie allerdings hergestellt ist, wer-den die unter VI. aufgezeigten Gefährdungspotenziale schlagend. Mit anderen Worten: Kommerzielle soziale Medien vermögen zwar zur Her-stellung einer liberalen Öffentlichkeit beizutragen, sie können sodann jedoch nicht in diese integriert werden. Denn »*[d]en institutionellen Kern der ›Zivilgesellschaft‹*« müssen »*jedenfalls nicht-staatliche und nicht-öko-nomische Zusammenschlüsse [bilden]*«, wie etwa »*unabhängige Medien*«.[167]

Wenngleich auch private Fernsehsender, Zeitungen oder Radios ge-winnorientiert arbeiten, kennzeichnen sich diese durch eine medien-rechtlich geforderte Abschirmung der redaktionellen Verantwortung von ökonomischen Einflüssen. Die inhaltliche ist von der wirtschaft-lichen Sphäre daher so weit wie möglich zu trennen. Das Medienrecht nähert damit die Arbeitsweise der Zeitungshäuser, Fernsehsender oder Radios der archetypischen Funktionsweise des Mediums der liberal-demokratischen Theorie an. Dies zeigt sich etwa im AMD-G: Gem § 32 Abs 2 AMD-G darf »*[a]udiovisuelle kommerzielle Kommunikation [...] nicht die redaktionelle Unabhängigkeit des Mediendiensteanbieters beeinträchti-gen*«. § 32 Abs 1 leg cit verbietet in der »*audiovisuellen kommerziellen Kom-munikation*« sowohl »*im Bild*« als auch »*im Ton*« gar das Auftreten von Personen, »*die regelmäßig Nachrichtensendungen und Sendungen zum po-litischen Zeitgeschehen vorstellen*«. Diese Linie verfolgt das AMD-G dabei

---

165   *Bernal,* Northern Ireland Legal Quarterly 2018, 513 (530): »*The question is whether the benefits of our embracing social media – to freedom of expression in particular – make it a problem that is worth living with*«.

166   Vgl *Arendt,* The Origins of Totalitarianism – Penguin Classics (2017) 446 ff; siehe auch *Platon,* Der Staat, 459c: »*[U]nsere Herrscher werden häufig Trug und Täuschung anwenden müssen zum Vorteil der Beherrschten.*« Die Manipulation der Menschen zur Aufrechterhaltung der Herrschaft in *Platons* Theorie stellt einen wesentlichen Grund für den ihr entgegengebrachten Vorwurf des Totalitarismus dar. Vgl idZ *Mahlmann,* Rechtsphilosophie und Rechtstheorie[5] (2019) § 1 Rz 52.

167   *Habermas,* Strukturwandel[15] 46.

durchgängig; gem § 43 Abs 1 leg cit müssen *»Fernsehwerbung und Te-leshopping [...] leicht als solche erkennbar und somit vom redaktionellen Inhalt unterscheidbar sein«.* § 26 MedienG verpflichtet periodische Me-dienwerke und periodische elektronische Medien zur Kennzeichnung von entgeltlichen Veröffentlichungen als *»›Anzeige‹, ›entgeltliche Ein-schaltung‹ oder ›Werbung‹«.*[168]

Auf verfassungstheoretischer Ebene verunmöglicht die ökonomi-sche Durchdringung des Kommunikationsraumes Social Media und das damit zusammenhängende Gefährdungspotenzial somit ihre Ein-bettung in das liberal demokratische Konzept der *Civil Society*. Damit ist jedoch nicht ausgeschlossen, dass *Civil Society*-Kampagnen in sozi-alen Netzwerken im Einzelfall positive Wirkungen zeitigen. Diese Nut-zung von Social Media-Plattformen in der Zivilgesellschaft erscheint – aus theoretischer Perspektive – aber nur insoweit unproblematisch, als sie in lediglich untergeordnetem Ausmaß erfolgt.

VIII.   Lösungsansätze

A.   Allgemeines

Es hat sich gezeigt, dass kommerzielle Social Media-Plattformen die liberale Demokratie in erheblichem Maße bedrohen. Als Konsequenz dieser Erkenntnis müssen folglich Lösungsansätze formuliert werden, die problematischen Wirkungsweisen der Plattformen begegnen. Da die aufgezeigten Problemstellungen Folge der zugrundeliegenden Ge-schäftsmodelle sind, würde die Adressierung konkreter Unternehmen die Gefahren für die liberale Demokratie nur kurzfristig unterdrücken. Dem Gefahrenpotenzial muss daher auf einer allgemeinen Ebene be-gegnet werden.[169]

---

168   Dass § 26 MedienG dabei auf die Entgeltlichkeit und nicht auf die Einflussnahme eines Dritten abstellt, birgt jedoch Missbrauchspotenzial. Vgl idZ *Koukal* in Berka et al, MedienG⁴ § 26 MedienG Rz 1.

169   *Zuboff,* Surveillance Capitalism 242: *»It is the pattern and its purpose that we want to grasp«.*

B.   Self-Policing der Plattformen

Eine Möglichkeit, die bestehenden Problemstellungen einzudämmen, besteht teilweise darin, Plattformen zur inhaltlichen Kontrolle zu verpflichten.[170] Entsprechende Maßnahmen haben in der Vergangenheit – etwa im Hinblick auf *Hate Speech* – Erfolge erzielt.[171] Diesbezüglich ist jedoch problematisch, dass für soziale Medien keine Anreize gegeben sind, die Debatte in einer Weise zu moderieren, dass Grundsätze des gegenseitigen Respekts, der Sachlichkeit und Menschenwürde verwirklicht werden. Darauf hat *Zuboff* hingewiesen: Da personalisierte Werbung umso besser funktioniert, je mehr Datenmaterial zur Verfügung steht, sind Plattformen erst dann zur Löschung bzw Eindämmung emotionalisierter Debatten motiviert, wenn regulatorische Maßnahmen drohen[172] – die Zugeständnisse von *Google*[173] oder *Twitter*[174] vor den US-Präsidentschaftswahlen 2020 unterstreichen dies.

C.   Offenlegung der Selektionsalgorithmen

Teilweise schlägt die Literatur vor, Plattformen zur Offenlegung der Selektionsalgorithmen zu verpflichten.[175] Es ist jedoch fraglich, ob die bloße Offenlegung einen maßgeblichen Beitrag zur Lösung aufgezeigter Problemstellungen leisten kann. *Mayrhofer* kontrastiert die Intransparenz der Personalisierungsalgorithmen mit der Offenlegungsverpflichtung der Medieninhaber gem § 25 MedienG, wobei er insbes auch die gem § 25 Abs 4 MedienG bestehende Verpflichtung zur Offenlegung

---

170   So etwa dezidiert die Mitteilung der Kommission – Online-Plattformen im digitalen Binnenmarkt, COM (2016) 288 final; diese zu Recht kritisierend *Berka* in Berka/Holoubek/Leitl-Staudinger 1 (7); siehe zu den grundrechtlichen Dimensionen entsprechender Löschungsverpflichtungen *Pöschl* in Koziol 31 (56).

171   Vgl *Pöschl* in Koziol 31 (49, insbes FN 68); *Pöschl* weist jedoch an anderer Stelle (55) darauf hin, dass dieser Ansatz »*nicht immer gelingt*«.

172   *Zuboff,* Surveillance Capitalism 112.

173   Vgl *New York Times Online* v 20.11.2019, Google Policy Change Upends Online Plans for 2020 Campaigns <nytimes.com/2019/11/20/technology/google-political-ads-targeting.html> (abgerufen am 10.12.2019).

174   Vgl *New York Times Online* v 30.10.2019, Twitter Will Ban All Political Ads, CEO Jack Dorsey Says <nytimes.com/2019/10/30/technology/twitter-political-ads-ban.html> (abgerufen am 10.12.2019).

175   Dies diskutierend etwa *I. Eisenberger,* juridikum 2011, 517 (521).

der Blattlinie hervorhebt; diese Intransparenz trage zur Problematik der Meinungsfragmentierung bei.[176]

Der Lösungsansatz der Offenlegungsverpflichtung übersieht jedoch, dass die grundsätzliche Funktionsweise der Algorithmen – wenn auch nicht in allen Einzelheiten – durchaus in einem der Offenlegung der Blattlinie vergleichbaren Ausmaß bekannt ist. Denn so kann man etwa anhand der veröffentlichten Blattlinie der Tageszeitung *Standard*[177] zwar mit hoher Wahrscheinlichkeit ableiten, welche Position das Medium im Zusammenhang mit dem Anti-Gesichtsverhüllungsgesetz[178] (»Kopftuch-verbot«) vertritt, bereits im Hinblick auf aktuelle Umweltthemen wie die CO_2-Steuer lassen sich sodann aber lediglich Mutmaßungen anstellen. Mit Sicherheit kann aus der veröffentlichten Blattlinie des *Standard* lediglich geschlossen werden, dass er politisch eher »links« steht (arg: »*sozialen Marktwirtschaft*«) und sich den Grundwerten der liberalen Demokratie verpflichtet sieht – mehr aber auch nicht.

In einem vergleichbaren Detailgrad sind aber auch die Wirkungsweisen der Selektionsalgorithmen kommerzieller Social Media-Plattformen bekannt. Wie mangelnde Absehbarkeit jeder einzelnen Position einer Zeitung den Blick auf die Blattlinie nicht versperrt, so hindert auch

---

176   *Mayrhofer,* Google, Facebook & Co: Die Macht der Algorithmen aus grundrechtlicher Perspektive, in Berka/Holoubek/Leitl-Staudinger (Hrsg), Meinungs- und Medienfreiheit in der digitalen Ära: Eine Neuvermessung der Kommunikationsfreiheit (2017) 77 (79).

177   Der Standard | derStandard.at ist ein liberales Medium. Es ist unabhängig von politischen Parteien, Institutionen und Interessengruppen und wendet sich an alle LeserInnen, die hohe Ansprüche an eine gründliche und umfassende Berichterstattung sowie an eine fundierte, sachgerechte Kommentierung auf den Gebieten von Wirtschaft, Politik, Kultur und Gesellschaft stellen.

DER STANDARD tritt ein:
   ▷   für die Wahrung und Förderung der parlamentarischen Demokratie und der republikanisch-politischen Kultur.
   ▷   für rechtsstaatliche Ziele bei Ablehnung von politischem Extremismus und Totalitarismus.
   ▷   für Stärkung der wirtschaftlichen Wettbewerbsfähigkeit des Landes nach den Prinzipien einer sozialen Marktwirtschaft.
   ▷   für Toleranz gegenüber allen ethnischen und religiösen Gemeinschaften.
   ▷   für die Gleichberechtigung aller StaatsbürgerInnen und aller Bundesländer der Republik Österreich.
<about.derstandard.at/offenlegung/> (abgerufen am 10.12.2019).

178   Bundesgesetz über das Verbot der Verhüllung des Gesichts in der Öffentlichkeit (Anti-Gesichtsverhüllungsgesetz – AGesVG), BGBl I 68/2017.

die Unkenntnis der genauen Wirkungsweisen der Selektionsalgorithmen nicht daran, die grundlegenden systematischen Charakteristika zu erkennen. Dass die Kommunikationsräume kommerzieller Social Media-Plattformen fragmentierend, manipulierend, emotionalisierend und simplifizierend wirken, ist bekannt; Offenlegungsverpflichtungen könnten damit zwar das gesellschaftliche Bewusstsein für die bestehenden Gefährdungspotenziale schärfen, beseitigen würden sie diese jedoch nicht.

D.   Wettbewerbs- und Kartellrecht

Des Weiteren wird zum Teil der Einsatz kartellrechtlicher Instrumente vorgeschlagen, um die von Social Media-Plattformen ausgehenden Problemstellungen zu adressieren;[179] *Zuboff* bezeichnet diesen Ansatz – gemeinsam mit dem Privatsphäre- und Datenschutz – als den vorherrschenden.[180] Die »Zerschlagung« von *Facebook* oder *Google* fordern auch Teile der Politik. So setzt sich etwa die demokratische Präsidentschaftskandidatin *Elizabeth Warren* im Rahmen ihrer Kampagne für die US-Präsidentschaftswahlen 2020 für die Zerschlagung von *Amazon, Apple, Facebook* und *Google* ein.[181]

Eine Zerschlagung der Monopolisten des Social Media-Marktes würde die bestehenden Problemstellungen jedoch nicht abschließend lösen,[182] obgleich sie das Gefährdungspotenzial entschärfen könnte. Denn angesichts der Erfolgspotenziale des verfolgten Geschäftsmodells gibt es kaum ökonomische Anreize, Algorithmen abweichend auszugestalten.

---

179   So etwa *Alves Rodrigues,* »Digital Gangsters«: Are Facebook and Google a Challenge to Democracy?, Amsterdam Law Forum 3/2019, 30 (34 f), die teilweise davon auszugehen scheint, dass eine Diversifizierung des Marktes missbräuchliches Verhalten verhindern könne.

180   *Zuboff,* Surveillance Capitalism 194.

181   Siehe *New York Times Online* v 8.3.2019, Elizabeth Warren Proposes Breaking Up Tech Giants Like Amazon and Facebook <nytimes.com/2019/03/08/us/politics/elizabeth-warren-amazon.html?module=inline>; *New York Times Online* v 12.10.2019, Warren Dares Facebook With Intentionally False Political Ad <nytimes.com/2019/10/12/technology/elizabeth-warren-facebook-ad.html> (alle abgerufen am 30.1.2020).

182   Davon scheint *Mayrhofer* auszugehen, nach dem die *»mangelnde Pluralität von je und je unterschiedlich programmierten Algorithmen [...] zu einer Verengung des Meinungsspektrums führen [kann]«* (in Berka/Holoubek/Leitl-Staudinger 77 [80]).

Vielmehr ist anzunehmen, dass ein diversifizierter Markt zwar eine Mehrzahl an unterschiedlichen Plattformen hervorbringen könnte, diese jedoch allesamt nach demselben Geschäftsmodell ausgestaltete Algorithmen einsetzen würden. Unterschiede zwischen den Algorithmen bestünden sodann nur mehr hinsichtlich des Aspekts der Präzision der Verhaltensvorhersage/Personalisierung. Eine bloße Fokussierung auf die marktbeherrschende oder monopolistische Stellung von Social Media-Plattformen ist zur Adressierung bestehender Problemstellungen folglich nur teilweise geeignet.[183]

E.   Datenschutzrecht

Obgleich angedacht,[184] kann auch das Datenschutzrecht den ausgemachten Gefährdungspotenzialen nur teilweise abhelfen. Denn das (europäische) Datenschutzrecht ist als Individualrechtsgüterschutz konzipiert.[185] Für die DSGVO zeigt dies nicht zuletzt, dass gem Art 6 Abs 1 lit a DSGVO die Rechtmäßigkeit der Verarbeitung durch die Einwilligung der betroffenen Person hergestellt werden kann. Da die Einwilligung den zentralen Erlaubnistatbestand für die rechtmäßige Datenverarbeitung darstellt,[186] liegt die maßgebliche datenschutzrechtliche Entscheidungshoheit beim Individuum. Dies ungeachtet der Tatsache, dass auch die DSGVO durchaus Mechanismen wie das Koppelungsverbot gem Art 7 Abs 4 DSGVO vorsieht, die zu weit gehende Einwilligungen unterbinden.

Damit muss das Datenschutzrecht aber als primärer Lösungsansatz ausscheiden. Denn die von sozialen Medien ausgehenden Gefährdungspotenziale stellen gesamtgesellschaftliche Herausforderungen für die liberale Demokratie dar, die einerseits einer Lösung auf Ebene des Individuums nicht uneingeschränkt zugänglich sind und andererseits auch nicht von individuellen Entscheidungen abhängen dürfen. Das Datenschutzrecht, das auf die Einwilligung einzelner UserInnen abstellt, schränkt zwar die Möglichkeiten der Datenverarbeitung durch

---

183   Vgl *Zuboff*, Surveillance Capitalism 54.
184   *Alves Rodrigues*, Amsterdam Law Forum 3/2019, 30 (40).
185   Siehe *Selmayr/Ehmann* in Ehmann/Selmayr (Hrsg), DS-GVO² Einführung Rz 9 (2018); *Hornung/Spiecker gen Döhmann* in Simitis/Hornung/Spiecker gen Döhmann (Hrsg), DSGVO/BDSG Art 1 DSGVO Rz 3 (2019).
186   *Buchner/Petri* in Kühling/Buchner (Hrsg), DS-GVO/BDSG² Art 6 DS-GVO Rz 17 (2018).

Social Media-Plattformen ein, ermöglicht aber umgekehrt auch problematische Datenverarbeitungen, sofern betroffene Personen eine rechtswirksame Einwilligung erteilen. Das Datenschutzrecht vermag folglich eine aus gesamtgesellschaftlicher Perspektive notwendige Privatsphäre nicht abschließend herzustellen.[187]

F.   Eingriff in die Architektur der Algorithmen

Vielversprechend erscheinen hingegen Strategien, die an der Ausgestaltung der Algorithmen ansetzen. Inhaltliche Parametervorgaben[188] könnten Plattformbetreiber dazu verpflichten, Selektionsalgorithmen pluralistisch, inklusiv sowie deemotionalisierend auszugestalten und insgesamt einen Kommunikationsraum zu schaffen, der eine Kultur der sachlichen und objektiven Deliberation fördert.

Derartige inhaltliche Vorgaben würden das Geschäftsmodell kommerzieller Social Media-Plattformen jedoch *de facto* beseitigen. *Zuboff* hebt hervor, dass *Google* oder *Facebook* vor Beginn des Verkaufs von personalisierter Werbung vor der Herausforderung standen, ihre angebotenen Services wie *Search* oder *Facebook* in finanziellen Gewinn zu transformieren.[189] Darüber hinaus müssten *Google* oder *Facebook* einer (aufsichtsbehördlichen) Kontrolle unterworfen werden, da nur so sicherzustellen ist, dass die inhaltlichen Vorgaben hinsichtlich der Ausgestaltung der Algorithmen auch eingehalten werden.[190]

Zusätzlich bedürfte es zur Gewährleistung der Maximen des Pluralismus und der Inklusion institutionelle Sicherungen, um einzelne UserInnen vor einem ungerechtfertigten Ausschluss von der jeweiligen Plattform zu schützen. Da der Plattformzugang im digitalen Zeitalter für die Ausübung der Meinungsfreiheit fundamental ist, wäre darüber hinaus eine Grundrechtsbindung[191] der Plattformen erforderlich – mitsamt der Schaffung entsprechender Rechtsschutzinstanzen. Denkbar

---

187   Siehe *Zuboff,* Surveillance Capitalism 54.
188   *I. Eisenberger,* juridikum 2011, 517 (521 f); *Pöschl* in Koziol 31 (58).
189   *Zuboff,* Surveillance Capitalism 71 ff, 91 f.
190   Vgl *I. Eisenberger,* juridikum 2011, 517 (522).
191   In einer 2018 ergangenen Entscheidung stellte etwa das OLG München eine drittwirkungsbegründete Grundrechtsbindung *Facebooks* an die Meinungsfreiheit fest. Siehe OLG München, Beschluss v 24.08.2018-18 W 1294/18, Rz 26; in diese Richtung für Fälle einer marktbeherrschenden Stellung wohl auch *Pöschl* in Koziol 31 (57, 59).

ist etwa die Einrichtung von Tribunalen, wie sie *Facebook* derzeit mit der Etablierung eines »*Facebook*-Supreme Court« forciert.[192] Diese Tribunale müssten sodann jedoch demokratisch legitimiert werden.

G.   Zwischenresümee

Wenngleich einzelne Maßnahmen wie die Verpflichtung der Plattformen zur Moderation, kartellrechtliche Sanktionen oder das Datenschutzrecht bestehenden Problemstellungen teilweise abhelfen können, ist eine nachhaltige Entschärfung des Gefahrenpotenzials von Social Media-Plattformen nur möglich, wenn »*alle Steuerungsressourcen mobilisiert werden*«[193]. Ausgehend von einer Adressierung der Architektur der Algorithmen, die liberal demokratischen Grundwerten entsprechend auszugestalten sind, erfordert dies ein umfassendes Maßnahmenpaket. Denn um die Einhaltung der inhaltlichen Vorgaben sicherzustellen, bedarf es sodann einer regulierungsbehördlichen Aufsicht über die Plattformen, die – insofern sie marktbeherrschend sind – des Weiteren einer Grundrechtsbindung unterworfen werden müssen. Eine solche Grundrechtsbindung sozialer Medien muss wiederum durch entsprechende Rechtsschutzinstanzen komplementiert werden. Schlussendlich erscheint die Durchführung des skizzierten Regulierungsprojekts faktisch kaum möglich, insofern es nicht durch kartellrechtliche Entflechtungen vorbereitet wird.

Ein derartiger »Liberalisierungsprozess«[194] brächte am Ende soziale Netzwerke hervor, die den Grundwerten der liberalen Demokratie entsprächen. Jedoch würden diese Plattformen mit den kommerziellen

---

192   Vgl idZ *The Wall Street Journal Online* v 12.12.2019, Facebook Pledges $ 130 Million to Fund »Supreme Court« for Content <wsj.com/articles/facebook-pledges-130-million-to-fund-supreme-court-for-content-11576166992> (abgerufen am 14.12.2019).

193   *Pöschl* in Koziol 31 (55).

194   Dass die aufgezeigten Maßnahmen, die zur Adressierung des von Social Media-Plattformen ausgehenden Gefährdungspotenzials erhebliche Beschränkungen des Marktes bewirken, entgegen einem ersten Eindruck durchwegs als liberal zu qualifizieren sind, zeigt ein Rekurs auf *Hayeks* »The Road to Serfdom«. *Hayek* betont darin die Notwendigkeit, gegen (politische) Institutionen vorzugehen, die den »liberalen Geist« unterminieren. Wenngleich Social Media-Plattformen der Sphäre des Marktes entstammen, haben Unternehmen wie *Facebook* oder *Google* wirtschaftliche – und auch politische – Macht akkumuliert, die sie mehr und mehr über die Sphäre des Marktes hebt und in Konkurrenz zu staatlicher Gewalt treten lässt. Dies belegen etwa die Diskussionen um eine Grundrechtsbindung *Facebooks*

Social Media-Plattformen zwar noch den Namen, sonst aber nicht mehr viel teilen.

IX. Das Konzept der öffentlich-rechtlichen Social Media-Plattform

A. Bewährte Lösungen für neue Probleme

Zuboff betont im Hinblick auf das überwachungskapitalistische Geschäftsmodell von *Facebook* oder *Google,* dass es katastrophale Auswirkungen habe, neue Bedrohungen durch die Brille alter Erfahrungen zu betrachten.[195] Daher sei es kontraproduktiv, die bislang primär forcierten Ansätze des Datenschutz- oder Kartellrechts weiter zu verfolgen. Es gehört zur Ironie der Geschichte, dass sich zwar zeitgenössische Lösungsansätze wie der Datenschutz den Gefährdungspotenzialen der digitalen sozialen Medien nicht anzunehmen vermögen, Abhilfe aber ein Konzept verspricht, das die prä-digitale Medienlandschaft maßgeblich geprägt hat: Die Rede ist vom öffentlich-rechtlichen Medium.

Denn nicht nur nähern sich Social Media-Plattformen, denen die Ausgestaltung der algorithmischen Infrastruktur zum Schutz der liberalen Demokratie entzogen ist, die einer behördlichen Aufsicht unterliegen und deren (Beschwerde)Organe einer gewissen demokratischen Rückkoppelung bedürfen, mehr und mehr dem Erscheinungsbild öffentlich-rechtlicher Medien an. Das Konzept des öffentlich-rechtlichen Mediums ist historisch darüber hinaus gerade auch auf Strukturprobleme der Medienlandschaft zugeschnitten, unter denen der Markt der Social Media-Plattformen gegenwärtig leidet.

(FN 191), die Absicht des Unternehmens, eine eigene Währung einzuführen *(Libra)* sowie, dass *Facebook* und auch *Google* zunehmend im Bereich der Daseinsvorsorge tätig werden – zu erwähnen seien nur die sozialen Wohnbauprojekte der Unternehmen (FN 209). Aufgrund dieser Machtfülle und des Umstandes, dass die Unternehmen den »liberalen Geist« unterminieren, bedarf es im Sinne *Hayeks* eines entschiedenen Vorgehens gegen sie (arg: *»throw out«*). *Hayek,* Foreword to the 1956 American Paperback Edition, in Caldwell (Hrsg), The Road to Serfdom – Definitive Edition (2007) 39 (48).

195 *Zuboff,* Surveillance Capitalism 193.

B.   Antwort auf Strukturprobleme der Medienlandschaft

Schließlich war es im Hinblick auf Rundfunk und Fernsehen insbes die Absehbarkeit ihres meinungsbeherrschenden Potenzials, die zu ihrer Organisation als öffentlich-rechtliche Medien führte: *»[D]er Kapitalbedarf [in Rundfunk, Tonfilm und Fernsehen] erschien so bedeutend und nun auch die publizistische Gewalt so bedrohlich, daß in einigen Ländern die Einrichtung dieser Medien bekanntlich von Anbeginn in staatliche Regie oder unter staatliche Kontrolle genommen wurde.«*[196] Die liberale Demokratie reagierte damit auf *»die Vermachtung einer unter den Einfluß gesellschaftlicher Mächte geratenen Öffentlichkeit«.*[197] IdZ erscheint es folglich fraglich, ob man die Organisation sozialer Netzwerke auch dann dem freien Markt überlassen hätte, wenn ihre Bedeutung für die Öffentlichkeit bereits zum Zeitpunkt des Markteintrittes absehbar gewesen wäre *(Facebook, Instagram* und *YouTube* haben jedoch allesamt klein angefangen).

Und auch der Einwand, dass das für die österr Medienlandschaft mittlerweile charakteristische duale Rundfunksystem[198] in erheblichem Maße von privaten Anbietern geprägt ist, vermag das Argument für ein öffentlich-rechtliches soziales Netzwerk nicht zu entkräften. Denn auch das duale Rundfunksystem konstituierte sich nicht etwa dadurch, dass der ORF als öffentlich-rechtlicher Rundfunk einem von Privaten beherrschten Markt nachträglich hinzutrat. Vielmehr entstand es, da angesichts der technischen und wirtschaftlichen Entwicklungen des Rundfunkmarktes der Ausschluss privater Anbieter zum Schutz der Sicherstellung einer objektiven und pluralistischen Medienlandschaft[199] nicht mehr notwendig war.[200]

C.   Social Media und das duale Rundfunksystem

Dass sich der Markt sozialer Netzwerke gegenwärtig in keinem dem Rundfunkmarkt vergleichbaren Zustand befindet, zeigt sich deutlich, wenn man die Sicherstellung des Pluralismus im dualen Rundfunksystem

---

196   *Habermas,* Strukturwandel[15] 282.
197   *Habermas,* Strukturwandel[15] 283.
198   Vgl zu diesem *Holoubek/Gärner/Grafl* in Holoubek/Potacs I[4] 1351 (1398 f).
199   EGMR 24.11.1993, 13914/88 ua (Informationsverein Lentia ua gg Österreich) Rz 33.
200   EGMR 24.11.1993, 13914/88 ua, Rz 38 f.

betrachtet. Das duale Rundfunksystem sichert Pluralismus, indem es einen binnenpluralistischen öffentlich-rechtlichen Rundfunk mit außenpluralistischen privaten Rundfunkanbietern vereint.[201] Der öffentlich-rechtliche Rundfunk gewährleistet Meinungsvielfalt, da er gesetzlich zu einer entsprechenden Ausgestaltung des Programmes verpflichtet ist; im Bereich des privaten Rundfunks konkurrieren eine Mehrzahl unterschiedlicher Rundfunkanbieter, die – so die Idee – jeweils unterschiedliche Meinungen, in ihrer Gesamtheit aber das volle Meinungsspektrum widerspiegeln.[202]

Wie aufgezeigt (VI.D.) führt die *Winner-Takes-All*-Dynamik kommerzieller Social Media-Plattformen zu einer exponentiellen Bevorteilung jener KommunikationsurheberInnen, die bereits über erhebliche Macht verfügen. Social Media-Plattformen sind daher – wie auch private Rundfunkanbieter – keinesfalls binnen-, sondern antipluralistisch ausgerichtet. Darüber hinaus neigt der Social Media-Markt zum Monopol; da Plattformen für UserInnen umso nützlicher werden, je mehr Mitglieder auf ihnen aktiv sind, kristallisiert sich mit der Zeit tendenziell eine Plattform heraus, die das jeweilige Segment monopolistisch beherrscht – *YouTube* für Videos, *Instagram* für Fotos, *Facebook* als Allrounder.

Wenn nun aber ein Medienbereich zum Monopol neigt, muss dieser im Sinne des dualen Rundfunksystems sodann zumindest öffentlich-rechtlich ausgestaltet werden.[203] Denn eine öffentlich-rechtliche Organisation kann immerhin Binnenpluralismus gewährleisten; eine private Organisation führt hingegen zur Meinungsmonotonie.

---

201 Siehe zum Zusammenspiel von Binnen- und Außenpluralismus *Grabenwarter* in Berka/Grabenwarter/Holoubek 33 (36 ff).

202 *Holoubek/Gärner/Grafl* in Holoubek/Potacs I⁴ 1351 (1398 f).

203 So auch *Grabenwarter* in Berka/Grabenwarter/Holoubek 33 (37 f): Binnenpluralismus ist umso wichtiger, je geringer die Medienvielfalt in der Gesellschaft und damit Meinungsvielfalt als Außenpluralismus gegeben ist; vgl idZ *Pöschl* in Koziol 31 (55): Als Reaktion auf die Gefährdungspotenziale des Internets können »[d]ie *Staaten wiederum [...] Medien stärken, die eine professionelle Informationsversorgung vorkehren*«.

D.   Das europäische, öffentlich-rechtliche soziale Netzwerk

Sucht man nach einem Ausgangspunkt, an dem die Entwicklung des Konzepts einer öffentlich-rechtlichen Social Media-Plattform ansetzen kann, so findet man diesen nicht zuletzt in einer Äußerung derjenigen Institution, die die liberale Demokratie auf europäischer Ebene zentral verkörpert. In der Entschließung »Normensetzung für die Freiheit der Medien in der EU« aus dem Jahr 2013 wies das Europäische Parlament die Mitgliedstaaten auf die *»herausragende Rolle der öffentlich-rechtlichen Medien«* im digitalen Zeitalter hin. Denn *»in einer multimedialen Gesellschaft, in der die Rolle kommerziell getriebener Akteure auf dem globalen Markt [...] an Bedeutung gewonnen hat, [sind] starke öffentlich-rechtliche Medien wesentlich«.*[204] Der Grundstein für eine öffentlich-rechtliche, europäische Social Media-Plattform ist damit gelegt.

Das Konzept des öffentlich-rechtlichen sozialen Netzwerks verschreibt sich dabei jener Tradition, die die Soziologen *Bude* und *Staab* im Hinblick auf Digitalisierungsansätze als den *»europäische[n] Weg«* bezeichnet haben. In Kontrastierung der »amerikanischen Option«[205] mit dem »chinesischen Modell«[206] skizzieren sie einen Mittelweg, der als Fortentwicklung der spezifisch liberal demokratischen Kultur europäischer Prägung qualifiziert werden kann. Diese zeigt sich dabei als von der Idee der individuellen Freiheit bei gleichzeitiger sozialer Teilhabe an der Solidargemeinschaft durchdrungen.[207]

Das europäische ist damit auch jenes Modell, das – im Gegensatz zum amerikanischen oder chinesischen Modell – die Werte des Liberalismus im Zeitalter der Digitalisierung zu verteidigen vermag. Denn wie das im Sozialkredit-System verkörperte chinesische Modell (dessen Illiberalität keiner weiteren Erläuterung bedarf), ist auch das amerikanische Modell illiberal. Denn in jenem Moment, in dem *Big Tech*-Unternehmen Kommunikationsinfrastruktur monopolisieren und

---

204   Entschl (EP) 2011/2246 (INI) (Normensetzung für die Freiheit der Medien in der EU).

205   Gratisversorgung mit digitalen Lebenshilfen; Aufopferung der Datensouveränität als Zahlung *(Bude/Staab,* Da passt noch was dazwischen, Die Zeit Alpen Ausgabe v 14. 11. 2019, 4).

206   Disziplin zur gesellschaftlichen Fortentwicklung durch Privilegierung, wie etwa im Sozialkredit-System umgesetzt *(Bude/Staab,* Die Zeit Alpen Ausgabe v 14. 11. 2019, 4).

207   *Bude/Staab,* Die Zeit Alpen Ausgabe v 14. 11. 2019, 4.

Kommunikation manipulieren, verwandeln sie sich in die *Company Towns*[208] der digitalen Ära und beseitigen Sphären der liberalen Freiheit (dass sie darüber hinaus auch in der analogen Welt *Company Towns* errichten, ist eine andere Geschichte[209]).

X.   Rückschlüsse für Österreich

A.   (Öffentlich-rechtliche) soziale Netzwerke und öffentlich-rechtlicher ORF

Am Modell eines öffentlich-rechtlichen sozialen Netzwerks angelangt, schließt sich sodann auch der Kreis, der seinen Ausgang in den Entscheidungen des VfGH zur *Facebook*-Präsenz des ORF nahm. Das Ergebnis der theoretischen Notwendigkeit einer öffentlich-rechtlichen Social Media-Plattform liefert konkrete Rückschlüsse, die für die rechtliche Beurteilung der Social Media-Auftritte des öffentlich-rechtlichen ORF herangezogen werden können.

Erstens muss die Sicherstellung der Erfüllung des öffentlich-rechtlichen Auftrags durch den ORF als öffentliches Interesse bei grundrechtlichen Abwägungsentscheidungen von Social Media-Verboten berücksichtigt werden. Und zweitens sprechen gewichtige Argumente dafür, dass das in § 4f Abs 2 Z 25 ORF-G weiterhin enthaltene Verbot an den ORF, selbst ein soziales Netzwerk zu betreiben, verfassungswidrig ist.

---

208   Als *Company Towns* bezeichnet man Siedlungen, deren Gebäude, Straßen und sonstige Infrastruktur großteils einem Unternehmen gehören und das überwiegend von den ArbeitnehmerInnen dieses Unternehmens bewohnt wird. Siehe zu *Company Towns* aus grundrechtlicher Perspektive die Entscheidung des US-Supreme Court *Marsh vs State of Alabama*, 326 US 501 (1946).

209   Erwähnt seien nur die Initiativen von *Apple, Facebook* und *Google* zur Schaffung leistbaren Wohnraums. Siehe idZ *New York Times Online* v 4.11.2019, Apple Commits $ 2.5 Billion to Ease California Housing Crunch <nytimes.com/2019/11/04/techno logy/apple-california-housing-crisis.html>; *The Guardian Online* v 25.10.2019, Facebook pledged $ 1 bn to help California's housing crisis. Can't they pay their taxes instead? <theguardian.com/commentisfree/2019/oct/25/facebook-pledged-1bn-to-help-californias-housing-crisis-cant-they-pay-their-taxes-instead> (alle abgerufen am 22.11.2019).

B.   Öffentliches Interesse der Erfüllung des öffentlich-rechtlichen Auftrags

Die Kommunikationsdynamik kommerzieller Social Media-Plattformen führt zur Fragmentierung, Simplifizierung, Emotionalisierung und Polarisierung von Inhalten und der öffentlichen Debatte;[210] sie läuft der Erfüllung des öffentlich-rechtlichen Auftrags durch den ORF daher diametral entgegen. Das öffentliche Interesse an der Sicherstellung der Erfüllung des öffentlich-rechtlichen Auftrags ist folglich bei der grundrechtlichen Beurteilung von Kooperationsverboten für den ORF zu berücksichtigen.

Unter Zugrundelegung dieser Gesichtspunkte ergibt sich sodann eine Neubewertung der verfassungsrechtlichen Beurteilung. Das öffentliche Interesse an der Sicherstellung der Erfüllung des öffentlich-rechtlichen Auftrags wäre neben dem vom VfGH in VfSlg 19.768/2013 geprüften Regelungsziel des wirtschaftlichen Schutzes privater Mitbewerber am Rundfunkmarkt[211] bei der grundrechtlichen Prüfung von Kooperationsverboten zu berücksichtigen. Die Notwendigkeit eines Kooperationsverbots betreffend soziale Medien zur Sicherstellung der Erfüllung des öffentlich-rechtlichen Auftrags könnte als Rechtfertigung für den Eingriff in die aus Art 10 EMRK erfließenden Rechte des ORF dienen.

C.   Verfassungswidrigkeit des § 4f Abs 2 Z 25 ORF-G

Das weiterhin in § 4f Abs 2 Z 25 ORF-G enthaltene Verbot für den ORF, selbst ein soziales Netzwerk bereitzustellen, erweist sich – bei Berücksichtigung der oben ausgeführten Perspektiven – als verfassungswidrig.[212] Denn in einem Medien- und Kommunikationsumfeld, das zu einem substanziellen Teil von sozialen Netzwerken getragen ist, hindert es den ORF gerade an der Erfüllung seines öffentlich-rechtlichen Auftrags. Dem ORF den Betrieb eines eigenen sozialen Netzwerks zu

---

210   Siehe dazu bereits unter VI.C.
211   VfSlg 19.768/2013, Rz 13 f.
212   Der VfGH beurteilte das Bereitstellungsverbot des § 4f Abs 2 Z 25 ORF-G in VfSlg 19.768/2013 noch als verfassungskonform, da er es im Hinblick auf das Regelungsziel des wirtschaftlichen Schutzes privater Mitbewerber am Rundfunkmarkt prüfte. Siehe VfSlg 19.768/2013, Rz 16.

verbieten, muss folglich als unsachlich und somit gleichheitswidrig gem Art 7 B-VG qualifiziert werden.

Des Weiteren widerspricht ein Bereitstellungsverbot wesentlichen Grundsätzen des BVG Rundfunk, das die Erlassung bundesgesetzlicher Bestimmungen für den Rundfunk fordert, die »*die Objektivität und Unparteilichkeit der Berichterstattung, die Berücksichtigung der Meinungsvielfalt[...][und] die Ausgewogenheit der Programme*« gewährleisten. Ein Bereitstellungsverbot für den ORF verhindert gerade, dass soziale Netzwerke geschaffen werden, die den Grundsätzen der Objektivität, der Unparteilichkeit, des Pluralismus und der Ausgewogenheit der Programme folgen.

XI.   Conclusio

Kommerzielle Social Media-Plattformen, wie *Facebook* oder *YouTube,* sind mit der Theorie der liberalen Demokratie nicht vereinbar. Die Funktionsweise ihrer Kommunikationsräume basiert auf einem Geschäftsmodell, das wesentliche Voraussetzungen der liberalen Demokratie unterminiert. Da sie ihr Geld mit personalisierter Werbung verdienen, haben sie ein maßgebliches Interesse daran, dass UserInnen möglichst lange und intensiv mit ihren Inhalten interagieren – so gewinnen sie Daten für die Personalisierungsalgorithmen. Die Blaupausen der *News Feeds,* Kommentarspalten und Videokanäle speisen sich damit allesamt aus ökonomischen Maximen, die die Simplifizierung, Emotionalisierung, Kommerzialisierung und Fragmentierung der Inhalte vorantreiben.

Von derartig verzerrten Kommunikationsbedingungen kann die liberale Demokratie aber nicht leben. Sie muss folglich – will sie bestehen – an den Kommunikationsraum Social Media dieselben Anforderungen stellen, die bereits die Institutionen und Organisationen der Presse, des Fernsehens und des Rundfunks maßgeblich formen. Es sind dies die Grundsätze der Objektivität, des Pluralismus, der Freiheit der Willensbildung, der Sachlichkeit, des gegenseitigen Respekts, der Kooperation und der Deeskalation. Eine solche Kommunikation können private Unternehmen wie *Facebook* jedoch nicht liefern, weshalb in einem ersten Schritt dem ORF eine Kooperation mit diesen gesetzlich untersagt werden müsste. In einem zweiten Schritt bedarf es sodann der Schaffung eines öffentlich-rechtlichen sozialen Netzwerks, wobei eine Beseitigung des in § 4f Abs 2 Z 25 ORF-G enthaltenen Bereitstellungsverbots für den ORF den Ausgangspunkt für ein solches darstellen könnte.

Moss zeichnet in der Einleitung seines 2017 erschienenen Werks »Democracy« mit Blick auf die Demokratie das Bild eines lebenden Organismus. Und wie ein Organismus könne auch die Demokratie nicht stehen bleiben, sondern müsse sich stetig den moralischen wie institutionellen korrosiven Kräften entgegensetzen, widrigenfalls sie ihnen erliege.[213] Dem Geschäftsmodell kommerzieller Social Media-Plattformen ist ein solches Zersetzungspotenzial inhärent. Auf dieses muss die liberale Demokratie mit der Etablierung öffentlich-rechtlicher sozialer Medien antworten.

---

213   *Moss*, Democracy (2017) 11: »*In these ways and many others, democracy is indeed more like a living, breathing organism than a machine built to specification. And like an organism, it can't stand still. It needs to actively work against corrosive forces, both moral and institutional, or succumb to them*«.

Literaturverzeichnis

- *Alves Rodrigues Clara,* »Digital Gangsters«: Are Facebook and Google a Challenge to Democracy?, Amsterdam Law Forum 3/2019, 30
- *Arendt Hannah,* The Origins of Totalitarianism – Penguin Classics (2017)
- *Barbrook Richard/Cameron Andy,* The Californian Ideology, Science as Culture 1996, 44
- *Berka Walter,* The Free Speech Debate: Bedarf die Meinungsfreiheit einer Neuvermessung?, in Berka Walter/Holoubek Michael/Leitl-Staudinger Barbara (Hrsg), Meinungs- und Medienfreiheit in der digitalen Ära: Eine Neuvermessung der Kommunikationsfreiheit (2017) 1
- *Berka Walter,* Verfassungsrecht[7] (2018)
- Berka Walter et al (Hrsg), Mediengesetz Praxiskommentar[4] (2019)
- *Bernal Paul,* Fakebook: why Facebook makes the fake news problem inevitable, Northern Ireland Legal Quarterly 2018, 513
- *Böckenförde Ernst-Wolfgang,* Demokratie als Verfassungsprinzip, in Isensee Joseg/Kirchhof Paul (Hrsg), Handbuch des Staatsrechts II[3] (2004) 429
- *Brandmayr Michael* et al (Hrsg), Das Politische in sozialen Medien am Beispiel Facebook: Herausforderungen für eine politische Bildung, SWS-Rundschau 2018, 328
- *Di Fabio Udo,* Öffentlichkeit, in Kube Hanno et al (Hrsg), Leitgedanken des Rechts – FS Kirchhof I (2013) 717
- *Ebner Julia,* The Rage (2017)
- *Ebner Julia,* Radikalisierungsmaschinen (2019)
- Ehmann Eugen/Selmayr Martin (Hrsg), DS-GVO[2] (2018)
- *Eisenberger Iris,* Die Macht der Algorithmen, juridikum 2011, 517
- *Fuchs Christian,* Soziale Medien und Kritische Theorie (2019)
- *Fukuyama Francis,* Identität (2019)
- *Gamper Anna,* Verfassungsgerichtsbarkeit und Gewaltenverbindung (2016)
- *Gamper Anna,* Staat und Verfassung[4] (2018)
- *Grabenwarter Christoph,* Meinungsvielfalt und Medienvielfalt als Verfassungsbegriffe, in Berka Walter/Grabenwarter Christoph/Holoubek Michael (Hrsg), Meinungsvielfalt im Rundfunk und in den Online-Medien (2014) 33
- *Habermas Jürgen,* Strukturwandel der Öffentlichkeit[15] (2018)
- *Hanschmann Felix,* Der Begriff der Homogenität in der Verfassungslehre und Europarechtswissenschaft (2008)

- *Hayek Friedrich,* Foreword to the 1956 American Paperback Edition, in Bruce Caldwell (Hrsg), The Road to Serfdom – Definitive Edition (2007) 39

- *Hofheinz Albrecht,* Nextopia? Beyond Revolution 2.0, Oriente Moderno 2011, 23

- *Holoubek Michael,* Kommunikationsfreiheit, in Detlef Merten/Hans-Jürgen Papier/Gabriele Kucsko-Stadlmayer (Hrsg), Handbuch der Grundrechte VII/1² (2014) 591

- *Holoubek Michael/Gärner Christoph/Grafl Hannah,* Recht der Massenmedien, in Holoubek/Potacs (Hrsg), Öffentliches Wirtschaftsrecht I⁴ (2019) 1351

- *Holzinger Gerhard/Holzinger Kerstin* in Korinek Karl/Holoubek Michael et al (Hrsg), Kommentar zum Bundesverfassungsrecht Art 26 B-VG (13. Lfg 2017)

- *Holznagel Bernd,* Neue Herausforderung für die demokratische Öffentlichkeit und die Perspektiven für das Medienrecht, in Berka Walter/Holoubek Michael/Leitl-Staudinger Barbara (Hrsg), Meinungs- und Medienfreiheit in der digitalen Ära: Eine Neuvermessung der Kommunikationsfreiheit (2017) 15

- *Kahneman Daniel,* Thinking, Fast and Slow (2012)

- *Kapronczay Stefánia/Kertész Anna,* The Crackdown on NGOs as an Opportunity to Reinforce Human Rights Values: A Hungarian Case Study, in Rodríguez-Garavito César/Gomez Krizna (Hrsg), Rising to the Populist Challenge – A New Playbook for Human Rights Actors (2018) 57

- *Kassai Klaus,* Der ORF auf Facebook – Anmerkung zu den Erkenntnissen des Verfassungsgerichtshofs »ORF/Facebook I« und »ORF/Facebook II«, MR 2014, 215

- *Kassai Klaus,* Der Online-Auftrag des Österreichischen Rundfunks: Wettbewerb versus Meinungsäußerungsfreiheit 2.0, in Paulus Eduard (Hrsg), Regulierungsrecht. Jahrbuch 2018 (2019) 271

- Kühling Jürgen/Buchner Benedikt (Hrsg), DS-GVO/BDSG ² (2018)

- *Lim Meryna,* Many Clicks but Little Sticks: Social Media Activism in Indonesia, Journal of Contemporary Asia 2013, 636

- *Madison James,* Federalist Ten

- *Mahlmann Matthias,* Rechtsphilosophie und Rechtstheorie⁵ (2019)

- *Marwick Alice E./Boyd Danah,* I tweet honestly, I tweet passionately: Twitter users, context collapse, and the imagined audience, New Media & Society 2011, 114

- *Mauri Maurizio et al* (Hrsg), Why Is Facebook So Successful? Psychophysiological Measures Describe a Core Flow State While Using Facebook, Cyberpsychology, Behavior, and Social Networking 2011, 723

- *Mayer Heinz/Kucsko-Stadlmayer Gabriele/Stöger Karl,* Bundesverfassungsrecht¹¹ (2015)

- *Mayrhofer Michael,* Google, Facebook & Co: Die Macht der Algorithmen aus grundrechtlicher Perspektive, in Berka Walter/Holoubek Michael/Leitl-Staudinger Barbara (Hrsg), Meinungs- und Medienfreiheit in der digitalen Ära: Eine Neuvermessung der Kommunikationsfreiheit (2017) 77

- *Merli Franz,* Grenzen der Staatsinformation und staatlicher Propaganda, in Walter Berka/Michael Holoubek/Barbara Leitl-Staudinger (Hrsg), Elektronische Medien im »postfaktischen« Zeitalter (2019) 107

- *Moss David,* Democracy (2017)

- *Öhlinger Theo/Eberhard Harald,* Verfassungsrecht[12] (2019)

- *Palmstorfer Nina,* Die öffentliche Aufgabe der Massenmedien: Demokratiepolitische Aspekte, in Berka Walter/Grabenwarter Christoph/Holoubek Michael (Hrsg), Qualitätssicherung im Rundfunk und in den Online-Medien (2015) 41

- *Platon,* Der Staat

- *Pöschl Magdalena,* Neuvermessung der Meinungsfreiheit?, in Koziol Helmut (Hrsg), Tatsachenmitteilungen und Werturteile: Freiheit und Verantwortung (2018) 31

- *Siegert Gabriele/Brecheis Dieter,* Werbung in der Medien- und Informationsgesellschaft[3] (2017)

- Simitis Spiros/Hornung Gerrit/Spiecker Indra gen Döhmann (Hrsg), DSGVO/BDSG (2019)

- *Strejcek Gerhard,* Politische Rechte, in Merten Detlef/Papier Hans-Jürgen/Kucsko-Stadlmayer Gabriele (Hrsg), Handbuch der Grundrechte VII/1[2] (2014) 735

- *Truppe Michael,* Das ORF-Facebook-Verbot: Entstehung, Rechtsprechung und Ausblick, in Baumgartner Gerhard (Hrsg), Öffentliches Recht Jahrbuch 2014 (2014) 181

- *Vaidhyanathan Siva,* Antisocial Media (2018)

- *Vesting Thomas,* Staatstheorie (2018)

- *Waldron Jeremy,* Legal and Political Philosophy, in Coleman Jules/Shapiro Scott (Hrsg), The Oxford Handbook of Jurisprudence and Philosophy of Law (2002) 352

- *Zuboff Shoshana,* Big other: surveillance capitalism and the prospects of an information civilization, Journal of Information Technology 2015, 75

- *Zuboff Shoshana,* The Age of Surveillance Capitalism (2019)

Judikaturverzeichnis

- EGMR 7.12.1976, 5493/72 (Handyside gg Vereinigtes Königreich)
- EGMR 8.7.1986, 9815/82 (Lingens gg Österreich)
- EGMR 24.11.1993, 13914/88 ua (Informationsverein Lentia ua gg Österreich)
- EGMR 8.7.1999, 26682/95 (Sürek gg Türkei)
- EGMR 29.3.2005, 72713/01 (Ukrainische Mediengruppe gg Ukraine)

- OLG München, Beschluss v 24. 08. 2018-18 W 1294/18
- *Marsh vs State of Alabama,* 326 US 501 (1946)
- VfSlg 2037/1950
- VfSlg 13.966/1994
- VfSlg 19.768/2013
- VfSlg 19.854/2014
- VfSlg 20.071/2016